货币政策
传导效率的微观机制

闫先东　朱迪星　著

Huobi Zhengce
Chuandao Xiaolv deWeiguan Jizhi

中国财经出版传媒集团
中国财政经济出版社

图书在版编目（CIP）数据

货币政策传导效率的微观机制 / 闫先东，朱迪星著 . —北京：中国财政经济出版社，2018.12

ISBN 978 – 7 – 5095 – 8746 – 1

Ⅰ.①货… Ⅱ.①闫… ②朱… Ⅲ.①货币政策 – 研究 – 中国 ②信贷政策 – 研究 – 中国 Ⅳ.①F822.0 ②F832.4

中国版本图书馆 CIP 数据核字（2018）第 291607 号

责任编辑：吕小军　　　　　　　　责任校对：胡永立
封面设计：思梵星尚

中国财政经济出版社 出版

URL：http://www.cfeph.cn

E – mail：cfeph@cfeph.cn

（版权所有　翻印必究）

社址：北京市海淀区阜成路甲 28 号　邮政编码：100142
营销中心电话：88190406　北京财经书店电话：64033436　84041336
北京财经印刷厂印刷　各地新华书店经销
710×1000 毫米　16 开　25 印张　453 000 字
2018 年 12 月第 1 版　2018 年 12 月北京第 1 次印刷
定价：82.00 元
ISBN 978 – 7 – 5095 – 8746 – 1
（图书出现印装问题，本社负责调换）
本社质量投诉电话：010 – 88190744
打击盗版举报热线：010 – 88191661　QQ：2242791300

目　录

第一章　引言 ……………………………………………………………（ 1 ）
　第一节　本书研究的意义 ………………………………………………（ 1 ）
　第二节　货币政策微观机制的研究框架构建 …………………………（ 3 ）
　第三节　实证研究的框架与主要结论 …………………………………（ 6 ）
　第四节　本书的主要特点 ………………………………………………（ 10 ）

第二章　货币政策非对称性与基础设施投资的经济效应：
　　　　　文献综述与理论分析 …………………………………………（ 11 ）
　第一节　货币政策的非对称性 …………………………………………（ 11 ）
　第二节　基建投资对长期经济增长的影响 ……………………………（ 15 ）
　第三节　基础设施投资的决策机制 ……………………………………（ 28 ）
　第四节　中国基础设施投资的内在逻辑 ………………………………（ 31 ）

第三章　政府治理目标、基建投资与货币政策传导效率：
　　　　　基于中国分省数据的实证研究 ………………………………（ 36 ）
　第一节　信贷结构变化对货币政策传导效率的影响 …………………（ 36 ）
　第二节　地方政府治理、基建投资偏好与信贷传导效率 ……………（ 44 ）
　第三节　基础设施影响货币政策传导的渠道和效率分析 ……………（ 53 ）
　第四节　结论、展望和政策建议 ………………………………………（ 82 ）

第四章　货币政策与企业投融资行为：文献综述与理论分析 …………（ 86 ）
　第一节　货币政策与企业融资行为 ……………………………………（ 87 ）
　第二节　货币政策与企业投资行为 ……………………………………（108）

第五章　货币政策与企业投融资行为：基于中国 A 股上市公司的经验证据 ………………………………………………… (129)
 第一节　货币政策、股权性质与企业投资行为 ……………………… (129)
 第二节　货币政策、财务特征与企业投资行为 ……………………… (149)
 第三节　货币政策、股权性质与企业融资行为 ……………………… (158)
 第四节　基于市场错误定价的企业投资决策分析 …………………… (178)
 第五节　货币政策与企业投资结构变化 ……………………………… (194)
 第六节　货币政策与企业投资效率 …………………………………… (202)
 第七节　结论、展望与政策建议 ……………………………………… (213)

第六章　货币政策与商业银行经营行为：文献综述与理论分析 …… (216)
 第一节　货币政策信贷渠道的特征、逻辑与长期效应分析 ………… (216)
 第二节　货币政策风险承担渠道的表现、特征与效率 ……………… (227)
 第三节　货币政策对银行盈利能力的影响及长期经济效应 ………… (235)
 第四节　监管政策的调整影响货币政策向银行传导的效率 ………… (238)
 第五节　货币政策通过跨国银行产生溢出效应 ……………………… (245)
 第六节　货币政策调整对银行业务模式的影响 ……………………… (249)

第七章　货币政策与银行经营决策：基于中国银行业的经验证据 … (252)
 第一节　货币政策、银行特征与信贷决策 …………………………… (253)
 第二节　货币政策、银行治理与风险决策 …………………………… (268)
 第三节　基于银行盈利水平内生的货币政策影响分析 ……………… (286)
 第四节　货币政策、资本缓冲与银行经营决策 ……………………… (303)
 第五节　货币政策、银行特征与经营结构调整 ……………………… (316)
 第六节　结论、展望与政策建议 ……………………………………… (334)

参考文献 ……………………………………………………………………… (337)

后　　记 ……………………………………………………………………… (391)

第一章　引　言

第一节　本书研究的意义

货币政策传导机制是指中央银行运用货币政策工具影响中介指标，进而实现既定政策目标的传导途径与作用机理。也即运用货币政策到实现货币政策目标的过程，这种机制传导是否畅通直接影响货币政策实现最终目标的效率。

事实上，货币政策是目前经济领域中操作手段最灵活，对市场主体经济活动影响最直接的宏观调控方式，对其传导机制和效率的研究伴随着整个中央银行历史发展的进程，也一直是宏观经济理论界最关注的核心问题之一。

前期的实证研究中，学者们通过资金价格和货币规模的等指标衡量货币政策态势，并设定各种计量模型对货币政策与重要宏观经济变量（如产出缺口或通货膨胀等）之间的关系进行量化分析。事实上，在大多数宏观计量模型的研究中，货币政策调控与最终目标之间的传导机制被当作一个"黑箱"看待（Bernanke 和 Gertler，1995），学者们会从两者之间相关系数的显著性情况、滞后关系等作为依据来判断政策传导的效率。在此基础上，也有学者关注了货币政策效率的时变性、非对称性特征，或利用传导渠道的中间变量，如投资和消费等，来更深入地分析货币政策传导的机制。但这些研究同样基于宏观经济数据，并没有完全摆脱"黑箱"的阴影，它们往往在发现问题这一环节上贡献较大，但在解释机制上则存在很多主观推断，尤其在一些不同经济体、不同样本周期的结论差异的分析上有很大的局限性。

理论研究方面，近年来快速发展的均衡框架分析开始成为宏观经济机制研究的主流方法，这些理论模型对政策等经济冲击的微观基础非常重视。它们对于企业部门、住户部门、金融中介以及政策决策者的目标、约束和行为的特征进行描述，尤其在模型设定的过程中就对政策的微观传导机制有了比较明确的界定。均衡模型在经济意义的完备性和稳健性方面有非常巨大的优势，但这种优势的另一方面是对模型设定和求解上的苛刻要求。这也使得均衡模型微观主体行为的描述往往受到限制,不得不进行较大幅度的简化。事实上,这种对简化后的代表性市场主体行为描述很难完美地刻画真正的微观经济运行基础。虽然近期的一些研究已经在市场主体的异质性等方面进行了探索,其中不少结论对现实经济的解释力有了明显的提高,但整体而言,这种基于设定的微观主体行为机制与现实经济运行状况,尤其是我国特殊的市场主体目标和约束特征还存在较大的差距。相关研究对于长期均衡状态下的政策效果模拟意义较大,但对于解释短期经济波动背后的微观机制仍然比较乏力。

近几年,利用实证方法从微观主体行为角度分析宏观经济问题,已经成为学术界前沿方向之一(Aguinis、Boyd、Pierce 和 Short,2011)。这些研究介于宏观实证和理论研究之间,利用实证数据研究变量关系的同时,也更深度地关注了微观主体的行为特征。当然这种思路也不可避免存在理论框架性不完备的问题,但至少在理论上是非常有意义的探索,有利于改变宏观经济研究缺乏微观基础,微观行为研究缺乏宏观指引的局面。不少学者在这一框架下关注了企业、个人或金融机构等微观主体行为如何受经济周期、宏观政策调控、要素价格波动以及劳动力市场波动方面的影响,得到了一系列有价值的研究成果,对于宏观研究的解释以及微观研究的拓展发挥了重要的作用。其中,关于货币政策调控如何影响银行与企业经营决策和效率的研究是最具代表性的领域之一。以风险承担渠道研究为例,2008 年金融危机后货币政策应对金融稳定的问题成为学术界关注的焦点。Borio 和 Zhu(2012)等利用风险承担渠道的思想解释了货币宽松与长期风险积累之间的关系。大量研究从微观视角对这一渠道进行解释,Jimenez、Ongena、Peydro 和 Saurina(2014)利用 2002—2008 年间西班牙 200 家银行超过 130000 家企业的贷款申请和合同的微观数据进行了实证研究,结论表明较低的短期利率会诱使低资本充足率的银行更倾向于同意高风险企业的贷款申请,并提供更大的授信额度,且对这些公司的担保要求更低,最终导致了更高的违约概率。在大量微观研究的基础上,风险承担渠道这一宏观经济机制已逐步成为货币政策理论框架的重要一环而被广泛接受。

在我国,由于历史、政策和制度等因素的影响,参与经济运行的市场主体微观行为特征与国外经典理论存在较大的偏离。例如,我国各地方政府是重要的经济参与者,其决策对于经济资源的分配和运用效率有巨大的冲击,而地方政府实际的目标结构也非常复杂,区位特征、资源禀赋、前期运行态势甚至官员特征等,都会导致其在短期和长期目标、经济和社会目标之间的权衡出现很大的不同。当前我们关注的地方政府债务问题,就是一些地方政府在短期稳增长和长期防风险问题上的政策失衡所致，加之一直以来我国特有的刚性兑付、隐性担保以及软约束现象，最终造成了目前这种道德风险高企背景下的政策难题。在这一过程中，货币政策的调控对地方政府稳增长方向的影响，抑或对银行体系信贷结构决策的影响也可能起到至关重要的作用。

企业方面，国有控股企业的行为特征与民营企业存在巨大差异，简单的价值目标体系很难准确描述其行为基础，相似的治理结构也会导致两者产生截然不同的治理效率。货币政策调控所带来的外部融资压力以及金融市场波动，都可能造成两类企业出现与理论假设不同的决策方式，如面对错误市场定价的投融资决策、过度投资和盲目多元化的倾向，以及在金融市场和房地产投资的动力等。

银行体系与货币政策调控的关系更为紧密。在我国，由于绝大多数商业银行都存在显性或隐性的政府背景，其决策方式也不仅仅是理论上长期价值和风险的权衡，更会包含较多的社会和经济责任，尤其是被地方政府深度介入的法人机构可能存在非常明显的非价值目标倾向。我们能非常直观地观察到其在地方稳增长过程中所发挥的重要作用。另外，由于一些监管要求的弹性和历史原因，银行可能存在隐藏不良这种特殊的行为机制。我国商业银行的经营结构，如信贷结构、集中度以及金融市场业务发展等也在静态和动态层面存在非常独特的表现，这些机制在不同类型银行和不同货币态势环境下也会呈现明显的差异。

总的来看，我国微观市场主体的目标机制、行为特征，以及这些行为对货币政策调控的敏感关系与经典理论存在明显差异，利用传统基于宏观数据的实证分析很难充分描述这些关系，而基于均衡框架的理论研究在描述这些特殊机制时也有很明显的局限。从我们经济金融持续调查分析的角度看，这其中很多特征都是系统性的，如很大比例的地方政府存在稳增长条件下的基建偏好，多数国企存在严重的非利润目标特征，银行则普遍有隐藏不良的行为。如果不对其机制进行分析，对这种机制的结构性或周期性特征进行描述，那政策评估的结论很难保证稳定性，基于简单框架的政策决策也可能出现明显的偏差。

本书的目标，就是在对国内外前沿理论深度评述的基础上，利用宏微观经济金融数据，对类似这些中国特有的货币政策传导中可能出现的微观机制特征进行探索，并给出具有针对性和可操作性的政策建议。

第二节　货币政策微观机制的研究框架构建

本书的主体分为三个部分，即关注货币政策调控如何影响地方政府、企业以及商业银行的经营决策,从而最终影响宏观经济。在每一个部分我们会对相关问题涉及的国内外前沿文献进行系统性的梳理,并构建一个系统的框架对相关领域的研究路径和范围进行描述,这不仅是有价值的文献导读,也是对理论和实证研究思路的一种梳理和参考。

一、货币政策传导效率与地方政府基础设施投资偏好

在地方政府行为方面,我们将重点放在其基础设施投资偏好上,主要涉及两个方面内容,即货币政策态势变化如何影响基础设施投资,基础设施投资本身的短期和长期经济效益如何。

相对而言,基础设施投资的经济效应研究是一个框架和范式更完整的研究领域。前期研究中,大多数学者认为基建投资的经济效应更多体现在长期正外部性的提升上,其规模增长会改变其他相关企业的全要素生产率和成本。近期,一些研究关注了基础设施投资在区域外溢方面的作用,空间计量理论的发展也为这些研究提供了基础。总体而言,基础设施除了对长期经济增长的正向影响外,也会在就业、人力资本提升以及收入分配等方面发挥作用。另外,基础设施投资经济效率也在不同的地区和环境中存在异质性,尤其是短期的负面影响受到较多的关注,虹吸和扩散机制导致部分地区的基础设施投资增长反而降低经济潜力,国外一些学者关注的基础设施投资边际效率降低、对其他领域的挤出效应以及市场失灵等问题,也逐步在国内的研究中得到体现。

基础设施的决策机制方面,我们主要关注地方政府的态度和外部货币政策环境两个方面的影响。事实上,除了市场和经济的需求因素外,政治因素确实是国外学者认为基础设施投资重要的决策依据。在国内,官员的激励方式,以及"土地财政"带来的融资能力造成了地方政府的融资偏好,这一点在货币政策偏紧的周期中尤为明显。

二、货币政策传导效率与企业投融资行为

货币政策与企业的经营决策的关系是其传导机制的重要一环。一方面,货币态势的变化会改变企业面临的融资环境,另一方面则会通过影响整个社会的就业和产出增长,改变企业经营面临的市场需求和投资机会。从融资行为和投资行为两个方面,可以清晰地看出货币政策在企业这一微观主体行为上的传导机制。

融资方面,较多的学者关注货币宽松和紧缩所造成的融资环境变化,他们利用实证分析找到企业融资成本和融资约束与政策利率之间的正向关联。同时,货币政

策可能会改变企业的融资结构，并造成资本结构的变化。此外，一些研究也指出货币政策的宽松还会提高企业资本结构动态调整的频率。在效率方面，有不少研究认为宽松政策可能加剧企业的过度融资，而紧缩政策会造成信贷资源在大型企业和小微企业上分配的失衡，在长期内对经济发展不利。

投资决策是融资行为的延伸，企业融资约束的变化不仅会改变企业项目机会成本的权衡，同时也会改变其把握投资机会的能力，一些实证研究还发现外部货币态势的变化会影响企业投资对现金流状况的敏感性。从需求角度看，宽松政策会优化企业面临的市场需求环境，改善其预期和潜在的投资机会。也有的研究指出，货币政策调整所引发的金融市场波动，会造成企业面临的外部错误定价水平改变，进而通过股权融资渠道和迎合投资渠道改变企业的投资行为。此外，货币政策还会影响银行的投资结构，宽松政策下银行的投资多元化和金融化行为更加明显。最后是货币政策与企业投资效率的关系，投资过度与货币态势之间存在显著的正向关系，长期来看，债务高悬问题则会加剧投资的顺货币周期性。

值得关注的是，在前期已有不少国内学者探讨了企业股权性质的影响，即货币政策对于国有和民营企业投融资决策的影响会存在一些差异，这些结论是本书实证研究的基础，也是相关领域后期发展的重要方向。

三、货币政策传导效率与银行经营决策

商业银行经营行为是货币政策传导渠道中最重要的环节之一，央行通过调节市场资金价格和货币供给水平影响银行的信贷行为、风险偏好甚至业务模式，并推动实体部门的投资消费决策发生变化，最终对短期和长期的产出波动产生冲击。在一些以银行为金融体系核心的国家和地区，信贷市场几乎是整个货币政策调控和传导的唯一路径。信贷渠道和风险承担渠道几乎是这一领域所有前期研究的基础，学者们从理论和实证方面分析了这两类渠道在截面和时序上的异质性，并试图给出合理的解释。

银行的信贷规模会随着货币政策的调整而出现变化，进而改变市场的融资约束状况，并最终通过消费和投资对产出缺口形成冲击。近期的研究涉及这一机制各个角度的特征，首先是实证发现信贷渠道存在非对称性，即宽松政策对于信贷规模的刺激作用要弱于紧缩政策下信贷规模的收缩效果。在此基础上，部分学者关注了非常规货币政策的有效性问题，也有的学者研究了紧缩政策下的反馈机制。宏观和微观因素都会导致信贷渠道的效率变化，宏观因素的主要研究集中在银行业竞争、金融市场结构以及金融制度等方面，微观因素则涵盖银行治理机制、资产规模、资本

缓冲和流动性管理等方面。

风险承担渠道是危机后关于货币政策与银行决策研究的重点之一，前期的实证研究表明宽松政策会造成信贷审批条件的放松、降低银行的风险感知能力、削弱风险管理动力、提高高风险领域资源配置规模，并会在长期内造成不良率等风险指标的上升。影响这一渠道的宏观因素主要有货币政策制度、银行体系结构以及金融市场特征等，而微观因素包括银行的资产结构、经营效率、资产规模、资本状况以及流动性特征等方面。

另有部分学者在信贷渠道和风险承担渠道的基础上关注了货币政策与银行决策关系的其他特征，也逐步形成体系。例如，一些研究指出货币政策会通过利率期限结构和利差的变化，对银行的利润水平产生影响，进而改变其包括信贷和风险决策在内的经营行为，监管政策与货币政策的协调问题是另一个在危机后受到关注的问题。实证表明，包括资本充足率和流动性比率在内的监管变化，会明显改变银行信贷和风险行为对货币政策调控的敏感性。在近期的研究中，有学者关注了货币政策通过银行业产生的跨国溢出效应，一些大国的调控政策会通过跨国银行或国际银行市场向其他国家传导，并对他国银行的信贷决策和风险态度产生影响。最后，货币政策会改变银行的经营模式，例如改变影子银行业务规模。

总体而言，货币政策对微观市场主体行为的影响是近年来理论界的重要研究方向之一，这些研究的起点有一些是对于宏观理论模型的深入解释，有一些则是对前期微观研究在时序异质性方面的拓展。本书从统一的视角对相关的研究构建了理论框架，由于不同角度的研究方法和热度存在差异，在分类梳理时也可能存在篇幅和内容上的不对称，一些内容在归类时可能并不是完全的并列关系，我们将在后期的研究和探索中不断完善，也希望这些前沿的文献梳理能让相关领域的研究者有所受益。

第三节　实证研究的框架与主要结论

在理论综述的基础上，我们针对中国经济体系中独特的微观主体行为机制分别设计了对应的实证检验框架，试图更准确和生动地描述我国地方政府、企业以及商业银行在面对货币政策调控时有怎样的行为机制，以及这种行为机制在不同区域、类型市场主体中存在何种差异。

值得注意的是，本书将研究的重心放在政策传导的微观机制上，对于逻辑的起始点，即货币政策的决策方式，以及最终路径方向，即地方政府基建投资偏好、企业投资规模和效率变化、银行信贷和风险决策的调整所影响的长期经济后果只进行了简单的分析和推测。在本书多数实证模型设计中，货币政策被设定为外生因素，微观市场主体仅能在自身目标体系中对这种外部调控因素被动接受。基于均衡框架的一些前沿理论研究已关注中央银行的目标约束问题，并将货币政策的决策方式与市场主体所决定的经济状态关联，这也是我们将来在实证分析中可以探索的方向。微观主体行为与宏观经济后果的关系，我们仅在地方政府基础设施投资偏好的研究部分给予较多篇幅的关注，对于企业投资规模扩大、效率降低或者说银行信贷投放增多、风险态度提高等系统性特征在长期可能的经济后果只进行了简单的描述和直观的逻辑推断，并未作为实证分析的核心内容。

具体来看，本书的研究架构框架如图1-1所示。

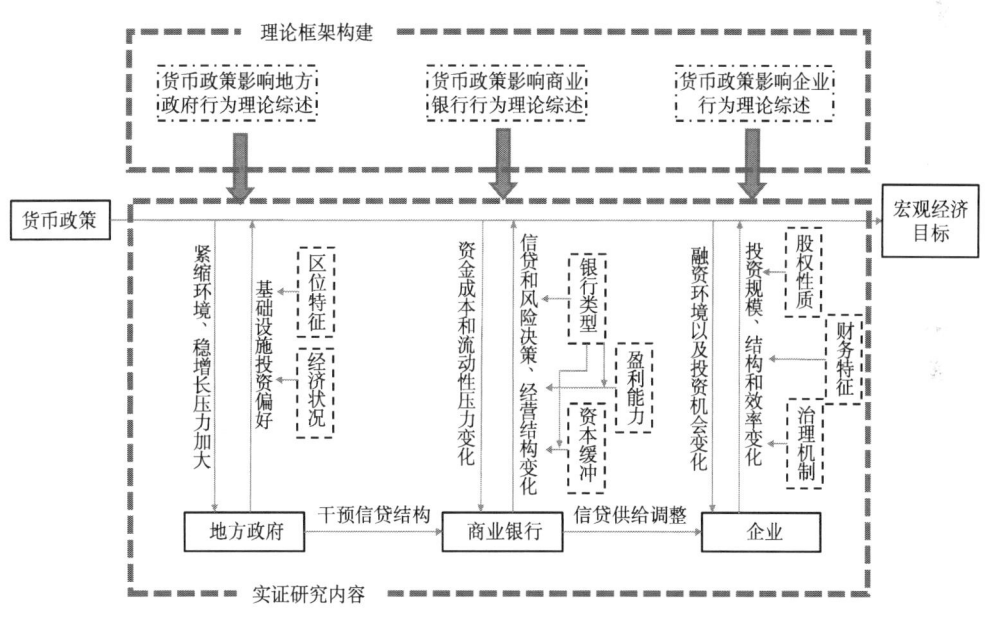

图1-1 本书的理论和实证研究架构

与理论框架对应，本书的实证设计也分为三个大的部分，在每个环节中我们都对货币政策与微观主体行为的基本逻辑以及不同特征主体的决策差异进行了多维度的检验和分析。

一、货币紧缩会驱动地方政府基础设施投资偏好的增强，但造成短期经济效率降低

从实证结果看，地方政府特殊的治理目标体系导致货币信贷投放和投资结构关系出现系统性变化。由于政绩竞争的压力，货币态势偏紧的地方政府会偏好将主要的行政、财政和金融资源引导向更容易掌握的基础设施领域，并将其作为稳增长的着力点。从分省面板数据的研究可以看出，与市场化程度更高的东部省份或经济增长政绩考核压力相对较小的西部省份相比，中部地区省份基础设施投资偏好对货币政策调控的敏感性更高。

进一步的研究表明，基础设施投资规模过高会导致明显的效率降低，并产生不可持续问题。一方面，货币态势引导的基础设施投资会在资金和劳动力市场上挤出民营制造业企业，存量资本规模上升后带来的瓶颈问题逐步显现，并可能降低供给侧结构性改革的内在动力。另一方面，经济下行压力下地方政府财力减弱，地方债务上限约束信贷和债券融资持续扩张，包括PPP和专项建设基金等在内的资本融资模式效率不及预期，造成了高道德风险背景下地方政府隐性债务难以处理的制度难题。总的来看，当前我国地方政府治理目标所导致的基础设施偏好，是经济下行阶段货币信贷政策传导效率降低、长期金融风险经济问题积累的主要原因之一。

二、货币政策调控会通过多种途径放大对企业投资规模和效率的影响，且这种机制在不同股权性质企业中存在明显差异

基于中国A股上市公司相关数据的研究表明，货币态势的变化对企业投资规模的正向影响显著，这一机制通过三种渠道发挥作用。首先是缓解融资约束，提高企业把握投资机会的能力，这一点对民营企业尤为重要。其次是影响资本市场非理性错误定价的程度，进而通过股权融资和银行渠道改变企业的投资行为。最后，货币环境会改变市场需求，并通过盈利和流动性状况的改变影响企业的投资规模，这在紧缩周期中更加明显。在融资方面，货币态势的变化会改变企业的融资规模、融资结构和长期资本结构选择，甚至直接影响企业资本结构的调整效率，在我国，这一问题在决策灵活的民营企业中更加显著。

企业资产配置方式和投资效率的变化是我国货币政策特有的微观传导机制，宽松政策会提高企业持有交易性金融资产以及投资性房地产的动力，其中国有企业持有金融资产对外部货币态势的敏感性更高，民营企业这一特征主要体现在投资性房地产上。制造业企业的融资活动现金流增速和相对规模均会随着货币政策的宽松而显著提高，尤其是民营企业的主营业务现金流增速下降幅度很大。从长期看，货币政策波动会增加企业投资过度和投资不足的概率，民营企业的这一特点更为突出。具体而言，前期的高杠杆对于民营企业在紧缩阶段的投资不足有放大效应，但在宽松阶段并未约束企业的投资过度。良好的公司治理机制能缓解这种外部因素导致的投资扭曲问题。

三、货币政策会显著改变银行信贷策略和风险态度，在中国由于治理机制和目标框架的差异性，不同类型银行受到货币政策影响的反应差异较大

从结果看，我国信贷渠道在宽松周期中更为显著，且更多地体现在对市场形势判断和流动性预期管理能力较强的国有大型银行和股份制银行上。相反，风控能力较弱、治理机制不完善的城商行和农商行等地方法人机构有更大的概率随着外部环境变化调整风险策略，尤其是样本期内这些法人银行处于快速扩张期，较多机构在这一过程中随着流动性状况的好转，经营重心会明显从风控向利润和规模目标转移，这也导致目前这些规模较小银行风险承担对货币政策的敏感性更高。此外，我们还注意到部分银行在紧缩环境下存在更强的主观隐藏不良贷款的倾向。

进一步地，我们还研究了一些被广泛关注的特质因素对于两种信贷渠道效率的影响。一方面是盈利能力的内生问题，货币态势的调整会通过利差粘性和信贷需求等渠道对银行短期的收入以及利润产生影响，并可能在长期内强化或弱化信贷渠道和风险承担渠道的效应。另一方面是针对基于新监管要求的资本缓冲的分析，货币政策变化对城商行资本缓冲的影响要超过其他机构。同时，我们发现资本缓冲的规模本身也会影响货币政策的传导效应，其中城商行和农商行资本状况对信贷渠道效应的影响更强，全国性机构的资本状况对风险承担渠道的影响更强。

此外，在我国，货币政策还会在非信贷和风险决策上对商业银行的行为产生较大影响。实证表明，紧缩政策下银行的信贷结构会从制造业转向基础设施和房地产领域，贷款集中度也会明显提高，宽松政策会导致银行金融市场业务的投资规模明显上升。这些机制更多表现在以城商行为代表的地方法人机构上。

总的来看，本书的实证研究部分大多基于前期的基础模型设计，但在区位特征、企业股权性质以及银行类型等方面进行了拓展，延伸了较多中国经济运行中特殊的微观机制，同时也在部分新的领域，如企业投资结构和效率、银行隐藏不良贷款、金融市场业务等方面进行了尝试，并取得了一些有价值和政策启发的结论。

当然，本书的实证部分在指标选择、数据处理以及模型设计上仍存在不稳健的地方，受制于货币政策外生以及经济效应简化等设定的影响，我们很难说已完全描

述了货币政策传导的全部微观机制。事实上，一些有价值的结论还值得进一步深入观察和解释，这也是未来我国货币政策研究的重要方向。

第四节　本书的主要特点

首先，我们利用了较多的篇幅来评述相关领域近期的研究方法和结论，整个理论框架的构建体现了非常强的前沿性。尤其对2016年之后的论文内容的阐述更加完整，以期能让读者得到这一领域最准确的方向指引。

其次，我们较多的研究思路都是来自微观调查的相关情况，例如地方政府基础设施投资偏好和隐性债务问题、企业投资效率问题、商业银行隐藏不良贷款问题、商业银行通过金融市场业务"脱实向虚"问题等。这些中国的实践问题放入宏微观经济金融理论框架后，具有坚实的逻辑基础，而对于相关实证结论的解释也有更强的针对性和准确性。

再次，我们的整体研究框架虽然分为三个大的部分，但不同章节之间的一些假设、观点和结论有较高的关联性，相互呼应，读者能从多个维度更准确地掌握我国经济政策运行的内在机制。例如，地方政府的基建投资倾向在银行行为部分表现为信贷结构的调整，但我们在政府部分更关注不同区域政府与治理目标差异带来的不同行为，银行部分研究的则是不同类型银行的异质性。类似的，企业融资环境和成本的研究也与银行体系信贷渠道和风险态度的研究结论相关。

最后，我们针对相关研究的结论给出具有可操作性又兼顾国情的政策建议，在考虑实证结论数据显著性的同时，也会注意与宏观经济运行中的一些问题相互关联、相互印证。例如，在隐性债务处置中短期和长期目标的权衡、企业投资的顺周期与货币态势空间选择、金融支持实体经济与银行经营行为"脱实向虚"的相互关系、银行资本压力和隐藏不良行为关系等问题上，我们都会结合日常形势分析和政策评估的情况给出针对性建议和思路。

第二章 货币政策非对称性与基础设施投资的经济效应：文献综述与理论分析

大量经验证据表明，货币政策效果存在着非对称性，即经济下行阶段的扩张政策对通缩的治理能力要弱于经济繁荣阶段。前期学者们对这种非对称性从价格和工资粘性、货币政策传导渠道非对称、主观预期调整、货币政策规则等角度展开了讨论，相关理论对于解释目前中国面临的"新常态"下货币政策在拉动经济增长的困境方面有一定的价值。

在现实经济金融形势的分析中，我们也关注到，目前金融体系的资金流向，尤其是信贷资金向基础设施领域集中的态势非常明显，这种资金结构变化有主观和客观的原因，并且对经济增长的拉动，或者说对货币政策效率有非常显著的影响。为了更好地从理论上论述资金流向基础设施投资与货币政策效率的关系，文献综述部分在归纳了前期货币政策非对称的相关研究后，从两个方面对基础设施投资与经济增长关系的相关理论进行了梳理。其一，基础设施投资对经济增长的影响和效率是怎样的？其二，基础设施投资的决策机制，尤其是为什么在我国基础设施成为金融资源集中的领域？

第一节 货币政策的非对称性

与紧缩政策每次都能迅速治理通胀或通胀预期相比，货币政策在面对经济下行或通货紧缩时，一直显得比较乏力。除当前的困境外，从历史看，我国在2000年前后也出现过相似的情况，在超过5年的时间里，经济增速也处于改革开放以来的最低值，物价水平也一直处于低位。虽然1999年前后，我国选择了财政政策和货币政策同时扩张的应对思路，但直到2002年前后政策的效果依然并不理想，反而造成了信贷结构和经济结构的失衡，依靠2003年外需的拉动才逐步扭转了困境。从国际视角看，货币扩张对经济下行的治理效果也难令人满意。自金融危机后，欧美主要发达经济体的产出和就业向下波动的趋势明显，各国都选择了持续的货币宽松政策应对经济下行和通货紧缩，在外部经济溢出和内在禀赋差异作用下各国货币政策选择实际效果差异较大。但整体上看，绝大多数经济体在选择常规和非常规货币扩张后在中期仍然没有扭转经济走势，甚至有欧元区（2014年6月）、日本（2016年2月）、瑞士（2015年1月）、瑞典（2015年2月）、丹麦（2012年7月）等国家和地区的中央银行在不得已的情况下开始实施激进的负利率扩张政策操作。前期，发达国家的非常规政策通常是从低利率、零利率、量化宽松起步的，进一步的负利率刺激所能发挥的作用在前期效果都已基本显现，边际上的作用也越来越小。在理论界，万解秋和徐涛（2001）、陆军和舒元（2002）、刘金全和郑挺国（2006）、王立勇、张代强和刘文革（2010）等国内学者利用不同的实证方法对这种货币政策效率的非对称性提供了多维度的经验证据。

从理论上看，导致产生这种非对称性主要有五个方面的原因。

一、价格与工资的粘性

受市场不完全竞争、工会力量等因素的影响，名义价格和工资粘性本身具有一定的非对称性，即向下调整的粘性较向上调整更明显。在实施扩张性货币政策时，由于名义价格和工资的向上调整相对灵活，这些名义变量上升，吸收了扩张的货币供给，实际产出则受到较小影响；在实施紧缩性政策时，名义价格和工资的向下调整相对缓慢，货币供给收缩形成的总需求下降就会很大程度上导致实际产出的调整，因此形成扩张性和紧缩性货币政策对产出的非对称效应（Mankiw 和 Romer，1991；Morgan，1993；Kandil，1995；Senda，2001）。徐小君（2015）利用中国的数据也得到了类似的结论。

另外，Ball 和 Mankiw（1994）建立的菜单成本模型为幅度不同的货币政策具有的非对称效应提供了一种解释。菜单成本是指厂商调整价格时所花费的成本，它包括研究和确定新价格的成本、重新编印价目表的成本、通知销售点更换价格标签的成本等。在菜单成本模型中，厂商调整价格一方面能够得到利润变化带来的收益（也可看作是不调价的机会成本），另一方面要承担菜单成本，是否调价取决于收益和成本的比较。当发生较大规模的货币冲击时，厂商需采取较大幅度的价格调整，由此带来的收益也较大，足以弥补菜单成本，因此厂商将选择调整价格；而发生较小规模的货币冲击时，厂商需进行的价格调整幅度小，调价的收益无法弥补菜单成本，那么厂商就不会选择调整价格，而是调整实际的投入和产出。模型分析得到的基本结论是：高强度的货币政策将主要影响价格而不是实际产出；相反，温和的货币政策对实际产出能够产生明显的影响。

二、货币政策传导渠道的非对称性

Oliner和Rudebusch（1996）最早指出信贷渠道能够放大紧缩性货币政策的作用，而在紧缩后实施扩张政策的情况下，信贷渠道几乎不起作用。一方面，银行信贷存在准备金和资本的双重约束（Bliss和Kaufman，2003）。在实施扩张性货币政策的经济衰退期，尽管货币扩张为银行提供了充足的准备金，但由于银行面临经济衰退带来的贷款违约、呆账核销和风险准备提取等会使资本金实际水平下降，资本金约束增强。在准备金约束放松、资本金约束强化的条件下，中央银行增加的基础货币只会滞留在银行体系内，而不会使信贷规模同步增加，因此货币扩张的作用不能传导到实体经济领域。但是，在实施紧缩性货币政策的经济扩张期，准备金约束因货币紧缩而加强，同时资本金约束基本不变，两方面作用的叠加仍然是约束增强，货币乘数随之下降，银行信贷扩张能力受限，信贷收缩，紧缩政策有效传导到实体经济领域。因此，货币政策的信贷传导渠道导致扩张性政策效应较弱，而紧缩性政策效应较强，也就是形成了非对称效应。厂商在经济周期不同阶段对新的外部融资的依赖程度不同可能会进一步强化这种非对称性。在经济扩张期，由于投资收益高，厂商净现金流充沛，净资产现值也相应增加，因此有较为充足的内源资金用于扩大投资，这种状态下通过资本市场融资也较为容易，使得厂商对银行贷款的依赖程度下降，信贷传导渠道的作用弱化。但在经济衰退期，由于投资收益降低，不论内源融资还是资本市场融资都较难获得，为满足扩大投资的资金需要，厂商可能不得不求助于银行贷款，对信贷融资依赖性的提高将使信贷传导更为有效。

另一方面，金融加速器理论也可以用来解释这种非对称性（Bernanke等，1999）。这一经典理论认为，在不完全信息条件下，银行面临逆向选择和道德风险，导致外部融资的代理成本高于内部融资。在这种情况下，厂商的投资水平就依赖于其资产负债表状况，较高的现金流量和资产净值不仅能够增加内部融资来源，还会因能够提供的抵押品增加而降低外部融资成本、增加外部融资；反之情况相反。这样一来，当厂商遭受经济中的正向或负向冲击，从而其资产负债表改善或恶化时，外部融资成本及可获得的外部融资变化会放大这种冲击对经济的影响。金融加速器效应在经济周期的不同阶段表现出不对称性，资产负债表对厂商投资的影响在经济衰退时期比扩张时期大。在经济衰退期，厂商资产负债表恶化，资产净值降低、抵押资产缩水，外部融资的代理成本上升、可获得性下降。此时实施扩张性的货币政策，资产负债表传导渠道不畅，因此对实际产出的影响较小（Bernanke 和 Gertler，1989、1995；Kiyotaki 和 Moore，2002）。

三、通胀预期调整的非对称性

Choi（1999）以美国历史数据为基础的实证研究发现，在紧缩的货币政策下，货币冲击会使经济主体做出通胀预期的调整，这种调整会影响名义利率水平，进而产生对经济的影响，但宽松的货币政策下，通胀预期调整则不会发生，因此形成了不同态势货币政策下货币冲击影响的非对称性。另外，一些学者认为通货膨胀或通货紧缩趋势会通过经济主体"随大流"的心理规律而形成适应性预期，因此不同的通货膨胀形势下，不同方向的货币政策具有不对称效应（Ball 和 Mankiw，1994）。具体来说，在通货膨胀趋势区间内，由于经济主体形成了价格水平持续上涨的预期，扩张的货币政策效果将得到加强，紧缩的货币政策效果则被削弱；相反，在通货紧缩趋势区间内，经济主体预期经济状况继续恶化，紧缩的货币政策效果会因此加强，扩张的货币政策效果被削弱。

四、货币政策操作规则的非对称性

欧阳志刚和王世杰（2009）以及李颖、林景润和高铁梅（2010）等指出，在经济高涨时，我国央行收缩流动性的目标是通胀压力，但当经济出现衰退时，流动性调控的主要目标是经济基本面，然而经济增速和物价下行不一定保持一致，也造成了货币政策效果的非对称性。刘金全和张小宇（2015）对中央银行的非对称偏好进行了识别，结果发现我国中央银行存在规避经济收缩偏好。尽管保持经济适度增长和物价稳定是一国政府进行宏观调控的主要目标，但与经济过热相比，经济低迷时政府进行宏观调控所面临的政治压力更大。徐小君和苏梽芳（2015）指出，与正的产出缺口相比，负的产出缺口对中央银行的损失函数影响更大。在总需求冲击存在非确定性的条件下，当中央银行面对负的产出缺口时，将执行更加谨慎的反周期调控。在稳定物价方面，中央银行为合理引导公众通胀预期，增强其在公众面前的信誉，通常与反向的通胀缺口相比，中央银行更厌恶正向的通胀缺口。在总供给冲击面临不确定性的条件下，当中央银行面对正向的通胀缺口时，将实施更加谨慎的反周期调控。Chen、Higgins、Waggoner 和 Zha（2016）构建了一个可追溯的接近中国货币政策真实决策方式的宏观经济模型，并分析了货币政策对产出和价格的量化影响，也论证了中国货币政策操作在不同的经济状况下非对称的特征。同时他们也指出，在长期内中国货币政策主要是依靠信贷渠道对投资的拉动进行传导。

五、消费品价格形成机制的不对称性

Awokuse 和 Wang（2009）指出价格传导过程可能存在明显的不对称性，零售商对最终价格调整需要一定成本，因此，只有当上游要素成本变动幅度较大，使得因调整价格而获得的利润超过"菜单成本"时，零售商才对下游价格进行调整。曹永琴（2010）基于中国的数据也验证了这一观点。Meyer 和 Cramon-Taubadel（2004）则观察到非完全竞争市场中，垄断地位的零售商将因成本上升而迅速抬高价格，而成本下降时其下调终端零售价格的行为会明显延迟。杨子晖、周林洁和李广众（2014）对物价传导的非对称问题进行了研究。他们指出，中国上游价格 PPI 的波动对 CPI 正向冲击更具持久性，在现实经济运行中，当上游的原油价格上涨，下游的汽油价格较快做出上调反应，而当上游的原油价格回落时，下游的汽油价格却缓慢回调。

第二节 基建投资对长期经济增长的影响

一、基建投资与经济增长关系的经验证据

（一）基建投资与经济增长的正向关系

前期的研究中，绝大多数的经验证据都肯定了基础设施投资规模上升与长期经济增长之间显著的正向关系。Aschauer（1989、1993）分析了基础设施投资对刺激经济增长动力的重大意义。他们认为，20 世纪 80 年代前后美国的经济增长放缓，出现瓶颈主要源自基建投资扩张不足。此后的一些经验证据也验证了这一观点（Munnell，1990、1992；Finn，1993）。Shioji（2001）对美国和日本的对比研究表明，基础设施投资与区域增长的关系虽然存在差异，但都非常显著。Esfahani 和 Ramirez（2003）从负面角度对这一问题进行了探讨。他们指出，如果一些非洲国家 20 世纪八九十年代在电信和能源基础设施建设方面投入能达到东亚地区的水平，其年经济增长率会高出 1.3 个百分点。基于中国宏观数据的实证研究，例如，Démurger（2001）、范九利与白暴力（2004）、郭庆旺与贾俊雪（2006）等，也都得到了类似的结论。

（二）基建投资对经济增长影响的短期和长期效应

与长期显著的正向关系不同，基础设施对经济增长的短期拉动效率仍存在一些争议。如 Holtz–Eakin（1994）和 Evans 和 Karras（1994）认为，Aschauer 的研究可能高估了基础设施投资的回报率，至少在短期内，公共基础设施的平均年社会回报率要低于私人资本的回报率，其产出弹性并不大。Nadiri 和 Mamuneas（1996）指出，美国高速公路投资不足的问题在20世纪80年代末得到显著缓解，公共资本的回报率达到21.5%，但仅为 Aschauer 估算的1/6。此后，Garcia–Mila 等（1996）利用1970—1983年美国州际数据检验了高速公路、供水和污水处理、其他公共投资对经济的影响，其结果显示区域间效率虽然存在差异，但这三类公共投资对经济增长的正效应在短期内均不显著。

一些学者从基础设施投资的特性角度对这种短期低效率问题进行了解释。如 Prud'homme（2005）指出，基础设施投资对经济发展的影响并非简单的线性关系，线性模型设定会产生估计误差。一方面，高额的初始成本与相对较低的可变运营成本以及供给上的不可分割性决定了基础设施建设只有完全竣工或达到一定规模时才能够提供或有效地提供服务。如水坝、桥梁、输电线路等，任何局部设施都不具有生产力。另一方面，基础设施因寿命长、不易移动而可能对未来数十年的经济地理或区域政策产生重要影响。Fernald（1999）对美国公路设施的研究发现，基本的州际公路网络完成后才能得到高额的投资收益，州际公路的完成引起了美国生产力的一次较大幅度的推进。Leeper、Walker 和 Yang（2010）利用新古典增长模型分析了公共投资作为财政刺激政策的效率。他们假定公共支出会滞后于预算赤字和期望财政调整，在短期内，这种滞后性导致政府的投资会对就业和产出造成负面冲击。Bom 和 Ligthart（2014）基于平衡预算的财政规则，利用迭代期限模型和小型开放经济体研究了公共基础设施投资对宏观经济的动态影响。在预算约束下，公共投资的基础来自税收增长，可能在短期内对产出产生负向的影响，但在长期其溢出效应和外部性显现，还是会对经济增长有正向刺激作用的。

很多国内研究都关注了基建投资的短期和长期效应差距，如范九利和白暴力（2004），范九利、白暴力和潘泉（2004）的实证研究表明，中国的基础设施在长期具有显著的增长推动效应，产出弹性大于非基础设施资本和人力资本，而且包含基础设施资本要素的生产函数表现出显著的规模报酬递增特征。在微观领域，张光南、李小瑛和陈广汉（2010）基于跨期利润函数和动态分析框架，利用中国1998—2006年各省工业企业面板数据，实证分析基础设施投资短期和长期差异化的产出弹性和投资弹性。范从来、盛天翔和王宇伟（2012）利用中长期贷款的数据来衡量基础设施领域的信贷投入，基于1998—2010年中国宏观数据的研究结论表明，短期贷款对经济增长的影响周期短，且容易形成通胀压力，而主要投放到基础设施领域的中长期贷款,对长期增长促进作用明显。

(三) 基建投资存量和流量水平与经济增长

在实证研究中,基础设施投资的水平有存量和流量两种衡量方式,从前期研究看,存量指标能更好地描述基础设施与经济增长的关系,流量指标则有更强的政策含义。

Agenor 和 Moreno – Dodson(2006)认为,因为对长期经济增长真正起作用的是存量而非流量,使用基础设施的资本存量而非支出流量作为测度指标才能准确估计两者的关系。踪家峰和李静(2006)、王任飞和王进杰(2007)、刘生龙和胡鞍钢(2010)、Fan 和 Zhang(2004)、Zhang(2013)等都采取了不同的实物基础设施指标,如公路(铁路)里程、交通设施密度、电话交换机容量、电话普及率、电力装机容量、能源消耗量等指标。采用实物存量或使用量指标的一个最大问题是,不同类型基础设施的实物指标很难加总。因此,研究者只能分别评价不同类型基础设施的经济效应,却难以对基础设施的整体效应做出准确评价。

Barro(1990)等学者则认为基建投资的流量更能体现政府特征,也有可取之处。如范九利等(2004)、郭庆旺和贾俊雪(2006)、张学良(2009)、李强和郑江淮(2012)等人使用了不同口径的基础设施投资规模作为测度指标对经济效率进行分析。张光南、李小瑛和陈广汉(2010)认为,因政府主要是通过调整基础设施投资流量改变其存量,故利用流量指标具有相对较强的政策含义。

二、基础设施投资影响对经济增长的机制

除了进行数据关系的经验分析外,更多的研究关注了基础设施影响实际经济增长动力的渠道和机制。事实上,基础设施本身就作为可度量的最终品直接增加产出,如石油天然气、水和电力就包含在 GDP 核算相应的产业部门构成中,而交通通信业直接包含在服务部门。基础设施还会作为资本品直接用于终端消费,或者作为中间投入提供生产性服务。Arrow 和 Kurz(1970)最早将公共资本存量纳入总量经济生产函数,而 Barro(1990)、Holtz – Eakin(1992)和 Eberts(1997)等也将基础设施作为单独的资本形式从总资本中分离出来,估计其产出弹性。Holtz – Eakin 和 Schwartz(1994)的经典研究将基础设施或公共资本单独的作为另一种生产要素,并与私人物质资本一起直接进入生产函数,在同一个框架下比较了两者的效率差异。

从前期研究看,基础设施对经济增长更重要的影响在于它能在长期内间接提升所有其他投入品的生产效率(Deloreme,1999)。事实上,一些基础设施并不在私人部门的控制下,也无法被私人劳动或资本要素替换。土地、劳动和物质资本的生产

率将因基础设施投资方便了商品服务的流通和能源的供给而提升，这些正外部性和溢出效应会刺激经济的长期增长。另外，基础设施投资的增长也有助于实现除短期经济增长外其他宏观经济目标，如就业、收入差距以及人力资本积累等方面，这些指标也会在长期内增加经济增长的内生动力。

在这一部分，我们将从生产效率、交易效率、外部溢出效应以及其他宏观目标四个方面来对基础设施投资间接影响长期经济增长动力的方式和渠道进行研究。

（一）基建投资对生产效率提高的影响

从前期的文献看，基础设施投资对生产效率影响的研究主要分为两个方面。一方面是探讨基础设施投资与全要素生产率之间的关系；另一方面是分析基础设施对企业成本控制能力的影响。

1. 全要素生产率方面。一些经典的宏观经济研究，如 Romer（1986）以及 Lucas（1988）等都关注到基础设施会改善投资环境，如"润滑剂"一样减少要素流动时的摩擦力，进而促进全要素生产率的提高。从实证角度看，Duggal 等（1999）将基础设施服务以影响技术因子的形式引入生产函数，认为其通过提高全要素生产率进而影响经济长期增长。Hulten 等（2006）通过希克斯中性的效率函数模型证实基础设施使平均生产（成本）函数向上（下）移动，提高产出效率。近期的研究中，Sharma 和 Sehgal（2010）检验了 1994—2006 年印度基础设施发展对工业生产率的促进作用，通过估计印度 8 个主要产业的全要素生产率和技术效率，发现基础设施对主要工业行业全要素生产率和技术效率有非常显著的正向促进作用。我国学者也利用国外前期研究的方法对中国的数据进行了分析。刘秉镰、武鹏和刘玉海（2010）认为，交通基础设施对全要素生产率的影响较大，2001—2007 年铁路和公路基础设施带动中国全要素生产率增长 11.1%，占全要素生产率（Total Factor Productivity，TFP）整体增幅的近 60%。不过，近期也有研究，如 Melo、Graham 和 Brage - Ardao（2013）指出，选择不同的产出函数会导致基础设施对区域增长影响存在不同程度甚至相反的效应。

另有部分学者特别关注了基础设施水平与劳动生产效率的关系。Agénor 和 Neanidis（2006）等指出，交通运输条件的改善可使工人上下班更加便利，从而更高效地工作，电力、电信及网络服务的普及提高了工人的工作效率。Easterly 和 Servén（2003）指出，拉美与东亚地区单位劳动力产出差异的 1/3 可归因于基础设施服务的不足。高翔、龙小宁、杨广亮（2015）利用第二次经济普查企业数据和县级高速公路数据验证了交通基础设施对服务业企业劳动生产率的促进作用。

2. 成本节约方面。稳定可靠的基础设施服务在一定程度上有利于保障企业有形资本的质量及耐用性、降低故障发生频率、减少私人维护成本、提高使用效率和延长使用寿命，从而降低企业运营成本；低劣、不稳定的基础设施服务会影响直接生产部门的正常运营，使现有生产能力得不到充分利用，限制了生产效率的提高和产出的增长。World Bank（1999）指出越南公路的平整度指标上升使得运输成本下降了20%—30%。Demetriades和Mamuneas（2000）运用12个经济合作与发展组织（OECD）国家的面板数据进行了联立估计。他们假定私人部门的资本有调整成本。结论表明，公共基础设施有节约成本、提高利润的作用。他们也指出，基础设施在多数国家短期回报很低，而长期回报很高，这意味着大多数国家短期供给过多，而长期供给过少。Moreno等（2003）在成本函数中将基础设施视为由政府免费提供的公共品，证明其改善了企业的决策环境进而影响其成本控制能力。Bougheas、Demetriades和Mamuneas（2000）指出，基础设施是能够显著降低中间投入品的生产成本，并能改善生产的专业性，提高长期增长动力。国内的研究中，刘阳和秦凤鸣（2009）分析了不同经济发展阶段中基础设施的适度规模和结构变化方向，认为中国的资源类基础设施（供水、供电和能源）与中、高收入国家的差距最大，制约相当一部分企业生产和成本管理。李涵和黎志刚（2009）通过实证检验，指出公路交通运输系统的改善可以使企业的物流更加便捷，从而企业能够通过降低库存水平来节约成本，最终带来社会总产出的增加。张志和周浩（2012）的实证结论表明，便利的交通基础设施可以加快要素流动，减少运输成本和交易费用，提高企业竞争力。

供电基础设施是最为典型的成本控制的影响因素，很多对欠发达国家经济增长的研究都关注了这个问题。Reinikka和Svensson（2002）对乌干达243个制造业公司的研究发现，1998年平均有89个工作日缺乏公共电力供应，这导致77%的大规模企业自己购买发电机，这些设备投入约占总投资的25%，增加了额外资本成本。Dollar等（2005）对多个发展中国家数据的实证表明，电力基础设施不足，会导致企业尤其是能源密集型行业的成本增加，竞争力下降。类似的，Philippe等（2011）指出，电网结构薄弱、供电能力不足和供电可靠性差是发展中国家的普遍问题，电力基础设施不足将促使企业占用生产资源来建设自备电厂，从而影响企业的投资能力。Fisher Vanden等（2012）估计，1999—2004年电力短缺对中国工业企业生产成本的影响接近20%。

（二）基建投资如何影响交易效率

交易效率的提升是基础设施对经济增长影响的另一个重要渠道（赵红军，2005），根据对前期文献的归纳，我们从信息传递、促进分工和贸易规模提升三个方面进行了文献梳理。

1. 信息传递方面。Anselin（2003）等研究认为，交通基础设施的发展完善有利于促进和扩大人员、商品的区域间交流，从而带动知识、技术的传播。新知识、新技术的产生往往始于空间上的某一点，发达的交通基础设施有利于将其通过商品、技术专家和劳务人员等载体迅速传播至周围的广大区域。Holl（2004）研究发现，西班牙制造业企业的空间分布受新建公路的影响，并且影响程度随着部门和区域的不同而改变。而服务业的发展一般相对集中，本地化特征相对明显。他们认为制造业对要素需求和产品销售相关基础理论的要求更高，服务业对良好通讯和网络基础设施的需求更高。信息传递效率主要体现在通信相关的基础设施方面，Canning（1999）使用57个国家1960—1990年的长期面板数据，检验出电话等通信设备的产出弹性较大，甚至超过道路存量的积累。Easterly和Rebelo（1993）使用100个国家（地区）1970—1988年的横截面数据，Haque与Kim（2003）使用15个发展中国家1970—1987年的面板数据，均发现公共通信投资具有显著的增长效应。Datta和Agarwal（2004）使用动态面板数据对OECD国家的估计结果显示，电信基础设施显著促进了这些国家的经济增长。而Madden和Savage（2004）基于宏观经济增长模型研究认为，电信基础设施普及在转型国家经济发展中发挥了重要作用。在我国的研究中，Fan和Zhang（2004）关注了基础设施对农村经济发展的显著影响。基础设施的存量规模和结构（通信/道路）能很好地解释全国各省份农村劳动生产率的差异，通信基础设施在其中发挥的作用要高于道路。

2. 促进分工，提高交易需求方面。以杨小凯（2003）为代表的新兴古典经济学认为，分工才是经济发展的根本原因，他指出基础设施水平的提高首先有利于交易成本的降低，即提高交易效率，而后通过扩大分工经济的空间进而促进分工演进和经济增长。黄玖立和李坤望（2006）指出，交通运输的发展使区域之间的产品交换成为可能，最终带来市场规模的扩大。市场规模与经济增长的关系理论上则被总结为"市场范围假说"，即市场规模决定劳动分工的精细程度：社会分工越细，规模经济和生产效率也就越高。骆永民（2008）基于分工理论构建了静态和动态均衡模型，其模型推导的结论表明，基础设施水平的提高可以通过改善交易效率和劳动效率促进分工演进和经济增长。

3. 贸易规模提升方面。一些经验证据表明，基础设施水平的变动与贸易规模之间存在显著的正向关系。如Yoshino（2008）发现，非洲低质量、不稳定的基础设施服务对制造业出口有不利影响。Michaels（2008）发现，美国州际高速公路网的建成将许多乡村地区连接起来，带动了这些地区与贸易相关的经济活动。Brooks与Hummels（2009）发现，基础设施建设有利于降低亚洲新兴市场的贸易成本，扩大该地区的贸易量、强化区域内外的贸易联系并促进经济发展。杨小凯（2003）指出，交通基础设施服务有助于生产资料及产品的空间转移，从而扩大市场范围，提高市场交易的能力和效率。比如，农村公路的建设促使粮食更快地向目标市场运输，从而扩大市场要求，而且一些特定的交通基础设施还是出口的主要先决条件。王永进等（2010）基于跨国数据的研究认为，良好的基础设施对于出口结构升级和出口技术复杂度提高有较好的解释力。

（三）基础设施投资的区域外溢效应

在前期关于基础设施投资与经济增长关系的相关研究中，不同的实证方法得到的结论相差很大，张学良（2012）从外溢效应的角度进行了解释。他认为，很多研究中设定的生产函数只考虑劳动与交通基础设施等变量对经济增长的影响，而没有分析新经济增长、经济地理等因素对经济增长的协同作用。他认为，基础设施投资，尤其是交通方面的投资除了对本地的经济增长有正向作用，也会对其他地区产生促进作用。

Cohen和Paul（2004）指出，某一地区基础设施的发展能在一定程度上降低相邻地区的运输成本和交易费用，对经济增长具有正的空间溢出效应。Cohen和Morrison（2004）利用1982—1996年美国高速公路数据的研究也得出类似结论。Hulten、Bennathan和Srinivasan（2006）关注了这种溢出的相互性，即交通基础设施建设既可以通过投资直接促进本省的经济增长，又可以通过溢出效应提高其他省份的经济增长，并再次间接地促进本省的经济增长。刘生龙和胡鞍钢（2010）通过空间计量方法的研究指出，交通基础设施有助于省际以及本省与国外的交流，通过这种交流可以提高本省的开放度进而有助于经济增长。刘秉镰、武鹏和刘玉海（2010）指出，交通基础设施对全要素生产率的影响中，溢出效应的贡献超过了75%。方文全、张勋（2013）通过估算中国1952—2010年水利基础设施资本的产出效率，证实公共资本具有显著的外溢效应。Xu和Nakajima（2015）指出，接入高速公路的县域可获得大城市经济增长的正向溢出效应，具有更好的发展潜力，尤其是重工业的增长将明显受益。

李涵、唐丽森（2015）基于微观视角，从企业股权性质的角度对基础设施在不同地区的溢出效应进行了研究。外省公路设施的增加能够显著降低本省企业的存货水平，即具有显著的空间溢出效应。交通基础设施投资带来的区域经济一体化，也是其外溢效应的一种典型表现。张学良（2012）认为，中国具有相似国内生产总值（GDP）的省份虽然在吸引生产要素方面存在着竞争关系，但它们的空间聚集效应可能更为明显，相邻地区的经济增长存在示范效应、带动效应与模仿效应。他利用基于人均GDP空间权重矩阵构建的实证模型中检验了这种异地基础设施的空间溢出效应，以及这种空间一体化的外部性。类似的，Démurger（2001）发现，基础设施的发展对中国地区经济发展差距有较强的解释力，基础设施水平的提高对于帮助内陆地区接受沿海地区的辐射有很重要的意义。Baum-Snow 等（2007、2010、2012）的一系列研究指出，中国城市圈交通基础设施，城市周边、城市间高速公路和铁路交通的改善会导致次郊区化，经济活动会沿着城市周边的交通支线和环线向外扩散。

（四）基础设施投资对其他宏观目标的影响

一些学者发现，基础设施等领域的公共投入，除了直接或间接影响短期经济增长外，也会对其他宏观目标有正向的激励作用，主要包括收入分配效率、人力资本提升以及提高就业水平三个方面。在收入分配方面，主要是针对发展中国家的实证分析。如 Datt 和 Ravaillon,（1998）指出，20 世纪 60 年代到 90 年代，印度农村的生活水平大幅改善主要得益于基础设施的发展。Démurger（2001）和 Cohen 与 Paul（2004）的实证都表明，基础设施领域的投资可以缩小地区间经济发展差异，促进各地区经济互动发展。Gibson 和 Rozelle（2003）指出，缺乏基础设施是导致巴布亚新几内亚农村地区贫困的主要原因。Duflo 与 Pande（2007）发现，印度拦河大坝通过灌溉改良显著降低了下游地区的贫困发生率。Calderón 和 Chong（2004）以及 Calderón 和 Serven（2004）均使用跨国的长面板数据估算了基础设施对基尼系数的影响。Brocker 和 Rietveld（2009）指出，发达国家和发展中国家的决策层会选择利用交通运输基础设施投资来减少区域不平衡和提高地区经济增长速度。Donaldson（2010）发现，印度铁路降低了贸易成本，提高了真实收入水平以及社会福利。国内研究方面，林毅夫（2000）指出，基础设施不足是限制中国农村地区居民实现其消费意愿的主要原因，加快农村基础设施建设是解决"三农"问题的首要政策。Fan 等（2002）验证了中国 1978—1997 年基础设施，特别是公路和电信的扩张对农村地区减贫的重要意义。郭劲光与高静美（2009）指出，提高基础设施存量和质量都会降低贫困的发生率，其中水利、能源对减贫的影响最明显。Zheng 和 Kahn（2013）指出，北京奥运会期间基础设施建设在长期促进了北京居民，尤其是低收入居民的收入增长和资产增值，并加速了餐饮等服务行业的发展。

此外，国内相当多的学者关注了基础设施投资与城乡收入差距的负向关联。如骆永民（2010）发现，基础设施尤其是交通、通信、环保这三类基础设施的城乡差距越大，工农业人均产出、城乡生活水平以及城乡社会性基础设施的差距就会越大，农民获取工资收入的机会也就越小。刘生龙和周绍杰（2011）验证了基础设施的可获得性与中国农村居民收入增长的关系。刘冲等（2013）指出，高速公路可达性有利于缩小中国城乡收入差距。在其基础上，刘晓光、张勋和方文全（2015）指出，普通公路和通信基础设施可以带来更为显著的收入分配改善效果。一方面，基础设施投资可以同时提高农村居民收入和城镇居民收入，是一种帕累托改进，且对农村居民收入的提升作用更为显著，因而总体上可以缩小城乡收入差距。另一方面，基础设施能够有效促进农业劳动力向非农部门转移，从而提高农业部门边际劳动生产率和农村居民收入，进而缩小城乡收入差距。

在微观层面，张勋和万广华（2016）运用中国健康与营养调查数据，估算中国农村基础设施对包容性增长的影响。实证结果表明，固定电话和自来水等农村基础设施总体上有利于提高农村居民的收入水平，从而帮助缩小中国的城乡收入差距。此外，它们还指出，收入较低的群体从农村基础设施中获益更多，这意味着农村基础设施还可以改善农村内部的收入不均等。

人力资本提升方面，Brenneman 和 Kerf（2002）指出，基础设施质量的提升明显改善了居民的健康状况及受教育水平。Leipziger 等（2003）实证表明，排水及卫生保健基础设施的普及有助于提高居民整体，尤其是儿童的健康水平，降低疟疾的发病率，降低婴儿和儿童死亡率。Saghir（2005）则指出，电力的普及便于提供健康服务及医疗设备的正常运行，高效电炉等烹饪用清洁能源取代生物燃料，能降低室内空气污染和呼吸系统疾病的发病率。Wagstaff 和 Claeson（2004）的实证结论表明，通信和交通运输网络有助于医疗保健的普及，大幅降低了婴儿和产妇死亡率。Levy（2004）认为，优良的交通运输体系有利于提高学校的入学率、降低辍学率，并且加强农村和城市地区的联系，便于招聘教师，提高教育质量；电力及通信的普及有助于改善学习环境，增加学生学习时间，并且提高电子设备的使用机会有效了解外部信息，有助于提高学习质量。Agénor（2008）强调了公共基础设施服务对人力资本的影响。他们指出，良好的基础设施服务有助于健康水平的提升和教育投资的改善，从而提升社会的人力资本水平，有利于经济的健康持续发展。Chin、Kahn 和 Moon（2017）分析了首尔地铁建成对周边居民生活边际效用的改善情况，从交通需求、时间价值以及房地产价值等方面提升了个人效用。分组研究表明，这种提升对科研人员的效益更强，最终基建投资会带来整体社会福利的增加。

减少失业方面，从数据上看，基础设施与就业水平存在显著的正向关系。Eisner（1991）指出，大部分基础设施使用年限较长导致其对就业的促进有持续性，Duffy–Deno 和 Dalenberg（1993）则从投资周期的角度分析了这种时滞。他们指出基础设施投资周期较长，对短期就业的提升较为缓慢。但长期来看，一方面基础设施作为生产投入要素影响生产从而影响厂商的劳动力需求；另一方面又作为市政设施吸引更多工人，对劳动力供给有正效应。Duranton 和 Turner（2012）的实证研究表明，长期以来，美国公路建设对就业的促进作用非常明显。但基础设施既作为免费的厂商生产要素，又是消费者的市政设施，在研究中可能无法确定其就业效应是因为基础设施提高厂商生产率导致劳动需求增加，还是因为市政设施改善使得劳动供给增加。

在微观层面，张光南、李小瑛和陈广汉（2010）基于跨期利润函数和动态分析框架，利用中国1998—2006年各省工业企业面板数据实证分析基础设施投资短期和长期的就业效应、产出弹性和投资弹性。在短期内，基础设施对就业的拉动是因为中西部基础设施投资对当地劳动力产生较大需求，但长期而言，基础设施建设完成后将为中西部的劳动力向经济发达的东部地区迁移和就业提供便利。

三、如何解释基建投资对经济增长影响的结构性差异

值得注意的是，相同规模的基础设施投资，在不同的地区和时期对经济增长的影响存在较大的差异。如孙早、杨光和李康（2015）以中国2003—2012年间的面板数据估计了中国不同区域基础设施建设投资与经济增长之间的关系，指出基础设施建设投资与东、中部地区经济增长之间存在着显著的"倒U型"关系；相反，高强度的基础设施建设投资对西部地区经济增长产生了抑制作用。Elburz、Nijkamp 和 Pels（2017）对1995—2014年期间的42篇关于基础设施与经济增长关系的实证文献进行了综合的元分析（meta - analysis），结果表明，样本的国别和经济环境选择对最后结论的正负显著性有较大影响。

要合理地对这类现象进行解释，需要深入分析基础设施投资的实际效率可能受到的影响因素。本书将前期的研究归纳为虹吸扩散效应、禀赋差异、投资瓶颈、挤出效应和市场失灵五个方面。

（一）交通基建投资的虹吸与扩散效应

交通运输基础设施的发展会通过运输成本降低促进区域间的产业集聚或扩散，并改变前期经济产业的分布格局。一般来说，这会加速周边城市或地区的要素资源向中心城市转移，增强区域中心城市对周边城市的经济集聚，同时可能抑制相邻非中心区域的经济增长动力（Krugman，1999；Boarnet，1998）。Chandra 和 Thompason（2000）对美国1969—1994年区域增长数据的研究表明，高速公路贯通与否造成不同区域增长潜力的差异。刘勇（2010）研究了这种效应在时间和空间两个维度的特征。他指出，外地公路水运资本存量对东部地区区域经济增长始终呈现明显的正向作用，对中部地区的影响则由负向效应转向正向效应，对西部地区的影响在1995年

之前存在正向效应，1995年之后不显著。在时间上，随着外地交通基础设施的增加，区域间的运输成本降低，区域市场规模扩大，会带来市场规模效应；在空间上则存在产业的虹吸与扩散，两者效应的叠加会使得基础设施投资在某个节点对经济增长的影响有不确定性。张志和周浩（2012）指出，由于虹吸效应存在，我国交通基础设施改善对全国经济的促进主要集中在沿海省份，对中西部地区存在一定的负向作用。近期，李煜伟和倪鹏飞（2013）以及Faber（2014）对国内高速公路网络建设的研究也得到了类似结论。

高铁对于中国而言不仅是一种交通基础设施的建设，而且被认为是一种生活、生产和信息传递方式的变革。近期对高铁和区域经济增长的研究较多，Preston与Wall（2008）和Hall（2009）指出，高铁提升了所连接大城市的交通可达性时，也使得沿途的中小城市被忽略，进而产生"隧道效应"，增长效率反而降低。Qin（2014）指出，中国铁路在2004年和2007年两次提速升级的过程增强了铁路节点城市对沿途中小县城的经济集聚。张克中和陶东杰（2016）将高铁开通作为一项"准自然实验"，他们利用2001—2012年地级市面板数据的研究表明，高铁开通显著降低了沿途非区域中心城市的经济增长率，距离区域中心城市越近的地级市受到高铁开通的负向影响越大。

张学良（2012）从人口流动角度分析了这种虹吸与扩散的问题。由于交通基础设施网络性与空间外部性的存在，地区间交通基础设施的发展可能会加快劳动力的跨区域流动。特别是当落后地区的投资环境、城市化程度、人力资本素质等因素还没有得到根本改善之前，跨地区交通基础设施的加快建设会强化发达地区对落后地区各类生产要素的虹吸效应。这也导致一直以来，中国区域劳动力流动从总体上表现出由中西部落后地区向东部沿海地区的单向流动特征。

（二）区域经济基础、产业结构特征的禀赋导致基建投资效率不同

早期的研究中，Wylie（1996）指出，与美国相比，加拿大人口密度较低，实际的基础设施需求可能更高。Röller与Waverman（2001）基于跨国数据的分析表明，电信基础设施对产量的影响在技术普及程度较高的国家更为明显。Rud（2012）针对印度经济发展的研究表明，电力供应设施是影响区域企业生产效率的重要指标，而垄断程度的提高会扩大效率差距，高电力供应地区会随着垄断程度的提高效率增加，而电力供应不足地区垄断程度提高会降低全要素生产率。Klakegg和Haavaldsen（2011）指出，决策效率高、偏向于短期目标的政府可能有更好的项目投资效率，但会影响可持续性。决策机制复杂的政府治理机制会有更好的长期可持续效率。

张光南、洪国志和陈广汉（2013）基于微观数据的研究发现，中国制造业与基

础设施的空间分布具有一致性，但产业集聚程度不同导致基础设施效率差异显著，高集聚产业厂商依靠完善的基础设施网络联系产品和要素市场，因此其他地区基础设施网络改善能使其生产成本降低，产生显著为正的空间溢出效应，分散分布的低集聚产业厂商则产生负效应。李扬（2014）指出，若当地工业水平较低，继续投资建设大型交通基础设施，并不会带来长久的经济增长。良好的交通运输条件对于工业水平较高的地区来说，则是一种经济润滑剂，有助于减少企业交易成本，对经济增长有着促进作用。何晓萍（2014）利用能耗效应解释了同等幅度电网密度增加使得西部地区经济增长幅度最大，东、中部经济增长幅度较小的现象。高翔、龙小宁和杨广亮（2015）指出，人口规模和产业多样性方面具有优势的大城市，本身就具有城市服务业的优势，当基础设施改善降低了所有城市服务业的贸易成本从而加强了各城市间一体化程度之后，大城市服务业获得了更多的市场份额，而中小城市可贸易服务业至少在短期内会受到负面影响。

（三）基建投资的边际效率下滑与瓶颈

与其他领域的投资一样，基础设施在短期或者中期内存在最优的投资规模，边际效率呈现下滑态势，即存在着投资的瓶颈。例如，高速公路的修建有利于企业生产效率的提升，但高速公路一旦建成，在不拥挤的情况下再修建新的高速公路，或加宽之前的公路并不会提高生产率水平（Hulten，1996）。

论证基础设施投资的经济效应非线性的经验证据较多（Duggal 等，1999；Demurger，2000 等）。Hurlin（2005）通过理论分析指出，当可用的基础设施存量很低时，其边际生产力与其他投资并无二致；当基本的基础设施网络初步形成，其边际产出将明显高于其他类型投资；当主干网络全部形成，继续投资的边际产出将与其他投资相近，甚至更低。Straub（2008）的研究也得到了类似结论，大规模基础设施的初始投资可能有很高的回报率，但追加新投资不一定还能产生同样的高回报；当基础设施建成之后，维护投资可能要比新建投资的回报率更高。Ghazanchyan、Marto、Jonas 和 Douglass（2017）利用一个动态的小型开放模型来分析三个东南亚国家（柬埔寨、斯里兰卡和越南）公共投资、财政收支结构与经济增长的关系。他们指出，前期随着公共投资规模的扩大，政府的投资效率会逐步提升，且在资金来源方面，税收收入和债务增长之间也存在最优的结构选择，在 GDP 增速较高时，增加税收是比增加债务更优的决策，过高的债务水平带来的负面问题可能成为基建投资边际效率下滑的瓶颈。

不少国内学者利用这种投资瓶颈问题来分析基础设施效率的区位差异性。如刘升龙与胡鞍钢（2010）和金戈（2012）利用基础设施投资瓶颈的观点分析了西部大开发战略在前期和后期效率的差异。张志和周浩（2012）验证了中国公路溢出存在边际报酬递减的特征，而铁路投资尚未进入瓶颈期。郑世林、周黎安和何维达（2014）指出，在电信行业发展初期（1990—1999年），移动电话和固定电话基础设施的发展共同促进了经济增长，在进入2000年以后，虽然移动电话基础设施对经济增长仍然具有显著的正向影响，但是对经济增长的贡献在逐渐递减，而固定电话基础设施对经济增长已经呈现出负向影响，说明由于用户萎缩固定电话基础设施已经出现闲置征兆。孙早、杨光和李康（2015）指出，过量基础设施投资会导致产能过剩，且由于投资资金主要来源于银行贷款，一旦还款压力突破极限，会造成银行大量坏账，影响长期经济增长的动力。胡李鹏、樊纲和徐建国（2016）指出，西部地区基础设施在总资本中的占比，以及人均基础设施存量都显著高于东部和中部，这是其投资回报率低于中部和东部的主要原因。

（四）基建投资对其他领域投资的挤出

基础设施领域的投资规模扩大对其他部门，尤其是对民营、制造业等与内生增长动力相关部门的挤出，现实中可能并非一个熨平经济周期和就业不足的有效工具（Deloreme，1999）。Bougheas、Demetriades和Mamuneas（2000）将基础设施视为一种能够降低中间投入品固定生产成本的技术，随着分工和中间投入品的拓展，经济获得内生增长动力，但这种投入也会挤出用于生产最终物品的资源，机会成本也会对经济增长起到抑制作用。Riedel、Jin和Gao（2007）利用Scott经济增长模型的理论分析指出过量的基础设施投资会对其他部门投资规模产生较大的负面冲击。Cavallo和Daude（2011）利用116个发展中国家1980—2006年的宏观数据分析指出，多数制度透明度和国际开放度较低的发展中国家挤出效应不显著。Abiad和Tobalova（2016）在Auerbach和Gorodnichenko（2013）研究的基础上，利用1985—2013年OECD国家数据的研究表明，只有在经济衰退和货币宽松政策条件下，挤出效应才会相对较弱。

基于中国数据的经验研究也证实了这一观点。方红生和张军（2009）认为，快速的基建投资能强有力地阻止经济下行，但这是以民间消费和投资需求的下降为代价的，从长期看可能会削弱经济的复苏动力。过于积极的逆周期财政政策，实际上是一种导致经济不稳定的加速器。黄亭亭和杨伟（2010）指出，财政刺激的效率会由于挤出效应存在而大幅下滑。张光南、李小瑛和陈广汉（2010）与唐东波（2015）认为，市场环境的改善和开放水平的提升可以缓解这种问题，就中国来看，不发达的中西部地区挤出效应更为严重。刘伟和李连发（2013）指出，软约束的政府平台融资对民间投资挤出明显，长期看其资源配置的效率损失比正向的经济刺激作用更大。Bai、Hsieh 和 Song（2016）指出，政府融资平台过度的融资对市场资金价格产生了明显的挤出效应，将私人企业的资金成本提高了近 5 个百分点。

（五）市场失灵与基建投资效率下滑

基础设施投资的决策过程存在非市场化的机制，必然伴随的就是市场失灵等情况（Prud'homme，2005）。学者们通过差异化的廉洁（腐败）程度来论证这些区域基础设施投资效率的不同。Cain 和 Rotella（1990）认为，腐败对公共投资决策的扭曲主要表现为鼓励出台许多大型和不必要的公共基础设施投资项目。Mauro（1998）认为，基建项目相对于社会性支出项目存在更大的寻租空间，也更难被监管，更容易滋生腐败，这使得政府官员对它们产生偏好差异，进而导致支出结构变形。Del Monte 和 Papagni（2001）也利用意大利的数据对这一观点给出了经验上的支持。从趋势看，整体廉洁度较低的国家和地区，会存在公共投资从文化教育公共卫生等社会性支出领域向大型基础设施建设的经济建设性领域转移的趋势，其后果是社会文教支出不足，以及经济建设支出的膨胀。

微观研究方面，Kenny（2009）使用世界银行的早期企业调查数据的研究表明，腐败与各种基础设施质量度量指标之间存在着负相关关系。Gillanders（2013）从国家和地区层面考察了腐败对电力、交通及电信基础设施质量的影响，得到了类似结论。Breen 和 Gillanders（2012）指出，政府的腐败程度上升，会导致投资决策中的资源配置被扭曲。在国内研究方面，刘穷志与何奇（2011）和黄寿峰（2016）指出，廉洁度较高的区域基础设施的效率也更高。

第三节　基础设施投资的决策机制

基础设施投资能带来经济增长的同时，经济的发展也会提高对基础设施的需求扩大供给能力。由于内生性的存在，一些学者，如 Wang（2002）指出，仅仅依靠简单的因果关系可能高估了基础设施投资与经济增长的联动关系。张军和金煜（2005）指出，公路里程等存量基建设施与经济增长在计量结论上存在负向关系，主要是由于较高的交通设施存量与地区的面积广阔存在内生关系，中西部地区的省份道路存量较高，但实际上运输成本很高。因此，对于基础设施投资的决策机制的研究也非常有益于我们理解其对经济效率的真实影响。在这一部分，我们从内生性、经济需求和政治因素等方面对这一问题进行梳理。

一、经济需求对基建投资决策影响的分析

需求是决定基建投资决策最重要的因素，大多数政府部门都将经济增长以及缩小收入差距等民生目标作为国家治理的基本方向，进行基础设施投资也要考虑对这些领域的长期影响。另外，包括中国在内的一些政府主导经济的国家，与财政支出相关的基础设施投资也被认为是一种有效的逆周期调控机制。

Randolph、Bogetic 和 Hefley（1996）使用 1980—1986 年 27 个低收入和中等收入国家的数据研究表明，影响一国人均基础设施投资最重要的因素是劳动参与率、城镇化率和经济发展阶段。Castells 和 Albert（2005）利用西班牙的面板数据研究表明，中央政府和地方政府对于公平（投资到更低效率的区域）和效率（投资到高生产力的区域）态度有所差异，中央政府可能更倾向于公平目标。Deninger 和 Okidi（2003）通过对 20 世纪 90 年代乌干达的研究认为，改进基础教育、提高卫生保健的普及率对经济增长极其重要，但要依赖电力、交通及其他基础设施的配套性互补投资，因此基础设施投资选择可能会优先考虑对增长瓶颈有约束的项目。Romp 和 DeHaan（2007）对基础设施配套性、整体状况及网络化程度的研究也得到了类似的结论。Gonzalez-Navarro 和 Turner（2016）分析了全球 632 个大城市地铁系统的经济效应，实证表明地区发展水平会对修建地铁概率产生影响。他们认为，这种内生性的存在可能使我们高估了地铁建设对经济增长的正向刺激作用。

在政策工具方面，张学良（2012）通过典型案例和实证分析指出，基础设施投资是政府调控经济增长的重要手段。Leduc 和 Wilson（2013）指出，1983—2010 年的长期样本中，基础设施投资对经济增长和就业的长期效应并不明显，但在 2009 年经济衰退，货币政策效率较低期间，基建投资展现了较强的增长和就业拉动效果。他们认为，基础设施投资作为一项逆周期财政政策是可取的。

二、基建投资的政治因素

与中国地方政府资源权力集中不同，多数国家政府基础设施投资决策受到较多内在或外在因素的制约，其中政治相关因素比较典型。本书主要从政治需求、政治环境以及官员评价和能力三个方面对相关文献进行归纳。

在政治需求方面，很多国家的基础设施投资决策会与政府"拉选票"的行为相关。Cadot、Roller 和 Stephan（1999）认为，相对于小企业而言，已经有较大规模前期投资，沉没成本更大的企业会更有积极性去游说政府维护和更新基础设施。因此，地方基础设施的投资水平与当地的产业结构、市场结构关系紧密。制造业企业数量

较多，可能有更强的动力去游说政府进行投资。另外，生产规模大的企业市场范围和原材料来源往往更多元化，因而对基础设施有更强的需求。Kamada、Okuno 和 Futagami（1998）指出，日本建筑行业对政府进行游说，希望增加基础设施投资规模的概率较大。Johansson（2003）和 Cadot 等（2006）等研究指出，中央政府获得边际选票支持力度更大的区域，会更容易获得基础设施投资，这在全票制选举（Plurality - voting）国家更为明显。也有的研究，如 Jametti 和 Joanis（2016）指出，中央政府可能会将更多精力放在提高投票中反对区域的支持率。Fiva 和 Natvik（2013）分析了挪威的政治选举与公共基础设施投资之间的关系，指出政客更高的连任概率会刺激其公共投资的动力，且会倾向于现任政党改革支持领域的相关项目。

在政治环境方面，Randolph 等（1996）指出，较完善的政治制度会增加私人供给基础设施的可能性。Henisz（2002）使用 100 多个国家长达两个世纪的数据研究发现，政治环境是解释国家间基础设施投资差异的重要决定因素。完善的政治制度，如政府不干预私人产权方面的承诺促进了微观企业发展，提高了基础设施的边际产出效率，进而提高了国家长期保持基础设施投资的动力。

Kemmerling 和 Stephan（2002）认为，城市议会的稳定性决定了基础设施的投资力度，如果多数派规模越小，则在基础设施投资上的规模越大。Stephan（2002）指出，由于企业的"游说"议员为利益群体争取地方建设经费会影响基础设施投资决策，不同层级政府的政治派系的异同还会造成基础设施投资拨款在不同政府间的配置扭曲，性质相同的政党至少能够节约上下级间的谈判成本。如果一个城市在选举中的地位更重要，则将获得更多的拨款以扩大投资，即如果有大量选民对两个政党都没有特别的倾向，那么他们可能被拨款带来的基建投资所收买。Battaglini、Nunnari 和 Palfrey（2012）利用动态均衡模型分析了政府财政支出在基础设施投资与消费之间的权衡问题，认为预算立法部门在区域内与当地经济企业部门的博弈交涉能力影响了最优的公共政策决策，较高的协调成本可能导致财政支出过多地分配到短期消费中，而忽视了长期的公共资本积累。Kemmerling 和 Stephan（2015）研究了西欧国家政治体制对基础设施投资区位分布的影响，控制基建投资对增长影响的内生性因素的实证研究表明，宏观层面上国家政治机制在一些准则和选举制度上对公平和效率的权衡不同，最终对基础设施投资资源分配决策影响较大。例如，公共投资会较多地向被左倾政党或分裂主义政党控制的区域倾斜，这一点在联邦制国家更为明显。

在官员评价和能力方面，Kamada、Okuno 和 Futagami（1998）指出，日本城市基础设施投资规模与该国官员考核机制密切相关。Evans（1992）指出，亚洲"四小龙"高速增长阶段，政府主动地通过基建投资帮助私人部门提高生产率进入国际市场，这背后的原因是官员的职业化，具体表现在官员素质和平均任期——一方面是可以限制寻租活动，另一方面任期延长能改善政府提供基础设施的激励。Rauch（1995）利用美国的长期数据找到了类似的证据。他们指出，城市公职人员必须通过考试的制度推行后，官员在当期目标（警察、火灾防范）和长期目标（基础设施投资）之间，政府会倾向于长期的目标，而前期的委任制政府和城市管理者政府的政治环境下，基础设施领域的投资规模偏低。

第四节　中国基础设施投资的内在逻辑

在西方，经济资源多数为私人部门或家庭拥有，经济决策和经济活动多由这些私人部门来做出和安排，与地方政府关系相对并不密切。在中国，经济不仅在行政管理体制上被分割成了最小的行政单位，而且在一个行政区域内，几乎所有的资源都控制在地方政府手上，有效率的经济增长需要在层层的分权和调动了基层政府的积极性后才会发生（张军，2012）。这使得在分析中国基础设施投资的原因时，除了上述一些普适性的因素（需求、禀赋、政治等）外，更要重点关注地方政府的治理机制和决策方式。

一、地方政府的基础设施投资动力

地方政府的目标和治理机制，其核心在于官员本人的激励方式。在改革开放和政府职能转变的过程中，中国所经历的政府多级财政分权和单一政治集中相结合的分权模式把公共部门的"多任务目标"治理变成了地方政府之间的简单的"政绩竞赛"模式，它以一个自上而下高度分权的结构制造了政府间"为增长而竞争"的发展共识和强大激励，中国的经济增长就是这个机制的产物。张军、高远、傅勇和张弘（2007）认为，基础设施投资内生于经济增长，其决策（包括更一般的经济政策制定）应该从在位政府官员最大化其目标函数中来寻求解释。具体而言，预算赤字与 GDP 的比率是评定地方绩效的核心指标，一直以来经济增长与基础设施投资相互促进的正反馈机制，已经逐步让地方政府形成了对基础设施投资的偏好。张军和高远（2007）观察到官员的任期对基础设施投资的选择有较大影响，如果官员在某一职位任职时间过长或面临年龄限制而即将终结任期，就会改变目标函数和决策方式，弱化激励水平。限制或缩短任期在一定程度上能扭转这个目标变化的问题。另外，如果官员预期的任职时间仅是短暂的或者过渡性的,那么就会导致其短视而倾向于选择短期项目。张晏和夏纪军(2005)指出,地方政府政绩竞争的重要策略就是为地方经济"招商引资",尤其是竞相吸引外商直接投资。从现实看,地方政府改善基础设施很重要的动力之一就是为了吸引并留住 FDI。张军、高远、傅勇和张弘(2007)从招商引资竞争角度分析了中国基础设施水平在沿海和内地之间显著的差异。范剑勇和莫家伟(2014)从政府债务效率的角度研究了基础设施投资与引资竞争的关系。他们分析了政府举债的成本,以及能带来的直接投资回报和在引资竞争中获胜带来的相对回报,并以此论证了地方政府对于基础设施投资规模上升的偏好。

二、地方政府的基础设施投资能力

中国政府建设基础设施的能力远强于欧美等发达国家,这一方面与中国政府官员的素质和锻炼方式有关,另一方面也与地方政府强大的资本支出能力有关。

(一)官员素质与锻炼方式

改革开放以来,中国加速了党和政府官员(包括中央和地方)人力资本的更新速度,较好地实现了地方政府转型和向职业化的技术官僚结构的变迁。这被 Treisman(2000)等学者认为是中国的地方政府比印度和俄罗斯的地方政府鼓励经济增长方面的作为表现出色的重要体制原因。这也符合前期文献中总结的文官制度对于基础设施投资正向促进的观点(Evans,1992)。

此外,政府以经济增长为核心的业务模式已经形成。张军、高远、傅勇和张弘(2007)指出,由于面临财政分权和垂直政治集中的双重激励,中国的地方政府对于经济增长目标的看重远强于收入分配。中国地方政府的职能,包括组成部门也大多从管理部门逐步转变为经济增长促进部门,实现管辖领域的持续经济增长成为其核心工作。

(二)"土地财政"与基础设施投资的融资能力

在国外对基础设施投资决策的相关研究一般认为公共部门的财力是一个比较严格的约束,但在中国,财政分权机制、"土地财政"以及政府平台的融资模式导致这种约束机制被削弱。中国地方政府强大的资本支出能力在基础设施资本形成中扮演着重要的角色。张军(2007)指出,在 1979—1993 年间中国的资本产出比率只有个位数增长,之后开始加速达到每年大约 13% 的水平,而且几乎所有的省份都经历了跳跃式的增长。他们认为,这种效率提升来自财政分权政策的收益,独立的税收机制使得中央政府税收不会对地方政府扩大税收的努力和激励产生冲突和负面作用,而增值税相对于财政收入更加透明,税基扩大一定与地方政府发展经济的努力程度成正比。从结果看，在中央财政收入占比上升的同时，地方政府的财力水平也持续上升，为基础设施投资提供了重要的基础保障。

方红生和张军（2009）认为，与欧美国家相比，中国地方政府可以在经济衰退时期实行财政扩张政策，其主要原因就是地方政府融资平台的投融资模式，城投公司以少量财政资金和划拨土地等政府资产作为资本金，利用对一些基础设施的定价权（公用事业费、公路桥梁收费权等）或依赖政府未来财政收入流量来发行债券或向银行融资。在经济下行阶段，银行和市场会认为基建投资属于优质资产，且政府项目存在软约束和隐性的刚性兑付，是更可靠和安全的资金配置方向。

"土地财政"是地方政府投资能力的另一个重要支撑（陶然、袁飞和曹广忠，2007；郭艳茹，2008；Shih，2010等）。郑思齐、孙伟增、吴璟和武赟（2014）指出，一方面，土地价格上涨能够同时通过土地出让收入和土地抵押借款两种融资渠道放松地方政府面临的预算约束，从而显著带动城市基础设施投资规模扩大；另一方面，城市基础设施投资又能够在短期内显著地资本化到土地价格中，从而形成土地价格和城市基础设施投资间自我强化的正反馈过程。此外，地方政府可以通过主动调节土地出让规模强化上述模式的效果。

王贤彬、张莉和徐现祥（2014）认为，在当前政治集权和经济分权的体制下，中国地方政府官员为了追逐政治晋升收益与私人经济收益，会在垄断的土地市场上策略性地设定土地出让价格与土地出让规模，进而利用土地出让收入与相关税收收入，投资公共基础设施以推动经济增长与获取财政收入。地方政府官员的晋升动机越强，向中央发送能力信号的效率越高；提供基础设施的效率越高，受到的监管越严格，地方政府税收留存比例越高；土地原始征用价格越低，则地方政府官员倾向于出让更多的土地、提供更多的公共基础设施，实现更高的经济产出。

三、基于"土地财政"的基础设施投资的负面影响

地方政府依靠"土地财政"和政府平台机制带来的强大的投资能力推动基础设施投资的持续上升，同样存在成本。除了上一部分提到的基建投资过多带来的边际效率下降、投资瓶颈、挤出效应以及市场失灵等方面外，这种决策的能力本身也伴随着长期的风险和负面效应，主要包括"土地财政"的寻租空间以及政府债务长期风险积累两个方面。

（一）政府目标偏离与寻租空间

无论是从国际还是国内的经验看，财政分权的潜在成本和风险同样很大，要确保上下级政府的"激励相容"和协调利益难度会上升。一方面，地方增长目标的追

求在经济上行阶段并不存在很大问题，经济增长带来的外部性可以解决很多社会矛盾。但是，在供需结构性失衡的下行阶段，纯粹的地方经济增长与大的结构性改革之间还是存在冲突的，而且在短期内从机制上很难扭转这一激励模式。另一方面，"土地财政"和基础设施投资的过程会存在更为严重的寻租空间。张军等（2007）认为，政府官员寻租机会在政府提供的公共品中是不同的，相对于投资人力资本（基础教育、公共卫生等）或其他社会公共服务，在基础设施和城市建设上的投资活动更容易给潜在的竞标人创造寻租和政府官员腐败的机会。Tanzi 和 Davoodi（1997）利用跨国数据的研究表明，地方政府官员支持基础设施投资有时候并非出于长期经济增长动力的需要。政府官员对于新建道路、桥梁、港口这些容易识别的基础设施投资有很高的积极性，并倾向于人为扩大这些项目的规模，增加其复杂程度；但对于运营和维护那些前期建设的设施并不愿意做合理的支持，因为由此获得的政绩并不显著。刘穷志和何奇（2011）与刘勇政和冯海波（2011）则指出，"土地财政"所带来的腐败机会可能会刺激财政支出规模的过度膨胀，支出结构扭曲，从结果看，可能会推高基础设施建设支出的比重，降低社会文教支出的比重，最终导致增长效率的下滑。

（二）政府债务积累与长期风险

在我国，基础设施投资背后的重要动力是政府融资平台的融资功能，如果基础设施投资规模过高，可能导致融资平台的债务增长带来的负面影响会超过其经济效益。另外，在很长一段时间，政府的债务增长，特别是政府平台和国有企业融资带来的或有债务存在软约束，基建投资的偏好一旦形成，很容易形成规模较大的隐性债务、积累长期信用风险。

事实上，国外也有大量研究关注政府债务过高的后果。较为普遍的观点认为，给定政府支出不变，政府债务增加会提高长期利率、促进短期消费、挤出长期私人投资，最终不利于经济增长（Reinhart 等，2012）。欧洲主权债务危机爆发以来，大多数研究都支持政府债务与经济增长的负向关系（Reinhart 和 Rogoff，2010；Kumar 和 Woo，2010；Baum 等，2013），Reinhart 和 Rogoff（2010）通过涵盖发达国家和发展中国家的 44 个跨国样本的实证分析明确指出，当中央政府债务与 GDP 的比率超过 90% 时，政府债务与经济增长呈现显著的负向关系。Berg、Portillo、Yang 和 Zanna（2013）与 Melina、Yang 和 Zanna（2014）建立了基于资源丰富发达国家经济周期、投资和政府债务相互影响的 DSGE 模型。他们指出，建立在财政收入和资源基金收入基础上合理的政府支出能很好地平滑经济波动，但为了应对下行周期过于激进的投资可能带来不可逆转的债务风险积累，并且随着投资效率的下滑以及资源消耗节奏过快，这种长期不稳定性会加剧。

国内研究方面，许成钢（2010）注意到，地方融资平台债务以未来土地预期价值作为支撑，随着土地和房地产调控政策的变化，金融系统可能面临极大的风险。沈明高和彭程（2010）认为，地方融资平台的债务快速积累是我国宏观刺激政策的组成部分，这与部分欧洲国家刺激政策引发的主权债务问题虽然表现形式不同，但政策代价大同小异。龚强、王俊和贾珅（2011）的综述指出，中国的地方政府债务问题与分税制不完善、地方官员激励扭曲、地方融资平台不规范、宏观调控和财政政策需要等问题密切相关从而更加错综复杂。范剑勇和莫家伟（2014）指出，以债务推动基建投资和经济增长的发展模式面临两类风险：禀赋较差的地区在引资竞争中处于劣势，未来土地出让收入可能不足以偿还债务；禀赋较好的地区在引资竞争中将土地资源过度配置到工业部门，导致商住用地资源紧缺、房价快速上涨。程宇丹和龚六堂（2015）引入财政分权机制，在内生增长框架下研究了政府债务对经济增长的影响，地方政府债务/GDP的扩大在长期可能损害经济增长。邱栎桦、伏润民和李帆（2015）利用DSGE模型和动态面板门限模型的研究表明，政府债务对经济增长的影响是非线性的。一方面，短期内政府债务对经济增长起到促进作用，长期内影响则不显著。当债务规模低于阈值20%时，债务扩张能促进经济增长，但当债务水平过高时，则有制约。

第三章 政府治理目标、基建投资与货币政策传导效率：基于中国分省数据的实证研究

第一节 信贷结构变化对货币政策传导效率的影响

根据上一章的理论分析，货币政策在经济下行阶段的传导效率降低，有可能是因为银行体系的信贷结构出现了变化。基于此，我们首先对不同经济发展阶段货币政策态势、信贷结构变动以及经济增长之间的短期和长期关系进行分析，具体的实证设计如下：

一、主要回归指标的设定

主要的回归变量选择了产出缺口、货币态势和信贷结构。其中，由于国内产出为季度数据，我们利用同期季度内的工业增加值变化趋势对其进行了月度平滑，将其转化为月度数据。信贷结构方面主要分析在不同经济周期中银行体系将多少资源分配到基础设施领域，具体选择了基础设施贷款增速以及基础设施贷款占比两个指标。计算方法如表 3-1 所示。

表 3-1　　　　　　　　主要回归变量的计算方法

变量名称	变量符号	计算方法
产出	y_t	GDP 当月同比增速。假定 GDP 波动在短期内与规上工业增加值增速趋同，利用工业增速在季度内的变动对 GDP 进行差值处理，得到近似的 GDP 月度估计值。具体计算方法为： $y_{T+i} = y_T + \dfrac{ind_{T+i} - ind_T}{ind_{T+3} - ind_T}(y_{T+3} - y_T)$，其中 $i = 1, 2$
产出缺口	$ygap_t$	对序列 y_t 进行 HP 滤波后得到的变动成分

续表

变量名称	变量符号	计算方法
货币态势	m_t	货币供应量 M2 的同比增速减 CPI 当月同比涨幅
信贷结构	$ifrG_t$	基础设施贷款同比增速。指当月末，按国家统计局标准分类的 D 电力、热力燃气及水的生产和供应业，G 交通运输、仓储和邮政业，以及 N 水利、环境和公共设施管理业贷款余额之和的同比增幅
	$ifrP_t$	基础设施贷款占比，指当月末上述三个行业贷款余额之和占全部企业贷款的比重（由于表内票据贴现的融资方和贴现方可能属于不同行业，企业贷款中不含票据融资规模）

我们对 2011 年经济增长放缓后信贷结构与货币供给的变化趋势进行描述。从图 3 -1 中可以看出，自 2011 年以来商业银行的制造业贷款增速持续放缓，到 2016 年已经稳定在 5% 以下，且仍呈现下滑的趋势，而基础设施领域的信贷增速一直相对稳定，维持在 15% 左右的区间。很显然，虽然随着经济放缓，货币政策的态势仍稳中有松，尤其是 2014 年以来 M2 增速呈现小幅提升的趋势，但实际上货币通过信贷渠道向经济领域传导的机制已经发生了较大的变化，商业银行将大量的信贷资源集中在地方政府稳增长的着力点，即基础设施投资领域，制造业贷款的增长则呈现持续下滑的态势。

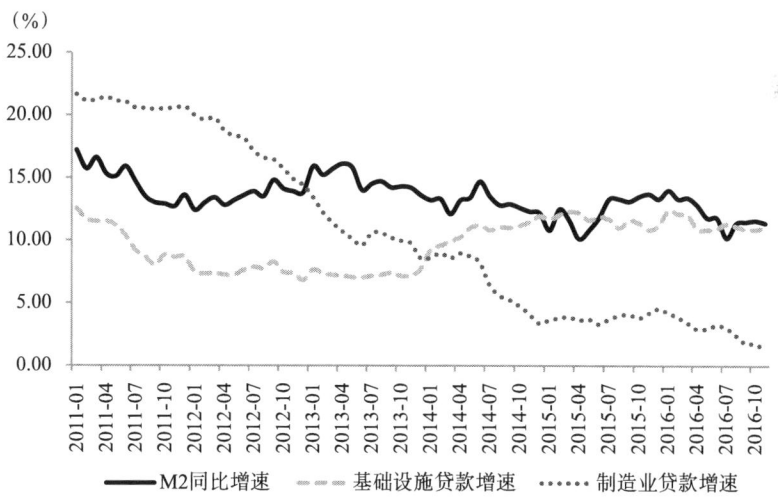

图 3 -1　货币供应量与基建和制造业贷款增幅的变化趋势

考虑到实证分析运用向量自回归模型进行估计，需要对所有回归变量的平稳性进行检验（见表 3 -2），可以看出，两个信贷结构指标的水平值在样本期内无法在

10%的水平下拒绝存在单位根的原假设，需要进行差分后才能进入模型进行估计。

表3-2　　　　　　　　　主要变量的单位根检验

	t-statistic	Prob.	1% level	5% level	10% level
ig	-2.3066	0.1720	-3.4984	-2.8912	-2.5827
ig-ig-1	-2.6432	0.0879	-3.4984	-2.8912	-2.5827
ip	-0.5973	0.8658	-3.4902	-2.8877	-2.5808
ip-ip-1	-3.8400	0.0034	-3.4902	-2.8877	-2.5808
m	-3.3332	0.0157	-3.4913	-2.8882	-2.5810
y	-2.9227	0.0459	-3.4891	-2.8872	-2.5805
ygap	-3.5978	0.0072	-3.4891	-2.8872	-2.5805

二、基于区制转换的模型分析

（一）MSVAR 模型的设定

根据上文的理论分析，在不同的经济环境下，基建投资的信贷需求与产出缺口间可能存在不稳定的关系，而货币政策的传导也可能存在非对称性，如果假定变量之间始终保持稳定，仅利用线性关系的 VAR 模型无法准确描述本书研究框架下的变量关系。因此，我们选择采用基于马尔可夫区制转换的向量自回归模型（MS-VAR）来分析不同区制下核心经济变量之间的动态关系，此模型允许模型的估计参数可以依赖一个不可观测的区制变量而时变，且区制变量的变化会遵循马尔可夫转制（Markov-Switching）过程。具体来看，一个典型的包含 K 个变量，p 阶滞后项的 VAR 模型可以写为，$y_t = v + A_1 y_{t-1} + \cdots + A_p y_{t-p} + u_t$，而 $u_t \sim IID(0, \sum)$ 为独立同分布的扰动项集。其中，y_t 是 K 维的列向量 $y_t = (y_{1t}, \cdots, y_{Kt})'$；$v$ 为常数向量；A_i 为系数矩阵。在这里定义 μ 为 y_t 变量序列的均值，则可以得到 VAR 模型的均值调整型：

$$y_t - \mu = A_1(y_{t-1} - \mu) + \cdots + A_p(y_{t-p} - \mu) + u_t$$

假定变量之间的关系在不同区制下有所差异，这里认为截距 v、系数 A_i、均值 μ 以及扰动项的方差 $\sum$ 均可以为区制状态依赖的，p 阶滞后项 MS-VAR 模型：

$$y_t - \mu(s_t) = A_1(s_t)(y_{t-1} - \mu(s_{t-1})) + \cdots + A_p(s_t)(y_{t-p} - \mu(s_{t-p})) + u_t$$

且 $u_t \sim NID(0, \sum(s_t))$。

其中 s_t 表示不可观测的区制变量，共存在 m 个区制，且服从遍历不可约的一阶马尔可夫过程。

定义从区制 i 到 j 的转换概率：

$$p_{ij} = \Pr(s_{t+1} = j \mid s_t = i), \sum_{j=1}^{m} p_{ij} = 1, \forall i,j \in \{1,2,\cdots,m\}$$

相应的状态转移概率矩阵为 $P = \begin{bmatrix} p_{11} & p_{12} & \cdots & p_{1m} \\ p_{21} & p_{22} & \cdots & p_{2m} \\ \vdots & \vdots & \ddots & \vdots \\ p_{m1} & p_{m2} & \cdots & p_{mm} \end{bmatrix}$

分别假定方程的均值 μ、截距 v、系数 A_i 和方差 $\sum$ 随区制 s_t 时变，则可以得到不同的 MS–VAR 模型，分别是 MSM–VAR、MSI–VAR、MSA–VAR 和 MSH–VAR，或者均值 μ 和方差 $\sum$ 都随区制 s_t 而变化的 MSMH–VAR，截距 v 和方差 $\sum$ 都随区制 s_t 而变化的 MSIH–VAR 等。在我们的研究中，根据假定区制依赖可能是由于不同经济和货币态势，因此我们选择的必然是基于均值状态依赖的模型。另外，MS–VAR 模型需要使用极大似然估计方法进行估计，在具体的估计结果中，需要利用 LR 检验判断是否有必要对系统进行非线性设定。

（二）MSVAR 模型的选择

我们构建了包括产出缺口、货币态势和基础设施贷款占比①在内的 3 因素 MS-VAR 模型，样本的周期为 2008 年 6 月至 2016 年 10 月的月度数据。我们的模型估计过程选择的是 GiveWin2 环境下的 Oxmetrics 程序。在实际的模型选择上，根据模型截距、均值、方差是否随状态变化而变化，可以形成不同的 MS–VAR 类型，结合表 3–3 中 AIC、HQ、SC 赤值规则和对数似然值的大小综合来看，选择 MSIH（2）–VAR（3）模型拟合的效果最优②，即模型存在两个不同的区制，各变量的滞后 3 阶进入方程，且在不同区制的方程中截距和方差随状态发生变化。其中，MSIH（2）–VAR（3）模型的似然比线性检验 LR 统计量为 232.2，卡方统计量的 P 值小于 1%，显著拒绝了线性系统的原假设，选择非线性的 MSIH（2）模型是合理的。

---

① 在两个基础设施贷款指标中，主体实证部分选择了基础设施贷款占比，主要是考虑到该指标在样本期内平稳性较好，且能更好地描述信贷结构的变化特征，而基础设施贷款增速也进行了类似的模型估计，作为稳健性检验，相关结论比较接近。

② 为了减少需要检验的不确定因素，我们利用普通 VAR 模型的赤值分析对滞后阶数进行了分析，得到 VAR 模型最优的滞后阶数为 3 阶，因此在所有的 MS 状态检验中都以 3 阶滞后作为基础。

表 3 – 3　　　　　不同约束条件下 MSVAR 模型赤值统计量的比较

	线性系统	非线性系统								
	VAR(3)	MSIH(2)-VAR(3)	MSIAH(2)-VAR(3)	MSM(2)-VAR(3)	MSMH(2)-VAR(3)	MSMA(2)-VAR(3)	MSMAH(2)-VAR(3)	MSI(2)-VAR(3)	MSIH(3)-VAR(3)	MSIAH(3)-VAR(3)
LL	-354.68	-232.22*	-262.05	-346.85	-326.75	-653.77	-653.77	-339.51	-232.36	-194.47
AIC	7.77	7.92*	6.86	7.62	7.63	7.73	7.85	7.77	5.97	6.30
HQ		8.66*	7.65	8.35	8.13	8.46	8.64	8.20	6.61	7.51
SC	8.56	8.94	8.81	9.00	8.87	8.52	8.80	8.85	7.55	9.30*

(三) MS – VAR 的估计结果与区制设定

模型的估计结果如表 3 – 4 所示。

表 3 – 4　　　　　　　　MSIH (2) – VAR (3) 模型估计结果

	$ygap_t$	$ifrP_t$	m_t
con_reg1	0.3551***	1.9263*	1.9132*
	(0.0606)	(0.8886)	(0.9487)
con_reg2	0.7144***	3.0120***	2.8016*
	(0.0940)	(0.7788)	(1.3837)
$ygap_{t-1}$	0.5475***	-0.1530***	-0.4296***
	(0.1012)	(0.0574)	(0.1544)
$ygap_{t-2}$	0.1773	-0.1750***	0.0937
	(0.1210)	(0.0994)	(0.1719)
$ygap_{t-3}$	0.0547	0.0526	0.1696***
	(0.1005)	(0.0836)	(0.0525)
$ifrP_{t-1}$	0.0671	1.2037***	0.3625***
	(0.0494)	(0.1111)	(0.1311)
$ifrP_{t-2}$	-0.0040	-0.1999	-0.5187
	(0.0618)	(0.1686)	(0.1878)
$ifrP_{t-3}$	-0.1031	-0.6604***	0.1727
	(0.0434)	(0.1135)	(0.1251)
m_{t-1}	0.1414***	-0.0678	0.7414***
	(0.0487)	(0.0695)	(0.1070)
m_{t-2}	0.1123	0.0956	0.3379***
	(0.0938)	(0.0827)	(0.1318)

续表

	$ygap_t$	$ifrP_t$	m_t
m_{t-3}	0.1543***	-0.0270	-0.1583
	(0.0504)	(0.0711)	(0.1054)
s.e_reg1	0.7084	0.4655	0.9108
s.e_reg2	0.2880	1.7892	1.5259

注：( ) 内为相关估计系数的 t 统计量。*、**和***分别表示在 10%、5% 和 1% 的置信区间下显著。con_reg 表示不同区制模型的常数项；s.e_reg 表示不同区制下扰动项的标准差。

比较模型系统在不同区制下的截距项和扰动项标准差，在区制 1 中，产出缺口 $ygap_t$ 的截距为 0.35，明显低于区制 2 的水平，但其扰动项的方差为 0.71，远高于区制 2 的 0.29，说明区制 1 中宏观经济处于较为低迷的状态。从信贷结构 $ifrP_t$ 看，区制 1 中基础设施贷款占比的截距和扰动项的方差均低于区制 2，这说明从整体上区制 2 的阶段政府基础设施投资的需求水平更高。从货币态势看，在区制 1 中，m_t 的均值和扰动项方差也都低于区制 2，说明在区制 2 阶段货币供应量规模较大且不稳定，而区制 1 是稳健货币政策的实施阶段。很显然，两个区制中核心的回归变量的数值特征均有较大差距，呈现明显不同的经济发展特点，利用区制转换模型对经济系统进行估计有非常强的针对性。

图 3-2 显示了两个区制的估计概率。可以看出，两个区制的分布经纬分明，区制 1 主要是 2011 年至 2016 年的情况，区制 2 则是 2008 年 6 月至 2011 年初的情况。总的来看，区制 2 是"4 万亿"大规模刺激政策后，货币信贷扩张、经济态势较好、且基建投资较为繁荣的阶段，而区制 1 是经济增速持续放缓、货币政策保持稳健、制造业等领域信贷需求不足、基础设施投资成为地方稳增长着力点的阶段。

表 3-5 给出了两个区制的转换概率，可以看出经济系统维持在区制 1 的概率约为 98.5%，由区制 1 转移到区制 2 的概率约为 1.5%；系统维持在区制 2 的概率约为 93.2%，由区制 2 转移到区制 1 的概率约为 6.8%。表 3-6 中的区制特性说明系统有 69 个样本有较大概率处于区制 1，平均可持续约 64.4 个月，29 个样本有较大概率处于区制 2，平均可持续约 14.8 个月。

综合区制转换概率和区制特性来看，在 2008 年至今的样本期内，经济模型的区制稳定性比较好，各自区制的维持概率都在 90% 以上，且稳定的持续期都较长，这与区间概率图显示的情况一致。值得注意的是，从实际经济运行情况看，在样本期内我国经济并未出现明显长期稳定阶段，结合 MSVAR 估计赤值的情况，将其定义为货币扩张和经济下行两个阶段来分析变量时变的相互影响，在经济和统计上都有着显著的意义。

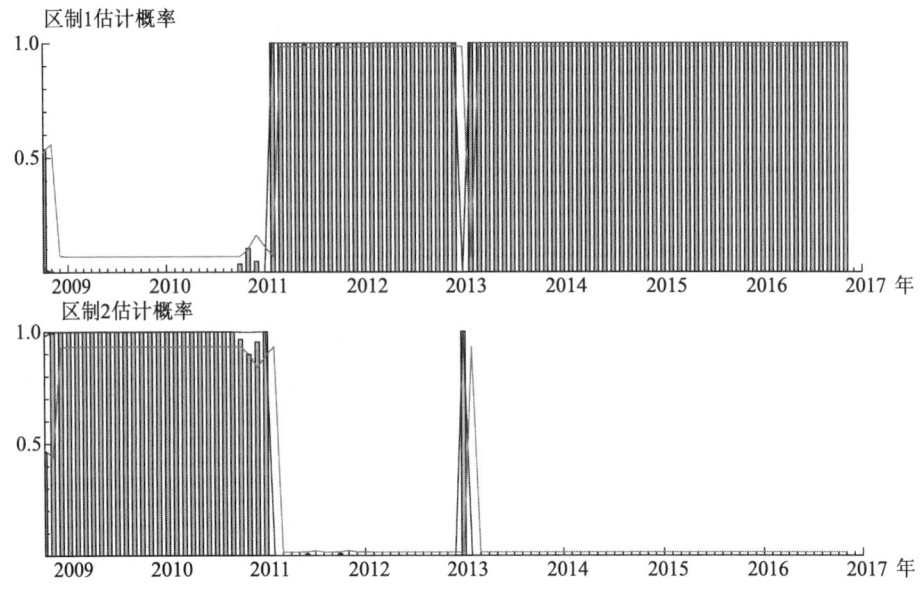

图 3-2　MS-VAR 模型的区间概率

表 3-5　MSVAR 模型的区制转换概率

	Regime 1	Regime 2
区制 1	0.9845	0.0155
区制 2	0.0676	0.9324

表 3-6　MSVAR 模型的区制特性

	Obs.	Prob.	Duration
区制 1	69	0.8133	64.39
区制 2	29	0.1867	14.78

三、基于不同区制的脉冲响应分析

为了进一步判断宏观经济变量之间的短期动态关系，并比较货币扩张和经济下行状态下这种动态关系的差异，我们采用脉冲响应方法进行分析。脉冲响应函数用来分析 VAR 模型中的一个内生变量受到一单位标准差冲击时对系统中其他内生变量的动态影响，由于 VAR 系统的误差项相关，它们有个共同的组成部分不能被任何特定的变量所识别，有必要通过 Cholesky 分解，使误差项正交[①]。

---

① 在本书中，不同区制的脉冲响应分析运用的是 Krolzig 于 1997 年开发的 MSVAR 代码包来计算，该程序无法得到脉冲响应函数的置信区间，这与脉冲响应的趋势无关，但可能对结果解释的稳健性有一定影响。

在不同区制下，基建贷款规模与货币态势受产出缺口一个标准差正向冲击的累计脉冲响应情况如图3-3所示。具体来看，在区制1中，基建贷款规模会对产出缺口的外生冲击有更强的持续负向响应，在20个月后仍然没有收敛，且这种负向冲击的整体规模超过区制2的1倍以上。这符合我们理论分析的结论，即经济下行会导致制造业等领域的信贷需求减弱，而地方政府会有更强的动力去利用基础设施领域的扩张来稳增长。另外，经济运行状况不佳导致的不良贷款等问题也限制了银行的信贷资源配置，有着软约束和刚性兑付特点的基础设施相关领域成为银行权衡风险和收益后的一个有益的选择。

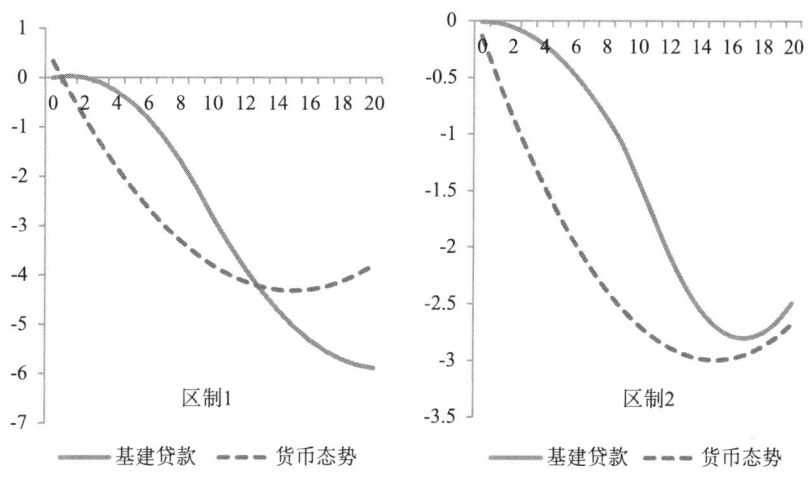

图3-3 不同区制下基建投资和货币态势对产出缺口冲击的累计响应

从货币态势看，两个区制内货币供应量的增长都与经济状况呈现负向关系，且在经济下行阶段这种负向的响应会更强烈，这符合多数前期文献的研究结论。即我国的货币政策选择有明显的相机抉择特征，而实际操作中存在着非对称性，在经济下行阶段货币扩张的动力会强于经济繁荣阶段的紧缩动力。

在不同区制下，基建贷款规模与产出缺口受货币态势一个标准差正向冲击的累计脉冲响应情况如图3-4所示。可以看出，基建贷款占比会随着货币态势的扩张而上升，两个区制内该累计响应曲线都呈现三次项的变化趋势，即斜率先上升再下降，但从程度看，在经济下行压力较大的区制1内，这种信贷结构的变化会更加明显，即使是外生的货币宽松政策实施，由于其他领域的有效需求和风险等因素，只会导致信贷渠道传导出现一定扭曲，进一步提升基础设施领域的贷款规模，造成过度授信以及挤出效应等问题，降低货币政策的效率。

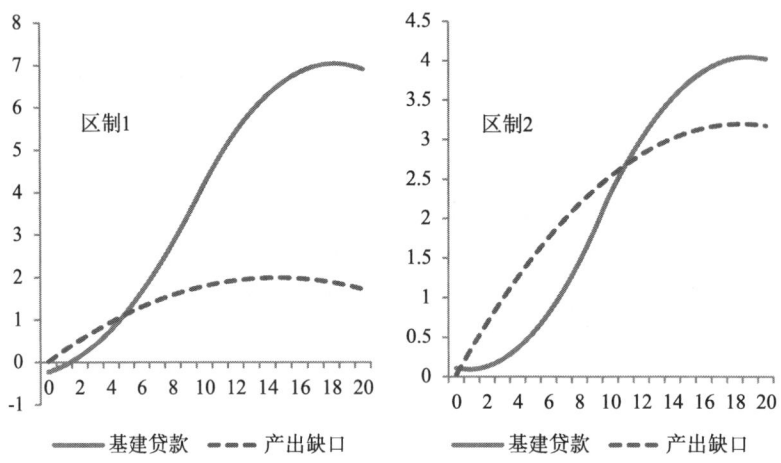

图 3-4　不同区制下基建贷款与产出缺口受货币态势冲击的脉冲响应

产出缺口对货币供给增长外生冲击的响应的情况，则正是上述这种信贷结构变动的结果。可以看出，在两个区制内货币供应量的上升都会在长期内对经济增长有持续的正向冲击，但在繁荣阶段这种影响的幅度明显更高，在 20 个月的期限内的响应规模达到了区制 1 的 2 倍左右。这一特征与多数文献中检验出的货币政策效率的非对称性有关，即在我国，利用货币宽松应对经济下行压力的能力，要明显弱于货币紧缩应对经济过热的能力。在其他研究观点之外，我们也给出了信贷结构变动这一角度的解释和经验证据。

第二节　地方政府治理、基建投资偏好与信贷传导效率

根据前文的分析，相对而言中央政府不存在政绩竞争压力，会有更多元的目标结构，在经济下行阶段偏好基建领域投资来稳增长的主要是地方政府的行为特征。这也引申出一个重要的问题，即不同治理效率、产业结构以及财政能力的政府，是否会在面对经济下行压力时，选择稳增长的方式有所不同。如果这种差距确实存在，那将进一步证明信贷和投资结构的变化可能是下行阶段货币政策效率降低的重要原因。

为验证这一问题，我们利用全国分省的宏观经济数据进行了实证检验。值得注意的是，这一部分的研究重点是关注经济下行阶段的政府治理特征，因此在样本选择上有所不同，一方面，仅选择了 2010 年后的样本，以减少前期中央"4 万亿"投

资政策的影响；另一方面，我们选择了分省的基础设施投资数据而非信贷结构数据（见表3-7），主要也是为了将研究的重心放在地方政府的行为决策上。在模型选择上，需要在较短的样本期内充分利用数据信息，因此本书采用的是基于长面板数据的 VAR 模型进行估计。

一、主要回归指标的设定

主要的回归变量选择了产出缺口、贷款增长和基建投资。其中，产出数据与全国一样进行了月度平滑处理。由于分省不存在货币供应量，且本书主要关注信贷渠道的传导，这里选择了分省的人民币贷款增幅作为替代指标。在基础设施投资方面，我们仍然选择了投资增速和投资规模占比两个指标。

表 3-7　　　　　　　　　主要回归变量的计算方法

变量名称	变量符号	计算方法
产出	$y_{i,t}$	i 省 t 月 GDP 同比增速。假定 GDP 波动在短期内与规上工业增加值增速趋同，利用工业增速在季度内的变动对 GDP 进行差值处理，得到近似的 GDP 月度估计值。具体计算方法为： $y_{T+i} = y_T + \dfrac{ind_{T+i} - ind_T}{ind_{T+3} - ind_T}(y_{T+3} - y_T)$，其中 $i = 1, 2$
产出缺口	$ygap_{i,t}$	对 i 省产出序列 $y_{i,t}$ 进行 HP 滤波后得到的变动成分
贷款增长	$loan_{i,t}$	i 省 t 月人民币贷款余额增速减 CPI 当月同比涨幅
基建投资	$IfrG_{i,t}$	基础设施投资增速。指 i 省 t 月城镇固定资产投资中，按国家统计局标准分类的 D 电力、热力燃气及水的生产和供应业，G 交通运输、仓储和邮政业，以及 N 水利、环境和公共设施管理业投资规模之和的累计同比增幅。相关数据每年从 2 月开始，为保持数据的平稳，我们假定每年 1 月和 2 月的投资增速相同
基建投资	$IfrP_{i,t}$	基础设施投资占比。指 i 省 t 月上述三个行业累计投资规模占全部城镇固定资产投资规模的比例
区位设置	DA_i	$DA_i = 1$ 表示 i 省属于东部，包括北京、天津、河北、辽宁、上海、江苏、浙江、福建、山东、广东、海南共 11 个省（直辖市）
区位设置	DB_i	$DB_i = 1$ 表示 i 省属于中部，包括黑龙江、吉林、山西、安徽、江西、河南、湖北、湖南共 8 个省
区位设置	DC_i	$DC_i = 1$ 表示 i 省属于西部，包括内蒙古、广西、重庆、四川、贵州、云南、西藏、陕西、甘肃、青海、宁夏、新疆共 12 个省（直辖市、自治区）

我们对东部、中部和西部基建投资的增速[①]在2011年以来的增幅变化趋势进行描述。如图3-5所示，在2012年之前，3个区域的基础设施投资增速相对接近，都是在前期刺激政策基数效应的影响下呈现回落态势。在2012年中部和西部地区的基础设施投资增长呈现明显的扩张态势，东部则相对平稳。2013年在下行压力下3个区域的基建投资增长都快速攀升，但随后3个地区出现了明显的分化，中部地区一直到2015年末都保持25%以上的高位，而东部地区则快速回落至15%以内，西部地区的增长一直位于两者之间。

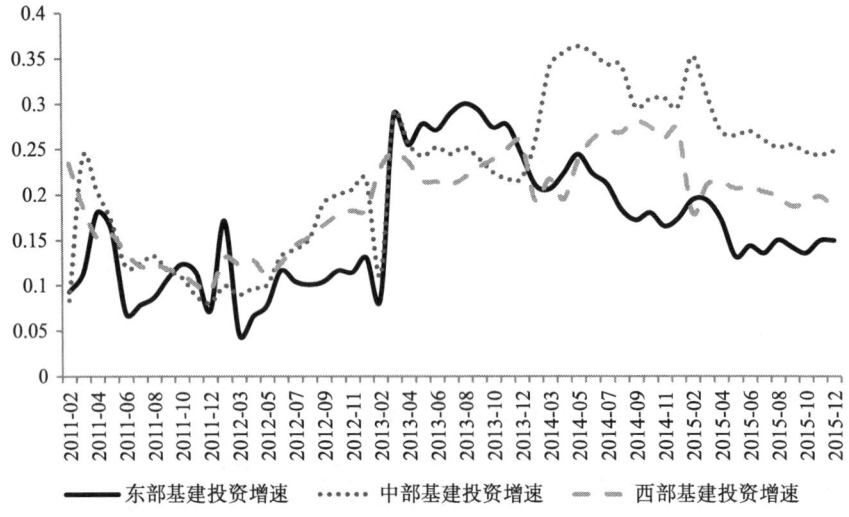

图3-5 不同区域基建投资增速比较

从图3-5中可以看出，在近年来较大的经济下行压力下，各区域基础设施投资增长的分化非常明显，这也从侧面体现了我国不同省份的政府在应对下行压力下的稳增长决策可能呈现一定的差异，利用分省指标来分析投资结构的变动对货币政策效率的影响很有必要。

二、Panel-VAR模型的设定与估计

Holtz-Eakin、Newey和Rosen（1988）最早将VAR的估计方法引入面板数据模型。近年来，面板向量自回归模型（以下简称PVAR）已经在宏观经济学和公司金融领域得到了发展。传统的VAR模型由于时间序列分析多以个体加总后的宏观资料

---

① 该区域所有省份基建投资规模之和的增幅。

为基础，因此隐含了对个体同质性的强假设，对于截面异质性的处理就成为 PVAR 的主要特征和优势，同时也是参数估计时需要处理的问题。

本书构建了包括产出缺口、信贷增长以及基础设施投资 3 个指标数据资料的 PVAR 模型，包括 2010 年 1 月到 2015 年 12 月全国 31 个省（直辖市、自治区）的宏观数据，为标准的平衡面板数据，在具体的实证分析时，我们分别对 11 个东部省、直辖市、8 个中部省份和 12 个西部省、直辖市和自治区进行模型构建。对 PVAR 模型进行估计选择了 STATA14.0 软件。

PVAR 模型的设定包括内生变量的滞后项，以及个体和时间效应。设 $y_{it} = [y_{it}^1 y_{it}^2 \cdots y_{it}^M]'$ 为 $M \times 1$ 维向量，对于每个样本省份 i 和观察月份 t，$PVAR(p)$ 模型的第 m 个方程形式为：

$$y_{it}^m = x_{it}' b^m + \eta_i^m + \gamma_t^m + \mu_{it}^m$$

其中，y 是一个 $M \cdot P \times 1$ 维向量，包含了所有内生变量的滞后项；b^m 是 $M \cdot P \times 1$ 维的系数向量；η_i^m 和 γ_t^m 分别表示个体效应和时间效应；μ_{it}^m 为扰动项，满足如下关系：

$$E(\mu_{it}^m \mid \eta_i^m, \gamma_t^m, x_{it}, x_{it-1}, x_{it-2} \cdots) = 0$$

即模型矩条件为 $E(x_{it}', \mu_{it+s}^m) = 0 (\forall s \geq 0)$。

由于 PVAR 模型存在个体效应，而解释变量中包含了被解释变量的滞后项，因此独立的方程可以理解为包含固定效应的动态面板数据模型。本书首先采用"组内均值差分"的方式去除时间效应，继而采用 Arellano 和 Bover（1995）提出的前向均值差分法（Helmert 过程）去除个体效应，随后选择广义矩估计 GMM 得到参数 b^m 的一致估计量。

三、单位根检验与滞后阶数的选择

为了保证模型的稳定性，需要保证回归变量平稳，对面板数据进行单位根检验可以克服传统单个时间序列检验的小样本偏差，同时在一定程度上控制不可观测的个体效应和截面相关性。但是，面板中由于抽样的限制，可能有多个时序平稳性不同的现象，也对假设检验的设计造成了较大的困难，因此虽然近年来理论上不断有新的成果出现，但对于面板单位根检验的问题依然还存在诸多争议。

本书选择了 3 种不同的方式对参与回归的变量进行单位根检验，首先是 Pesaran（2007）提出的方法，原假设是所有截面序列都非平稳，其核心统计量来自单个截面 DF 或 ADF 检验得到的 t 值的平均值，主要优势是考虑了截面的异质性和相关性。其次是 Im、Pesaran 和 Shin（2003）提出的已经被广泛运用的 Ipshin 方法，这种方法只能运用于平衡的面板数据,在构建检验方程的时候考虑了截面的异质性和干扰项的序列相关问题。最后,我们选择了主要用于证伪的 Hadri（2000）方法作为辅助,其原假设为所有序列都是平稳的,也通过构建 LM 检验方程进行估计,考虑了干扰项的序列相关问题。

表 3 – 8   单位根检验结果

	Pesaran（2007）			
变量	$ygap_{i,t}$	$loan_{i,t}$	$IfrG_{i,t}$	$IfrP_{i,t}$
t – bar	– 2.832 ***	– 2.689 **	– 2.933 ***	– 2.640 *
P – value	0.001	0.016	0.000	0.021
10% level	2.550	2.550	2.550	2.550
5% level	2.610	2.610	2.610	2.610
1% level	2.710	2.710	2.710	2.710
	Im、Pesaran 和 Shin（2007）			
变量	$ygap_{i,t}$	$loan_{i,t}$	$IfrG_{i,t}$	$IfrP_{i,t}$
t – bar	– 3.283 ***	– 2.670 ***	– 3.850 ***	– 3.291 ***
P – value	0.000	0.000	0.000	0.000
10% level	– 2.320	– 2.320	– 2.320	– 2.320
5% level	– 2.360	– 2.360	– 2.360	– 2.360
1% level	– 2.430	– 2.430	– 2.430	– 2.430
	Hadri（2000）			
变量	$ygap_{i,t}$	$loan_{i,t}$	$IfrG_{i,t}$	$IfrP_{i,t}$
Z	191.547 ***	86.833 ***	38.765 ***	21.358 ***
HOMO	0.000	0.000	0.000	0.000
Z	196.481 ***	77.145 ***	54.301 ***	37.906 ***
Hetero	0.000	0.000	0.000	0.000
Z	23.541 ***	9.172 ***	8.400 ***	4.634 ***
SerDep	0.000	0.000	0.000	0.000

注：*** 代表 1% 显著性水平,** 代表 5% 显著性水平,* 代表 10% 显著性水平,以下皆同。在 Hadri（2000）方法中,homo 表示假设面板数据残差序列同质的检验结果；hete 表示假设残差序列异质的检验结果；SerDep 为控制了扰动项序列依赖的检验结果。

从表 3 – 8 中可以看出,通过不同的估计方式得到的平稳性检验结果是类似的,所有的序列都能在 10% 的水平下拒绝 Pesaran（2007）与 Im、Pesaran 和 Shin（2007）关于非平稳的原假设,绝大多数为 1% 的原假设。这说明在样本期内回归变量都是平稳的，可以直接进入模型。而利用 Hadri（2000）的 LM 检验结果同样验证了这一点。另外，在估计模型之前，必须确定 $PVAR(p)$ 的滞后阶数 p，前期文献中被广泛运用的主要包括 Akaike 信息准则（AIC）、Baysian 信息准则（SBIC），以及 Hannan 和 Quinn 信息准则（HQIC），我们利用 STATA 中的 xtvarsoc 命令对最高 4 阶的滞后期进行检验。从表 3-9 中可以看出，3 种信息准则计算的统计量都显示本书的模型更适合三阶滞后关系。

表 3-9 模型滞后阶数选择

信息准则	$lag(0)$	$lag(1)$	$lag(2)$	$lag(3)$	$lag(4)$
AIC	7.60273	5.8424	6.08775	5.09708*	6.93357
SBIC	8.19922	6.88625	7.57897	6.84567*	6.9588
HQIC	7.70368	6.01906	6.34013	5.23517*	7.08269

四、基于不同区域的脉冲响应分析

本书主要针对东部、中部和西部 3 个区域的样本分别利用 PVAR（3）模型进行了估计，受篇幅限制并未列出所有方程回归系数和显著性情况，主要是进行了脉冲响应分析。考虑到这一部分主要的研究内容，我们重点关注的是不同区域信贷扩张的效率和政府基础设施投资的态势，具体而言就是产出缺口对信贷增长外生冲击的响应以及基础设施投资对产出缺口外生冲击的响应。

图 3-6 显示了利用东部、中部和西部地区面板数据估计的 PVAR 模型系统中[①]，产出缺口对信贷增长外生冲击的响应情况。可以看到，在 2010 年以来的样本期内，不同区域的信贷外生扩张对短期和长期的经济增长影响呈现明显的差异，东部地区信贷增长在短期内对经济的正常刺激作用有限，但从 3 个月后开始呈现持续上升的态势，且直到近两年的周期才逐步收敛。在中部和西部地区的经济系统中，利用信贷扩张来刺激经济的作用则呈现先升后降的态势，尤其是中部地区信贷的增长会立即反映到产出缺口的变化上，但在半年后即期冲击开始由正转负，累计响应在一年后变为负数，表明过快的信贷增长对实体经济的增长反而有负作用，西部地区的响应情况则较为缓和，但也呈现出信贷外生冲击后只有半年左右的正向响应，随后开始持续回落。

---

① 与全国数据的实证类似，考虑到主要是分析地方政府的投资决策，我们在正文的描述分析中主要选择了基础设施投资占比这一指标，而基建投资增量指标则另外进行了稳健性检验，结论类似。

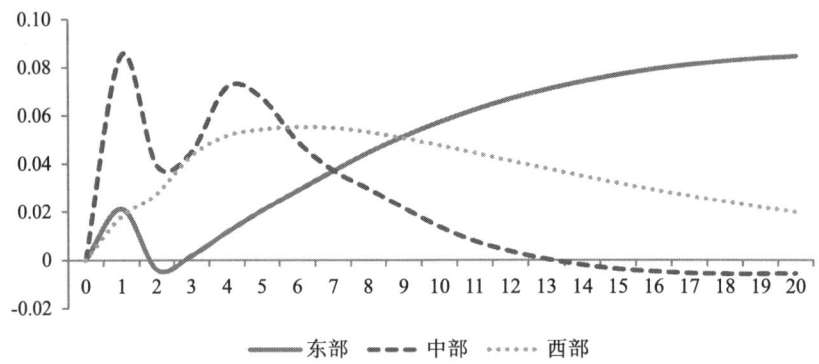

图 3-6　不同区域产出缺口对信贷增长外生冲击的累计响应情况

这种差异可能与不同地区的产业结构和政府治理目标有关。一方面，在经济下行的阶段，东部地区由于新旧动能转换的进程较快，信贷资源更容易配置到内生增长动力强的新兴增长领域，在长期内刺激产出的持续增长，而中西部地区的产业结构相对偏重，大量的信贷投放以输血的形式进入产能过剩领域，且很多都用于偿还前期债务，对新的投资和产出增长影响较小。另一方面，地方政府的治理目标也存在较大的差异，东部地区的新增长点多于中西部地区，且整体市场化程度更高，在面临政绩压力时不会将全部的精力放在低效率的基础设施等领域。

图 3-7 中显示了 3 个区域经济系统面对一单位产出缺口的正向冲击后，基础设施投资规模的累计响应情况。响应趋势的差异正印证了上文的推断，即相对于反应温和的东部地方政府，在中部和西部地区，较低的产出增长会导致更快速的基础设施投资规模扩张，而中部地区政府在基建投资领域配置资源更多。原因一方面在于西部地区政府治理体系中，可能有更多关于社会民生稳定方面的硬性要求，而中部地区从经济社会结构看，治理目标则更集中在经济增长上，这导致其面对产出波动时的稳增长动力更强。另一方面，中部比西部地方政府的财力相对更强。具体来看，财政支出是短期内基础设施领域投资的重要资金来源，不仅与很多项目资本金有关，而且会直接影响到一些项目开工的配套政策落实。

总体而言，这种区域的显著差异也是本书提出的地方政府治理问题影响货币政策效率最有力的证据。

五、基于滚动周期模型的累计脉冲响应冲击的比较

根据上文的理论分析，我国改革和结构转型过程中的宏观经济系统并不稳定，即使是利用 MSVAR 模型也仅仅能刻画两个不同的区制，可能无法准确描述变量的

敏感关系在某个区制内或者跨区制的连续变化趋势。具体而言，产出缺口的波动对地方政府利用基建投资稳增长态度的影响可能在整个下行阶段内也会有程度上的差异。为此，我们借鉴游家兴、张俊生和江伟（2006）与朱迪星（2014）的研究思路，利用滚动周期分析的方法来充实这一部分经验证据。

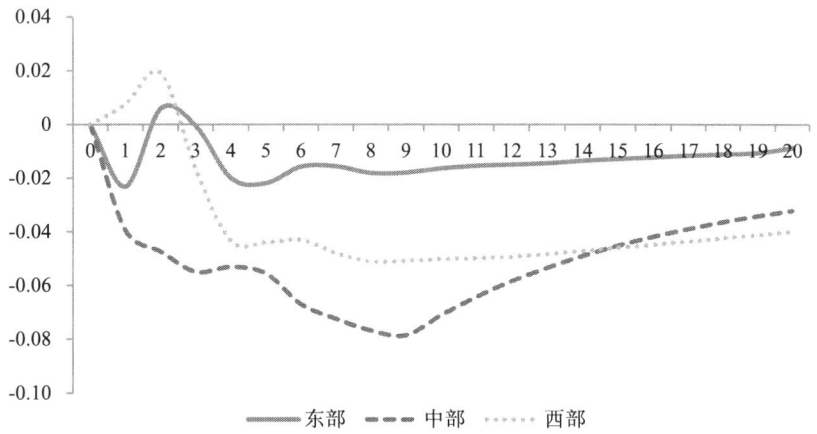

图 3-7　不同区域基建投资对产出缺口外生冲击的累计响应情况

具体的思路如图 3-8 所示，在整体样本 2010 年 1 月至 2015 年 12 月内选择每 37 个月作为一个面板数据的子样本，对每个区域的每个样本组构建 PVAR 模型，并重点分析产出缺口波动对基建投资规模冲击的时变情况。

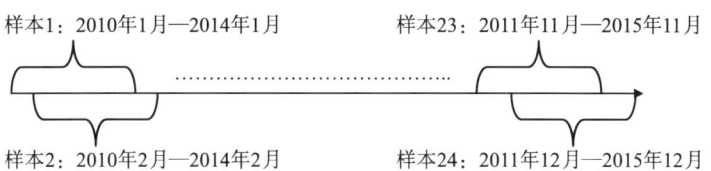

图 3-8　滚动回归设定图

图 3-9 显示了 3 个区域在不同样本周期内，产出缺口变动对基建投资影响的变化趋势，整体上看，3 条曲线都呈现向下倾斜的态势，说明随着经济下行压力的进一步加大，各地区政府对于经济波动的容忍度都在降低，利用基础设施稳增长的动力在逐步增强。而与上文实证结论相对应的是，3 个区域内地方政府的态度也存在一定的分化，即东部地区在产出下滑一年内对基建领域投资规模扩大的影响明显小于中西部地区。值得关注的是，2012—2015 年后的子样本中，中西部地区在产出缺口负向波动后的基建投资差距有拉大的趋势，这同样与中部地方政府治理目标结构中，经济增长政绩方面的压力更大，而地方财力相对西部更强有较大关系。

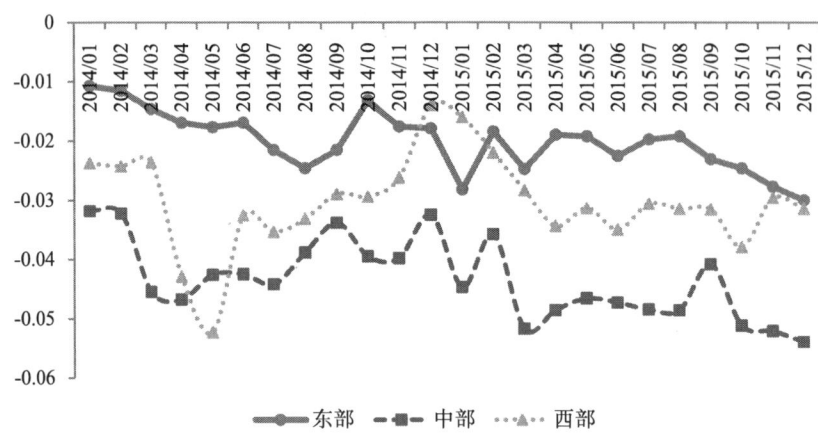

图 3-9 基于滚动周期 PVAR 模型的分区域脉冲响应结果趋势

注：横轴的月份表示样本期最后的一个月份，如 2014.01 表示利用 2010 年 1 月到 2014 年 1 月的样本。纵轴数据表示进行 PAVR（3）建模后，一单位产出缺口外生冲击下基建投资规模 12 期累计脉冲响应的结果。

六、地方政府利用基础设施领域稳增长的节奏

上述分析都是基于月度的长期时间序列进行实证，但现实中，地方政府进行基建投资的决策规划不可能在每个月都进行大幅度的调整，宏观系统中每一个月有等同的条件反应可能并不能准确刻画真实的政策响应的情况。根据目前的政府治理框架、政绩评价方式和财政收支的预算模式，各地政府往往对年末宏观经济数据更为敏感，而对于投资项目规划的调整则往往集中在年初。

为了更准确地对地方政府根据经济状况调整投资结构的行为进行分析，本书利用事件窗口的方式来判断前一年全年经济形势情况对后一年度的基础设施投资规划的影响。定义 i 省份第 t 年的 GDP 增速为 $Y_{i,t}$，在这里将每个省份的样本分为 2010—2014 年 5 个独立的样本①，即所有省份总共有 155 个样本。考虑到不同省份的 GDP 增速受到禀赋以及产业结构等较多因素的影响，政绩评价不可能直接对水平值进行比较，我们利用其增长的变化幅度 $\Delta Y_{i,t}$ 衡量当年该省经济增长的形势，其中 $\Delta Y_{i,t} = \dfrac{Y_{i,t} - Y_{i,t-1}}{Y_{i,t-1}}$。将所有省份的 155 个 $\Delta Y_{i,t}$ 进行排序，取数值最高的 50 个计入前期经济态势较好组，取值最小的 50 个计入前期经济态势较差组。然后将相关样本组未来一年每个月的累计基础设施投资规模进行加总，并计算累计基础设施投资增速。

---

① 由于需要计算次年基础设施投资规模，因此并未选择 2015 年的经济情况计入分组。

图 3-10 显示了前一年经济形势相对较好的 50 个样本和较差的 50 个样本在未来一年内基础设施累计的基建投资增速，可以很清晰地看到前期较差经济形势的样本基建投资在大多数月份增长会超过形势较好的样本，这与我们之前的分析结论一致，即如果只考虑政府在年末关注经济增长水平并调整基建投资规模，同样存在经济越差，基础设施投资越高的问题。另外，值得注意的是经济形势较差的样本组为下一年开年会有一个基础设施投资的高峰，然后增速会呈现持续回落态势，在年末再小幅上升，而经济形势较好的样本组年内的基建投资增速则相对平稳，只是在四季度会达到相对高点。这种年内投资节奏的变化与我国地方政府督导项目投资的方式有关，多数省份在年初都会选择利用"项目开门红""项目开工月"等方式来拉动新开工项目建设的规模，这种状况在上一年经济政绩表现较差的省份可能更加明显，一些地方会在年初采取自上而下摊派开工规模，各级政府领导亲自督办等方式抢开局。但由于财政、行政和资金资源等约束，现实中这种开年冲高的基建投资可能在后期的施工进度会逐步放缓，投资增速呈现持续回落态势，这也与很多基础设施项目实际上在前期存在过度授信和过度投资有一定关系。

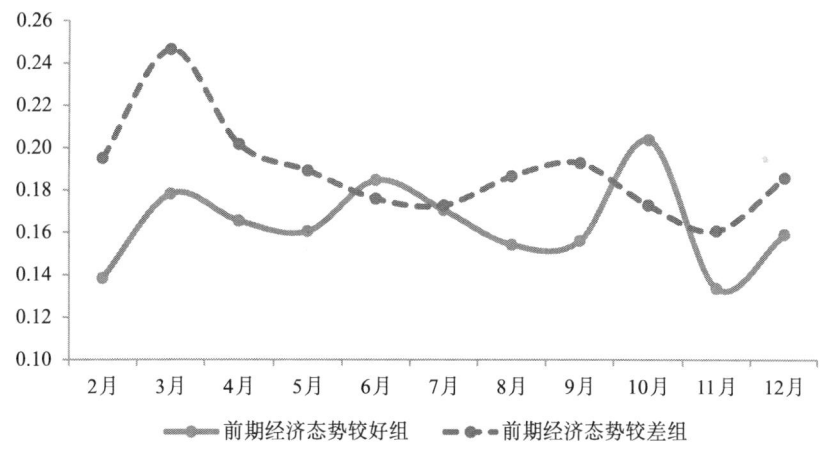

图 3-10 基于事件窗口的不同月份基础设施累计同比增幅的变化趋势

第三节 基础设施影响货币政策传导的渠道和效率分析

上述两部分的实证研究，主要是利用长期的时间序列证明了货币政策传导在经济下行阶段效率较低，以及地方政府会在经济下行阶段偏好基建领域投资两个现象，但由于 VAR 模型系统在指标选择上的局限性,我们很难仅仅利用总量数据的 MS-VAR 和面板数据的 PVAR 模型来直接将两者建立起因果关系,要明确信贷和投资结构变化是否是目前货币政策传导效率降低的核心因素,还需要更多辅助的经验证据支撑。在这一部分,本书选择利用分省的年度宏观数据进行实证检验,主要分为三个方面。一是基础设施规模与经济周期波动之间的关系;二是基于基础设施投资内生假设条件下的信贷效率分析;三是地方政府偏好基础设施投资本身的真实效率情况。

一、主要回归指标的设定

年度数据的样本短,但数据更为丰富。这一部分利用年度数据分析基础设施与经济增长关系时,可以更好地控制影响经济增长的其他方面因素,提高实证结论的可靠性。同时,分省的经济金融结构数据也为分析基础设施投资对货币信贷投放效率,以及效率制约问题提供了更好的基础。

本部分的实证选择了 31 个省级区域 2005—2015 年的宏观年度数据,主要指标的设定如表 3-10 所示。

表 3-10　　　　　主要回归变量的定义与计算方法

核心变量	产出增长	$y_{i,t}$	人均国内生产总值取自然对数差分
	信贷投放	$loan_{i,t}$	年末中长期贷款余额的同比增速
	基建投资 A	$IfrG_{it,}$	基础设施投资增速。指 i 省 t 年城镇固定资产投资中,按国家统计局标准分类的 D 电力、热力燃气及水的生产和供应业,G 交通运输、仓储和邮政业以及 N 水利、环境和公共设施管理业投资规模之和的累计同比增幅
	基建投资 B	$IfrP_{i,t}$	基础设施投资占比。指 i 省 t 年上述 3 个行业累计投资规模占全部城镇固定资产投资规模的比例
经济增长影响因素	产业结构	$yind_{i,t}$	第二产业产值在国内生产总值中的占比
	消费率	$Rcsm_{i,t}$	最终消费在总产值中的占比
	物价水平	$cpi_{i,t}$	居民消费价格指数同比涨幅
	进出口	$ftr_{i,t}$	进出口总额的同比增速
	投资增速	$inv_{i,t}$	全社会固定资产投资总额同比增速
	消费增速	$csm_{i,t}$	社会消费品零售总额同比增速
	财政支出	$fisex_{i,t}$	一般预算支出同比增速
	人口密度	$den_{i,t}$	总人口与行政面积比值

续表

影响基建投资的因素	预算资金占比	$Bg_{i,t}$	固定资产投资资金来源中预算内资金占比
	财政收入	$fisre_{i,t}$	一般预算收入增速
	城镇化率	$urban_{i,t}$	城镇人口与总人口的比值
其他治理目标	城乡收入差距	$gap_{i,t}$	城镇居民人均可支配收入与农村居民现金收入比值①
	登记失业率	$ump_{i,t}$	年末登记失业率
	改建投资占比	$Sinv_{i,t}$	改建和技术改造投资占当年全部城镇固定资产投资的比重
	制造业投资规模	$Gmanu_{i,t}$	制造业投资规模增速
	制造业就业	$Umanu_{i,t}$	制造业新增就业人数增速
产能过剩指标	产能过剩企业数量	$Ncap_{i,t}$	产能过剩行业企业数量。指 i 省 t 年工业企业中，按照国家统计局标准分类的行业中，属于 06 煤炭开采洗选业、08 黑色金属矿采选业、30 非金属矿物制品业、31 黑色金属冶炼和压延加工业四个行业的规上企业总数量取自然对数
	产能过剩行业产量	$Pcap_{i,t}$	产能过剩相关行业产量。指 i 省 t 年上述四个行业规上工业企业的总产值取自然对数
	产能过剩企业利润	$Rcap_{i,t}$	产能过剩相关行业利润。指 i 省 t 年上述四个行业规上工业企业的利润取自然对数
投资瓶颈相关	基建存量（铁路）	$InfraA_{i,t}$	年末铁路总里程数的对数值
	基建存量（公路）	$InfraB_{i,t}$	年末公路总运营里程的对数值
区位设置	东部地区	DA_i	$DA_i=1$ 表示 i 省属于东部，包括北京、天津、河北、辽宁、上海、江苏、浙江、福建、山东、广东、海南共 11 个省、直辖市。其他地区虚拟变量取值为 0
	中部地区	DB_i	$DB_i=1$ 表示 i 省属于中部，包括黑龙江、吉林、山西、安徽、江西、河南、湖北、湖南共 8 个省。其他地区虚拟变量取值为 0
	西部地区	DC_i	$DC_i=1$ 表示 i 省属于西部，包括内蒙古、广西、重庆、四川、贵州、云南、西藏、陕西、甘肃、青海、宁夏、新疆共 12 个省（自治区和直辖市）。其他地区虚拟变量取值为 0。

---

① 从 2014 年末起，统计局调整了收入指标的统计方式，公布的数据由城镇居民人均可支配收入与农村居民现金收入变为常驻城镇（农村）居民人均可支配收入，但在 2015 年过渡期内依然公布了之前的两个指标数值。考虑到样本可比性，本书选择了前期的两个指标计算城乡收入差距。

二、描述性统计分析

全样本的描述性统计如表 3-11 所示。

表 3-11　　　　　参与回归的主要面板数据统计特征

变量	样本数	均值	标准差	中位数	最小值	最大值
$y_{i,t}$	341	0.116	0.027	0.12	0.03	0.238
$loan_{i,t}$	341	0.219	0.098	0.187	-0.049	0.87
$IfrG_{i,t}$	341	0.215	0.164	0.215	-0.309	0.67
$IfrP_{i,t}$	341	0.259	0.077	0.254	0.114	0.5
$yind_{i,t}$	341	0.47	0.082	0.487	0.197	0.615
$Rcsm_{i,t}$	341	0.503	0.081	0.491	0.361	0.818
$cpi_{i,t}$	341	2.904	2.012	2.53	-2.35	10.09
$ftr_{i,t}$	341	0.142	0.228	0.171	-0.903	0.925
$inv_{i,t}$	341	0.22	0.117	0.22	-0.278	0.626
$csm_{i,t}$	341	0.169	0.054	0.16	0.055	0.594
$fisex_{i,t}$	339	0.225	0.346	0.207	-0.84	6.189
$den_{i,t}$	341	5.282	1.478	5.59	0.83	8.25
$Bg_{i,t}$	341	0.082	0.123	0.056	0.009	0.878
$fisre_{i,t}$	341	0.211	0.119	0.209	-0.334	0.956
$urban_{i,t}$	341	0.509	0.148	0.489	0.208	0.896
$gap_{i,t}$	341	2.947	0.662	2.9	1.5	5.9
$ump_{i,t}$	329	3.561	0.659	3.63	1.21	5.7
$Gmanu_{i,t}$	341	0.235	0.212	0.217	-0.535	1.05
$Sinv_{i,t}$	341	0.131	0.074	0.113	0.014	0.388
$Umanu_{i,t}$	306	0.051	0.037	0.037	0.003	0.196
$InfraA_{i,t}$	339	4.949	1.024	5.13	0	6.78
$InfraB_{i,t}$	339	8.654	0.918	8.93	5.9	9.94
$Ncap_{i,t}$	286	7.093	0.897	7.105	4.754	8.562
$Pcap_{i,t}$	285	7.654	1.065	7.657	4.511	9.796
$Rcap_{i,t}$	283	4.931	1.271	5.05	0.47	7.078

注：部分省份存在数据缺失现象，在实证分析中有一些模型并非完全的平衡面板。

从表 3-11 中可以看出，在样本期内各省份经济增长都保持了较高的水平，均值和中位数分别达到 11.6% 和 12%。而中长期贷款增速则有非常大的标准差，对于所有省份来看，平均增速在21.9%左右，但中位数仅为18.7%，即少量特别高的样本点拉高了平均增速。从基础设施投资数据看，全样本基础设施投资的增速在21.5%，在整个样本中并未明显高于全部投资增速，但其标准差0.164明显高于全部投资增速的标准差0.117，说明近10年基础设施投资增长的波动要明显大于全部投资增速。从投资结构数据看，基础设施投资在全样本中占全部投资的比重在25.9%，中位数25.4%，是影响投资增长最重要的因素之一。

本部分有大量的实证研究关注了不同经济发展阶段、不同区域，相关宏观数据之间的动态关系，因此有必要将核心变量按照年度和区位差异分别进行描述性统计。其中，分年度的描述性统计如表3-12所示。

表3-12　　　　　　　　　　核心变量分年度的描述性统计

变量	年份	样本数	均值	标准差	中位数	最小值	最大值
$y_{i,t}$	2005	31	0.127	0.025	0.121	0.09	0.238
	2006	31	0.131	0.014	0.129	0.11	0.18
	2007	31	0.145	0.015	0.147	0.12	0.192
	2008	31	0.123	0.023	0.121	0.085	0.178
	2009	31	0.119	0.025	0.122	0.054	0.169
	2010	31	0.135	0.018	0.138	0.103	0.174
	2011	31	0.125	0.02	0.125	0.081	0.164
	2012	31	0.11	0.018	0.113	0.075	0.138
	2013	31	0.099	0.014	0.1	0.077	0.125
	2014	31	0.085	0.015	0.087	0.049	0.109
	2015	31	0.08	0.018	0.081	0.03	0.11
	Total	341	0.116	0.027	0.12	0.03	0.238
$loan_{i,t}$	2005	31	0.145	0.056	0.144	0	0.231
	2006	31	0.215	0.056	0.213	0.074	0.343
	2007	31	0.287	0.156	0.218	0.003	0.87
	2008	31	0.207	0.051	0.201	0.098	0.293
	2009	31	0.447	0.093	0.451	0.241	0.666
	2010	31	0.324	0.074	0.318	0.151	0.457
	2011	31	0.145	0.077	0.152	-0.049	0.293
	2012	31	0.133	0.114	0.116	0.023	0.683
	2013	31	0.164	0.097	0.148	0.07	0.635
	2014	31	0.178	0.088	0.168	0.091	0.581
	2015	31	0.164	0.062	0.149	0.069	0.348
	Total	341	0.219	0.18	0.187	-0.049	0.87

续表

变量	年份	样本数	均值	标准差	中位数	最小值	最大值
$IfrG_{i,t}$	2005	31	0.271	0.155	0.27	-0.008	0.542
	2006	31	0.257	0.153	0.245	-0.039	0.595
	2007	31	0.183	0.146	0.204	-0.093	0.435
	2008	31	0.231	0.125	0.216	0.019	0.473
	2009	31	0.403	0.143	0.415	0.154	0.67
	2010	31	0.198	0.143	0.208	-0.309	0.407
	2011	31	-0.002	0.137	0.007	-0.223	0.323
	2012	31	0.178	0.125	0.167	-0.077	0.451
	2013	31	0.243	0.119	0.224	0.05	0.522
	2014	31	0.218	0.125	0.207	0.007	0.584
	2015	31	0.19	0.138	0.202	-0.233	0.357
	Total	341	0.215	0.164	0.215	-0.309	0.67
$IfrP_{i,t}$	2005	31	0.292	0.085	0.279	0.129	0.482
	2006	31	0.291	0.075	0.284	0.134	0.481
	2007	31	0.272	0.07	0.279	0.114	0.422
	2008	31	0.264	0.069	0.267	0.135	0.393
	2009	31	0.282	0.073	0.293	0.148	0.405
	2010	31	0.267	0.071	0.268	0.141	0.428
	2011	31	0.233	0.075	0.227	0.129	0.493
	2012	31	0.223	0.067	0.214	0.123	0.409
	2013	31	0.229	0.073	0.213	0.132	0.477
	2014	31	0.242	0.079	0.222	0.132	0.483
	2015	31	0.259	0.08	0.238	0.142	0.5
	Total	341	0.259	0.077	0.254	0.114	0.5

可以看出，主要的核心变量在不同年份的数据特征变化较大，整体上看，中长期贷款的增长呈现出较为明显的逆周期投放特征，尤其是2009年经济增速下滑时（平均增速11.9%）格外明显，中长期贷款平均增长了44.7%，同时也影响了2010年的增速。从基础设施投资增速看，高点也出现在2009年，且整体上看确实存在经济下行、基础设施投资增速和占比上升的态势。

分区域的描述分析如表3-13所示。

表 3-13　　　　　　　　核心变量分区域的描述性统计

区域	变量	样本数	均值	标准差	中位数	最小值	最大值
东部	$y_{i,t}$	121	0.111	0.028	0.11	0.03	0.174
	$loan_{i,t}$	121	0.217	0.256	0.177	-0.049	0.87
	$IfrG_{i,t}$	121	0.192	0.176	0.194	-0.309	0.67
	$IfrP_{i,t}$	121	0.221	0.055	0.219	0.114	0.385
中部	$y_{i,t}$	88	0.115	0.027	0.121	0.031	0.161
	$loan_{i,t}$	88	0.203	0.105	0.175	0.003	0.517
	$IfrG_{i,t}$	88	0.223	0.162	0.223	-0.214	0.598
	$IfrP_{i,t}$	88	0.219	0.052	0.215	0.13	0.351
西部	$y_{i,t}$	132	0.122	0.025	0.122	0.077	0.238
	$loan_{i,t}$	132	0.232	0.128	0.211	0	0.683
	$IfrG_{i,t}$	132	0.233	0.151	0.236	-0.093	0.587
	$IfrP_{i,t}$	132	0.321	0.068	0.306	0.177	0.5

可以看出，在不同的区域核心变量的特征存在明显的差异。从经济增长数据看，西部省份的平均经济增长要快于中部，中部快于东部地区。从中长期贷款增速看，则是西部最快，东部次之，而中部地区明显较低。基础设施投资方面，在样本期内，东部地区增长最慢，中西部比较接近；而投资规模占比中，东部和中部接近，西部最高。

三、地方政府基础设施投资决定因素的实证分析

（一）基础模型的设定

根据本书前期的文献综述和理论分析，地方政府的基础设施投资决策会受到前期经济增速以及一系列控制指标的影响，因此将模型设定如下：

$$ifr_{i,t} = \beta_0 + \beta_1 ifr_{i,t-1} + \beta_2 y_{i,t-1} + \beta_3(icontrol) + (area-dummy) + \varepsilon_{i,t}$$

其中，被解释变量为当期该省的基础设施投资水平 $ifr_{i,t}$，实际模型中运用增速 $IfrG_{i,t}$ 和 $IfrP_{i,t}$ 占比两个变量进行替代。在前期研究中往往会假定基建投资规模存在惯性，因此回归变量包括其自身的滞后项 $ifr_{i,t-1}$。前期经济增速 $y_{i,t-1}$ 的估计系数 β_2 表示地方政府投资对前期经济周期波动的反应，系数为负则说明经济下行压力下会提高基础设施投资规模。icontrol 表示影响当年基础设施投资的其他控制因素，根据前期文献的经验，本书主要选择了信贷投放 $loan_{i,t}$、预算资金占比 $Bg_{i,t}$、财政收入 $fisre_{i,t}$、城镇化率 $urban_{i,t}$。此外，本书在具体的面板建模过程中，选择了所在区位

(东、中、西部)和省份固定效应两种聚类方式。

根据理论分析的判断,不同区域省份的政府利用基建投资来稳增长的动力程度可能存在差异,我们利用面板数据对这种区位因素进行了更细致的分析。具体的模型构建如下:

$$ifr_{i,t} = \beta_0 + \beta_{11} D_i * y_{i,t-1}(+ \beta_{12} DB_i * y_{i,t-1} + \beta_{13} DC_i * y_{i,t-1}) + \beta_{14} ifr_{i,t-1} + \beta_2 y_{i,t-1} + \beta_3 (icontrol) + \varepsilon_{i,t}$$

与基础模型相比,主要是增加了区位变量与经济增长变量的交互项 $D_i * y_{i,t-1}$,其中定义 $D_i = DB_i + DC_i$,即非东部地区的 20 个省都取值为 1。交互项的系数 β_{11} 表示相对于东部地区,中西部地方政府基建投资比重受前期经济波动影响要高出的程度,如果系数显著为负,表示中西部地区政府有很强的利用基建投资来稳增长的动力。另外,我们也考虑了中部和西部地区的差异,分别利用其虚拟变量与经济增长的交互项 $DB_i * y_{i,t-1}$ 以及 $DC_i * y_{i,t-1}$ 在模型中进行估计,其系数分别表示中部和西部相对于东部地区的基建投资——经济增长的敏感性差异。值得注意的是,一般交互项实证中都要求虚拟变量本身进入模型,但我们选择的是系统 GMM 的估计方法,需要对变量进行差分,而区位虚拟变量并非时变的,因此不需要进入模型。另外,扩展模型中控制因素与基础模型是相似的。

在此基础上,本书也考察了这种区位差异在不同时期的变动情况。具体方法是针对每一个年度,利用 31 个省级区域的截面数据估计如下方程:

$$ifr_i = \beta_0 + \beta_{12} DB_i * L.y_i + \beta_{13} DC_i * L.y_i + \beta_{14} L.ifr_i + \beta_2 L.y_i + \beta_3 (icontrol) + \varepsilon_i$$

其中,所有变量不含时间因素,滞后算子 $L.$ 表示前一年该指标的数值。通过比较两个交互项的系数 β_{12} 和 β_{13} 在不同年份的变化趋势,可以得到地方政府利用基建投资稳增长的区位差异在不同宏观经济周期中呈现怎样的变化。

(二)动态面板模型的估计方法

根据 Nickell (1981) 的观点,如果面板模型中包含了被解释变量的滞后值,即动态面板数据,即使是组内估计量也是不一致的,尤其是对于本书构建的年度数据短样本而言,这种动态面板偏差可能更大。从技术上来看,动态面板的估计方法分为差分 GMM、水平 GMM 和系统 GMM。

定义如下的面板数据模型:

$$y_{i,t} = \alpha + \rho y_{i,t-1} + x_{i,t}^T \beta + z_i^T \delta + \mu_i + \varepsilon_{i,t} (t = 2, \cdots, T)$$

其中,$x_{i,t}$ 为影响被解释变量的其他因素;z_i 为不随时间变化的截面特质影响因素;μ_i 为个体效应。利用一阶差分可以消去个体性差异,得到:

$$\Delta y_{i,t} = \rho \Delta y_{i,t-1} + \Delta x_{i,t}^T \beta + \Delta \varepsilon_{i,t}$$

由于原方程中 $y_{i,t-1}$ 与扰动项 $\varepsilon_{i,t}$ 相关，因此差分方程中 $\Delta y_{i,t-1}$ 与 $\Delta\varepsilon_{i,t}$ 依然存在相关关系。Anderson 和 Hsiao（1981）最早提出可以利用被解释变量的滞后项作为工具变量来解决内生性问题，他们指出 $y_{i,t-2}$ 是一个合适的工具变量，$y_{i,t-2}$ 与 $\Delta y_{i,t-1}$ $= y_{i,t-1} - y_{i,t-2}$ 相关，但与 $\Delta\varepsilon_{i,t} = \varepsilon_{i,t} - \varepsilon_{i,t-1}$ 无关（假定扰动项不存在自相关性）。在其基础上，Arellano 和 Bond（1991）指出所有可能的更高阶滞后变量 $\{y_{i,t-3}, y_{i,t-4}, \cdots\}$ 都是有效的工具变量，如果全部使用在估计过程中可以进一步提高估计效率，这种方法被称为差分 GMM。在后来的实践中，学者们逐渐发现了差分 GMM 存在的几个问题：一是如果控制因素 $x_{i,t}$ 仅为前定变量，即 $x_{i,t}$ 与当期的扰动项无关，但与前期的扰动项有关，则经过差分后的 $\Delta x_{i,t}$ 与 $\Delta\varepsilon_{i,t}$ 就存在相关性，从而导致 $\Delta x_{i,t}$ 称为差分方程的内生变量，需要增加其滞后项 $\{x_{i,t-1}, x_{i,t-2}, \cdots\}$ 作为工具变量。二是在较长样本期的情况下，可能存在弱工具变量的问题，导致估计偏差。三是不随时间变化的特质变量 $z_{i,t}$ 系数无法估计。四是如果被解释变量持续性较强，可能导致滞后项 $y_{i,t-2}$ 与差分项 $\Delta y_{i,t-1}$ 的系数关联度较低，即同样存在弱工具变量的问题。

Arellano 和 Bover（1995）利用对水平方程的估计来解决这一问题，由于被解释变量的差分项 $\Delta y_{i,t-1}$ 与滞后项 $y_{i,t-1}$ 有非常明显的相关性，同时如果扰动项不存在自相关性，则 $E(\Delta y_{i,t-s}\varepsilon_{i,t}) = E(y_{i,t-s}\varepsilon_{i,t}) - E(y_{i,t-s-1}\varepsilon_{i,t}) = 0$，因此他们将差分序列 $\{\Delta y_{i,t-1}, \Delta y_{i,t-1}, \cdots\}$ 作为滞后解释变量的 $y_{i,t-1}$ 的工具变量，估计的结果即为水平 GMM 估计量。此后，Blundell 和 Bond（1998）将差分 GMM 和水平 GMM 方法结合在一起，将差分方程和水平方程作为一个联立系统进行联立估计，成为系统 GMM 估计方法，理论上其估计效率高于直接估计单一方程，并且可以估计不随时间变化变量的系数。

（三）实证结果与说明

首先，本书在不考虑滞后因素的情况下，仅利用基本模型判断分省基础设施投资的规模（增速）是否与当地所处的经济形势相关。估计的实证结果如表 3 – 14 所示。

表 3 – 15 中，列（1）—（4）表示利用基础设施投资增速 $IfrG_{i,t}$ 作为被解释变量的回归结果，可以看出 $y_{i,t-1}$ 的系数估计值整体上显著性一般，在增加了控制变量后在 10% 的水平下都不显著，说明前期的经济增长速度与当期基础设施投资的增速之间关系并不明显。列（5）—（8）中，基础设施投资占比 $IfrP_{i,t}$ 作为被解释变量时，经济增长 $y_{i,t-1}$ 的系数在 1% 的水平下都有很好的显著性，在加入控制变量后，固定效应和区域聚类估计的系数分别为 – 0.146 和 – 0.152。说明经济形势较差时，会显著提高该省后一年基础设施行业投资在整个固定资产投资中的占比。从 F 统计量看，8 个模型的系数估计的整体显著性都比较好。

表 3-14　　　不考虑滞后因素的基础设施投资与经济增长关系分析

	(1)	(2)	(3)	(4)	(5)	(6)	(7)	(8)
dep. var	$IfrG_{i,t}$				$IfrP_{i,t}$			
$y_{i,t-1}$	-0.066*	-0.065*	-0.045	-0.041	-0.214***	-0.203***	-0.146***	-0.152***
	(0.034)	(0.034)	(0.029)	(0.030)	(0.075)	(0.073)	(0.063)	(0.064)
$loan_{i,t}$			0.136***	0.139***			0.026	0.024**
			(0.048)	(0.049)			(0.018)	(0.011)
$Bg_{i,t}$			-0.028	0.68**			0.217***	0.037
			(0.071)	(0.287)			(0.027)	(0.066)
$fisre_{i,t}$			0.141	0.154			0.008	-0.007
			(0.093)	(0.098)			(0.035)	(0.022)
$urban_{i,t}$			0.167**	0.179***			0.071**	-0.113
			(0.078)	(0.056)			(0.03)	(0.127)
_cons	0.192***	0.169***	0.239***	-0.695***	0.223***	0.28***	0.218***	0.331***
	(0.046)	(0.057)	(0.073)	(0.264)	(0.017)	(0.024)	(0.028)	(0.06)
pro-d				√				√
area-d	√	√	√	√	√	√	√	√
year-d		√	√	√		√	√	√
Fstat.	1.555	13.321	11.518	13.239	67.229	23.365	26.183	12.752
aR^2	0.005	0.324	0.353	0.314	0.391	0.465	0.566	0.303
wR^2				0.412				0.403
Obs	310	310	310	310	310	310	310	310

注：括号内为相关估计系数的标准误。*、**和***分别表示在10%、5%和1%的置信区间下显著。pro-d 表示利用固定效应模型进行估计，area-d 和 year-d 表示模型中分别加入了区域（中部和西部）以及年份虚拟变量。Fstat. 表示方程整体显著性的 F 统计量，aR^2 和 wR^2 分别表示 AdjustR² 以及 Within R² 的统计量。Obs 指样本数量。以下表格不再赘述。

考虑到基础设施投资往往规模大，投资周期长，一些项目计划往往会持续数年，其投资增速或占比本身可能存在自相关性。因此，本书增加了基础设施投资变量的滞后项，形成了动态面板模型，并利用 GMM 方法对相关系数进行了估计，假设控制变量均为严格外生。

总的来看，表 3-15 列（1）—（4）表示被解释变量为基础设施投资增速 $IfrG_{i,t}$ 的回归结果，可以看出滞后项的整体显著性较好，且均为负数，说明投资增速存在均值反转效应，有负的自相关性，而且 AR（1）和 AR（2）的统计量分别在 1%

表 3 – 15　　　　　　　考虑滞后因素的基础设施与经济增长关系分析

Variable	(1)	(2)	(3)	(4)	(5)	(6)	(7)	(8)
dep. var	$IfrG_{i,t}$				$IfrP_{i,t}$			
	2SLS	DGMM	SGMM	SGMM	2SLS	DGMM	SGMM	SGMM
$L1.\ dep$	-0.204***	-0.204***	0.215***	-0.221***	0.727***	0.727***	0.769***	0.854***
	(0.068)	(0.068)	(0.068)	(0.071)	(0.062)	(0.062)	(0.015)	(0.023)
$L2.\ dep$				-0.197				-0.215
				(0.119)				(0.122)
$y_{i,t-1}$	-0.814***	-0.814***	-0.664***	-0.403	-0.322***	-0.322***	-0.152***	0.201***
	(0.201)	(0.201)	(0.277)	(0.249)	(0.113)	(0.113)	(0.057)	(0.035)
$loan_{i,t}$	0.206***	0.206***	0.226***	0.273***	0.028***	0.028***	0.044***	0.045***
	(0.054)	(0.054)	(0.019)	(0.044)	(0.009)	(0.009)	(0.005)	(0.003)
$Bg_{i,t}$	0.603	0.603	-0.065	0.178	0.175***	0.175***	0.044**	0.041**
	(0.37)	(0.37)	(0.486)	(0.272)	(0.06)	(0.06)	(0.019)	(0.019)
$fisre_{i,t}$	-0.495***	-0.495***	-0.508***	-0.423***	-0.069***	-0.069***	-0.068***	-0.101***
	(0.102)	(0.102)	(0.08)	(0.093)	(0.017)	(0.017)	(0.006)	(0.011)
$urban_{i,t}$	2.007***	2.007***	1.483***	1.28***	0.19***	0.19***	0.057***	0.051**
	(0.389)	(0.389)	(0.19)	(0.193)	(0.064)	(0.064)	(0.018)	(0.025)
_cons	2.321***	2.321***	2.012***	0.873***	0.551***	0.551***	0.326***	-0.033***
	(0.844)	(0.844)	(0.576)	(0.574)	(0.136)	(0.136)	(0.071)	(0.044)
χ^2	90.885***	90.885***	268.56***	1382.5***	354.02***	354.02***	5952.4***	2610.9***
$AR(1)$			-3.602***	-3.53***			-3.218***	-3.063***
$AR(2)$			-0.867	1.225			-0.411	1.214
sargan	101.01***	101.01***	27.209***	28.542***	122.40***	122.40***	24.136***	24.007***
Obs	279	279	310	279	279	279	310	279

注：其中，2SLS 表示利用两阶段最小二乘法的估计结果；DGMM 和 SGMM 分别表示差分 GMM 和系统 GMM 的估计结果；$L1.\ dep$ 和 $L2.\ dep$ 表示被解释变量的滞后项；χ^2 表示模型整体显著性的卡方统计量；$AR(1)$ 和 $AR(2)$ 表示一阶和二阶自相关检验的统计量；sargan 表示工具变量有效性检验的统计量。另外，由于估计需要对变量进行差分处理，因此在模型中未加入时间和截面（区域）虚拟变量。

的水平下显著和不显著，Sargan 统计量在 1% 的水平下显著，即系统 GMM 模型的自相关检验和工具变量有效性均能通过，说明动态面板模型的构建是合理的。主要的回归变量 $y_{i,t-1}$ 系数在四种估计方法中显著为负，说明不考虑滞后项的基础模型可能低估了基础设施投资增速与经济周期的关系。而利用基础设施占比 $IfrP_{i,t}$ 作为被解释变量的（4）—（8）模型中，滞后项系数显著为正，且能通过自相关和工具变量有效性的检验。与基础模型一样，经济增长 $y_{i,t-1}$ 的系数显著为负，进一步证实了地方政府通过基建项目稳增长的动力。此外，控制变量的系数显著性与基础模型基本一致，只是固定资产投资中预算内资金占比 $fisre_{i,t}$ 与基础设施投资的关系为负数，这在一个侧面反应了依靠融资平台在银行体系贷款是支持逆周期基础设施投资增长的重要来源。

进一步的，本书研究了不同区域地方政府在利用基础设施投资稳增长上的差异，主要是增加了区域虚拟变量与前期经济增长的交互项进入模型，整体形式仍设定为滞后一阶的动态面板模型，具体的估计结果如表 3-16 所示。

表 3-16　考虑区位差异的基础设施投资与经济增长相互关系研究

Variable	(1)	(2)	(3)	(4)	(5)	(6)
dep. var	$IfrG_{i,t}$			$IfrP_{i,t}$		
L1. dep	-0.165***	-0.103***	-0.102***	0.833***	0.734***	0.743***
	(0.02)	(0.032)	(0.03)	(0.011)	(0.031)	(0.03)
$D_i * y_{i,t-1}$	-0.103***	-1.115**		-0.158***	-0.324***	
	(0.418)	(0.357)		(0.018)	(0.087)	
$DB_i * y_{i,t-1}$			-2.321***			-0.192***
			(0.699)			(0.058)
$DC_i * y_{i,t-1}$			-0.789***			-0.104*
			(0.859)			(0.051)
$y_{i,t-1}$	-0.901***	-1.281**	-1.417**	-0.599***	-0.042	-0.083
	(0.27)	(0.585)	(0.57)	(0.025)	(0.05)	(0.054)
$loan_{i,t}$		0.222***	0.209***		0.042***	0.04***
		(0.024)	(0.034)		(0.005)	(0.006)
$Bg_{i,t}$		-0.113	0.067		0.05***	0.069***
		(0.542)	(0.804)		(0.019)	(0.027)
$fisre_{i,t}$		-0.458***	-0.463***		-0.069***	-0.072***
		(0.08)	(0.064)		(0.01)	(0.009)
$urban_{i,t}$		-1.552***	-1.564***		-0.116***	-0.116***
		(0.205)	(0.18)		(0.021)	(0.023)
_cons	0.284***	1.509***	1.524***	0.099***	0.203***	0.206***
	(0.012)	(0.261)	(0.18)	(0.004)	(0.028)	(0.022)
χ^2	3953.25***	334.1***	672.8***	6926.6***	3974.3***	2401.9***
AR(1)	-3.961***	-3.763***	-3.717***	-2.802***	-3.158***	-3.158***
AR(2)	-0.551	-0.78	-0.724	-0.153	-0.55	-0.4
sargan	30.002***	28.218***	27.858***	30.556***	24.661***	23.237***
Obs	310	310	310	310	310	310

6个模型整体都有较好的系数显著性,被解释变量的一阶滞后项均在1%的水平下显著,且能通过自相关和工具变量检验,说明动态面板模型构建无误。值得关注的是几个交互项的系数。可以看出,(1)(2)(4)(5)四个模型中 $D_i * y_{i,t-1}$ 的系数均显著为负,即中西部地区的基础设施投资与经济增长的负向关系显著强于东部地区,这些地方政府更偏好于利用基建来稳增长。中部和西部的比较主要体现在(3)和(6)两个方程,$DB_i * y_{i,t-1}$ 和 $DC_i * y_{i,t-1}$ 均很显著,但从系数估计值来看中部地区的数值明显较大,在增速模型中达到了 -2.321,超过西部地区近3倍,而在投资规模占比的模型中,其系数为 -0.192,超过西部地区近2倍,$DC_i * y_{i,t-1}$ 的系数在5%的水平下并不显著。

在此基础上,本书进一步分析了这种区位效应的时变性,即利用每一个年度的宏观截面数据分别估计交互项的系数,模型的估计方法和控制变量不变。将实证结果列举如图3-11所示。

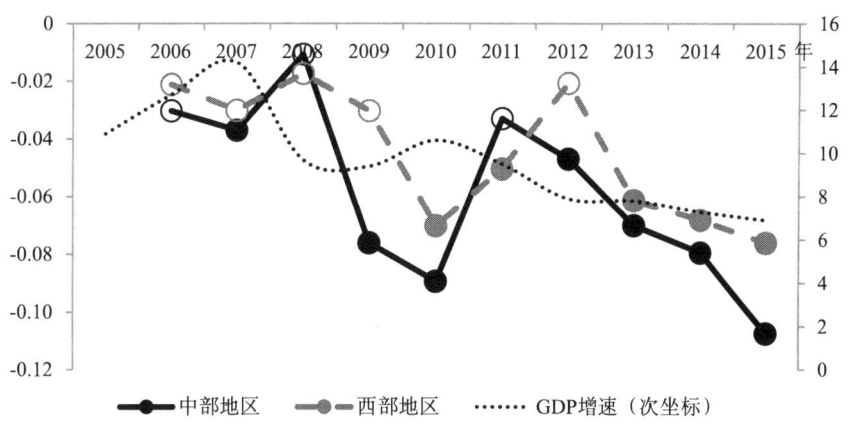

图3-11 基础设施投资与经济增长关系区位效应的时变特征

注:其中每个点表示该年度模型中区域虚拟变量与增长交互项的系数估计值,图中未填充的点表示该系数在5%的水平下并不显著。2006年对应的系数点表示2006年基础设施投资规模占比与2005年经济增长和区位虚拟变量交互项的关系。

整体上看,这种区位效应在不同的时间点上并不稳定,总体呈现两个特征。一方面,经济形势较差时,中西部地区相对东部地区的这种基建—经济敏感性要更高,尤其是最近3年随着GDP增速的下滑这种趋势愈加明显。前期2009—2010年的较大负向关系可能与当时应对经济危机的逆周期扩张政策有关。另一方面,就中部和西部的比较来看,中部地区的交互项系数在绝大多数年份要低于西部地区,且随着经济下行这种差距有扩大趋势。

东部、中部和西部地区的地方政府在面对经济波动时的基建投资动力是存在差异的,市场化程度更高,政府治理机制更完善的东部地区这方面最弱,而西部地区政府虽然存在这种动力,但其财政能力和金融体系发展要弱于中部地区,且社会稳定等非增长目标会分散政府的政策集中度。相对而言,中部地区市场化程度较弱,但政府财力和对金融机构的影响能力更强,且区域间的 GDP 政绩竞赛更为激烈,因此利用基础设施投资来稳增长的动力会更强。从跨期的研究来看,这种政府行为的区位差异随着经济下行压力的逐步加大,即在更差的经济环境下,相对其他地区,中部地区的政府有更强的动力和能力去通过扩大基础设施的投资规模来保持经济增长。

四、基础设施投资规模对信贷投放效率影响的实证分析

在分析了地方政府利用基础设施领域投资来稳增长的行为后,我们需要关注这种决策的真实经济后果,即这种投资结构的变动是否是造成货币信贷政策效率降低的原因。我们构建了基础设施投资规模对信贷投放效率影响的模型:①

$$y_{i,t} = \beta_0 + \beta_1 ifrP_{i,t} * loan_{i,t} + \beta_2 ifrP_{i,t} + \beta_3 loan_{i,t} + \beta_4 (icontrol) + \varepsilon_{i,t}$$

分省研究不涉及货币供应量的问题,只能利用信贷规模与经济增长的关系来判断货币政策传导的效率。在这里,本书估计了基建投资占比与信贷规模的交互项 $ifrP_{i,t} * loan_{i,t}$ 的系数,以此来判断基础设施是否会影响信贷效率。如果系数 β_1 显著为负,则说明随着基础设施投资在全部投资中占比的提高,信贷增速与经济增速的关系会下降。icontrol 表示影响经济增长的其他控制因素,在这里我们选择的包括产业结构 $yind_{i,t}$、物价水平 $cpi_{i,t}$、进出口规模 $ftr_{i,t}$、投资增速 $inv_{i,t}$、消费增速 $csm_{i,t}$ 以及财政支出 $fisex_{i,t}$。此外,我们利用不同的区域聚类方式对模型进行估计,以保证实证结果的稳健性。

表 3-17 中列(1)—(4)显示了利用不同的区域和年份聚类方式估计的基础模型结果,可以看出交互项 $ifrP_{i,t} * loan_{i,t}$ 的系数在不同方程中比较稳定,且都能在 1% 的水平下显著,说明信贷增速与经济增长的关系,确实会由于基础设施投资占比的提高而降低。这说明基础设施投资相对于其他领域,短期的资金利用效率确实较低,尤其是下行阶段过高的投入往往会造成信贷资源的浪费,并产生挤出效应等影响短期增长的情况。从其他控制变量的系数看,产业结构、投资、出口以及消费等

---

① 由于基础模型的研究表明基础设施的投资占比更能体现政府的决策特征,在后面两个部分的实证研究中我们仅利用这一个 $IfrP_{i,t}$ 作为基础设施投资的替代指标。

因素都与短期经济增长水平密切相关。

表3-17　基础设施投资对信贷投放效率影响的基础模型回归结果

Variable	(1)	(2)	(3)	(4)
$ifrP_{i,t} * loan_{i,t}$	-0.089***	-0.098***	-0.107***	-0.096***
	(0.024)	(0.029)	(0.032)	(0.033)
$loan_{i,t}$	0.064**	0.051***	0.044	0.056**
	(0.026)	(0.019)	(0.031)	(0.028)
$yind_{i,t}$			0.046***	0.105***
			(0.012)	(0.028)
$ifrP_{i,t}$			0.04	0.078**
			(0.032)	(0.037)
$cpi_{i,t}$			-0.002	0.001
			(0.001)	(0.001)
$ftr_{i,t}$			0.013**	0.009*
			(0.006)	(0.005)
$inv_{i,t}$			0.057***	0.05***
			(0.01)	(0.009)
$csm_{i,t}$			0.049**	0.045**
			(0.025)	(0.022)
$fisex_{i,t}$			0.003	-0.001
			(0.003)	(0.002)
_cons	0.102***	0.118***	0.074***	0.039***
	(0.003)	(0.004)	(0.013)	(0.018)
pro-d				√
area-d	√	√	√	
year-d		√	√	√
Fstat.	8.443***	31.67***	27.51***	38.27***
aR^2	0.081	0.558	0.622	0.667
wR^2				0.716
Obs	341	341	339	339

在基础模型的基础上,我们也关注了这种基建投资对信贷效率负面影响的区位特征,即是否东、中、西部地区相同的基础设施规模占比对信贷—增长敏感性的影响会存在差异。本书构建了基于三变量交互项的模型:

$$y_{i,t} = \beta_0 + \beta_{11} ifrP_{i,t} * loan_{i,t} + \beta_{12} D_t * ifrP_{i,t} * loan_{i,t} + (\beta_{13} DB_t ifrP_{i,t} * loan_{i,t} + \beta_{14} DC_t ifrP_{i,t} * loan_{i,t}) + \beta_2 ifrP_{i,t} + \beta_3 loan_{i,t} + \beta_4 (icontrol) + \varepsilon_{i,t}$$

在这里，主要是关注三项交互项 $D_t * ifrP_{i,t} * loan_{i,t}$ 的系数，如果 β_{12} 的系数显著为负，则说明中西部地区基础设施投资规模会更大幅度的制约信贷对经济的影响。此外，我们还在模型中对中部和西部地区虚拟变量分别与 $ifrP_{i,t} * loan_{i,t}$ 进行了交乘，β_{13} 和 β_{14} 分别反映了中部和西部地区这种基建制约信贷效率问题与东部的差异。此外，模型的控制变量与基础模型一样。实证结果如表 3 – 18 所示。

表 3 – 18　　　　基础设施投资对信贷效率制约的区位效应分析

Variable	(1)	(2)	(3)	(4)	(5)	(6)
$D_t * ifrP_{i,t} * loan_{i,t}$	-0.087*	-0.1**	-0.086**			
	(0.045)	(0.044)	(0.04)			
$DB_t * ifrP_{i,t} * loan_{i,t}$				-0.09*	-0.116**	-0.107**
				(0.047)	(0.048)	(0.044)
$DC_t * ifrP_{i,t} * loan_{i,t}$				-0.03	-0.029**	0.027*
				(0.078)	(0.013)	(0.014)
$ifrP_{i,t} * loan_{i,t}$	-0.121	-0.303**	-0.329***	-0.197**	-0.331**	-0.378
	(0.074)	(0.125)	(0.111)	(0.078)	(0.136)	(0.119)
$loan_{i,t}$	0.053**	0.097***	0.092***	0.076***	0.106***	0.106***
	(0.022)	(0.037)	(0.032)	(0.023)	(0.039)	(0.034)
$ifrP_{i,t}$		0.086***	0.092**		0.077**	0.103***
		(0.03)	(0.037)		(0.035)	(0.038)
$yind_{i,t}$		0.048***	0.103***		0.047***	0.1***
		(0.012)	(0.028)		(0.012)	(0.028)
$cpi_{i,t}$		-0.002	0		-0.002	0
		(0.001)	(0.001)		(0.001)	(0.001)
$ftr_{i,t}$		0.015**	0.009*		0.013**	0.009*
		(0.006)	(0.005)		(0.006)	(0.005)
$inv_{i,t}$		0.053***	0.047***		0.056***	0.048***
		(0.01)	(0.009)		(0.01)	(0.009)
$csm_{i,t}$		0.054**	0.05**		0.05**	0.049**
		(0.025)	(0.022)		(0.025)	(0.022)
$fisex_{i,t}$		0.003	-0.001		0.003	-0.001
		(0.003)	(0.002)		(0.003)	(0.002)
_cons	0.119***	0.061***	0.034*	0.118***	0.065***	0.033*
	(0.004)	(0.012)	(0.018)	(0.004)	(0.013)	(0.019)
pro – d			√			√
area – d	√	√	√	√	√	√
Fstat.	30.964	27.588	37.033	28.1	25.739	35.385
aR^2	0.552	0.623	0.671	0.561	0.627	0.672
wR^2			0.72			0.721
Obs	341	339	339	341	339	339

注：所有的方程都利用年度虚拟变量控制了时期的因素。

可以看出，三项交乘 $D_t * ifrP_{i,t} * loan_{i,t}$ 的系数为负，且都能在 10% 的水平下显著，固定效应时在 5% 的水平下显著，说明至少在很大程度上看，中西部省份的基础设施投资占比上升对信贷效率的影响更大。从细节看，这种差异主要仍然体现在中部地区，$DB_t * ifrP_{i,t} * loan_{i,t}$ 的系数均显著且估计值较大，而西部地区交互项的系数显著性要弱于中部，且系数只有中部地区的 1/3 到 1/5。

另外，考虑到基础设施投资本身也受经济增长的影响，上述的实证可能存在内生性的问题，因此我们也考虑利用联立方程模型，将基础设施影响信贷效率和经济增长影响基础设施两个方面的关系综合起来进行分析。具体的模型设定如下：

$$\begin{cases} y_{i,t} = \beta_0 + \beta_1 ifrP_{i,t} * loan_{i,t} + \beta_2 ifrP_{i,t} + \beta_3 loan_{i,t} + \beta_4 (icontrol) + \varepsilon_{i,t} \\ ifrP_{i,t} = \varphi_0 + \varphi_1 y_{i,t-1} + \varphi_2 (icontrol) + \eta_{i,t} \end{cases}$$

可以看到，两个方程的被解释变量分别为经济增长 $y_{i,t}$ 和基础设施投资规模 $ifrP_{i,t}$，其他控制因素设置都与之前的实证保持一致，只是涉及联立估计方法的问题在基础设施决定因素的回归中，并未考虑滞后项。具体来看，如果对两个方程独立进行估计会存在内生性问题，而且使用单一方程估计时，由于忽略了各方程扰动项之间的联系，很可能导致估计效率的损失。为了解决潜在的内生性问题和充分利用扰动项之间的关系，我们选择了常见的系统估计法"三阶段最小二乘法"（Three Stage Least Square，简称 3SLS）。整个估计过程包括两个步骤，首先是对每个方程进行 2SLS 的估计，然后利用结果得到对整个系统扰动项协方差的估计，并据此对整个系统进行 GLS 估计，具体如下：对于联立方程模型的第 j 个方程，忽略系统中不在该方程的内生变量 y_j^* 和外生变量 x_j^*，并考虑所有 T 个样本观测值，则该方程为：

$$y_j = Y_j \gamma_j + X_j \beta_j + \varepsilon_j = Z_j \delta_j + \varepsilon_j (j = 1, 2, \cdots, M)$$

其中，解释变量向量为 $Z_j \equiv (Y_j X_j)$，系数为 $\delta_j \equiv \begin{pmatrix} \gamma_j \\ \beta_j \end{pmatrix}$，则整个系统方程为：

$$y \equiv \begin{pmatrix} y_1 \\ y_2 \\ \vdots \\ y_M \end{pmatrix} = \begin{pmatrix} Z_1 & & & 0 \\ & Z_2 & & \\ & & \ddots & \\ 0 & & & Z_M \end{pmatrix} \begin{pmatrix} \delta_1 \\ \delta_2 \\ \vdots \\ \delta_M \end{pmatrix} + \begin{pmatrix} \varepsilon_1 \\ \varepsilon_2 \\ \vdots \\ \varepsilon_M \end{pmatrix} \equiv Z\delta + \varepsilon$$

假设 $E(\varepsilon | X) = 0, E(\varepsilon \varepsilon' | X) = \sum \otimes I$，其中 X 包括系统内所有外生变量。

记 $\hat{Z}_j \equiv X(X'X)^{-1}X'Z_j$ 为第 j 个方程解释变量 Z_j 对所有外生工具变量进行回归的拟合值，则第 j 个方程的 2SLS 估计量为 $\hat{\delta}_{j,2SLS} = (\hat{Z}_j' \hat{Z}_j)^{-1} \hat{Z}_j' y_j$。利用估计得到的残差估计协方差矩阵的估计量，得到 $\hat{\sigma}_{i,j} = \frac{1}{T}(y_i - Z_i \hat{\delta}_{i,2SLS})'(y_j - Z_j \hat{\delta}_{j,2SLS})$。因此，

类似 SUR 的思路，利用 GLS 对系统进行估计，得到 3SLS 估计量为 $\hat{\delta}_{j,3SLS} = [\hat{Z}_j'(\hat{\Sigma}^{-1}\otimes I)\hat{Z}_j]^{-1}\hat{Z}_j'(\hat{\Sigma}^{-1}\otimes I)y$。另外，本书在实证中还选择了迭代三阶段最小二乘，即对于上述估计出的模型，可以利用其残差重新估计协方差矩阵 Σ，然后再利用 GLS 反复估计直到收敛。对联立方程的估计结果如表 3–19 所示。

表 3–19　　　　　考虑基础设施投资规模内生的信贷增长效率分析

Variable	(1)	(2)	(3)	(4)	(5)	(6)
dep. var			$y_{i,t}$			
	3SLS	I3SLS	3SLS	I3SLS	3SLS	I3SLS
$ifrP_{i,t} * loan_{i,t}$	0.01	-0.641***	0.015	-0.343***	-0.89	-0.419***
	(0.05)	(0.041)	(0.05)	(0.048)	(0.481)	(0.039)
$loan_{i,t}$	0.018	0.204***	0.016	0.129***	0.266	0.223***
	(0.017)	(0.014)	(0.017)	(0.016)	(0.142)	(0.016)
$ifrP_{i,t}$					0.432***	0.254**
					(0.156)	(0.13)
$yind_{i,t}$					0.09***	0.111***
					(0.019)	(0.017)
$cpi_{i,t}$					-0.003*	-0.002
					(0.002)	(0.001)
$ftr_{i,t}$					0.001	0.004
					(0.009)	(0.005)
$inv_{i,t}$					0.033**	0.032***
					(0.014)	(0.008)
$csm_{i,t}$					0.15**	0.139***
					(0.071)	(0.04)
$fisex_{i,t}$					0.001	0.003
					(0.004)	(0.002)
_cons	1.126***	1.127***	1.126***	1.125***	0.934***	0.976***
	(0.003)	(0.004)	(0.003)	(0.004)	(0.045)	(0.039)
dep. var			$ifrP_{i,t}$			
$y_{i,t-1}$	-0.275	-1.58***	-0.411**	-0.746***	-0.865***	-1.619***
	(0.218)	(0.159)	(0.19)	(0.173)	(0.181)	(0.159)
$loan_{i,t}$			0.036*	0.066***	0.03	0.03
			(0.021)	(0.023)	(0.021)	(0.023)
$Bg_{i,t}$			0.217***	0.167***	0.197***	0.087***
			(0.033)	(0.031)	(0.031)	(0.023)

续表

Variable	(1)	(2)	(3)	(4)	(5)	(6)
$fisre_{i,t}$			-0.005	-0.072*	0.031	0.073***
			(0.041)	(0.037)	(0.038)	(0.026)
$urban_{i,t}$			-0.093***	-0.076***	-0.054**	-0.009
			(0.027)	(0.025)	(0.026)	(0.025)
_cons	-0.019	2.071***	-0.051	1.253***	-0.574***	-1.402***
	(0.246)	(0.179)	(0.208)	(0.19)	(0.197)	(0.167)
N	310	310	310	310	310	310

注：3SLS 表示利用三阶段最小二乘进行估计的结果；I3SLS 表示利用迭代三阶段最小二乘估计的结果。

从结果可以看出，利用迭代 3SLS 估计的结果整体显著性更好，在考虑了基础设施投资规模受经济下行影响的问题后，整体上看其对信贷效率的制约更为严重。在不同的控制变量条件下，其系数分别为 -0.641、-0.343 和 -0.419，均远高于基础模型估计得到的 -0.1 左右的数值。当经济下行时，地方政府会更倾向于扩大基础设施投资，而这种基础设施投资规模越大，信贷资金的短期增长效应会越弱，联立模型的估计结果体现了这样一种负向的反馈机制。

为了判断基础设施投资对信贷效率影响的时变特征，我们利用单年度的截面数据进行了分析，分别对如下两个模型进行了估计：

$$y_i = \beta_0 + \beta_1 ifrP_i * loan_i + \beta_2 ifrP_i + \beta_3 loan_i + \beta_4(icontrol) + \varepsilon_i \quad (by-year)$$

$$\begin{cases} y_i = \beta_0 + \beta_1 ifrP_i * loan_i + \beta_2 ifrP_i + \beta_3 loan_i + \beta_4(icontrol) + \varepsilon_i \\ ifrP_i = \phi_0 + \phi_1 L.y_i + \phi_2(icontrol) + \eta_i \end{cases} \quad (by-year)$$

通过单方程和联立方程分别针对每个年度的数据进行估计，并比较基建投资与信贷增长的交互项 $ifrP_i * loan_i$ 系数在不同年份的变化趋势。结果如图 3-12 所示。

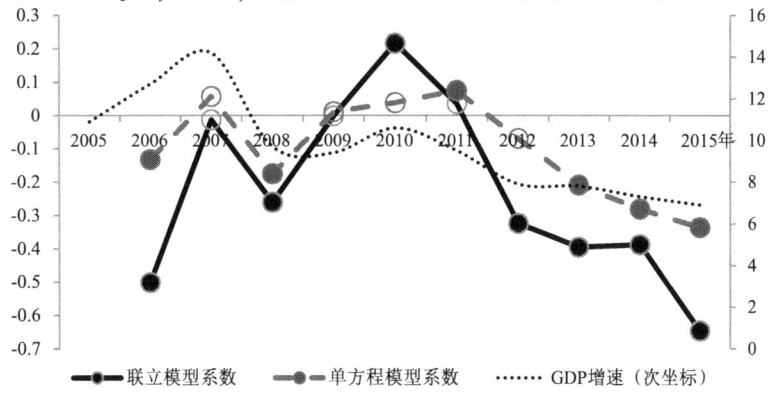

图 3-12　基建投资影响信贷效率的时变特征分析

从图 3-12 中可以看出，联立模型和单方程估计的交互项系数值有相似的变化趋势，只是联立模型由于存在反馈机制其波动幅度更大。整体上看，$ifrP_i * loan_i$ 的系数在长期内与经济走势相关，在经济下行周期中（如 2013—2015 年）基础设施规模的提高，对信贷增长拉动经济增长的制约会更强，在 2015 年联立模型估计的系数已经达到 -0.646，且在 1% 的水平下显著。

进一步地，我们关注了这种制约效应的区位差异是否存在时变特征，即在每个年度估计了如下的联立方程：

$$\begin{cases} y_i = \beta_0 + \beta_{11} ifrP_i * loan_{i,t} + \beta_{12} DB_t ifrP_{i,t} * loan_{i,t} + \beta_{13} DC_t ifrP_i * loan_i \\ \quad + \beta_2 ifrP_i + \beta_3 loan_i + \beta_4 (icontrol) + \varepsilon_i \quad\quad (by-year) \\ ifrP_i = \phi_0 + \phi_1 L.y_i + \phi_2 (icontrol) + \eta_i \end{cases}$$

即在基础设施规模内生的前提下，判断中部和西部地区基建规模更制约信贷效率的这种特征在不同年份是否会发生变化。将三项交互项 $DB_t ifrP_{i,t} * loan_{i,t}$ 和 $DC_t ifrP_i * loan_i$ 每个年度的估计系数估计结果列出，如图 3-13 所示。

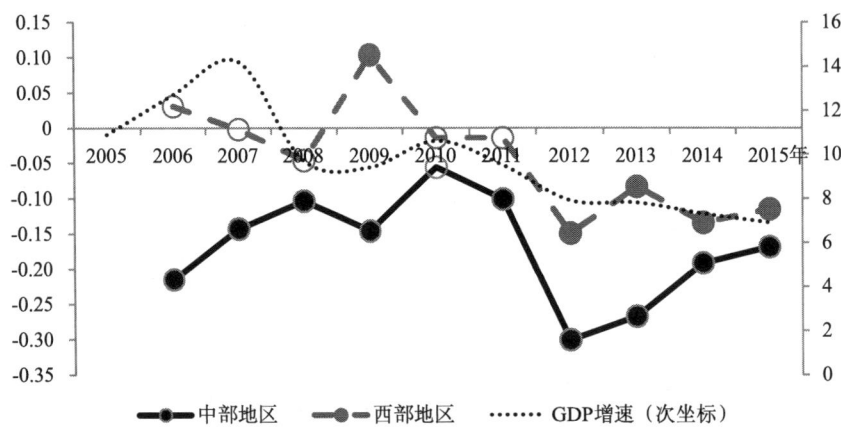

图 3-13 基建投资影响信贷效率的区位特征分析

从图 3-13 可以看出，区位差异是持续存在的，尤其是中部地区除 2010 年外几乎所有年份交互项系数都能在 5% 的水平下显著为负，说明相对于东部，中部地区的基础设施投资规模扩大会持续地制约信贷增长的经济效应，而西部地区的这种特征差异主要是出现在 2012 年经济持续走低之后，且中西部地区的这种系数呈现收敛的特征。

总的来看，基础设施投资规模的扩大会造成信贷增长与经济增长协同关系的弱化，且在经济下行阶段这种弱化效果会更加明显。另外，中部和西部地区的基础设施投资增长过快所导致的信贷传导效率降低问题更加严重,尤其是中部地区在过去10年内的截面样本回归中都表现出与东部显著的差异。从理论上来说,基础设施投资的短期效率确实较低,但更重要的是其还会造成挤出效应、边际效率下滑等问题。

五、基础设施投资的效率分析

实证表明,过高的基础设施投资会影响信贷拉动经济增长的效率,一方面,从理论上来说基础设施投资确实有短期效率低的问题,如基建项目投资周期长,很多项目需要投资完成才能发挥作用等。另一方面,我们也应该关注到基础设施投资本身还存在着其他的影响信贷或其他经济目标的机制。本书主要关注了基础设施投资过快带来的挤出效应、投资瓶颈、民生目标以及对市场出清的影响。

(一) 基础设施投资的挤出效应

方红生和张军(2009)以及张光南、李小瑛和陈广汉(2010)等的研究都关注到,基础设施的资源倾斜可能对制造业等领域的投资产生挤出。理论上说,这很可能是其影响信贷效率的重要渠道。为检验基础设施投资的挤出效应,及其在区位上的差异,我们估计了如下的方程:

$$dep.var_{i,t} = \beta_0 + \beta_1 ifrP_{i,t} + (\beta_2 dep.var_{i,t-1} + \beta_{31} DB_t * ifrP_{i,t} + \beta_{32} DC_t * ifrP_{i,t}) + \beta_4(icontrol) + \varepsilon_{i,t}$$

其中,被解释变量有两个替代指标,即制造业投资增速[①] $Gmanu_{i,t}$ 和研发投入(改建和技术改造投资)占比 $Sinv_{i,t}$。从理论上看,两者都能代表长期经济增长的内生动力因素。在模型中,我们主要关注的是基础设施投资 $ifrP_{i,t}$ 的系数显著性情况,如果 β_1 显著为负,说明较高的基础设施投资规模会导致制造业和研发投入的水平降低。在实际模型估计过程中,本书也考虑了加入被解释变量的滞后项,并利用系统 GMM 方法进行估计。另外,挤出效应可能存在区位差异,这里选择在模型中添加了中部和西部虚拟变量与基础设施投资的交互项 $DB_t * ifrP_{i,t}$ 和 $DC_t * ifrP_{i,t}$,相关系数的显著性表示中西部地区相对东部地区挤出效应的强弱程度。此外,模型的控制变量主要包括信贷增长 $loan_{i,t}$ 和产业结构 $yind_{i,t}$。具体的回归结果如表 3-20 所示。

[①] 考虑到制造业与基础设施投资占比有高度的逻辑负相关性,这一部分选择制造业的投资增速作为替代指标。

表 3-20　　　　　关于基础设施投资挤出效应的分析

Variable	(1)	(2)	(3)	(4)	(5)	(6)
dep. var		$Gmanu_{i,t}$			$Sinv_{i,t}$	
L1. dep		0.397***	0.35***		0.768***	0.752***
		(0.062)	(0.062)		(0.056)	(0.056)
$ifrP_{i,t}$	-0.682***	-1.09**	-1.074**	-0.014***	-0.058***	-0.092***
	(0.192)	(0.444)	(0.446)	(0.017)	(0.022)	(0.026)
$DB_t * ifrP_{i,t}$			-2.616*			-0.295***
			(1.374)			(0.128)
$DC_t * ifrP_{i,t}$			-0.895			-0.12
			(1.048)			(0.109)
$loan_{i,t}$	0.086	0.162**	0.143*	-0.019	0.016**	0.014*
	(0.064)	(0.081)	(0.079)	(0.022)	(0.008)	(0.008)
$yind_{i,t}$	0.096	0.251	0.361	0.125***	0.043	0.035
	(0.133)	(0.389)	(0.38)	(0.046)	(0.052)	(0.051)
_cons	0.345***	0.245	0.202	0.049	0.025	0.024
	(0.095)	(0.21)	(0.245)	(0.033)	(0.028)	(0.031)
Fstat.	9.946			9.844		
χ^2		59.262	70.877		593.682	615.744
sargan		91.591***	95.297**		72.941***	73.836***
aR^2	0.283			0.281		
Obs	341	310	310	341	310	310

注：所有的模型都进行了区域和年度的聚类。模型（1）和（4）不含被解释变量的滞后项，选择了普通的最小二乘法进行估计，其他四个动态面板模型采用系统 GMM 方法估计。

所有的系数均显著为正，且 Sargen 统计量通过 1% 水平的显著性检验，说明动态面板模型的构建是合理的。在模型（2）和模型（5）中可以看出，$ifrP_{i,t}$ 的系数均显著为负，即存在挤出效应，当年较高的基础设施投资规模占比会影响制造业和研发投资的增长。在模型（3）和模型（6）中，区域虚拟变量和 $ifrP_{i,t}$ 的交互项系数则呈现差距，中部地区指标系数为负，而西部地区不显著，即挤出效应在中部地区的效果更加显著，而东部和西部的程度无明显差异，这也与唐东波（2015）等研究的结论相一致。

从我们实地调研的情况看，挤出效应主要体现在三个方面：一是资金价格的挤出。由于存在软约束和刚性兑付的预期，平台公司较大的融资需求抬高了市场整体的资金价格,使得本来利润水平就比较低的制造业,尤其是其中的民营企业融资难度进一步加大。二是劳动力市场的挤出。从现实来看,基础设施投资增长加快后,对建筑工人等低端劳动力的需求明显上升,这类岗位一般进入门槛低,对工人长期稳定性要求较低,薪酬结算更快也更灵活,不少工资是按日结算,工人有事或农忙时节可随时辞工,且平均收入水平也高于制造业企业,使得建筑业成为改制企业职工和农村富余劳动力的重要就业渠道。从我们了解的情况看,制造业企业的招工难度随着基础设施领域投资规模的扩大,确实在持续上升。三是政策层面的倾斜。基础设施领域投资往往是大项目,对经济数据的拉动更加直接,发改委等部门在进行项目审批决策时会优先考虑。现实中,在政府财力整体下滑的条件下,基建领域获得相关补贴的便利程度高于其他领域,在专项建设基金领域也存在类似问题,绝大多数低价基金都倾向于基建,而制造业转型升级等国家支持领域的项目占比在审批后寥寥无几。

(二) 基础设施投资的边际效率下滑问题

与其他领域的投资一样,在短期或者中期内,基础设施存在最优的投资规模,当实际投资过高时,可能会导致其边际效率下滑。在国内研究中,郑世林、周黎安和何维达(2014)以及胡李鹏、樊纲和徐建国(2016)等都关注了这一问题。要分析基础设施投资的边际效率下滑问题,需要关注区域存量基础设施的情况。本书为简化分析,主要考虑的是铁路和公路这两种典型的交通运输基础设施。模型设定如下:

$$y_i = \beta_0 + \beta_{11} ifrP_i * loan_{i,t} + \beta_{12} infrx_{i,t} * ifrP_{i,t} * loan_{i,t} + \beta_2 ifrP_{i,t} + \beta_3 loan_{i,t} + \beta_4 (icontrol) + \varepsilon_{i,t}$$

即在基础设施投资效率的挤出方程中增加了存量基础设施、增量基础设施与信贷增长三个交互项 $infrx_{i,t} * ifrP_{i,t} * loan_{i,t}$,如果系数显著为负,说明更高的存量基础设施规模会进一步强化新增基础设施对信贷效率的制约,形成瓶颈效应。在模型估计时,存量基础设施有铁路 $InfraA_{i,t}$ 和公路 $InfraB_{i,t}$ 两个替代变量。实证结果如表3-21所示。

两个交互项 $infrA_{i,t} * ifrP_{i,t} * loan_{i,t}$ 和 $infrB_{i,t} * ifrP_{i,t} * loan_{i,t}$ 的估计结果均为负值,且多数能在5%的水平下显著。说明无论是公路还是铁路的基础设施存量,确实都会影响新增基建投资规模对信贷效率的制约。横向比较看,公路基础设施过高的这种负面影响更为明显,其系数大小和显著性均超过铁路的水平。

另外,值得关注的是基础设施的存量与新增规模之间必然有紧密的相互关系,存量基建水平过高可能也是制约新开工项目的原因之一。考虑到这种内生性因素,

表 3-21　　　　　　　　　　关于基础设施投资瓶颈效应的分析

Variable	(1)	(2)	(3)	(4)	(5)	(6)
$infrA_{i,t} * ifrP_{i,t} * loan_{i,t}$	-0.014	-0.015	-0.036***			
	(0.01)	(0.01)	(0.013)			
$infrB_{i,t} * ifrP_{i,t} * loan_{i,t}$				-0.021**	-0.022**	-0.064***
				(0.012)	(0.015)	(0.02)
$ifrP_{i,t} * loan_{i,t}$	-0.189*	-0.122	-0.171*	-0.392	-0.177	0.175
	(0.11)	(0.103)	(0.093)	(0.166)	(0.132)	(0.149)
$loan_{i,t}$	0.1**	0.073**	0.111***	0.201**	0.127**	0.116***
	(0.039)	(0.037)	(0.034)	(0.046)	(0.037)	(0.033)
$ifrP_{i,t}$	0.039	0.052	0.103***	0.158	0.136	0.108***
	(0.034)	(0.033)	(0.037)	(0.04)	(0.033)	(0.037)
$yind_{i,t}$		0.048***	0.097***		0.055***	0.101***
		(0.013)	(0.029)		(0.015)	(0.028)
$cpi_{i,t}$		-0.002	0		0	-0.001
		(0.001)	(0.001)		(0.001)	(0.001)
$ftr_{i,t}$		0.013**	0.008		0.035**	0.008
		(0.006)	(0.005)		(0.006)	(0.005)
$inv_{i,t}$		0.056***	0.047***		0.064***	0.046***
		(0.01)	(0.009)		(0.01)	(0.009)
$csm_{i,t}$		0.048*	0.051**		0.144**	0.05**
		(0.025)	(0.022)		(0.023)	(0.022)
$fisex_{i,t}$		0.003	-0.001		0.005	-0.001
		(0.003)	(0.002)		(0.003)	(0.002)
_cons	1.11***	1.071***	1.034***	1.063***	1.009***	1.031***
	(0.01)	(0.013)	(0.019)	(0.011)	(0.011)	(0.019)
Fstat.	27.2***	25.7***	37.3***	8.05***	26.41***	37.6***
aR^2	0.553	0.618	0.674	0.111	0.476	0.677
wR^2			0.723			0.725
Obs	339	339	339	339	339	339

注：所有的模型全部进行了区位和年份的聚类。部分省份存量基础设施规模数据有缺失，样本并非完全的平衡面板。

我们也利用联立模型对基础设施存量、增量和信贷效率的关系进行了检验，具体的设定如下：

$$\begin{cases} y_{i,t} = \beta_0 + \beta_{11} ifrP_{i,t} * loan_{i,t} + \beta_{12} infrx_{i,t} * ifrP_{i,t} * loan_{i,t} + \beta_2 ifrP_{i,t} + \beta_3 loan_{i,t} + \varepsilon_{i,t} \\ ifrP_{i,t} = \phi_0 + \phi_{11} y_{i,t-1} + \phi_{12} infrx_{i,t} + \phi_2 (icontrol) + \eta_{i,t} \end{cases}$$

信贷效率的分析方程不变,主要是增加了基础设施增量作为被解释变量的回归模型,在这里除了前期经济增长因素 $y_{i,t-1}$ 外,我们还考虑了基础设施存量指标 $infrx_{i,t}$ 的影响。模型采用迭代 3SLS 的估计方法,控制变量的选择与相关研究保持一致。实证结果如表 3 - 22 所示。

表 3 - 22　　　　　考虑基础设施投资内生的瓶颈效应分析

Variable	(1)	(2)	(3)	(4)
dep. var		$y_{i,t}$		
$infrA_{i,t} * ifrP_{i,t} * loan_{i,t}$	-0.043***	-0.034***		
	(0.012)	(0.011)		
$infrB_{i,t} * ifrP_{i,t} * loan_{i,t}$			-0.029**	-0.035**
			(0.013)	(0.014)
$ifrP_{i,t} * loan_{i,t}$	-0.62**	-0.515**	0.015	0.067
	(0.258)	(0.223)	(0.102)	(0.105)
$loan_{i,t}$	0.276***	0.234***	0.083***	0.129***
	(0.09)	(0.078)	(0.029)	(0.03)
$ifrP_{i,t}$	0.11	0.107	-0.52***	-0.509***
	(0.098)	(0.084)	(0.027)	(0.027)
_cons	0.082***	0.084***	0.235***	0.22***
	(0.028)	(0.024)	(0.008)	(0.009)
dep. var		$ifrP_{i,t}$		
$infrx_{i,t}$	-0.03***	-0.023***	-0.005**	-0.007**
	(0.004)	(0.006)	(0.002)	(0.003)
$y_{i,t-1}$	-0.47***	-0.146	-0.778***	-0.707***
	(0.125)	(0.14)	(0.063)	(0.067)
$loan_{i,t}$		0.07***		0.081***
		(0.016)		(0.018)
$Bg_{i,t}$		0.046		0.017
		(0.037)		(0.017)
$fisre_{i,t}$		0.015		-0.035***
		(0.028)		(0.014)
$urban_{i,t}$		0.043		0.035**
		(0.033)		(0.014)
_cons	0.918***	0.564***	1.134***	1.044***
	(0.141)	(0.154)	(0.07)	(0.072)
Obs	308	308	308	308

注:两个方程关于基础设施存量的指标选择相对应,即(1)—(2)为选择铁路存量数据,而(3)—(4)选择了公路存量数据。

从表3-22中可以看出，基础设施的新增规模确实会受到存量水平的制约，在4个方程中$infrx_{i,t}$的系数均显著为负，且在5%的水平下显著。而基本方程的交互项系数也都显著为负数，显著性要整体高于不考虑内生因素的方程组。但实证结果仍保持不变，即较高的存量水平会进一步强化新增基础设施投资规模对信贷效率的制约。

从现实情况看，我国的基础设施投资建设确实开始逐步出现瓶颈。以公路建设为例，国家"十二五"规划的发展报告指出，在2015年底全国公路通车总里程达到457万公里，增长14.3%，已经实现了由"初步连通"向"覆盖成网"的重大跨越，尤其是农村公路布局进展明显，99%以上的乡镇和建制村通公路，98%以上的乡镇和94%以上的建制村通沥青水泥路。从"十三五"投资规划看，2016—2020年的公路通车里程计划增长仅9.2%，比"十二五"回落了5个百分点。这种投资计划的下滑显然与存量规模和覆盖面已经较高有关。铁路方面，"十二五"期间总里程数和高速铁路里程数分别增长33%和272.5%，而"十三五"规划增长分别为23.9%和57.9%，均有较大幅度的回落。很显然，这与目前主要经济发达区域高速铁路联通率较高有关。从规划看，后期准备开工的铁路中非主干线路较多，且很多分布在西部不发达地区，单位投入能带来的交通便利整体改善幅度肯定低于前期京广、京沪、沪蓉等核心路段。而且后期随着铁路和公路覆盖面进一步完善，继续投入能带来的正外部性和溢出效应可能会进一步下降。其他基建领域，如城市管网建设等也存在类似的问题，近几年过大的项目投资规模使得这些投资对经济的拉动和带动效果已逐步进入瓶颈期。

（三）基础设施投资对民生相关指标的影响

根据前期理论研究的结论，较高的基础设施投资可能对收入差距以及就业等民生因素产生影响，进而在长期内对经济的内生增长动力产生冲击。

首先，本书检验了城乡收入差距与基础设施投资规模的关系，模型设定为：

$$gap_{i,t} = \beta_0 + \beta_1 ifrP_{i,t-1}(+\beta_{21}D_i * ifrP_{i,t-1})(+\beta_{22}DB_i * ifrP_{i,t-1} + \beta_{23}DC_i * ifrP_{i,t-1}) + \beta_3(icontrol) + \varepsilon_{i,t}$$

城乡收入差距$gap_{i,t}$可能会受到前一期基础设施投资规模$ifrP_{i,t-1}$的影响，如果系数β_1显著为正，说明过高的基础设施投资会导致城乡收入差距拉大，偏离政府治理目标。此外，我们还关注了这种效应的区位差异，在模型中增加了区位虚拟变量与基础设施投资的交互项，系数β_{21}的显著性可以用于判断中西部地区的基建投资扩大城乡收入差距效应是否大于东部。在模型中，相关的控制变量因素主要包括财政支出规模$fisex_{i,t}$、人口密度$den_{i,t}$、消费率水平$Rcsm_{i,t}$和城镇化率$urban_{i,t}$。具体的估计结果如表3-23所示。

表 3-23　　城乡收入差距与基础设施投资增长的关系

Variable	(1)	(2)	(3)	(4)	(5)	(6)
$ifrP_{i,t-1}$	1.944***	1.653***	2.149***	2.556***	2.158***	2.528***
	(0.475)	(0.457)	(0.689)	(0.594)	(0.69)	(0.595)
$D_i * ifrP_{i,t-1}$			-0.352	-1.864***		
			(0.857)	(0.792)		
$DB_i * ifrP_{i,t-1}$					-0.894	-0.998
					(1.284)	(1.098)
$DC_i * ifrP_{i,t-1}$					-0.148	-2.337***
					(0.93)	(0.894)
$fisex_{i,t}$		0.02		0.028		0.03
		(0.069)		(0.069)		(0.069)
$den_{i,t}$		0.103***		0.092***		0.089***
		(0.025)		(0.026)		(0.026)
$Rcsm_{i,t}$		-0.035		0.195		0.304
		(0.393)		(0.403)		(0.413)
$urban_{i,t}$		-2.59***		-2.688***		-2.732***
		(0.245)		(0.246)		(0.249)
_cons	2.084***	3.16***	2.038***	2.991***	2.036***	2.993***
	(0.116)	(0.271)	(0.16)	(0.278)	(0.161)	(0.278)
Fstat.	66.384	54.365	49.695	48.981	39.732	43.726
aR^2	0.388	0.549	0.387	0.556	0.385	0.556
Obs	310	308	310	308	310	308

注：所有的方程估计都经过了区位和年度聚类。

从实证结果看，基础设施投资 $ifrP_{i,t-1}$ 的系数在 6 个方程中均显著为正，且都在 1% 的水平下显著，表明规模过高的基建会导致收入分配效率的下滑。这与刘晓光、张勋和方文全（2015）等学者的相关研究结论有所差异，即当前的基础设施投入很多时候并非满足居民生产生活基本性的需求，同时，促进农业劳动力向非农部门转移的效应也有限。相反，很多项目选择政府政绩导向的项目，一方面是边际效率下滑；另一方面，根据 Mauro（1998）的观点，基础设施支出项目相较于文化教育公共卫生等社会性支出项目，存在更大的寻租空间，也更难被监管，政府官员的偏好差异可能削弱政府在其他领域支出，导致一些对农村地区的转移支付和公共基础设施不足，造成城乡收入分配的扭曲。

就业是地方政府最重要的指标之一，不仅与民生稳定等治理目标密切相关，而且会在很大程度上体现经济增长的可持续性。本书在其基础上对省内基础设施投资拉动就业的情况进行了检验，方程设定如下：

$$ump_{i,t} = \beta_0 + \beta_1 ump_{i,t-1} + \beta_2 ifrP_{i,t} + \beta_3 ifrP_{i,t-1} + \beta_4(icontrol) + \varepsilon_{i,t}$$

其中，登记失业率 $ump_{i,t}$ 存在延续性，应该与滞后项相关。最重要的是关注基础设施投资规模 $ifrP_{i,t}$ 的系数，如果显著为正表示当年基建投资的增长会导致失业率上升。另外，我们也关注了这种影响的长期性，在模型加入了基础设施投资的前期值 $ifrP_{i,t-1}$ 来进行分析。在控制变量方面，我们考虑了制造业新增就业增长、财政支出、人口密度和物价水平。所有方程均选择系统 GMM 方法进行估计。

表 3-24 基础设施投资对就业的影响

Variable	(1)	(2)	(3)	(4)
$ump_{i,t-1}$	0.795***	0.833***	0.771***	0.761***
	(0.04)	(0.043)	(0.05)	(0.052)
$ifrP_{i,t}$	1.284***	1.755***	2.143***	2.514***
	(0.386)	(0.455)	(0.537)	(0.601)
$ifrP_{i,t-1}$		-1.062**	-1.06**	-1.454**
		(0.45)	(0.515)	(0.619)
$Umanu_{i,t}$				0.957
				(0.74)
$Umanu_{i,t-1}$				-1.05
				(0.724)
$fisex_{i,t}$			0.006	0.003
			(0.038)	(0.038)
$den_{i,t}$			0.11*	0.12**
			(0.059)	(0.059)
$cpi_{i,t}$			0.005	0.004
			(0.006)	(0.006)
_cons	0.343	0.361	-0.127	-0.106
	(0.136)	(0.138)	(0.31)	(0.344)
χ^2	558.221***	542.869***	534.706***	535.471***
sargan	107.757***	100.099***	101.271***	101.509***
Obs	298	298	296	296

注：所有的方程估计都经过了区位和年度聚类。

从表 3-24 中可以看出，模型整体显著性、被解释变量滞后项显著性以及工具变量有效性统计量都能在 1% 的水平下显著，证明动态面板模型的基本框架设置合理。$ifrP_{i,t}$ 和 $ifrP_{i,t-1}$ 的估计系数均能保持显著，即基础设施投资与本省的失业率指标关系密切，但从符号看，当期的基础设施投资规模占比上升会造成失业率水平的上升，滞后一期则导致失业率下降。结论与 Duranton 和 Turner（2012）等研究类似，即基础设施促进就业存在时滞效应，在短期内利用基础设施投资稳增长需要考虑这种对整体就业水平的挤出。

（四）基础设施投资与有效的市场出清

当基础设施建设成为地方政府逆周期调控工具后，不可避免地会造成其规模和项目选择决策有很强的主观性，其后果可能是造成市场出清的失效。去产能作为供给侧改革的五大任务之一，其推进效果关系到目前经济供需结构性矛盾的深层次问题，以及长期经济增长的内生动力。而基础设施投资增长背后必然是钢铁、煤炭、水泥、平板玻璃等产品需求的上升，这显然不利于市场出清和去产能工作的推进。具体的模型设定如下：

$$cap_{i,t} = \beta_0 + \beta_1 cap_{i,t-1} + \beta_2 ifrP_{i,t} + \beta_3 ifrP_{i,t-1} + \beta_4(icontrol) + \varepsilon_{i,t}$$

其中，产能过剩指标 $cap_{i,t}$ 有三个替代变量，即产能过剩企业数量 $Ncap_{i,t}$、产能过剩产量 $Pcap_{i,t}$ 以及产能过剩企业利润 $Rcap_{i,t}$，每一个替代变量都作为被解释变量进行建模，主要是对其本身的滞后项、基础设施投资规模及滞后项进行回归估计。如果 $ifrP_{i,t}$ 和 $ifrP_{i,t-1}$ 的系数显著为正，说明相关行业市场需求被调动后造成企业数量、产能过剩产量和企业利润上升。控制变量包括经济增长 $y_{i,t}$ 和财政支出 $fisex_{i,t}$。所有的方程利用系统 GMM 方式进行估计。实证结果如表 3-25 所示。

从实证结果来看，所有模型整体显著性、被解释变量滞后项显著性以及工具变量有效性统计量都能在 1% 的水平下显著，证明动态面板模型的基本框架设置合理。另外从基础设施投资变量系数的显著性看，本省当年和前一年的基建投资规模上升都会对产能过剩企业产生较大的影响。尤其是该省当年产能过剩企业数量和产出水平都会有明显提升，但从 $Rcap_{i,t}$ 模型的情况看，当年基础设施投资带来的需求上升对产能过剩企业的利润水平影响并不显著，滞后一年则会有明显的正向影响。

从 2017 年的政府工作报告看，在 2016 年全国分别压减了 6500 万吨和 2.9 亿吨以上的落后过剩钢铁和煤炭产能，其中较多选择了行政手段对一些大型央企、国企生产线进行关停。另外，基础设施投资带来的大量需求导致市场化手段压降产能的难度上升，从数据看，2016 年全年粗钢、钢材、水泥和平板玻璃的产量分别增长

表 3-25　　　　　　　基础设施投资与产能过剩企业关系

Variable	(1)	(2)	(3)	(4)	(5)	(6)
dep. var	$Ncap_{i,t}$		$Pcap_{i,t}$		$Rcap_{i,t}$	
L. dep	0.679***	0.696***	0.837***	0.924***	0.669***	0.777***
	(0.037)	(0.038)	(0.017)	(0.019)	(0.052)	(0.054)
$ifrP_{i,t}$	1.474***	1.646***	2.807***	1.972***	-1.723	-1.558
	(0.308)	(0.318)	(0.271)	(0.281)	(1.258)	(1.294)
$ifrP_{i,t-1}$	1.245***	1.676***	2.22***	1.271***	4.691***	4.986
	(0.279)	(0.347)	(0.291)	(0.302)	(1.143)	(1.316)
y		0.986**		3.497***		10.428***
		(0.399)		(0.419)		(1.603)
fis_ex		-0.035		0.01		-0.07
		(0.023)		(0.019)		(0.077)
_cons	2.312***	1.192***	1.497***	-2.944***	2.722***	-9.073***
	(0.274)	(0.521)	(0.213)	(0.575)	(0.58)	(1.878)
χ^2	501.169***	495.814***	7161.082***	7560.633***	409.671***	454.52***
sargan	135.967***	128.38***	191.793***	152.182***	126.051***	90.567***
Obs	259	257	258	256	254	252

注：所有的方程估计都经过了区位和年度聚类。

1.2%、2.3%、2.5%和5.8%，分别同比上年提高3.5个、1.7个、7.4个和14.4个百分点，呈现出减产能不减产量的状况。相对的，2016年末钢铁、水泥的价格指数分别同比提高72%和30%，而钢铁、水泥行业企业的利润总额也分别提高了232%和11%。这种价格和利润的上升使得很多企业去产能的内在动力不足，据了解，部分地区一些规模较小的私营煤矿和钢厂都存在复工逐利的迹象。

第四节　结论、展望和政策建议

在对前期文献梳理的基础上，本文利用全国和分省的月度时间序列以及分省年度面板数据对基础设施投资、货币信贷投放与经济增长的动态关系进行了实证检验。结果表明，地方政府的治理目标体系带来的信贷和投资结构的系统性变化，可能是导致这种偏离的重要原因。由于政绩竞争的压力，前期较差的经济数据表现促使地方政府将主要的行政、财政和金融资源引向更容易掌控的基础设施领域，将其作为稳增长的着力点。这种现象在市场化程度相对较差，政绩考核相对单一的中部地区更为明显。同时，值得注意的是，过高的基础设施投资规模存在明显的低效率和不可持续问题。低效率体现在，资金和劳动力市场上挤出民营制造业企业，存量资本规模上升后带来的瓶颈问题逐步显现，社会公平效率问题凸显，降低供给侧结构性改革的内在动力。不可持续体现在，下行压力下政府财力减弱，地方债务上限约束信贷和债券融资持续扩张，包括PPP和专项建设基金等在内的资本融资模式效率不及预期。总的来看，当前我国地方政府治理目标所导致的基础设施偏好，是经济下行阶段货币信贷政策传导效率降低，长期金融风险经济问题积累的主要原因之一。

当然，本文的研究也存在一些局限性，一些问题值得后期进一步关注。第一，在分省的相关实证分析中，我们并没有考虑基础设施投资的区域溢出效应。近期，不少学者通过空间计量模型等方法研究了基础设施，尤其是交通基础设施对不同距离或者不同接壤方式区域产出的外溢影响，如果忽视这种影响，可能会相对高估部分基础设施投资较低省份的投资效率。第二，在分省面板数据实证中，我们并没有考虑基础设施对经济的长期影响，只是选择了当期或滞后一期的经济变量。一方面是由于建模技术处理上存在障碍，另一方面，我们主要关注的是当前货币政策效率降低的问题，其长期增长效应并非本文的重点。如果考虑到结构转型较为顺利，经济能快速企稳的情况，我们可能低估了后期基础设施领域的真正价值，相反高估了其对于债务等领域风险积累带来的害处。第三，虽然我们关注到了基础设施投资与地方政府债务之间的相互影响，但与很多国内学者一样，受制于数据的局限我们很难对其真实关联进行定量的分析。当前地方政府除了财政部认定的一类债务外，还存在大量或有负债，类平台企业很多融资对应的投资项目实际上缺乏还款来源。从长期看，这些或有债务缺乏可持续性，目前主要靠滚动融资借新还旧来周转。虽然缺乏数据，但从直观上来说，我们也可能低估了政府利用基础设施投资稳增长的长期负面效应。第四，本文实证研究中并没有关注金融机构风险情况的影响。从现实情况看，银行的存量或预期信用风险状况对其信贷结构选择影响很大，金融机构与政府一样偏好基础设施投入的原因就在于，下行阶段制造业等领域的信用风险严重。而另一方面，基础设施投资过高也会不断挤出其他领域的贷款，在短期内可能导致一些流动性压力较大的企业风险暴露，长期内则存在平台贷款风险积聚的问题。

从当前（2018年末）的情况看，我们前期所关注的地方政府基础设施投资偏好问题，已逐步演变成地方政府隐性债务风险这样一个"灰犀牛"而威胁整个经济金融体系的平稳运行。在一系列政府债务管理政策出台后，我们在理论和实证分析中所讨论和思考的一些现象，例如政府债务边界、融资平台财务特征以及基础设施投资的挤出效应以及投资边际效率回落等问题以更为严重和直接的形式展现在我们面前。

当平台公司无法利用政府购买服务贷款之类对项目和公司现金流完全没有要求的方式融资时，其财务状况的脆弱性毫无遮掩的表现出来，这一方面佐证了我们关于政府前期在基础设施投资上冲动过高的观点，平台企业长期依靠借新还息、借新还旧和借新投资的财务管理方式实质上早已突破理性的债务边界。另一方面，当前政府债务管理过程中，通过隔离隐性债务方式潜伏的财政金融风险也让人担忧。从我们了解的情况看，绝大多数平台公司的投资和开工计划面临大幅收缩，尤其是公益性项目建设缺乏可操作的融资模式。更严重的是，前期过高的债务规模加之极低的现金流入，多数融资平台都陷入了较大的还本付息压力，只能依靠银行体系外期限越来越短、利率越来越高的新增融资维持生存，部分地区已出现平台企业在非标项目上违约的案例。另外，由于刚性兑付和隐性担保的预期，政府融资平台债权在传统金融市场投资业务中被认为是低风险资产，风险事件的出现已逐步打破这种认知，并造成城投债等资产收益率的大幅波动。一些持有相关资产较多，且前期杠杆较高、期限错配严重的投资机构面临的流动性压力，可能在金融市场上蔓延，最终成为系统性风险的隐患。

根据理论研究和当前实际情况，我们认为后期的政策选择应兼顾短期化解风险和长期建立机制两个方面：

在短期内，一是堵疏结合，继续拓宽地方政府规范举债融资的正门。一方面，增加地方政府债务限额，支持在建项目建设、缓解平台资金压力，并对冲减税影响。另一方面，积极发展项目收益与融资自求平衡的专项债券，适时推出市政债，保障有合理收益的公益性项目建设融资需求。二是保持货币政策稳定，加强与监管政策协调。维持合理宽裕的流动性，稳定市场预期，减少非理性情绪带来的金融市场负向反馈和踩踏。三是加强平台债务监控，做好短期预案。需对平台公司的债务规模以及资产流动性状况做好统计监测，并制定可持续、可操作的风险应对预案，切实维护政府信用和金融稳定。四是严格限制平台利用违规变通手段继续扩大债务规模。要明确隐性债务边界，避免"借道融资"或涉及民间融资等现象蔓延，关注平台债务短期化现象，避免道德风险继续积累。

在长期内，一方面，逐步消化政府隐性债务的决心不能动摇。虽然隐性债务管理在短期内可能带来风险隐患，但相对于不可控的债务增长所带来的长期成本和风险积累，这种短期的问题在合理的监控和政策协调下是可以解决的。实践表明，一旦由于风险事件的暴露导致债务管理政策逆转，必然造成巨大的道德风险和地方政府隐性债务的再一次膨胀,最终造成更大的损失。另一方面,通过深化财税体制改革和适当扩大赤字规模的方式形成地方政府财政运行和基础设施投资的良性机制。要加快建立权责清晰、财力协调、区域均衡的中央和地方财政关系,适度加强中央财政事权,减轻地方财政压力。健全地方税体系,增强地方基本公共服务保障能力。落实地方政府主要领导债务管控的主体责任,并形成监管合力。探索建立具有市场化特征的地方政府信用评价体系。其次,要厘清政府与市场的边界,把握好稳增长、防风险、控赤字之间的平衡。根据经济增长目标和政府财力,准确测算政府基建投资所需资金规模,合理确定财政赤字率。在稳妥、可持续的前提下,推进地方公共服务和基础设施建设。

第四章 货币政策与企业投融资行为：文献综述与理论分析

货币政策主要通过货币渠道和信贷渠道影响经济。货币态势调整一方面会改变银行的贷款意愿以及企业的融资环境（Bernanke 和 Blinder，1992；Romer，1990），另一方面会通过影响整个社会的就业和产出增长，改变企业经营面临的市场需求和投资机会（King，1986；Chrisriano 和 Eichenbaum，1992）。很显然，在微观层面上货币政策的传导与微观企业的财务决策有非常密切的关系（Gertler 和 Gilchrist，1994；Kang 和 Stulz，2000；Morck 等，2013）。

考虑到逻辑结构的清晰，本书将从企业融资和投资行为两个大的方面评述货币政策对微观企业影响的前沿理论。值得注意的是，企业的投融资决策之间有密切关联，更强的融资能力和更低的融资成本必然推动企业投资动力和能力的上升，而投资规划的调整也会改变企业在融资规模和融资成本中的权衡。具体在本书中，相关内容从不同的角度分别归入融资和投资行为整体的框架中。

货币政策对企业的融资行为影响相对比较直接，这里我们主要关注了四个方面的问题：一是货币态势调整对企业融资环境的影响，主要涉及融资成本和融资约束状况，以及商业银行信贷投放行为等内容。二是关于货币政策与企业融资结构的关系，主要涉及资本结构选择、资本结构动态调整效率，以及债务期限结构和融资方式调整等问题。三是关于企业面临错误市场定价时的融资行为。经验证据表明，货币政策变化是导致资产价格过度波动、企业价格偏离其内在价值的原因。这一部分内容涉及行为公司金融理论框架，主要关注融资行为和资本结构选择中的市场时机理论及其与资本结构权衡理论的关系。四是关于企业融资效率的问题，主要涉及货币政策调整带来的融资过度和融资不足，以及紧缩条件下国有企业对于民营企业在融资领域的挤出效应等问题。

货币政策对企业投资决策的影响渠道更加多元化，一方面是通过影响融资改变企业的投资能力，另一方面也通过预期调整改变其投资意愿。具体来看，我们关注了五个方面的内容：一是货币政策通过改变企业融资行为和环境，进而对投资决策产生影响，主要涉及融资约束、现金持有、融资成本以及投资—现金流敏感性等问题。二是货币政策改变市场需求和企业预期后，对投资行为产生的影响，主要涉及投资机会的变化、现金流和汇率预期调整以及政策不确定性对企业的投资行为和投资策略的影响。三是关于企业面临市场错误定价时的投资行为。与融资部分一样，这一节属于行为公司金融理论范畴，主要涉及股权融资渠道和迎合渠道的相关理论。四是货币政策调整与企业投资结构的关系。首先，是货币政策如何影响企业资源配置，如库存投资、人力资源配置等。其次，是货币宽松与企业对金融资产和投资性房地产持有行为的影响。五是货币政策对企业投资效率的影响。主要关心繁荣条件下投资过度造成的债务高悬，及其对紧缩条件下的融资和投资不足的传导机制。

在文献综述中，我们重点关注了企业特征这一因素，各类企业的资源禀赋和目标函数因股权结构和治理机制的不同存在差异，最终也导致货币政策调控对其投融资行为的影响有所不同。尤其是在我国，国有控股企业和非国有控股企业的治理方式、融资约束状况以及经营策略等都有较大差异，货币政策调整对两类企业的影响差异是理论界关注的重点。

第一节　货币政策与企业融资行为

从货币政策的工具运用和传导机制看，其态势调整对于微观企业最直接的影响是改变其融资行为。前期基于宏观视角的多数经验证据表明，无论是利率渠道还是信贷渠道，货币政策的宽松和紧缩都与融资规模之间存在显著的正向关系（Kashyap等，1993；Gertler和Gilchrist，1994；Leary，2009；Lemmon和Roberts，2010）。从微观角度看，也有不少学者关注到企业的融资选择不仅与自身财务特征和治理机制有关，也会受金融市场供给因素的影响（Faulkender和Petersen，2006）。近期，基于宏观货币政策调整和微观企业融资行为的实证分析更多从结构方面关注两者的联系，如欧阳志刚和薛龙（2017）扩展了Bernanke、Boivin和Eliasz（2005）的基础模型，利用面板数据货币组合模型的实证分析指出，我国不同货币政策工具的运用对不同类型企业的融资行为是有差异的。存贷款基准利率的调整对农业企业影响较大，常备借贷便利或者银行间债券质押式回购利率对于民营小微企业的融资状况影响较大，M0的变化对房地产企业影响较大，M2的变动对技术型企业的投融资影响较大，存款利率的变动对制造业的影响比较明显。

一直以来，学者们都对这种宏观政策变化影响微观主体行为的内在逻辑高度关注，从政策工具和渠道、企业类型和特征等多个维度尝试对存在的经验证据进行系统性的解释。

一、货币态势调整如何改变企业融资环境

宽松的货币态势，意味着中央银行通过政策工具降低了短期利率水平，提供了更充裕的流动性，商业银行等金融机构的资本约束也会更加宽松。从逻辑上看，企业会面临更低的融资成本、更高的信贷规模以及更便利的融资条件，但从实践来看，这种传导渠道并非单调和一致的，无论是政策调整面临的经济周期，还是企业自身的财务和治理状况，都会导致货币政策对企业融资环境改善的影响存在较大的差异，甚至存在着非对称的特征。

（一）政策利率与企业融资成本

传统的凯恩斯 IS—LM 模型认为，利率渠道主要是指货币态势变化改变货币市场利率，进而影响信贷市场和金融市场的实际利率，并改变企业的融资和投资行为，最终改变产出选择的机制。但这种渠道传导的效率并不稳定，在中国等新兴市场国家，短期政策利率与贷款长期利率之间联动关系实际上并不显著（Mehrotra，2007；Koivu，2009）。Sander 和 Kleimeier（2004）、Gopalan 和 Rajan（2015）等指出，这可能与新兴市场债券市场不发达、债券收益率期限结构市场化程度不够有关。

2008 年金融危机后，包括美国和欧盟等发达经济体也出现了政策利率向实体经济长端利率传导不畅的情况，学者们从金融市场结构以及预期等角度做了一些解释（Gertler 和 Karadi，2013；Illes 和 Lombardi，2013）。Hanson 和 Stein（2015）的实证研究指出，在 FOMC（Federal Open Market Committee，联邦公开市场委员会）的公告中如果 2 年期债券的名义收益变动 100 个基点，10 年期远期真实利率只有 42 个基点的调整。他们认为这种现象与传统基于名义价格粘性的宏观模型结论不符，即货币政策的调整并没有像预期那样改变长期的利率水平。他们认为，市场上存在较大比例的基于收益目标的投资者可能是政策效率下降的原因，从经验证据看这也从一个方面表明低经济增长条件下货币政策对企业长期债务融资的刺激能力是偏弱的。

多数基于微观角度的研究表明，利率调整对企业融资行为的影响程度与企业特性有关。Oliner 和 Rudebusch（1996）发现，规模较小的企业在货币紧缩阶段受外部融资成本上升的影响更大。Williamson（2008）的研究也表明，金融市场资金价格变动对不同类型企业的冲击存在较大差异。Lemmon 和 Robertz（2010）指出，规模较小的企业可能融资约束程度较大，且对银行体系依赖度较高，因此对于货币紧缩

导致的惜贷现象更为敏感，但对金融市场债券利率不敏感。Zulkhibri（2013）的实证分析指出，利率的变动对企业融资决策的影响与其本身的现金流状况有关，紧缩条件下那些自由现金流充裕的企业往往可以减少对银行和金融市场的依赖，财务决策会更加灵活也更有效率。于蔚、金祥荣和钱彦敏（2012）基于中国上市公司的经验数据指出，受信贷和股权融资市场紧缩的影响，融资约束较大的小微企业往往存在融资不足的问题，而那些相对融资约束小的企业则主要面临受到融资成本上升的影响。

企业融资成本包括无风险资金成本、交易摩擦成本以及风险溢价等部分，即使是利率渠道传导通畅，理论上讲也只是影响无风险的资金成本，但现实中看风险溢价变化同样也受政策影响，值得关注。钱雪松、杜立和马文涛（2015）运用2007—2013年上市公司披露的委托贷款数据进行实证研究，结果表明，货币政策对企业借款利率有显著的影响，且存在以Shibor为中介变量的中介效应。国有企业的借款利率对货币政策变化十分敏感，政策传导有效，而受信贷歧视以及风险溢价等影响，民营企业的融资成本长期处于高位，即使宽松政策也很难降低其融资成本。王雄元、张春强和何捷（2015）以2006—2012年发行信用债的A股上市公司为样本，研究了企业风险、债券信用价差与货币政策调整之间的关系。其结果表明，宽松货币政策会弱化企业风险对债券信用价差的影响，而紧缩条件下企业融资的风险溢价会明显上升。

另外，陈冬华和梁上坤（2017）关注到我国企业资金成本中存在着除银行合约规定利息之外的部分。在利率管制的前提下，贷款的名义利率可能与货币政策的调整之间关联度较小，但隐性的资金成本却非常敏感。他们手工收集了我国上市公司1999—2011年期间的业务招待费数据，以此作为隐性资本成本代理变量的实证分析指出，当贷款供不应求时，资金需求者需要支付名义利息之外的代价——隐性资本成本，来竞争银行信贷资源，而这部分成本可能会被资金供给者的代理人侵占为私人利益。从结果看，企业通过更多的业务招待费支出，获取了更多的银行贷款，而银行会更多地提供短期贷款以降低风险，宏观信贷环境和微观企业特征都会对业务招待费支出与银行贷款取得的关系产生影响。此外，在信贷需求竞争激烈时以及经营风险较高的企业中，隐性成本的作用较小；而在国有企业以及规模较大的企业中，隐性成本的提高能显著提升融资规模。他们认为，利率市场管制的存在阻碍了交易以显性契约的有效方式达成，从而促使了租值耗散式的隐性交易发生，控制利率上限带来的额外成本还是转嫁到企业自身。

（二）货币态势调整与融资约束状况的变化

除了影响企业融资成本外，货币政策调整也会通过市场流动性的变化影响企业的融资环境，改变企业面临的融资约束。融资约束是指由于信息不对称、委托代理问题等存在，导致公司外部融资存在障碍以及过高的额外成本摩擦，实际可获得的资金水平无法满足最优投资水平的资金需求的情况（Fazzari、Hubbard 和 Petersen，1988）。

1. 不同类型企业融资约束状况存在差异。企业面临的融资约束问题是公司金融理论关注的重要领域，涉及公司治理、融资决策以及投资行为等多个方面，要正确理解外部因素对企业融资约束状况的影响，需要关注企业自身的特征情况。

在前期，一些经典的国外研究从经济效率的角度分析了不同股权性质企业获得金融资源的难度。Shleifer 和 Vishny（1994、1998）提出了国有企业"攫取之手"的问题。由于国有企业的最终目标有时候会偏离于长期的价值最大化，因此会产生包括过量的雇佣员工，以及低效率的投资选择等问题，这可能也在一定程度上降低了银行对其的信贷配置。但实证数据并不能支持这一观点，包括 Megginson 和 Netter（2001）在内的很多研究表明，国有企业的债务规模在市场私有化进程之后有明显的降低。

Brandt 和 Li（2003）利用中国上市公司数据的研究指出，在转型经济体中金融机构对民营企业的信贷歧视是非常显著的。Allen、Qian 和 Qian（2005）认为，国有企业的融资渠道更加多元和畅通，民营企业则受限制较多。方军雄（2010）的研究也表明，国有企业往往能获得更多的信贷配置以及更长的债务期限结构。沈坤荣、吕大国和耿强（2014）对中国企业的信贷融资约束情况进行了分析。他们以2004—2009年中国货币政策为自然实验，发现在中国企业融资既存在所有制歧视，也存在规模歧视，但以规模歧视为主，即国有企业和大型企业有更好的融资环境。具体来看，大企业中国有和非国有企业融资不存在差异，中小企业中，非国有企业受到显著的融资歧视。

2. 国有企业的融资便利存在政策因素。针对国有企业融资约束较小的现实情况，卢峰和姚洋（2004）以及叶康涛和祝继高（2009）从政府干预动机上进行了解释。他们认为在财政分权背景下，较强的财政收入会使得地方上有更强的底气，通过资金以及其他资产划拨等手段帮助国有企业克服融资困境。周黎安（2008）指出，这种偏好也与官员晋升的动机有关，当地方官员处于升迁关键时期时，也可能在短期内帮助那些能提升 GDP 的国有企业逆周期扩大融资和投资规模。曾庆生和陈信元（2006）认为，这种动机的根源在于国有企业承担了较多的社会责任。

3. 金融机构的经营行为决定了其对国有企业配置资源的倾向。余明桂和潘红波（2008）指出，政府利用财政资源，或其他国有企业资金来帮助国有企业偿还债务的隐形担保对银行有较强的吸引力,这在征信体系不完善的信贷市场中,表现得更为明显。类似的,于蔚、汪淼军和金祥荣(2012)也关心了信息不对称的影响。他们认为国有企业的政治关联因素能起到信号传递的作用,使得企业在融资谈判中处于优势地位,而且能够提升企业获得资源的能力。除融资外,国有企业在税费以及工商管理等方面也会获得优惠。于泽、陆怡舟和王闻达(2015)指出,成长性的中小企业抵押物缺失、要素禀赋薄弱也是导致银行主观不愿意对其配置信贷资源的重要原因。祝继高、韩非池和陆正飞(2015)从产业政策的视角研究了企业聘请具有商业银行背景的人士担任公司董事(银行关联)的动机及其对债务融资的影响。基于中国上市公司的研究指出,建立银行关联存在资源效应和信息效应,会显著增加企业的银行借款总额和长期借款。对于不属于产业政策支持行业的企业而言,银行关联与政治关联发挥着互补作用;对于属于产业政策支持行业的企业而言,银行关联与政治关联发挥着替代作用。Pan 和 Tian(2015)研究了银行持有企业股份(dual holding)对于信贷获取的影响。基于中国上市公司的实证研究表明,被银行持股的企业确实能更容易获得贷款,而且这种敏感关系在非国有企业中表现得更加明显。从一个侧面来看,让银行或者相关产融结合集团持股是民营企业获得金融支持的一种主动表现。虽然前期一些研究,如 Luo、Zhang 和 Zhu(2011)指出,这种同时作为股权和债权人的情况,由于内部人串谋问题可能会降低资源配置效率,但 Pan 和 Tian 从缓解股权和债权人利益冲突、信息不对称等角度的分析得到了对于企业长期价值确实存在积极影响的逻辑,控制一些公司治理变量的实证结论也支持了这一观点。近期,有研究也指出这种股权性质所导致的融资环境差异已经出现趋势性变化。Dong、Liu、Shen 和 Sun(2016)基于1998—2007年我国上市公司财务数据的实证分析指出,国有企业融资约束更小、债务期限更长的问题在统计意义上确实存在,但这种显著关系是有内生性和被高估的,实际上控制其他一些微观因素,例如国企私有化相关指标后,这种显著关系明显减弱。他们认为至少在我国,国有企业更容易获得银行贷款的情况已经在逐步减弱。

融资约束的差异客观存在也使得货币政策调整,如外部流动性和融资环境发生变化时,不同类型企业所受到的冲击也有明显不同。

国外经验证据方面,De Haan 和 Sterken(2006)指出,货币政策收紧会对那些银行依赖型企业的融资行为有更强的负面冲击。类似的,Leary(2009)指出,由于很难获得债券市场的资金,受政策因素影响的信贷供给变动会对那些规模较小和依赖银行体系的企业有更大影响。Kahle 和 Stulz(2013)以及 Covas 和 Den Haan(2013)等关注了企业的融资决策与经济和政策周期的影响。他们认为,在繁荣阶段，即使是评级最低、盈利最差的企业也能通过股权或债权方式进行融资，但在萧条的经济环境中融资难度急剧上升，那些资质较好的企业周期性则较弱。类似的，Erel、Julio、Kim 和 Weisbach（2012）利用包括债券融资、股票增发、银行贷款的微观大数据集研究了外部经济和政策环境对企业融资行为的影响。他们也指出，货币环境会对那些信用状况不佳企业的筹资能力产生更大的影响，一般而言，低评级企业的融资选择往往有较强的顺周期性，而投资级的借款人决策可能是逆周期的。De Maggio 和 Kacperczyk（2016）则指出，宽松货币政策会明显改变货币基金的投资选择，这些资金会有更大概率投资相对风险高的资产，也会在一定程度上改变不同类型企业获得资金的难度。Giroud 和 Mueller（2017）基于美国微观调查数据的研究指出，外部政策冲击对企业经营和融资的影响会由于企业类型不同而呈现明显的差异，规模较大的跨区域机构能够通过资源的调配形成缓冲机制，以应对一些局部的冲击。

基于中国上市公司的研究更多是从信贷角度的分析也得出了类似结论，即不同类型企业受政策冲击导致的融资约束变化存在差异。闫红波和王国林（2008）针对我国制造业上市公司数据的研究表明，资本密集型行业和生产耐用消费品的行业在紧缩货币政策条件下融资、产量和效率都会受到更大影响。申俊喜、曹源芳和封思贤（2011）的研究表明，金融市场的发展情况会改变货币态势对微观市场主体投融资行为的影响程度，信贷配给所带来的融资约束上升问题在不同地区存在不同的效应，并造成了区域间金融发展的进一步失衡。与 Kahle 和 Stulz（2013）等研究类似，基于中国上市公司的实证结论也证明本身融资约束更严重的企业，融资受到货币政策调控影响更大，宽松的政策会明显提高融资规模，而政策收紧后则融资量大幅下滑（于蔚、金祥荣和钱彦敏，2012）。饶品贵和姜国华（2013）基于我国特定货币政策环境定义的紧缩年度虚拟变量和银行家信心指数的研究表明，在货币紧缩期非国有企业在银行信贷方面受到的冲击更大，而不得不利用更高成本的商业信用或民间融资缓解资金压力。靳庆鲁、孔祥和侯青川（2012）指出，宽松货币环境对民营企业信贷歧视存在显著的缓解作用。郭路、刘霞辉和孙瑾（2015）引入区分企业所有制性质的生产行为，通过 DSGE 模型分析了货币政策对不同所有制企业以及经济波动所产生的影响。结论表明，我国结构性的货币流向和利率体制对民营企业的融资和成本控制影响远远大于国有企业，并最终放大经济波动。杨兴全和尹兴强（2017）指出，紧缩货币政策导致民营企业的信贷资金规模显著减少、地方国有企业次之、央企没有影响。他们认为，较高财政收支压力和政治升迁压力地方的国有企业可能通过发行债券替代减少的信贷资金。央企则大多属于集团企业，自身规模更大，且大多属于国民经济的支柱和民生相关领域，多数属于垄断行业，在紧缩环境下比地方国有企业有更强的能力获得外部资源，弱化紧缩环境对其融资决策的影响。

(三) 商业银行信贷投放的态度变化

对大多数新兴市场国家而言，货币政策调整对微观企业主体行为的路径中，与银行体系有关的信贷渠道和资产负债表渠道作用至关重要（Allen、Qian 和 Qian，2007）。货币供应的宽松或收紧会通过利率或者货币供应量改变银行的资产和资本规模，并改变银行的风险态度，进而影响信贷资源的供给水平，最终影响实际的产出状况。前期，大多数经验证据都表明信贷供给的变化与企业实际的融资行为之间存在显著关联（Kashyap、Stein 和 Wilcox，1993；Oliner 和 Rudebusch，1996；Caballero 和 Krishnamurthy，2004 等），国内学者，如叶康涛和祝继高（2009）以及段云和国瑶（2012）等也验证了银根紧缩可能降低企业的融资规模，同时造成融资期限的缩短。

在金融危机后，学者们发现信贷渠道的效应与外部经济和货币环境有非连续的关联，信贷供给规模的剧烈波动，会对企业经营和投资决策产生较大冲击。例如，Helbling、Huidrom、Kose 和 Otrok（2011）指出，金融危机期间，信贷供给规模与企业融资的关联度要强于危机前。类似地，Greenstone 和 Mas（2012）以及 Chodorow 和 Reich（2014）等也指出，金融危机后的信贷规模收缩会极大地恶化企业，尤其是一些小微企业的融资环境。

此外，信贷政策也存在一些结构性的特征。如战明华（2015）指出，信贷渠道效应在不同产业间存在差异，而信贷渠道的强度变化对于资金在不同产业间的配置有显著影响。他们指出，在市场竞争不够的情况下，信贷渠道导致了资源的聚集，并减少对高技术和资本密集型产业资金供给，在长期内降低产业结构升级的效率。

关于货币政策影响商业银行信贷行为，并最终改变企业融资环境的理论和实证研究较为丰富。

首先是货币政策态势对金融机构信贷意愿的影响，这类研究在危机后一些新经验证据出现后尤为集中。Peek 和 Rosengren（2013）指出，金融危机后市场上的流动性紧张和预期流动性紧张导致金融机构的信贷意愿明显减弱，货币政策调整很难通过信贷渠道向实体企业传导。Kapan 和 Minoiu（2013）基于微观角度的研究表明，只有少数资本充足、资产负债表格外健康的银行才能在危机后有效地传导货币信贷政策。Liu 和 Wang（2014）指出，信贷供给的变化会导致基本面波动的加大，对那些信贷约束的企业造成更大的自我实现经济周期，放大了这些企业在紧缩环境下的融资困境，同时也制约了其在刺激政策下的复苏。

部分研究从非常规政策效率的角度分析了这一现象。Chodorow – Reich（2014）基于高频事件的研究指出，2008—2009 年非常规货币政策的实施对于金融机构经营行为影响很大，并真正改善了前期简单扩张政策无法向生产企业传递的问题，融资约束的缓解与银行惜贷行为的弱化密切相关。类似的，Garcia – Posada 和 Marchetti（2015）指出，欧央行的非常规货币政策对非金融企业的信贷供给有非常大的帮助。Foley – Fisher、Ramcharan 和 Yu（2016）指出，类似 MEP（展期计划）之类的非常规政策能够比简单的货币宽松更好地缓解企业在萧条时期的融资约束问题。窗口研究的结论表明，MEP 计划公布后对长期债务依赖更强的上市企业股价明显上升，而且这些企业确实扩大了长期债务的融入，并增加了员工的雇佣数量，扩大了投资规模。他们认为，美联储购买国债的行为会使得市场上投资者对于长期债务的需求量上升，也改善了金融机构的信贷供给约束，融资约束企业则会从中明显受益。Salachas、Laopodis 和 Kouretas（2017）研究指出，危机后货币政策的银行信贷渠道确实存在效率不足的问题，传导机制被扭曲，实际企业能从货币宽松中获得的融资便利非常有限。非常规货币政策，如央行直接购买资产可以减少银行业资本对资产负债表规模扩张的限制，避免了信贷意愿不足的问题。

其次是关于信贷抵押物与企业有效需求的研究。就银行而言，除了主动的供给规模决策外，合理的甄别企业信息并通过抵押担保等方式覆盖信贷风险也是信贷管理中的核心内容。从银行角度看，有效的信贷需求不仅来自于企业对于资金融入的诉求，也取决于企业自身是否具有还款能力和还款意愿，这其中较为重要的就是贷款抵押物的情况。在关于金融加速器理论的一些研究中，如 Bernanke 和 Gertler（1989）以及 Kiyotaki 和 Moore（1997）等，就关注了信贷供给对企业抵押资产价值和融资能力关系的影响。Campello 和 Hackbarth（2012）分析了资产的可抵押性对于融资能力改善的内在逻辑，他们认为较大规模的可抵押资产能改善企业融资过程中存在的信息不对称问题，降低违约风险，提高金融机构的信贷供给。在货币紧缩的环境下，资产的可抵押性对于企业融资环境尤为关键。在其基础上，Campello 和 Giambona（2012）指出，可抵押资产对企业融资能力的提升在小企业中更为重要。近期，Hofmann 和 Peersman（2017）的研究表明，美国的货币政策操作方式在 1980 年以来已经出现了明显的变化，在实践中开始更多地关注产出而非物价因素，信贷规模成为政策传导中更重要的环节。随着抵押贷款在整个信贷规模中比例的持续上升，货币政策对企业融资环境的影响与资产抵押性之间的关系也在强化。

最后是关于货币政策风险承担渠道。传统的货币政策传导机制并未将风险作为一个重要因素来考虑,这一被忽视的问题在金融危机后得到广泛关注。Borio 和 Zhu（2012）提出了货币政策传导的风险承担渠道,即货币态势的变化会改变金融中介（主要是商业银行）的风险态度,进而影响贷款意愿以及定价,最终影响整体产出。学者们利用包括单笔贷款性质的大数据集对西班牙、玻利维亚、哥伦比亚等银行的研究都验证了货币态势与银行风险态度的关系（Jimenez 等,2009; Jonnadou,2008; Martha,2010 等）。Altunbas（2009）则基于美国和欧盟 1100 家上市银行 1998—2008 年季度数据的研究,从大样本角度证实了这一渠道的存在性。

学者们从多个角度对这一现象进行了理论解释。Agur 和 Demertzis（2012）指出,从银行的角度来看,银行经营的收益和风险不对等,当银行正常经营的时候,股东可以获得可观的经营利润,而一旦其经营陷入困境,由于其过大的外部性,往往会由政府、存款保险或纳税人来分摊损失。这种非对称的效用函数使得银行至少在流动性扩张阶段,天然地存在主动承担风险的动力。具体有以下表现：一是在宽松货币阶段,主动提高杠杆水平,同时调低资本充足率；二是宽松政策环境一旦持续,可能会导致银行资产方的组合收益下滑,但由于经理人的薪酬一般和净资产收益率等名义绩效指标挂钩,从而会激励其冒险激进并过度承担风险（Rajan,2005）；三是信贷扩张周期中往往会伴随着银行市场竞争的加剧,银行可能会被迫降低信贷标准来维护市场份额和增加利润（Jimenez 和 Ongena,2012）；四是集体道德风险,当金融机构预期在发生财务困境时央行会出手干预救市、维护金融稳定,将对机构的风险暴露起到保险的效果,会鼓励金融机构承担过度风险（Diamond 和 Rajan,2009）。

Morris 和 Shin（2012）认为,如果考虑风险承担渠道,货币政策带来的企业实际融资成本和规模的变化可能都被显著低估,因为这种短期利率的调整不仅改变了资金的供需,而且影响了风险溢价的水平。Adachi-Sato 和 Vithessonthi（2017）对美国货币态势、银行业风险情况与企业投资行为的关系进行了研究,他们认为在流动性偏紧的情况下,银行体系的风险情况也会在很大程度上约束企业的投资决策。利用两期理论模型和 1991—2013 年上市银行和企业财务数据的分析表明,融资约束较大的企业会更容易受到这种货币—金融机构—企业投资渠道的影响。

二、货币政策与企业融资结构

（一）货币政策与企业资本结构选择

资本结构理论在现代公司金融研究中居于核心地位,也是研究最广泛、成果最多的一个领域（Drobertz 和 Wanzenried，2006）。在 Modigliani 和 Miller（1958）提出 MM 理论后，对于资本结构的研究逐步转向数理模型和实证分析。在较长时间内，权衡理论和优序融资理论在相关研究中占据了主导地位。相关理论的逻辑都包含了一个较强的假设，即企业的融资行为或资本结构选择主要依赖其自身的财务状况和行业特征，而且能够自由在银行体系或金融市场进行融资。但很显然，现实宏观经济环境下，尤其是货币政策态势的变化肯定会改变企业的融资成本和便利程度。Graham、Leary 和 Roberts（2015）基于美国上市公司长期资本结构的实证分析表明，相对于企业行业和财务特征而言，政府债务行为、宏观经济的不确定性以及外部的货币因素是对资本结构更为重要的影响因素。

直观地看，不同股权性质企业的融资决策受到货币政策变化的影响存在差异性，那么作为融资行为后果的资本结构在不同类型企业中也应该存在非一致性。多数经验证据确实验证了这一点，即国有企业的杠杆率水平系统性地高于民营企业（向东、张睿和张勋，2015；邓路、刘瑞琪和廖明情，2016 等）。

进一步的问题是，货币政策的调整对不同类型企业资本结构是否存在差异化的影响。Korajczyk 和 Levy（2003）指出，融资约束状况不同的企业资本结构选择存在明显差异，不受约束的公司目标杠杆呈现逆周期的变化，即宽松的货币环境会导致较低的杠杆水平，而存在融资约束的企业会顺周期调整负债结构，即紧缩的货币环境会导致较高的杠杆水平。Bhamra、Kuehn 和 Strebulaev（2010）从资本结构调整路径依赖角度的实证分析也得到类似的结论。Voutsinas 和 Werner（2011）利用日本市场的研究指出，信贷供给下降时，企业边际预期成本必然上升，但税盾收益相对刚性，根据权衡理论将制约企业的债务融资规模。从他们分析的逻辑看，融资约束的程度同样对这种效应的存在性产生影响。

国内的研究则较多地关注企业股权性质特征的影响。陆正飞、祝继高和樊铮（2009）等指出，紧缩条件下民营企业的信贷歧视问题会更加凸显，导致其负债增长水平明显放缓。相反，国有企业同期仍保持较快增长。江龙、宋常和刘笑松（2013）的研究与 Korajczyk 和 Levy（2003）类似，即融资约束企业的资产负债率有顺货币周期变化的倾向。稍有差异的是，马文超和胡思玥（2012）针对我国 2003—2009 年非金融上市公司数据的研究表明，融资约束较弱的企业在货币紧缩时有更强的能力来对债务结构进行调整，杠杆率与货币政策的关系并不敏感。曾海舰和苏东蔚（2010）利用信贷条件大幅变化的两个事件分析了企业资本结构变动的结构性特征。结论表明，规模小、民营和担保能力弱的公司在信贷扩张过程中存在过度贷款融资倾向，负债率快速攀升，而信贷紧缩后则明显下行。

(二) 资本结构的动态调整效率

从理论上看，企业的资产负债比例越趋向于目标资本结构，对其长期价值提升帮助越大 (Loof, 2004)。现实中，最优资本结构是隐性的，多数企业无法在事前判断其准确数值，而是会在具体的投融资过程中通过不断调整趋近这一目标区间。这使得在资本结构理论的研究中，除了企业资本结构的影响因素外，学者们还关注资本结构调整的效率问题。这一问题衍生于动态权衡理论，Fischers、Heinkel 和 Zechner (1989) 认为，企业最优的动态资本结构政策取决于负债融资的收益（如避税效应）、潜在成本（如破产成本）、标的资产收益的波动率、无风险利率以及再资本化成本的大小。由于存在交易成本，企业向目标资本结构调整的速度比较缓慢。近年来，不少学者从财务特征、治理机制以及外部制度环境等角度分析了这种调整效率的差异 (Leary 和 Roberts, 2005; Hennessy 和 Whited, 2005; Faulkender、Flannery、Hankins 和 Petersen, 2012; Oztekin 和 Flannery, 2012 等)。

当然，也有不少学者指出，宏观经济和政策环境对企业资本结构调整效率存在显著的影响，如 Hackbarth、Miao and Morellec (2006) 利用均衡模型的理论研究表明，宽松的货币环境会提高企业资本结构的调整频率，但在一定程度上会降低单次调整的幅度。Levy 和 Hennessy (2007) 的研究表明，动态调整的效率本身是顺周期的。Lemon、Roberts 和 Zender (2008) 认为，经济周期是影响企业资本结构长期稳定性的重要因素。他们指出，在传统的利用公司自身财务或特质因素研究的基础上，如果增加包括货币因素在内的时变宏观周期性指标，能显著提高模型的拟合优度。Cook 和 Tang (2010) 将 GDP 增长率、红利收益率、期限利差以及信用利差列入实证模型，也得到了相关货币政策变量与整体资本结构调整效率的正向关系。基于中国上市公司的财务数据，江龙、宋常和刘笑松 (2013) 指出，资本结构调整速度具有非对称性，即与紧缩阶段相比，上市公司会在宽松的货币环境下以更快的速度调整资本结构至目标（或最优）的负债率水平。

另一个值得注意的问题是，企业特征因素是否会影响货币政策与资本结构调整效率的关联性。从前期国外的经验证据看，较好的成长性 (Drobetz 和 Wanzenried, 2006) 和规模较大 (Banerjee 等, 2000) 的企业会有更强的调整能力，并且在宽松阶段与其他企业拉开差距。针对金融危机前后比较的分析也存在类似逻辑，Dang、Kim 和 Shin (2014) 利用美国上市公司的数据研究表明，公司资本结构调整的效率存在时变性，在危机前公司成长性、投资机会、规模以及收益波动与资本结构调整速度正相关，但在金融危机期间，相关特征与资本结构的调整效率不敏感。

国内研究方面，赵兴楣和王华 (2011) 指出，政府控股对企业融资决策产生股权限制和债券融资便利两种相反的影响,这使得国有股比例与资本结构调整速度之间呈现"倒U型"的关系。国有企业在调整债务融资结构时候能力较强,但很难利用经济繁荣或货币宽松的市场时机进行大规模的权益融资。盛明泉、张敏、马黎珺和李昊(2012)指出,国有企业资本结构调整效率更低。他们认为,主要是预算软约束导致国有企业本身缺乏调整资本结构的动机。从现实来看,国有企业如果发生亏损,政府一般会为它们提供帮助,而管理层如果形成这种软约束预期,必然会产生严重的道德风险,导致其优化企业的资本结构、提升企业价值的动机弱化。即使是在货币宽松阶段,这类企业也缺乏主动调整债务规模的动力。陈冬、范蕊和唐建新(2014)以2005—2011年货币政策调整相对频繁的时期为对象的研究发现,地区财政自决①压力会削弱货币政策对国企资本结构的调整。主要体现在货币政策紧缩时期,国企资本结构向下调整程度较小,地区财政自决程度增强了这一关系。进一步的分析发现,地方政府竞争资金的需求引致国企实际资本结构持续偏离目标资本结构,实际资本结构向目标资本结构调整的速度较慢。潜力和胡援成(2015)利用阈值回归模型指出,在繁荣的经济状况下,融资约束状况过高或者过低都会导致其短期调整速度放缓。

(三)债务融资结构的调整

除了影响企业在债权和股权融资中的权衡外,货币政策的变化也会改变企业债务融资本身的结构。一方面,企业的债务期限结构可能发生明显的变化,偏紧的货币环境下长期债务规模将受限,而且这种影响在不同类型企业中也存在差异。另一方面,企业债务融资的工具选择也会有所调整,信贷、债券以及商业信用等融资方式在全部债务融资中的规模结构也会有明显变化。

企业债务期限结构的选择方面,多数经验证据都表明,政府背景企业的长期债务规模比例较高,如肖泽忠和邹宏(2008)指出,与传统代理理论研究不同,我国国有企业代理问题产生的股权融资的偏好受较多外部因素制约,主要表现对债权融资期限的倾向,他们的实证结果表明,国有企业的长期负债率远高于民营企业。Fan、Titman和Twite(2012)以及Custodio、Ferreira和Laureano(2013)等基于跨国样本的实证分析也得到类似结论。他们指出,在金融管制、投资者保护薄弱、信息不对称程度较高的背景下,商业银行出于风险考虑,倾向于利用短期贷款支持企业,尤其是民营企业的生产经营。对企业而言,长期债务选择偏好是一种被动的

---

① 财政分权赋予地方政府更大的自主权和决断权,激励其发展地区经济,也要求其承担较大比例的财政支出责任,该文将这种效应的程度定义为地方财政自决程度。

行为。

在货币政策如何影响企业债务期限选择的研究方面，Greenwood、Hanson 和 Stein（2010）指出，政府债务的期限结构变化会向企业债务结构传导，而市场上流动性的供给方式和规模变化会改变这种传导的效率。市场上货币相对宽裕时，一旦政府持有的债券期限结构偏向短期，企业会很快通过发行更多长期债务填补相应的空缺。这也被认为是企业融资行为的市场时机选择的一种典型表现。段云和国瑶（2012）针对我国 A 股上市公司的实证研究表明，信贷收缩会降低企业的贷款期限和规模，但政府关联企业受到的冲击相对较小。伍中信、张娅和张雯（2013）指出，货币政策对企业不同期限债务融资的影响都很显著，其中短期负债受冲击相对更大。王义中、陈丽芳和宋敏（2015）指出，信贷渠道的变动会改变企业对不同期限债务（贷款）的替代弹性，紧缩的信贷环境会增加企业的短期流动性需求，并在长期内改变其投资策略。白云霞、邱穆青和李伟（2016）指出，我国金融市场结构不完备以及利率期限结构不合理等制度缺陷加剧了货币政策波动对企业融资的期限错配的影响。钟凯、程小可和张伟华（2016）基于 2004—2012 年中国 A 股上市公司样本数据的研究表明，在排除政府干预、大股东控制、成长性与企业信贷需求等因素影响下，货币政策越紧缩，企业信贷期限结构越短，而信息透明度能够在一定程度上缓解这种影响。

近期，也有不少研究关注了存量债务期限结构的影响。Almeida、Campello、Laranjeira 和 Weisbenner（2011）利用双重差分匹配方法的研究指出，控制其他因素后，2007 年三季度前长期债务到期比例更高的企业会比那些 2008 年后才到期的企业投资和资本比例低 2.5 个百分点，据测算，这会在微观层面导致相关企业削减危机前投资规模的 1/3 左右。他们还指出，这种负向的冲击并非是长期稳定的，事实上，在非信用紧缩周期中，债务的期限结构、到期债务比例与企业投资规模之间的关系并不显著。Badoer 和 James（2016）基于美国 1987—2009 年企业融资数据的实证分析指出，Greenwood、Hanson 和 Stein（2010）提出的债券融资中的填补空缺行为会受到整体债券市场结构的影响。由于风险资本导致的套利成本上升，在较大规模债券还远离到期日时这种填补效应更为显著。此外，他们还指出，长期政府债规模的变化不仅仅影响企业的债券期限结构，也会在中期改变企业的整体融资规模。

企业债务融资方式的选择方面，Kashyap 等（1993）的研究表明，货币紧缩使得企业增加商业票据的使用，同时减少银行贷款规模，最终会导致投资的下滑。Huang 和 Song（2006）发现，中国企业通过短期应付款项进行融资的比例达到总资产的 20% 以上，信贷紧缩后首先会通过短期应付款的增加来替代贷款融资。Becker

和Ivashina（2014）利用美国上市公司季度报表数据的研究指出，紧缩性的货币政策会导致企业更倾向于选择债券市场的融资，而放弃银行贷款。

在紧缩环境下，商业信用对贷款的替代问题受到了较多学者的关注。Bailey、Huang和Yang（2011）指出，我国信贷市场存在政策驱动和商业驱动两类贷款模式，国有企业往往会受到较多政策驱动贷款的支持，而且在紧缩阶段这类政策驱动贷款的占比反而会上升。李四海、邹萍和宋献中（2015）考察了不同货币态势下企业在银行信贷和商业信用方面的差异性特征。他们指出，紧缩的货币政策下，国有产权企业有更多的应收票据，而私有产权企业有更多的应付票据，即私有产权企业选择了更多的商业信用。此外，这种债务结构的变化会导致金融效率的降低。黄兴孪、邓路和曲悠（2016）的研究指出，在货币紧缩期存在融资约束的公司可能会倾向于利用商业信用以替代贷款，并会降低投资—现金流的敏感关系。

近期，货币政策对企业表外融资影响的研究也成为热点之一。于泽、陆怡舟和王闻达（2015）指出，贷款规模管控趋严会导致金融机构倾向于利用影子银行业务将高风险贷款转移到表外。这使得缺乏投资机会的大型企业仍可以获得资金，而成长性的小企业虽然有较多投资机会，但由于抵押品缺乏等原因无法获得支持。Nelson、Pinter和Theodoridis（2017）指出，近年来货币政策信贷渠道，或者说货币政策影响企业获得融资的便利程度有比较明显的结构性变化。银行体系表内的信贷规模受到的冲击减弱，但影子银行和资产证券化活动则会起到替代的作用。他们认为这些金融创新可能放大了经济波动，并导致了货币政策效率的降低，需要从整体上纳入监管框架。

此外，何捷、张会丽和陆正飞（2017）考察了货币政策对集团企业负债模式选择以及负债模式选择对投资效率的影响，研究发现货币政策越紧缩，集团企业选择集中负债模式的可能性越大，而集团企业选择集中负债模式，有助于降低集团企业整体的过度投资水平，但对母公司过度投资水平无显著影响。

三、流动性驱动的资产价格波动与企业融资行为

从理论上说，传统的货币主义观点认为，宏观流动性扩张会增加对资产的需求，从而推动其价格上涨。金融危机的实践表明，在稳定的物价环境下实施宽松货币政策仍然有较大成本，即推动资产价格泡沫的形成并积累长期风险（Taylor，2009等）。Mumtaz和Surico（2012）甚至进一步指出，在危机前央行过于机械的追求价格稳定，也成为资产泡沫产生的原因之一。在此基础上，国内学者就货币扩张和信用扩张对资产价格的影响进行了分析，大多数实证经验表明，货币流动性对我国股

票和房地产价格和收益有正向的影响（李健和邓瑛，2011），部分学者还指出，我国资产价格泡沫形成中流动性驱动的程度要高于国外（骆祚炎，2011）。但另外，也有部分学者关注到流动性与资产价格之间并不是简单的线性关系，流动性扩张与资产价格繁荣之间有显著的正向关系，但在资产价格萧条阶段两者可能并不稳定（陈继勇、袁威和肖卫国，2013）。

资产价格的过度波动，或者说错误定价的提高会对企业的经营行为产生较大影响。一方面，货币宽松导致的房价上升会提高企业的抵押能力，进而获得融资便利；另一方面，流动性驱动的资本市场的非理性波动，暗示企业可能持续面临着高估或低估的外部环境，价格与价值的背离也可能对企业的融资行为产生较大的冲击。在公司金融理论中，基于市场非理性假设的研究属于行为公司金融的范畴，其基本逻辑框架与传统理论有较大差异。相关的研究以事实和经验证据为导向，虽然被一些传统观念认为缺乏整体性和普适性，但基于局部均衡和局部有效的很多理念和思路也极大地扩展了微观金融领域的前沿边界。在这一框架下，货币政策波动所驱动的资产价格非理性波动也被定义为错误定价或者投资者情绪，是公司经营决策的外生影响因素。

（一）企业融资决策中的市场时机假说

市场时机假说是市场错误定价假设下企业融资和投资决策理论研究的基础和核心，Stein（1996）在研究非理性市场条件下企业理性资本预算问题时首先提出了这一概念。他认为，当公司股价因投资者错误定价而被市场高估时，理性的经理人应利用股权融资的低成本优势，通过发行更多的股票进行融资；相反，当公司股价被市场低估时，理性的经理人应通过回购被低估的股票来使公司价值最大化。事实上，对这一假说最有力的佐证来自于对上市公司经理人真实决策依据的调查，Graham 和 Harvey（2001）对美国公司财务决策者的问卷调查结果显示，2/3 的受访者认为，投资者对公司价值的错误估计是他们进行股权融资与否的依据。Brav、Graham 和 Harvey（2005）对企业回购决策的调查结果进一步显示，超过 80% 的财务决策者认为，在条件允许的情况下，公司股票价格低估会明显提高公司进行股票回购的动力。同时，关注股票短期价格的经理人也可以利用回购公告对投资者进行有利的信号传递。另外，相关的实证检验结果也都证明了公司的股权融资决策和市场估值（或者错误定价的替代指标）之间存在着明显的正向关系。

在对企业融资中市场时机选择的存在性进行检验的同时，部分学者对不同企业利用市场时机的效果、影响因素及偏好程度等进行了更为深入的研究。Jenter、Lewellen 和 Warner（2011）的实证结果显示，不同类型的企业利用市场时机的效果有很大差异，规模较大的公司股权融资后会出现低超额收益，而小公司利用市场时机获利的能力要弱一些。DeAngelo、DeAngelo 和 Stulz（2010）通过对 2000 年后美国上市公司的财务数据统计分析后认为，相对于市场时机因素，企业的现金持有水平对企业融资决策的影响更大。Bolton、Chen 和 Wang（2011）基于动态优化模型的研究表明，企业经理人的融资决策会权衡市场时机收益和高现金持有水平的成本，不同企业在不同市场环境中是否利用错误定价获利会有很大的差异。Cohen 和 Yagil（2010）的研究表明，处于不同行业的企业在面对市场错误定价时会有不同的融资选择，高技术行业的公司利用市场时机的动机会更强一些。

（二）资本结构的市场时机理论

在市场时机假说的基础上，Baker 和 Wurgler（2002）研究了股票市场时机选择对企业资本结构的影响，提出了基于行为观的资本结构理论，即资本结构的市场时机理论。他们基于美国资本市场 1968—1999 年数据的实证研究结果表明，股票市场时机对资本结构具有显著而持久的影响，其显著程度超过了资本结构的其他决定因素。企业资本结构是理性的经理人过去根据市场时机进行融资活动的累积结果。

资本结构的市场时机选择理论提出后受到了广泛的关注，许多学者对该理论进行了实证检验，得出了一些具有价值的研究成果，但也引起了部分学者的质疑。

Welch（2004）有关股票价格变动对公司资本结构影响的实证研究表明，1—5 年内，股票收益可以解释 40% 的资本结构变化，证券发行活动可以解释 70% 的资本结构变化，而且发行证券并不是用来弥补股票收益变化引起的股权价值变化所导致的资本结构变化。这表明，在股市持续错误定价导致股票收益变化时，股票收益变化会影响公司的资本结构。Huang 和 Ritter（2005）运用股权融资成本检验了融资决策模式以及各种融资方式对资本结构的影响。其研究结果表明，市场时机是公司选择发行股票或债券的重要决定因素，发行股票和债券对资本结构的影响会持续 10 年之久。Bie 和 Haan（2004）有关荷兰企业融资选择的实证研究结果支持了资本结构的市场时机选择理论。

也有学者对资本结构市场时机理论提出了质疑，主要表现在市场时机是否对企业的资本结构存在长期持续的影响方面。Hovakimian（2006）以及 Flannery 和 Rangan（2006）的实证研究均表明，市场时机对资本结构的影响非常短暂。而 Mittoo 和 Zhang（2008）在对比加拿大和美国公司增发的市场时机选择的研究中，并没有发现市场时机对资本结构具有持续影响的证据。Xu（2009）对加拿大资本市场的研究得出了相似的结论，虽然企业的市场时机选择现象非常明显，但资本结构被冲击之后会迅速回调。Xu（2009）试图通过对比加拿大和美国市场在规模和行业分布上的不同来解释这种持续性影响的差异，但没有得到明确的结论。Alti（2006）对 IPO 市场的研究发现，当存在市场选择时机时，公司的确倾向于发行更多的权益，资产负债率大幅下降，热发（hot issue）效应显著，市场时机选择在短期内影响资本结构。但是，IPO 之后热发公司倾向于更多的负债融资和更少的权益融资，资本结构会向某一目标值趋近。

（三）市场时机理论与资本结构权衡理论的一致性解释

经典的资本结构权衡理论认为，从长期来看，企业存在一个目标资本结构。如果不存在调整成本，现实中观察到的资本结构就是企业的最优资本结构。如果存在调整成本，则企业实际资本结构会与目标资本结构发生偏离，但实际资本结构会自动向目标资本结构调整，调整的速度取决于调整成本的大小。

显然，市场时机理论的提出对资本结构权衡理论提出了挑战。如果市场时机对资本结构存在长期持续的影响，且资本结构是理性经理人过去根据市场时机进行融资活动的累积结果，则企业不会存在一个目标资本结构。但是，Hovakimian、Opler 和 Titman（2001）、Korajczyk 和 Levy（2003）、Kayhan 和 Titman（2007）等的实证研究显示，从长期来看，企业资本结构存在着向目标资本结构均值反转（mean reversion）的趋势。Graham 和 Harvey（2001）的有关企业经理人融资决策的问卷调查也表明，81%的经理人在融资决策过程中存在着目标资本结构。此外，前述内容表明，部分实证研究的结果也显示市场时机选择对资本结构虽然存在影响，但这种影响是短暂的，并不存在长期持续的影响。因此，如何从理论和实证的角度对资本市场时机理论与权衡理论的一致性进行解释也就成为该理论研究中的前沿问题。当前学术界主要从两个角度对这一问题进行了解释：第一，从动态权衡的角度，通过对资本结构受到外生冲击后向目标区间调整影响因素的分析，探讨了市场时机对长期资本结构的影响；第二，从市场时机下债务融资成本变化的视角，考察了市场时机对资本结构向目标区间调整真实路径的影响。

资本结构的动态权衡理论系统性地研究了受到如市场时机选择之类外部冲击后资本结构向目标资本结构调整的问题。Chang 和 Dasgupta（2009）指出，动态权衡理论中经理人的市场时机选择或其他特殊动机的融资决策被外生化为一种对资本结构的异常冲击，其关注的是杠杆率偏离目标资本结构之后调整成本函数以及调整速度的变化。如果当前资本结构水平下企业的调整成本很小，调整速度很快，那么市场时机的效果就难以累积；但如果企业的资本结构偏离程度不大，那么每次市场时机的外部冲击很有可能会对长期资本结构产生持续性的影响。

Strebulaev（2007）认为，由于向目标资本结构调整的成本和路径存在差异，不同经营状况企业利用市场时机进行短期融资对长期资本结构的影响也就不同。通过构建一个基于权衡思想的动态资本结构调整的状态依存模型,他分析了企业最优融资决策的路径,并用数据对模型进行了横截面检验。模型分析的结果显示,经营状况持续较好的企业在利用市场时机进行权益融资之后,由于较低的资本结构调整成本,他们会自动调整负债水平实现税盾效应,市场时机的积累效应难以体现;但业绩相对较差的企业进行负债融资时会有较大的破产成本,市场时机效应对资本结构的冲击会产生持续的影响。

Titman 和 Tsyplakov(2007)在考虑企业股东和债权人之间利益冲突对资本结构调整路径影响的基础上,发展了一个企业能够动态调整资本结构和投资水平的连续时间模型。通过利用美国黄金开采业企业的实证数据作为模型中的变量参数,他们对企业负债比率的变化进行了横截面和时间序列检验。检验结果显示,由于财务危机成本的影响,经理人以企业价值最大化(而非股东价值最大化)为目标的企业在利用市场时机进行股权融资之后资本结构会以较快的速度向目标资本结构调整,这类企业的市场时机效应对长期资本结构的影响会比较小。

类似地,Flannery 和 Rangan(2006)的研究表明,规模较小的企业市场时机的累积效应较强,长期资本结构受到市场错误定价的影响。Faulkender、Flannery、Hankins 和 Smith(2008)指出,外部融资能力强、声誉好的大企业在利用市场时机后由于资本结构的调整成本较小,导致市场时机效应无法累积。Wu 和 Yeung(2010)综合考虑了企业的成长性和市场环境对资本结构调整成本和速度的影响。同样,他们将市场时机作为影响企业资本结构的短期冲击的因素之一。他们认为,成长性较强的企业在利用市场时机进行股权融资之后,会以更快的速度向某一目标资本结构区间回归。Warr、Elliott、Koeter – Kant 和 Oztekin(2011)的实证结果也表明,市场对企业的错误定价程度显著影响了资本结构的调整成本,当公司被市场高估时,如果公司的负债水平较高,由于市场时机的作用公司的资本结构调整成本较低;而当公司被市场低估时,股权融资的高成本会降低公司的资本结构调整速度。

前述内容表明,市场错误定价条件下企业融资决策的市场时机选择不仅包括权益融资的选择,而且还包括债务融资的选择。Hirshlerfer、Subrahmanyam 和 Titman(2006)认为,非理性的投资者情绪变化所导致的市场错误定价也会对企业的债务融资水平产生影响。受 Subrahmanyam 和 Titman(2001)、Soros(2003)等有关企业股票价格对基本面价值存在反馈机制观点的启发,Hirshlerfer、Subrahmanyam 和 Titman(2006)指出,当投资者非理性情绪导致企业股票价格高估时,面对高估的企业市场价值,作为企业利益相关者的债权人(向企业提供债务的金融机构、提供短期融资的上游企业和企业公司债投资者等）也会调高对企业未来盈余增长的预期，在一定程度上减少企业的融资约束，降低融资成本（Baker、Stein和Wurgler，2003）。此时，理性的经理人会利用这一低债务融资成本时机来扩大债务融资的规模。也就是说，该情形下的债务融资规模的扩大能够平滑市场时机下股权融资扩大导致的企业杠杆率对目标资本结构的偏离，促使其向目标资本结构回归。相反，当投资者情绪低迷导致企业股票价格偏低时，债权人也会调低对公司前景的预期，并通过提高债务成本的方式来获得更大的风险溢价。此时，理性的经理人会缩减债务规模。此情形下的债务规模缩减对市场时机选择下股权回购导致的杠杆率上升起到一定的缓冲作用。因此，从长期来看，企业的资本结构会向一个既定的目标均值反转。

四、货币政策与企业融资效率

在之前的部分，本书主要关注的是货币政策对企业融资行为的影响，而并未分析这种行为变化所产生的结果。直观地看，宽松政策环境能缓解企业的融资约束状况，应该是有助于企业长期价值的实现。然而，大量研究表明，外生货币冲击下，存在过度融资现象，经营效率的降低和长期债务成本风险的积累对实际的企业长期价值不利。另外，不同类型企业融资行为受货币冲击的影响存在差异，尤其在紧缩环境下可能出现金融市场上的挤出效应，造成宏观视角下的融资结构进一步失衡。

（一）货币政策调整导致的融资过度和融资不足

首先，宽松条件下企业的融资产品选择可能出现较大变化。实践中可以看出，在市场整体流动性充裕的情况下，由于企业和金融机构低估了信用风险的概率，类似担保、联保等本来用于改善信息不对称，起到信用增进作用的产品和方式被滥用，其风险缓释和信息甄别功能被忽视，而更多的是利用其授信合规的功能。从结果看，在紧缩条件下相关产品的风险快速暴露，反而成为风险的传导渠道。Battiston等（2007）实证指出，企业担保行为存在顺周期性。当货币政策宽松、经济形势较好时，企业的投资机会较好，面临一些融资约束的企业、尤其是一些民营企业可能通过互动的担保圈方式强化融资能力，获得资金需求。另外，经济环境和货币环境较好时，企业对未来的预期更加乐观，信任程度也会提高，会有更强的意愿相互联合形成融资担保圈。类似的，Gatti、Gallegati、Greenwald、Russo和Stiglitz（2009）指出，货币政策调整的过程可能对担保圈企业产生放大效应的冲击，在宽松环境下会放大企业的融资能力，在紧缩条件下则由于风险和经营状况的传染，整体的融资约束程度反而会急剧上升。Riccetti等（2013）指出，在宽松的货币环境下，存在联保行为的企业相对于其他企业有更大的概率出现融资过度情况。在宏观经济政策转向时,企业自身与关联企业的净值下降—融资能力下降—现金流紧张—净值进一步下降的负反馈机制形成,放大了这种政策冲击的影响,最终导致经营绩效的大幅回落。

其次,货币政策对企业的风险态度有较大影响。盛明泉、张敏、马黎珺和李昊(2012)的研究表明,国有企业的预算软约束程度越大,其资本结构偏离于最优水平的程度越大,且改善资本结构的动力也在减弱。他们认为货币宽松可能会加剧国有企业预算软约束的程度。胡育蓉、朱恩涛和龚金泉(2014)以及林朝颖、黄志刚、杨广清和石德金(2015)都关注到货币政策调整与企业的风险承担行为存在联动关系,宽松的货币环境会提高风险承受能力,而紧缩政策下企业会更加趋于保守。Campello、Giambona、Graham 和 Harvey(2012)对欧洲企业在金融危机期间从银行体系获得信用额度,以及利用这些额度的情况进行了实证分析。他们发现,在危机期间那些看起来融资约束程度较高(规模小、私营、低信用等级以及盈利能力弱)的企业利用信用额度的比例要高于那些融资约束较低(规模大、国有、高评级以及高增长)的企业。这种效应在市场主导的经济体中可能更加明显,此外他们还暗示即使是在金融危机期间,多数企业的信用额度实际上并未枯竭,只是信用利差扩大导致的融资成本上升。一些亏损的小企业确实有更强的融资动力和更多冒险的情绪,经营决策可能随着货币态势的宽松更加激进。郭瑾、刘志远和彭涛(2017)指出,由于债权人与股东(管理者)之间发生委托代理问题,可能出现资产替代行为,并加大财务危机的概率,进一步影响企业的风险承担水平。他们以 2004 年至 2013 年中国上市公司为样本的研究发现,银行贷款与企业风险承担水平显著正相关。尽管较短的贷款期限可以抑制企业风险承担,但短期借款仍然与企业风险承担水平显著正相关。另外,当企业投资机会较多,管理者具有股权激励时,银行贷款与企业风险承担水平之间的正相关关系更加显著。

最后是一些其他因素可能加剧或缓解货币态势调整带来的融资过度或融资不足。Giannetti 和 Simonov(2009)认为,政府干预有助于解决紧缩条件下的融资不足,经验证据表明受政府影响的银行信贷规模和结构配置方式可能在金融危机期间更有效率。罗时空和龚六堂(2014)关注了金融摩擦的影响。他们从面板数据和加总数据两个方面分析了中国 A 股上市公司债务和股权融资行为的经济周期性,结论表明,两种融资方式均存在明显的顺周期性,而面临更严重金融摩擦的企业这种宽松环境下过度融资、紧缩条件下融资不足的问题会更为严重。周彬蕊、刘锡良和张琳(2017)利用 2004—2015 年中国 A 股上市公司季度数据的研究表明,在我国银行主导的金融体系下,宽松货币政策会显著提高企业的风险承担,而金融市场的发展会弱化这一关系。企业所有权、技术类型和外部融资依赖等因素都会对风险承担的效应产生较大的影响。Diamond、Hu 和 Rajan（2017）则考虑了企业管理者认知偏差的问题，他们认为企业在资产泡沫期间的融资决策和融资选择往往存在较为严重的偏误，而控制权的相关治理机制在这个阶段发挥的作用有限，最终造成融资的周期性波动。也就是说，在泡沫阶段，管理层会错误地预计未来的增长情况导致过度融资，但目前的控制权管理方式很难抑制这种行为，衰退后这种过度融资所带来的额外成本和资源错配成为企业经营进一步下滑的原因。微观角度的研究结论也证明了宏观层面存在的经济周期中产能利用以及库存周期等问题。

（二）融资领域的挤出效应

在货币态势偏紧时，融资约束企业会受到更大的冲击，除企业本身财务问题外，另一个重要的原因就是金融市场上的资金供给存在"嫌贫爱富"的状况，出于风险等因素的考虑，金融机构和金融市场往往倾向于将本就比较紧张的资金向那些融资约束并不严重的大企业、国有企业倾斜，加剧了小微民营企业的资金压力。饶品贵和姜国华（2013）等对这一推断给出了经验证据，研究表明融资约束更严重的企业确实在紧缩条件下会受到更大的信贷歧视。梁琪和余峰燕（2014）指出，当经济出现大幅下滑，金融体系危机集中爆发阶段，即使存在对冲性的宽松政策，由于银行对贷款者偿债能力担忧，对于部分高风险领域信贷配给现象会更为严重，可能会进一步造成资源分配的不均衡。喻坤、李治国、张晓蓉和徐剑刚（2014）指出，在我国国有和非国有企业面临的融资约束程度差异会导致非国有企业把握投资机会的能力弱于国有企业，这在外部货币紧缩条件下更为明显。紧缩条件下，国有和非国有企业面临相似的经营下滑和融资困境时，国有企业会获得更多的扶持性信贷补贴，并对非国有企业的融资规模产生挤出。邓路、刘瑞琪和廖明情（2016）基于权衡理论的实证研究指出，不同所有制公司拥有的超额银行借款存在差异，具体表现为国有上市公司的超额银行借款显著多于非国有上市公司。他们认为制度环境的改善能缓解这一状况，但在货币紧缩和金融危机期间，由于挤出效应的存在这种失衡会更趋严重。

另外，有不少研究关注了紧缩条件下政府对国有企业主动补贴与信贷支持行为的效率问题。前期的一些研究，如林毅夫、刘明兴和章奇（2004）指出，产生预算软约束的根源在于国有企业出于历史原因承担了大量的政策性负担，因此，当国有企业出现亏损时，政府有责任和动机对它们进行救助。方军雄（2007）等验证了政府对信贷领域的干预与货币态势变化之间的显著关系。李青原、赵奇伟、李江冰和江春（2010）的研究表明，在货币政策收紧，信贷资源更加稀缺的情况下，政府会有更强动力干预银行的贷款投向，希望将资金运用在更直接掌控的国有背景的企业和平台公司上。刘瑞明和石磊（2010）指出，政府对于国有企业的补贴和信贷扶持，不仅造成相关企业的道德风险和逆向选择，存在过度冒险动机，也会由于挤占民营企业资源、挤出公共服务等原因拖累民营企业的效率，形成双重的效率损失。刘瑞明（2011）利用省级面板数据的研究表明，经济转型过程中，庞大的国有经济不仅因为自身的效率损失影响了经济增长，而且通过金融压抑、歧视和资源错配等途径对整个国民经济产生拖累效应。拖累效应之所以没有突出显现，是因为金融漏损和民间金融的成长构成了中国经济高速成长的重要因素。步丹璐和郁智（2012）的研究表明，政府对于上市公司的非市场化补贴并没有带来效率的上升，反而在一定长度上造成了福利的总损失。王彦超（2014）指出，信贷资源通过正规金融机构到企业只是完成初次分配，获得融资的企业再把资金转移给其他企业则是信贷资源的二次分配，商业信用在信贷资源二次分配过程中扮演着重要角色。他们认为，外部政策带来的信贷资源失衡，其实质是非国有企业向国有企业进行财富转移的过程，表现为非国有企业以更高成本的商业信用方式从国有企业处获得资金。从数据看，这种效应在金融抑制程度越高的地区表现越强，并随着金融改革发展而减弱。钱爱民、张晨宇和步丹璐（2015）以2008年我国为应对金融危机而出台的"4万亿"刺激计划及十大产业振兴规划为背景，考察经济刺激计划对政府补助和信贷资源分配的影响。从结论看，这种影响其实缺乏长期经济效率，且在国有企业及市场化进程低的地区体现得更为明显。

第二节 货币政策与企业投资行为

对于货币政策传导效率的研究，其核心在于货币工具的使用对最终经济后果的影响，在本书的框架下就是要关注宏观货币政策态势的调整，会如何影响企业的投资行为，以及投资的效率。

从经验证据看，货币政策与企业投资规模之间存在显著的正向关系（Duchin、Ozbas 和 Sensoy，2010；Lemmon 和 Roberts，2010 等）。Boivin、Kiley 和 Mishkin（2010）认为这种机制从理论框架上看包含两个面的传导渠道，其一是供给渠道。例如，货币政策的宽松会改变融资环境和企业融资行为，企业可利用的投资资金来源发生变化，财务成本降低，实际投资能力上升。其二是需求渠道。货币态势变化会改变整体的市场预期，扩大总需求，增加企业面对的投资机会。两者相互作用，但都会推动投资规模的上升。

一、货币政策企业融资环境的变化影响企业的投资选择

MM理论认为，在完美市场中，企业的投资决策与融资无关，仅仅与投资机会有关。但现实中，由于信息不对称以及金融摩擦的普遍存在，公司的投资行为与其融资能力、资本结构之间有密切的联系（童盼和陆正飞，2005）。在上文中，我们详细论述了货币政策调整对企业融资行为的影响，即使不考虑外部需求因素，只是融资约束或融资成本的变化，也必然会对投资决策产生较大影响。

（一）融资约束的变化改变企业把握投资机会的能力

学者们往往关注企业差异化特征对融资约束影响企业把握投资机会这一渠道的影响，很多前期研究与融资领域的分析有高度相关性，即融资受货币政策影响较大的企业，其把握投资能力对于货币政策的敏感性也会比较大。Duchin、Ozbas和Sensoy（2010）指出，货币紧缩时，在前期过于依赖银行体系的企业由于融资约束和融资环境的恶化，不得不放弃一些有价值的投资机会。类似地，Lemmon和Roberts（2010）指出，当市场上资金价格高企、流动性收紧时，那些低投资级别的企业投资决策将面临更大的约束。Mclean、Zhang和Zhao（2012）则关注了公司治理对这一效应的影响，他们认为控股股东的代理问题过大会降低公司投资规模和投资机会之间的敏感性，股权集中度高的企业在货币紧缩环境下会有相对更差的表现。李青原和王红建（2013）指出，较多抵押资产的企业，可以降低紧缩货币环境对投资—投资机会敏感性的负面冲击，主要原因是资产可抵押性与现金流对投资有一种互补和替代的关系。谢军和黄志忠（2014）利用2002—2010年沪深上市公司季度数据的研究表明，在投资—现金流敏感性稳定的情况下，宽松的货币环境会增加企业的投资动力，区域金融市场的发展会增强这种效应。Hassan、Mauro和Ottaviano（2017）的实证分析表明，法国和德国市场上信贷配置与生产效率之间的弹性关系是一致且稳定的，但意大利市场上这种关系并不显著。他们认为意大利银行贷款的行业配置效率偏低，且企业长期投资本身限制较多是导致其生产率持续低迷的主要原因。

近年来，有不少国外学者对货币政策与投资—投资机会敏感性的关系进行了更为系统的理论研究。Bolton、Chen和Wang（2011）构建了关于融资约束企业进行投资、融资以及风险管理选择的动态模型。他们的研究表明，企业面临的流动性压力，或者说融资的边际成本是影响其投资行为最重要的因素。投资机会的把握能力（投资与边际Q的敏感性）会受到流动性成本的影响，同时外部融资的情况与企业的现

金资本比例之间呈现显著负向的关系。融资压力加大时，企业会不得不选择更高的现金持有比例，降低投资规模。Moyen 和 Platikanov（2013）指出，企业管理层的学习过程（利用存在时间作为替代变量）会提升其对于自身投资机会的判断能力，降低投资决策受外部随机冲击的影响。他们的实证分析表明这种学习效应与外部的经济环境密切相关，下行压力会让企业有更多的学习收获。此外，经营波动较大行业的企业可能面临的噪音信息更多，有价值的利润实现信号更少，这使得这些企业可能需要更长的时间来提高其投资规模与投资机会之间的敏感性。

（二）货币政策对企业现金持有规模的影响

企业现金持有规模是公司最重要的财务决策之一，也是公司金融理论的重要组成部分。更多的流动性资产可以让企业不需要外部融资也可以进行投资决策。现金持有规模或者说较高的流动性资产比例能够有效地对外部融资约束冲击起到缓冲作用。但是，持有现金或者较高比例的流动性资产是有成本的，不仅是税收的损失，而且会带来更为严重的代理问题。简单来说，如果企业为了保证在困难时期拥有足够的现金以实现最优的投资规模，那这个企业必然会在安全的时期持有过高的流动性资产，这也会导致企业内在价值的损失。在之前介绍过的 Bolton、Chen 和 Wang（2011）也暗示了企业现金持有规模对于货币政策与企业投资行为关系的影响。

一方面，货币政策变化对企业现金持有规模有显著的影响。王彦超（2009）通过构建融资约束的分析框架，并结合中国上市公司实证数据，分析了融资约束对企业现金持有情况的显著影响。货币宽松和融资约束较小时，企业会倾向于利用外部资金支持投资决策，而减少现金规模。他也指出，当存在超额持有现金的情况时，融资无约束的企业容易发生过度投资，而融资受到约束的企业，这种过度投资倾向不明显。刘媛媛（2016）从货币政策变化和企业产权性质视角研究了企业被锁定的限制性现金的宏观政策动因和微观经济后果，发现货币政策紧缩增加了企业被锁定的限制性现金，这一现象在非国有企业中更为明显。从长期看，企业被锁定的限制性现金还降低了企业价值。饶品贵和张会丽（2015）以现金持有为着眼点，考察了通货膨胀预期下企业行为的动态调整机制。随着预期通货膨胀率的上升，企业将减少现金持有，这一现象在非国有企业更为明显。进一步的检验发现，外部的通胀压力会对经营性活动现金流量，尤其是经营性现金支出产生重要影响。江静（2014）利用统计局工业企业数据库对 2000—2007 年中国企业储蓄进行了测算并基于融资约束视角对企业储蓄的影响因素进行了分析，他们指出，信贷渠道的宽松会显著降低企业的储蓄水平，而且在国有企业中这种关系会更加显著。从长期看，金融市场的发展有利于企业更好地进行现金规模的管控，降低机会成本。王宇伟和范从来

(2016) 利用中国上市公司 2007—2014 年的数据对企业的货币需求函数实证检验也得到了类似的结论。

另一方面，现金持有可以作为货币政策影响投资决策的缓冲机制。Duchin、Ozbas 和 Sensoy（2010）分析了企业现金持有与前期债务规模的关系，并将其作为金融危机期间融资约束冲击企业投资行为的缓冲机制。但他们也指出，这种数据上的关系可能也存在因果倒置的问题，即相对保守的企业才会在泡沫阶段限制债务的扩张，并持有更多现金，这类企业长期的投资稳定性会更高。Hirth 和 Viswanatha（2011）构建了一个两期的财务约束企业投资决策模型，他们认为企业在进行投资规模选择时会权衡当期和未来的融资成本，进而导致企业投资与现金持有之间呈现一个"U 型"的关系。从实证结果看，融资约束企业在当期面临的现金不足或融资成本高企对投资决策的影响，要超过未来无法获得融资的风险。而资金富余的企业则会更加考虑经济周期和宏观政策的不确定性，反而短期的资金成本对投资影响较小。陈栋和陈运森（2012）指出，具有银行股权关联的企业在面临货币政策调控时，其现金持有和调整水平更低，表明其有更强的能力"抵消"部分宏观货币政策变更的冲击。他们认为紧密的银企关系可以提高企业的信息传递和获取优势，并减少信息不对称程度，降低信贷渠道的负面影响。Erel、Jang、Minton 和 Weisbach（2017）利用 1997—2014 年 36 个国家 47378 次收购案例实证分析了企业现金持有规模和在不同经济环境下进行收购决策的关系。他们的研究表明，较大的现金持有量能显著提高企业收购决策的概率，而且会降低并购行为对宏观因素的敏感性。他们认为现金持有规模较大能在外部融资成本较高时作为缓冲机制，避免这种外部因素对企业收购、经营以及投资的长期战略产生冲击。

（三）利率变化对项目投资成本的影响

从微观角度看，企业进行单个的投资决策和项目选择时，会对项目本身的净现值情况非常关注，也肯定会对项目本身的边际融资成本高度敏感。货币态势的调整会通过利率渠道改变企业投资的财务成本，进而对项目选择和整体的投资规模产生影响（Kashyap 等，1993）。Graham 和 Harvey（2001）针对美国和加拿大财务经理的问卷调查表明，75% 左右的企业使用净现值法选择投资项目。这使得面对货币政策调整的利率波动时，可能导致企业在短期和长期项目中进行转化。彭方平和王少平（2007）以及殷波（2009）等基于国内上市公司的研究也表明，企业投资规模和策略对资金价格非常敏感。近期的研究中，学者们对整个资本的使用成本与投资的关系进行了描述，Dwenger（2014）指出，资本的使用成本对当期的投资规模有显著的正向影响。Büttner 和 Hönig（2015）指出，预期的外部经济环境也会改变资本使用成本对投资规模的影响程度。如果整体经济形成向下的预期，资本成本的上升会加剧投资收缩的程度。

货币态势变化会通过改变风险溢价和融资成本，进而推动投资决策的变化。Arif 和 Lee（2014）对这一现象给出了经验证据。在其基础上，Kim 和 Kung（2016）重新构建了企业层面的数据和代理变量，指出公司经理人会根据市场上整体的风险溢价状况进行融资决策，以调整资本成本，最终导致企业投资行为的变化。Graham、Harvey 和 Puri（2015）指出，虽然从调查问卷角度看企业的经理人在进行投资决策时更多的是关注静态的资金成本和预期的收益，但从实际的决策行为看他们还是凭直觉去规避复杂的时变风险因素带来的影响，即相关影响的程度可能还被实证结论所低估。

部分研究关注了这种效应在不同特征企业中的异质性。Simmler（2012）认为，资金成本的变动对那些融资约束企业的投资规模影响更大。贺妍和罗正英（2017）则研究了企业投资机会异质性对货币政策利率传导效果的差异，发现货币政策的利率传导效果对投资机会少的公司无显著影响，而对投资机会多的公司有显著影响；国有企业投资对资本使用成本不敏感，非国有企业则对资本使用成本敏感。Vithessonthi、Schwaninger 和 Muller（2017）利用德国、瑞士和泰国数据分析了货币政策、商业银行信贷行为以及微观企业投资决策之间的关系。3 个国家货币政策在短期对银行信贷行为的影响存在差异，其中瑞士的效应最弱。利率变化对那些融资约束严重企业的成本控制有更大影响，但与企业投资规模和投资机会之间的敏感性并不显著。

（四）货币政策调整与投资—现金流敏感性的时变性

在传统的公司投资理论研究中，假定市场处于完全信息公开状态，且不存在交易成本，企业参与的投资项目由要素价格和技术决定，投资决策与企业内部现金流无关。信息经济学和委托代理理论在公司金融理论研究的引入使得投资—现金流敏感性的问题才正式纳入理论研究的范畴。考虑到不完美信息对于金融市场功能的根本性影响，Greenwald、Stiglitz 和 Weiss（1984）指出，资本的可获得性而不是资本成本决定了投资水平，因此，除了投资机会外，投资规模与企业自由现金流水平之间会有显著的正向关系。不少学者指出，这种敏感性虽然在长期和整体上相对稳定，但一些外部因素，包括货币态势变化会对其产生影响。这可能是货币态势影响企业投资行为的另一个传导渠道。Almeida、Campello 和 Weisbash（2004）认为宏观经济下行、金融运行趋紧的情况下，企业的投资—现金流敏感性会上升。刘志远和张西征（2010）基于中国数据的实证研究也有类似结论，货币紧缩带来的融资约束上升,会提高企业投资对自有现金流的敏感性。

不少学者关注了不同融资约束企业投资对现金流的敏感性问题。Lewellen 和 Lewellen（2016）的研究表明,外部融资约束的差异会显著改变企业投资决策对现金流的敏感性,OLS 估计的结论表明,现金持有对于不存在融资约束企业的投资弹性是 0.53,而融资约束企业的弹性则达到 0.67。如果采用修正的市账比指标进行更审慎的估计,两者的敏感性会分别回落到 0.32 和 0.63。Moyen 和 Platikanov（2013）的研究也有类似结论,他们指出企业的投资—现金流敏感性会随着外部融资约束的情况发生变化,即使调整了 Q 值误差的计算方法也没有改变交互项的显著性,而且随着货币政策的收紧这种关系会进一步提升。前面的分析表明,可抵押性与企业融资约束之间高度相关,李青原和王红建（2013）使用 2003—2011 年制造业上市公司的季度数据分析了货币政策调整下公司投资与现金流和可抵押性之间的动态关系。他们认为,当公司面临较好的投资机会且现金流较充足时,资产可抵押性与现金流对公司投资表现为一种"替代关系",而当公司面临较好的投资机会但现金流不足时,资产可抵押性与现金流对公司投资表现为一种"互补关系"。

从趋势看,市场机制变化也会改变这一效应的强度。战明华和应诚炜（2015）指出,随着利率市场化的发展,企业投资与现金流的敏感程度会逐步上升,紧缩性货币政策通过广义信贷渠道会放大这种效应。但他们同时也指出,就国有企业而言,利率市场化发展带来的投资现金流敏感程度影响并不大。

二、货币政策改变市场需求和企业预期,影响企业的投资动力

（一）宽松的货币政策下投资机会增多了吗?

货币政策的基本功能就是通过数量或者价格工具改变总需求,简单来说,货币态势的调整,不仅改变了企业把握投资机会的能力,而且也改变了企业面对的投资机会。Schoder（2013）基于美国近 40 年的长期数据研究表明,在不同的经济和货币周期下,企业的投资决策面临的约束存在差异。萧条阶段企业实际投资机会较少,即使银行有信贷支持也很难进行高效率的投资。在经济复苏阶段,融资约束的问题可能更为重要。从实证角度看,这种影响存在企业间的异质性。Shu、Broadstock 和 Xu（2013）指出,货币政策变动时制造业和非制造业企业投资机会受到的影响也存在明显差异。程小可、肖翔和郑立东（2017）指出,货币政策的收紧会对创新企业的投资机会影响较大,需要依靠政府财政的主动行为才能填补这一空缺。另外,Benmelech、Meisenzahl 和 Ramcharan（2017）指出,金融危机期间,信贷市场上的短期流动性不足对非银行消费信贷公司的影响很大。他们利用美国车辆单笔销售的微观数据表明，消费领域的资金困境会极大地改变整个汽车市场的需求状况，其影响甚至超过汽车生产厂商本身受到的融资约束冲击。在他们看来，货币因素在需求端带来的冲击，即对投资机会的影响超过其对企业融资约束的影响。

（二）货币政策改变了企业预期状况

Dasgupta 和 Sengupta（2007）指出，货币政策宽松与企业投资增长之间存在时滞关系，当期的投资甚至可能由于利率的回落而减少。他们认为融资环境改善后，存在着3种机制导致短期投资下滑：其一是企业未来缺乏投资资金来源的风险下降；其二是预期进一步的利率下滑会提高未来投资项目的吸引力；其三是短期的项目选择会更多，也更加保守。

具体来看，货币紧缩政策会加剧企业对于未来经济下滑、需求不确定性上升的预期，在重新估计期望收益和流动性水平后改变长期投资策略。Aghion、Angeletos、Banerjee 和 Manova（2010）认为，在外部经济和货币环境趋紧的情况下，公司预期到流动性压力，会倾向于减少长期资金的借入以及削减长期投资。Bontempi、Golinelli 和 Parigi（2010）指出，由货币紧缩等因素造成的需求不确定性上升，会降低企业进行长期投资的动力。Gryglewicz（2011）认为，在货币态势下行阶段，公司难以评估未来现金流的需求，必然会调整流动性资产以最小化流动性管理的预期成本。Bruneau、Bandt 和 Amri（2012）认为，紧缩政策和经济风险可能提升公司财务的脆弱性和破产率，公司降低投资规模可能是更理性的选择。Gennaioli、Ma 和 Shleifer（2016）利用杜克大学的首席财务官分析数据库分析了企业投资计划和实际投资规模的微观决策基础。他们指出，从决策本身看，CFO对盈利增长的预期是影响投资行为最关键的因素，但从事后的实际情况和其他辅助数据看，这种盈利增长预期往往是有偏和非理性的。实际上，外部的政策因素，包括货币态势的变动都是导致这种预期非理性的重要原因。饶品贵、岳衡和姜国华（2016）的研究关注了通货膨胀预期的影响，他们以央行发布的储户问卷调查报告中未来物价预期指数、随机游走模型和简单菲利普斯曲线来计量预期通货膨胀。结论表明，当预期通货膨胀率高时存货投资规模会上升。从截面看，那些根据预期通货膨胀进行存货投资调整的企业未来经营业绩更好，并且这种正面影响在通货膨胀率预测相对准确的情况下更为显著。

另外，部分研究关注了汇率预期变化与企业投资决策之间的关系。Forbes（2002）指出，预期汇率贬值对企业投资行为的影响有两个方面：一方面是外贸型企业的市场竞争能力会得到明显的增强；但另一方面，这些企业面临的潜在融资成本溢价以及融资约束强度也会提高。Aghion、Bacchetta、Rancière 和 Rogoff（2009）

认为，汇率的波动性会降低企业的长期增长能力，尤其是在那些金融摩擦程度较大的国家。其机制在于汇率波动性导致融资约束企业面临的预期融资状况有较大的不确定性，它们会有更加审慎的投资态度和扩张动机。Desai、Foley 和 Forbes（2008）以及 Kalemli-Ozcan、Kamil 和 Villegas-Sanchez（2016）的研究表明在金融危机或萧条阶段，一些在新兴国家的跨国公司子公司能利用母公司的资金，从而克服融资约束，其投资规模受到的外部冲击会明显小于本国企业。另外，债务中有多大比例使用外币计价也会很大程度上影响企业在汇率贬值时报表恶化的程度。Bleakley 和 Cowan（2010）指出，汇率变动以及预期汇率变动可能导致企业融资期限的错配，如果预计货币持续贬值或升值，企业可能会通过长期债务比例的调整来更好地降低融资成本，并在保持流动性的同时支持长期投资决策。Dao、Minoiy 和 Ostry（2017）关注了汇率变动对企业投资行为的影响。他们利用 66 个国家 2000—2011 年超过 30000 家企业的数据检验表明，货币贬值会显著提高企业的投资规模，尤其在那些存在融资约束以及更高员工规模的企业这种效应更为显著。从检验结果看，这种效应的渠道主要来自实际融资成本和工资成本的降低。

（三）政策不确定性对企业投资行为的影响

一些学者关注到，不仅仅是货币政策方向变化会对企业经营决策产生影响，其波动幅度也存在明显的微观效应。陈国权和徐碧波（2005）就指出，我国企业融资面临的政策环境具有较强的不确定性，一些政策带有计划特征且变动频繁，这对财务决策影响较大。

在经验证据方面，Beaudry、Caglayan 和 Schiantarelli（2001）指出，经济不确定性上升会降低企业投资率和资源分配效率。Fernandez-Villaverde、Guerron-Quintana、Rubio-Ramirez 和 Uribe（2011）认为，不确定性上升会加速微观主体储蓄资金的外流，导致市场有效需求回落，而最优投资规模也会下降。王义中和宋敏（2014）基于上市公司资金数据，研究了宏观经济政策的不确定性与企业实际投资决策之间的关系。结论表明，当经济处于高不确定性时，外部需求、流动性资金需求和长期资金需求对公司投资的正向促进作用会减弱，且经济处于持续繁荣阶段时，这种效应会得到强化。从结构看，国有企业、制造业企业和低现金股利公司的效应更强。李凤羽和杨墨竹（2015）的实证检验表明，斯坦福大学和芝加哥大学联合发布的中国经济政策不确定性指数与企业投资之间的负向关系明显。经济政策不确定性对投资的抑制在 2008 年金融危机后更加明显。投资不可逆程度增加、学习能力提高、机构持股比例以及股权集中度的上升都会强化这种抑制效果。靳光辉、刘志远和花贵如（2016）以战略性新兴产业相关企业为样本的研究指出，政策不确定性对企业投资的负向影响随企业融资约束程度以及市场化环境不同而不同。融资约束预期越高以及所处市场化环境较差的企业，受政策不确定性影响投资下降越显著。

部分研究观察到这种政策不确定性与企业融资成本的关系。Arellano、Bai 和 Kehoe（2011）指出，不确定性的上升会提高投资者对风险溢价的预期，这会导致企业融资成本和财务负担的提高，从融资方面抑制企业的投资行为。Pastor 和 Veronesi（2012）基于信贷市场，Francis、Hasan 和 Zhu（2013）以及 Bradle、Pantzalis 和 Yuan（2013）基于债券市场评级数据的研究也得到类似结论。陈国进和王少谦（2016）利用一个代表性企业多期最优投资决策的框架，理论分析了经济政策的不确定性与企业资金成本上升的内在逻辑，同时其研究表明，这种影响在下行周期中更为显著。此外，Segal、Shaliastovich 和 Yaron（2015）从投资增长期权角度分析了不确定性对企业投资增长的有利方面。简单来说，他们认为"坏消息"的后果仅仅是研发支出和少量初期投入，损失规模较小，而"好消息"带来的市场份额提升和预期利润增长则非常客观，这类似期权收益损失不对等的特点。

另一个值得注意的是政策不确定性会造成企业的保守决策倾向。Levy 和 Hennessy（2007）利用 CGE 模型指出，宏观经济波动使得企业不断调整融资策略以维持对经理人的有效激励，资本结构存在逆周期变动的因素。这一点在代理问题较小、融资约束较弱的企业可能影响更为明显。Bachmann 和 Moscarini（2011）认为，政策的变化不仅在融资上影响企业决策，而且从微观角度看企业的运营和投资战略也会趋于保守。Carriere-Swallow 和 Cespedes（2013）指出，在宏观经济存在较大不确定性时，企业投资决策会趋于保守，利率、工资和价格的回落对缓解经济下行起到的作用有限，从而导致积极扩张的货币政策和财政政策效果不及预期。Kang、Lee 和 Ratti（2014）指出，经济政策和企业层面的不确定性都会降低企业的投资效率。企业会在货币政策、监管、税收等政策调整时变得更加谨慎，这种影响在经济衰退阶段更加显著，低效率的政策沟通会造成经济下行的负向反馈机制。从实证结果看，他们也指出这种不确定性并不会影响规模最大 20% 企业的投资策略。徐子慧和饶品贵（2017）采用中国经济政策不确定指数研究经济政策不确定性对企业高管变更的影响，发现外部不确定性高时，企业会采取风险对冲的策略，降低高管变更的概率，而如果发生变更，企业更倾向于从内部选聘继任高管。饶品贵、岳衡和姜国华（2017）发现，在政府经济政策不确定性程度高的情况下，因为缺少了经济政策的明确指引，企业反而对市场中的经济因素（即投资机会）更为敏感。他们指出，经济不确定性的升高会导致企业投资规模的显著下降，但同时企业的投资效率反而升高，并且这种情况在受经济政策影响比较大的企业类型中体现得更为明显。

此外，也有不少研究关注了政治因素带来的政策不确定性，及其对微观企业投资的冲击。Julio 和 Yook（2012）利用 48 个发达国家和发展中国家数据的实证分析指出，多数企业会在选举之前降低投资规模。Canes-Wrone 和 Park（2012）利用 10 个 OECD 国家的企业数据研究也得出类似结论。他们认为，选举对私有化程度更高企业的固定资产投资影响更大。Falk 和 Shelton（2016）利用美国多个州的选举以及企业投资行为相关数据的检验表明，党派交替预期对企业的行为影响更大，而且实证表明这种负面冲击是持久且不可逆的。Riem（2016）指出政府选举换届等带来的政策不确定性会影响企业的长期投资行为，他研究了德国制造业数据后指出，控制其他因素后，选举年份的企业投资规模可能会下滑 10.5% 左右。如果考虑到投资规划的长期性和不可逆性，这一影响可能还会更大。但他认为从长期企业价值最大化目标角度看，这种观望和延迟态度实际上是经理人的理性选择。

三、资本市场错误定价与企业投资行为

与资产价格对企业融资行为的影响一样，大量的实证研究也证明了企业股票的市场价格和实际投资水平之间存在着显著的正向关系。Barro（1990）以及 Galeotti 和 Schiantarelli（1994）指出，上市公司当年的估值水平和投资水平之间存在显著的正向关系。之后的不少学者通过对替代指标的优化，在排除了企业成长性等基本面信息的影响后，也得出了类似的实证结果（Morck、Shleifer 和 Vishny，1990；Blanchard、Rhee 和 Summers，1993；Chirinko 和 Schaller，1996）。Lamont（2000）通过对事后的超额收益进行统计，从行业层面得到了企业投资决策受到投资者市场情绪影响的证据。

实践中，货币政策的变化可能导致企业的市场价格偏离于其基本价值，对于资产价格中这种非理性部分如何影响企业的投资决策，行为公司金融理论从两个不同的角度进行了解释。首先，Baker、Stein 和 Wurgler（2003）在市场时机假说的基础上提出了股权融资渠道。他们认为，市场错误定价会通过股权融资水平的波动来影响企业的投资决策。Polk 和 Sapienza（2004）提出了迎合渠道，指出理性的经理人会关注股票短期内的价格变化带来的外部公司治理压力，从而在进行投资决策时会迎合投资者的非理性情绪，做出不符合传统投资决策理论预期的投资行为。在股权融资渠道和迎合渠道理论被提出后，众多的学者围绕这两种渠道的存在性及影响因素进行了广泛的理论和实证研究，得到了一系列研究成果，推动了市场错误定价假设下企业投资理论的发展。

（一）股权融资渠道理论的提出和发展

股权融资渠道的思想最早可追索到 Keynes（1936）的相关论述中。他认为投资者的短期情绪在特定的市场泡沫阶段是影响企业投资水平的重要因素。凯恩斯的观点在 Malkiel（1990）、Kindleberger（2000）以及 Ofek 和 Richardson（2003）对 20 世纪数次经济泡沫中企业投资决策模式的研究中得到了印证。

在行为公司金融领域，Stein（1996）在提出企业融资的市场时机假说时，分析了错误定价对理性经理人投资决策的影响。他认为，市场错误定价是否会影响企业的投资决策取决于管理者的眼光是否长远。如果管理者的眼光是长远的，在企业价值被低估的情况下，即使面临着融资约束，眼光长远的管理者也不愿以过低的价格来发行股票融资，从而不得不放弃具有投资价值的投资机会。因此，这类企业的投资对股价的异常波动应该更为敏感。在假定企业面临融资约束的前提下，Baker、Stein 和 Wurgler（2003）对 Stein（1996）有关企业投资与股价异常波动之间关联的假说进行了实证检验，并由此提出了企业融资的股权融资渠道理论。借助于 Kapland Zingales（1997）构建的股权融资依赖指标（KZ 指标），Baker、Stein 和 Wurgler（2003）发现，外部融资约束越强的企业的实际投资对市场价格的异常波动越敏感。此后，Goyal 和 Yamada（2004）、MacLean 和 Zhao（2009）等通过采用不同代理变量的实证研究进一步显示，企业融资约束会受到市场错误定价的影响，市场上被高估的企业有更强的投资—现金流敏感性。而 Chirinko 和 Schaller（2001）的有关 1987—1989 年期间日本股票市场泡沫经济时期企业投资的实证研究同样证实了股权融资渠道的存在性。Gilchrist、Himmelberg 和 Huberman（2005）以美国为样本的实证研究同样验证了股权融资渠道的存在性。

在有关股权融资渠道存在性检验的基础上，Bakke 和 Whited（2010）考虑影响公司价值的各种外部信息的基础上，分析了企业的投资决策是否会受到理性因素的影响[①]。通过利用误差修正模型对股票价格中包含的理性因素的分离，他们的实证结果显示，市场上股票价格的波动的确会明显改变企业的融资结构，进而改变企业的投资决策。但是有部分规模较小的企业的投资决策还会受到理性价格波动的影响，原因是这部分企业的经理人无法准确把握宏观经济周期、政策调整、行业发展等影响公司价值的外部信息，他们会参考市场价格的理性波动做出投资决策，而且这种效应在市场泡沫阶段更为明显。

Hovakimian 和 Hu（2010）认为，仅仅利用 KZ 融资约束指标分组并不能准确判断企业的投资—情绪敏感性是否是来自于股权融资渠道的作用，他们按资金来源的

---

① 他们的研究假设其实并不是完全在本书界定的经理人理性的框架范围内，他们认为市场上的交易价格中可能包含了经理人不能完全掌握的关于企业真实价值的外部信息。但他们的整体研究是基于错误定价和经理人无信念偏差的基础上。

不同将企业的投资决策进行了分组,将1971—2007年期间美国上市公司的投资分为股权融资支持型投资、债券融资支持型投资和现金流支持型投资三类,然后分别检验其与企业估值水平的相关性。其实证结果显示,股权融资和债权融资支持的投资和企业的估值水平之间的相关性更高。

(二) 迎合渠道理论的提出和发展

股权融资渠道理论建立在企业面临融资约束的假定前提之下,如果企业不受融资约束的限制,拥有充足的内部资金和较强的借债能力,股权融资渠道的有效性就会受到质疑。

针对这一局限性,在放松企业融资约束的前期下,在 Baker 和 Wurgler（2004）的股利迎合理论的基础上,部分学者提出了市场错误定价影响企业投资决策的迎合渠道理论。经理人不仅仅会利用这种错误定价的时机,同时也会考虑到这种错误预期产生的外部治理压力而迎合这种投资者非理性的情绪。经理人会通过迎合投资者的估值水平来改变股票的市场价格和企业投资水平。Polk 和 Sapienza（2004）通过理论模型和实证检验指出,在剔除了股权融资现金流的影响后,企业的投资水平与投资者情绪之间有很强的正相关性。他们认为,这是由于出于股东利益最大化的经理人考虑到,如果拒绝投资于投资者认为可以盈利的项目,会迫使投资者（股东）缩短持股周期,并由此产生公司治理的外部压力。因此,关注股票短期价格的经理人会迎合投资者情绪扩大或紧缩投资量。Polk 和 Sapienza（2009）对迎合渠道的横截面差异进行了更为细致的研究。他们认为,不同类型的企业可能会对市场情绪有不同的迎合倾向,红利增长不确定性较强的企业,以及股票流动性较强的公司的财务决策者有更强的迎合市场上的非理性情绪进行投资决策的倾向,并且这种投资决策往往是非效率化的。

Chang、Tam、Tan 和 Wong（2007）以1990—2003年澳大利亚上市公司的数据为样本,对澳大利亚企业融资中股权融资渠道和迎合渠道的存在性进行了研究。通过对不同股权依赖程度企业的投资和情绪敏感性进行分组。他们的研究结果显示,只有利用 KZ 指标分组的股权依赖型企业才存在显著的投资—现金流敏感性。这表明,在澳大利亚资本市场上股权融资渠道的作用更为明显。Wong、Faff、Kwok 和 Chang（2009）对1971—2004年美国制造业上市公司的投资决策进行了研究。通过交叉项的应用,他们考察了融资约束和错误定价程度对投资—现金流敏感性的影响。实证结果表明,融资约束较小的企业更容易调整其融资资源来应对市场上的非理性情绪,在企业价值被高估（低估）时,企业的投资—现金流敏感性更小（大）。这表明,在美国市场上,企业投资决策中迎合渠道的作用更为明显。

Dong、Hirshleifer 和 Teoh（2007）研究了企业不同项目投资决策中经理人对市场迎合程度的差异。他们的研究结果显示，相对于固定资产投资，企业进行研发投入决策时会更注意考虑市场上投资者的反应。研发投入一般被市场认为有更强的主观性和不确定性，当投资者对公司成长性错误估计时，利用这类投资来迎合投资者的非理性情绪往往是最有效的。类似地，Wu 和 Yeung（2010）也关注到类似研发投入之类的无形资产投入在迎合渠道中的特殊性，指出高成长性的企业会将通过市场时机选择获得的资金更多的投放到研发投资中去。

迎合渠道的存在性在很大程度上依赖于公司的经理人对市场短期价格的关注程度。因此，影响经理人关注短期股票价格的因素也就直接会影响到企业投资决策的迎合程度。Grundy 和 Li（2009）从经理人的薪酬体系设计的角度考察了企业投资决策中迎合渠道的影响因素。在构建一个两期理论模型的基础上，他们对1992—2005年美国上市公司的投资决策进行了实证研究。他们将所有企业的薪酬体系按照是否存在期权激励和限制性股权激励分为四类，将情绪变量和薪酬体系的虚拟变量以交叉项的形式加入计量模型，实证结果显示，采用较短执行期期权激励的公司经理人关注短期价格而迎合市场情绪进行投资决策的倾向更为明显；相反，如果公司经理人的薪酬主要来自于工资或者限制性股权，资本市场上的价格波动对他们进行投资决策的影响要小很多。Baxamusa（2010）同样考虑到经理人薪酬结构在非理性市场上对经理人投资决策的影响，但采用了不同的研究视角，他利用了经理人主观调整的流通股持股比例的变化来衡量投资者情绪。通过对1993—2006年美国上市公司的实证研究结果表明，当企业经理人主观提高其自身股权持有比率时，企业的实际投资水平会显著上升，但他们的实证结果没有发现经理人迎合投资者市场情绪的迹象。

四、货币政策与企业投资结构变化

一般认为，企业的投资决策是其长期增长战略最重要的组成部分之一，投资规模的变化在一定程度上反映了管理者对于未来长期发展的规划。值得注意的是，在长期内即使企业投资的规模相似，但其投资方向和资源配置方式存在差异，也说明企业存在明显不同的战略倾向，最终甚至产生截然相反的经济后果。从前期的理论研究可以看出，货币政策的调整，不仅会改变企业的投资规模大小，同时也会显著改变投资过程中的资源配置方式，以及投资多元化的倾向。

（一）企业资源配置方式的变化

较多的研究关注了货币政策调整对企业存货投资以及人力资本配置的影响。

企业存货投资方面。Gertler 和 Gilchrist（1994）指出货币紧缩对于不同企业存在差异性的影响，银行贷款依赖程度较高的小企业可能会大幅削减生产能力，相反大企业的产出减少并不多，同时还会增加存货。此后，Benito（2005）、Khan 和 Junayed（2009）以及 Guariglia 和 Mateut（2006）等利用不同国家和经济环境的数据验证了货币态势对不同类型企业存货投资的差异化影响。Capkun、Hameri 和 Weiss（2009）利用美国 1980—2005 年制造业企业数据的研究指出企业融资情况与存货投资之间存在显著的倒 U 型关系，即过高或者过低的融资条件都会降低企业实际的存货配置规模。Eroglu 和 Hofer（2011）的研究指出不同行业企业存货投资与融资情况之间的关系存在较大差异。Pong 和 Mitchell（2012）利用 1986—2005 年英国公司数据研究了政策调整对于存货和融资两者关系的影响。

不少学者关注了不同外部经济环境下货币政策对存货投资影响的时变特征，Maccini、Moore 和 Schaller（2004）利用区制转换模型的研究表明，货币政策与企业存货投资之间的敏感性在高利率区制内会更加敏感。Binvin（2010）在其基础上对半成品和原材料投入的研究也有类似结论。Benati 和 Lubik（2014）利用美国长期样本数据的研究表明，多数时候存货规模和利率之间有显著的正向关系，但在战争和经济衰退期间这种影响可能不显著或呈负相关，即便是扩张的货币政策也无法让企业有增加库存的动机。Maccini、Moore 和 Schaller（2015）利用一个系统性的动态模型描述了这一问题，他们着重考虑了调节性库存储备（Buffer - stock）的情况，从企业决策看，利率下行到存货增加有一个较长时期，只有确认了经济周期和政策周期长期处于相关区制才会进行决策的调整。

人力资本配置方面，Dierynck、Landsman 和 Renders（2012）检验发现相对于"白领"员工，在货币态势调整时，比利时公司更倾向于调整"蓝领"员工的用工战略来实现既定盈余目标。他们指出，劳动力市场中普通劳动力资源丰富，且廉价，而中高层管理人员相对稀缺，调整成本往往更高。Banker、Fang 和 Fang（2013）发现 2008 年金融危机后，在悲观情绪蔓延的情况下，公司成本管理存在明显的反粘性成本倾向，即大量企业在业绩下滑的同时会迅速削减包括人力资本在内的各类资源投入。卢锐和陈胜蓝（2015）也指出，货币紧缩可能导致企业的粘性成本战略倾向降低，这对于非国有企业可能更为明显，相关影响不仅存在于财务成本管理方面，也会影响其劳动力成本的控制。他们认为，这种效应可能加剧相关企业经营的顺周期性。Chodorow - Reich（2014）利用美国 2000 家企业的数据实证分析 2008—2009 年金融危机后，银行惜贷和企业经营、用工和产出之间的关系。他们的结论表明，在雷曼兄弟破产后，融资约束问题导致中小企业用工下降 1/3 到 1/2。同时，这种关系不仅与企业特征有关，由于借贷粘性的问题，企业与银行的合作关系往往比较稳定,相对而言,在危机前合作的银行如果在金融危机中受冲击较大,这些企业的就业和产出会比其他企业下降得更快。Benmelech、Frydman 和 Papanikolaou (2017) 利用手工收集的大萧条时期大型工业企业数据的实证分析表明融资约束问题能够解释当时 10%—33% 的就业规模下滑。

不少基于宏观视角的研究也支撑了这一观点。Benmelech、Bergman 和 Seru (2011) 利用准自然实验的方法分析了金融市场波动与企业用工之间的关系。结论表明,外部融资约束对企业用工的影响要远远高于企业基于现金流进行投资的策略,从宏观上看货币或者信贷的收缩会通过影响就业最终导致投资成本上升,规模下降。他们利用这一机制解释了 2008 年金融危机后的就业下滑问题。Eichengreen (2014) 的研究指出,2008 年金融危机的就业下滑虽然严重,但和大萧条时期比起来仍然规模较小,相同的外部融资冲击的差距在 2—5 倍左右。这主要是因为危机后的决策相对更加科学,政策制定者通过对历史数据的观察避免了一些已出现过的错误,及时地通过非常规货币政策制止了银行业的恐慌。Ziebarth (2013) 指出,由货币收紧所导致银行经营下滑,对总量层面的就业数据影响较大,但在企业层面并不显著。Lee 和 Mezzanotti (2017) 指出,那些依赖外部融资的企业会在金融危机中受到更大的冲击,他们估算银行停业概率上升 1 单位标准差对此类企业就业影响差距在 14% 左右。

(二)货币宽松所导致的投资多元化和经济金融化

货币政策变化会对企业的风险态度存在影响,其具体表现之一,就是货币宽松会提高经济金融化程度,造成企业持有金融资产和投资性房地产比例上升,并对固定资产和主营业务方面的投入产生挤出。

经验数据表明,企业持有金融资产的规模存在趋势性的上升。20 世纪 80 年代以来,尤其是进入 21 世纪后,随着金融市场的快速发展,发达国家和一些新兴市场国家经济金融化的倾向明显。大企业比小企业持有更多的金融衍生产品,其目的一方面是利用金融产品对冲交易来避税、降低财务困境成本 (Bessembinder, 1991; Stulz, 1996),更多的是提升利润 (Gordon 等, 1995; Bodnar 等, 1998)。Epstein 和 Jayadev (2005) 对 OECD 国家非金融企业的实证研究验证了这一趋势性的变化。

金融资产持有比例上升的经济后果也被广泛关注。Orhangazi (2008) 基于美国非金融企业的数据研究指出,实体投资和企业金融化之间存在明显的负向关系。金融市场投资会造成对实体经济的挤出。Demir (2009) 对墨西哥、阿根廷和土耳其进行了研究,这些国家上市公司在 20 世纪 90 年代吸收的国外投资规模较大,但同时固定资本形成比例却逐年回落到 20% 左右,短期金融资产投资的规模则明显增长。Tori 和 Onaran（2016）针对英国企业的研究也得出了类似结论。此后，基于韩国（Seo、Kim 和 Kim，2012；Lee，2012）以及土耳其（Akkemik 和 Ozen，2013）的研究也表明，企业增加高收益金融资产的投入会带来研发投资和固定资产投资的下滑，对长期经济增长有负面影响。基于宏观视角的研究也有类似结论，Stockhammer（2004）运用经营部门的年度数据和时间序列估计，对法国（1978—1998 年）、英国（1976—1996 年）、德国（1963—1990 年）以及美国（1963—1997 年）进行了研究，发现"金融化"造成法国、英国、美国的投资和资本积累的下降（德国除外）。Krippner（2005）对美国 1950—2000 年采用了新的方法来衡量金融化程度，指出企业利润越来越多地通过金融渠道而非传统商品生产和贸易渠道获得。张成思、刘泽豪和罗煜（2014）基于中国商品价格数据的研究发现，普通商品随着投机资金的进入也会逐渐出现资本品甚至纯粹金融产品的特征，商品价值几乎完全由其投资价值决定。相关商品价格波动对通胀预期和货币政策决策机制都产生了较大的冲击。

货币宽松与经济金融化的关系方面，张成思和张步昙（2016）基于中国上市公司的实证研究表明，非金融企业通过金融渠道获利占比上升，是近年来宽松货币政策和刺激措施效率降低，实业投资率持续下滑的主要原因。在固定资产收益与风险确定的情况下，金融资产收益越高、相对风险越低（风险收益错配越严重），越会压抑企业投资固定资产的热情。同时，金融化程度的提高（即金融渠道获利增多），虽然可以为企业带来充裕现金，但是会促使企业更依赖金融渠道获利，相应减少固定资产投资。从实证结果看，样本区间内我国微观企业的金融化程度对实业投资影响的综合效应为负。此外，他们还指出金融化程度越高的企业对金融市场的收益和风险变动越敏感，同时其对内源融资的依赖性也越弱。在金融化进程中，企业融资能力提升，但同时货币政策对实业投资的推动效应有所减弱。杜勇（2016）以中国 2003—2012 年非金融类上市公司为样本的研究也得到了类似的实证结果，货币政策的宽松程度与非金融类企业金融化程度高度正相关，而且持有金融资产的比例上升对长期价值有负面影响。胡奕明、王雪婷和张瑾（2017）利用 2002—2014 年非金融类上市公司财务数据的研究指出，企业金融资产配置与货币政策态势之间关系显著，存在"蓄水池"和"替代"两个动机，即一方面是预防储蓄目的，另一方面也是以减少实体经济投资为代价，追求金融资产上的收益。从企业类型看，Duchin、Gilbert、Harford 和 Hrdlicka（2017）认为，一直以来相对宽松的货币环境使得美国的工业企业存在严重而低效的风险投资偏好，企业实际的流动性状况可能被高估。他们指出，非常规货币政策实施后，流动性的宽松使得这些传统行业企业在金融资产中有超过 40% 用来配置高风险债券、股票以及抵押贷款支持证券，其规模在总资产中超过6%。那些没有融资约束的大企业更倾向于进行这样的风险投资,但从长期看,这种配置方式实际上是低效率的。他们的估算表明,目前美国工业企业的这种行为已经形成了超过1.5万亿美元不受监管的资产管理产业,这不仅突破了相关领域的主业边界,而且可能蕴含巨大的风险隐患。

另一个较为明显的现象是流动性宽松驱动房地产价格上升后,中国企业会将更多的资源投入投资性房地产领域。吴海民(2012)通过对沿海省份2001—2010年面板数据的实证分析指出,我国房地产价格变动对产业的规模和效率空心化影响明显。产业规模、空心化、房地产价格变动会导致房地产投资上升,同时制造业投资增速放缓。另外,他们还指出房地产价格变动还表现出对民营工业技术效率的反向抑制。房地产开发往往投资规模巨大,开发周期较长,民营企业从实体产业抽资进行房地产投机炒作时势必占用较多的资金,而留给技术创新与产业升级的资源过少,是造成产业空心化的重要原因之一。罗知和张川川(2015)指出,房地产市场的迅猛发展使得房地产企业获利丰厚,并吸引了大量资金涌入该领域。尤其是地方国有企业,在当前金融体系下,它们可以以低于民营企业的资金成本获得大部分的新增贷款,但其在获得稀缺的信贷资源后投入到制造业再生产中的比例有限,反而大量投资于房地产行业。他们进一步指出,房地产投资的过度增长会带来一系列生产要素价格的变化,并导致资源错配。由于建设用地供给由政府垄断,而且地方政府对"土地财政"依赖程度较高,在短期内房地产投资增加不仅不会因为供给增加导致房价下跌,反而会推高地价,从而带动房价上升,引发一系列价格传导效应。Deng、Morok、Wu和Yeung(2011)通过北京、成都、杭州、上海、深圳、天津、武汉和西安8个城市投资结构的对比分析指出,2008—2009年前后"4万亿"刺激计划中,国有企业将获得的大量廉价信贷资源投入到房地产领域。房地产投资对制造业投资产生挤出效应,进一步导致制造业部门资源配置效率下降。房价快速上升和房地产利润增加吸引了大量资金进入房地产市场,房地产投资的增加很可能会推动房价的进一步上升,导致资本加速抽离实体经济。类似的,Wu、Gyourko和Deng(2015)研究了中国的房地产市场波动是否会通过抵押品渠道放大经济周期性波动。他们收集了2003—2011年总部位于35个主要城市的444家企业,其中相关企业持有的房地产信息来自企业财务年报整理,而房地产价值数据来自搜房网整理的住宅用地成交数据。实证表明,流动性驱动的房价上升对企业主业投资有负面影响,且在国有企业和非国有企业中同样成立。

五、货币政策调整与企业投资效率

投资效率问题是企业投资理论的核心,从上文的分析可以看出,货币宽松导致的企业金融资产和投资性房地产规模上升,并造成投资效率的下滑。此外,有很多研究从整体上分析了货币态势变化可能造成至少短期内企业偏离其最优投资水平,出现顺周期的投资行为,即货币宽松时过度投资,而货币紧缩时投资不足。

(一) 宽松货币政策可能导致企业投资过度

靳庆鲁、孔祥和侯青川 (2012) 指出,民营企业面临较好投资机会时,宽松的货币政策会提高民营企业的投资效率(投资和盈利能力之间的敏感性更强),当民营企业面临较差投资机会时,宽松货币政策会降低其投资效率。这种非线性关系的原因是宽松的货币政策会造成冗余资本,再加上管理层或控股股东与公司其他利益相关者之间的代理冲突,容易导致多余资本投向盈利能力较低甚至亏损的项目中,即过度投资,从而降低企业的整体经营效率。张超、刘星和田梦可 (2015) 以我国A股上市公司为样本的研究发现,在经济增长平稳时期,货币供给与企业投资不足以及过度投资正相关,信贷供给与投资不足负相关、与过度投资正相关。只有在经济增长乏力时,宽松货币供给才能提高企业投资效率。Liu、Pan 和 Tian (2016) 利用中国上市公司 2003—2013 年的数据的研究指出,在经济刺激和货币宽松政策后银行借贷行为与企业盈利状况之间的敏感性显著下降,企业的投资规模与投资机会的敏感性也显著下降,即企业存在较为严重的过度投资状况,这种效应在国有企业、特权行业和区域的非国有企业以及有政治关联的非国有企业更加明显。Chen、Li 和 Xin (2017) 较为系统地探讨了中国实施五年计划对企业融资策略的影响及其相关后果。结果表明,重点鼓励行业获得了更多的 IPO 和 SEO (Seasoned Equity Offering) 融资机会,银行贷款增长也高于其他行业。此外还发现,受鼓励行业投资水平更高,但不良贷款比重也更大,一定程度上反映了投资效率的下降。

一些学者关注了公司治理机制对这种流动性驱动的过度投资问题的缓解作用。张敏、吴联生、王亚平 (2010) 指出,在我国国有企业的治理机制比较复杂,政府或政府的下属机构承担"代理股东"的角色,造成过长的代理链条,弱化了对国有企业管理层的监督机制。在缺乏合适的激励机制的情况下,管理层的道德风险极为突出,这导致管理层实施并不能增进企业价值的过度投资等行为。实证表明,这种效应在货币宽松,外部融资约束较小时更加明显。程新生、谭有超和刘建梅 (2012) 通过非财务信息的披露情况分析了外部融资与企业投资效率的关系,实证研究指出信息披露质量和外部的市场化程度提高会提高融资效率,避免投资过度和投资不足。张亦春、李晚春和彭江 (2015) 指出,货币政策的态势会影响企业债权治理的效果,一般在紧缩的货币条件下,商业信用、短期债权等债权融资的规模扩大为企业"雪中送炭",客观上减少了因融资困境引发代理问题的可能性,而且由于紧缩期企业破产风险增大，债权人会更加重视企业的经营和治理，密切关注资金使用情况，强化对企业的监督。相反，宽松的货币环境下债权人对于企业的经营管理关注动力较小，不容易抑制其非效率的投资。

（二）债务高悬与投资的顺周期性

受货币政策态势变化影响，企业可能出现投资过度与投资不足，而且这种投资过度与投资不足之间也存在着明显的内在逻辑。即紧缩条件下企业的投资不足，有很大原因来自前期过度融资和过度投资带来的低效率以及债务高悬问题。

过度融资导致的债务高悬问题会制约紧缩环境下企业的融资能力。D'Mello 和 Miranda（2010）指出，前期较高的债务规模会增加还本付息压力，降低管理者的资金自由支配权，进而制约企业的投资决策。Campello 等（2011）关注到投资和融资期限错配问题，他们认为利用短期资金支持长期项目投资，虽然能够缓解融资约束，但偿债压力加大，可能会大幅提升持续经营的风险。Riccetti、Russo 和 Gallegati（2013）在宽松环境下，过度融资会造成更大概率的投资过度。而在宏观经济政策转向时，企业自身与关联企业的净值下降—融资能力下降—现金流紧张—净值进一步下降的负反馈机制形成，放大了这种政策冲击的影响，最终导致投资和经营绩效的大幅回落。Krishnamurthy 和 Muir（2016）关注了债务高悬问题在金融危机后的表现，认为信贷利差的扩大，或者说信贷规模过度膨胀的相关指标实际上可以用来预测后期下行阶段企业所面临的债务压力以及经济复苏的难度。

学者们进一步指出在紧缩环境下企业的投资不足或效率降低往往与前期激进的投资策略和投资结构选择有关。Chava 和 Purnanandam（2010）以及 Lemmon 和 Roberts（2010）针对长期资本管理公司（LTCM）和德崇证券（Drexel Burnham Lambert）危机过程对企业实际投资行为的影响，其结论都指出前期过于激进的融资规模和资产配置方式，是导致风险事件暴露后企业价值和投资计划受到严重外部冲击的根本性原因。Acemoglu、Ozdaglar 和 Tahbazsalehi（2015）指出，宽松政策带来的投资上升，达到一定阈值时会造成风险的急剧爆发，并导致投资水平的大幅度下滑以及大面积的破产。Greenwood 和 Hanson（2015）基于航运业的研究分析了企业投资决策过度顺周期性的问题，即在外部环境较好，预期收益较高时，企业会有明显过度投资的倾向。但航运业属于最典型的投资—效益滞后期很长的行业，这种过度投资带来的过度繁荣会在外部环境，如经济波动、货币态势变动后成为严重制约行业发展的要素，过量的船只投入供给使得下行阶段的航运业承受极大的财务和运营负担。航运业非常直接的表现出投资过度—过度繁荣—萧条—负担过重—投资不足的波动性周期。López‑Salido、Stein 和 Zakrajšek（2015）利用 1929—2015 年美国长期宏观数据的实证检验指出，信贷市场情绪升高后两年会对经济产生明显的负向冲击。其中会伴随着信用风险的提高，以及信贷利差的扩大。他们指出金融市场的摩擦在其中起到的作用实际上被前期的很多研究所高估，而非理性的银行行为可能是更为重要的问题。

基于国内数据的研究也有类似结论，韩东平和张鹏（2015）指出，在政府对信贷资金配置存在干预的情况下，宽松的货币政策可能使得企业会偏好于长期项目的投资，偏离于最优投资期限结构，导致效率降低。这在国有企业中非常显著，而且他们进一步指出，错误的长期项目选择会使得后期的信贷资源或政府政策红利被刚性地绑架在相关项目中，在经济出现波动时也会进一步的制约其他民营企业的融资能力。钟凯、程小可和张伟华（2016）利用我国 A 股上市公司 2004—2014 年的财务数据，基于投资—短期贷款敏感性以及构造的"短贷长投"变量，指出我国上市公司确实存在"短贷长投"的激进投资策略。在信贷紧缩的环境下，这种策略表现为企业应对金融压抑的替代性机制，非国有企业的这类问题更为严重。从后果看，短贷长投可能加剧经营风险，引发非效率投资，提高财务困境成本，最终不利于长期绩效增长。Fu 和 Liu（2015）利用 2005—2012 年中国 A 股上市公司样本分析了货币政策对企业投资规模调整效率的影响。结论表明，货币扩张阶段企业调整投资计划和规模会更频繁。另外，前期的杠杆水平会对货币政策和投资调整的敏感性产生负向的影响，这种效应在扩张阶段更加显著。

在融资行为分析中提到的宽松条件下融资方式的变化，也会影响紧缩条件下企业的投资行为。刘海明、王哲伟和曹廷求（2016）指出在紧缩条件下，没有担保关系的企业只会受到宏观环境和政策的冲击，而担保圈企业还会受到相关企业经营下滑对融资带来的负面影响，会进一步降低投资水平以应对潜在的对手方风险。刘海明和曹廷求（2016）利用 2003—2012 年中国上市公司担保合约信息相关数据，实证指出货币政策的变动对进入担保圈企业的影响更大，企业在担保圈中的节点位置越重要，货币宽松或紧缩对该企业的投资影响效应越强。

一些学者关注了这种效应在宏观层面的表现。Allen 和 Gale（2004）研究了信用扩张与风险转移的长期相互作用，他们认为如果企业或者投资者通过借款投资风险资产，当其收益率降低时，其违约概率会大幅提升，并将风险转移给银行，相反其收益会被自身的财富所吸收。这种非对称的风险转移行为在系统上会导致风险资产的价格超过基本面决定的水平，并成为泡沫形成的原因之一。同时他们也指出资产泡沫的危险在于其对影响资产价格或信贷能力的外生冲击缺乏抵御能力，信用突然降低到低于预期的水平，企业将无法通过再融资偿还贷款，不得不抛售风险资产，引发资本市场和信贷市场的崩溃，触发金融危机。Adrian 和 Shin（2010）以及 Rajan 和 Ramcharan（2015）都观察到货币政策调控周期带来的杠杆率波动会导致资产价格和企业投资行为的异化，导致经济脆弱性上升。Adrian 和 Liang（2016）从风险承担渠道的角度分析了货币政策在经济萧条阶段的效率问题。他们指出，货币宽松虽然改善了整体金融状况，但也会导致风险偏好的上升，投资者和企业会有更强的冒险动机，他们认为中央银行会利用宽松政策来为这种行为买单和兜底，有恃无恐的决策导致整个金融脆弱性再次增加，并在长期危害整个金融系统的稳健性。Jord'a、Schularick 和 Taylor（2013）指出债务高悬是影响经济周期中衰退程度和持续期的重要因素。在其基础上，Jorda、Schularick 和 Taylor（2015）研究了 17 个国家自 1870 年以来的信用泡沫现象。他们指出，相对而言，如果是信用扩张驱动的资产价格泡沫会导致更大的金融危机风险，并且在泡沫破裂后会有更严重的衰退和更缓慢的复苏。这一结论与 Mishkin（2008、2009）以及一些政策制定者在危机后的猜想一致，杠杆率会在繁荣阶段形成显著的正反馈机制，一旦泡沫破灭，也会由于信贷市场的萎缩导致宏观经济风险的加剧。类似的，Mian 和 Sufi（2014）对危机后经济金融体系的研究表明，去杠杆的压力是复苏迟缓的重要原因。

第五章 货币政策与企业投融资行为：基于中国 A 股上市公司的经验证据

在文献回顾和理论分析的基础上，本章利用中国上市公司相关数据对货币政策如何影响企业投融资行为进行了系统性的实证研究。从理论上看，货币政策或者说货币态势的变化会从多个维度影响企业财务决策以及效率。这些调整不仅通过缓解融资约束提高企业把握投资机会的能力，也可能通过影响资本市场的价格或企业的现金流水平改变投资规模。同时，宏观流动性变化可能导致企业的投资结构改变，增加金融资产或投资性房地产的持有规模，进而影响长期的企业经营效率。货币政策波动带来的投资规模变化也可能导致企业投资偏离最优水平，即产生投资过度或投资不足的问题。为了综合分析我国货币政策向企业经营决策传导的机制和效率，我们进行了六个方面的实证检验：一是货币政策变化与企业投资规模的关系。二是从企业财务特征角度看货币政策影响企业投资规模的截面效应。三是研究货币政策缓解企业融资约束的机制。四是货币政策波动影响资本市场价格波动后，对企业投资行为的影响。五是货币政策的变化如何影响企业的投资结构和资产配置方式。六是货币政策对企业投资效率的影响。每一个节的实证分析中，我们都对股权性质企业进行了分组检验，以此来判断相关机制和渠道在国有和非国有企业中是否存在差异。

第一节 货币政策、股权性质与企业投资行为

多数前期研究的结论都表明货币态势变化与企业投资规模之间存在显著的正向关系（Lemmon 和 Roberts，2010 等）。本书关注了这种显著关系在不同货币态势（宽松或紧缩条件）以及股权性质（国有和非国有企业）条件下的非一致表现，也检验了货币政策对于企业把握投资机会能力的非线性影响。

一、样本选择与主要回归指标的设定

本章所有数据均来源于国泰安研究服务中心数据库。由于中国证监会2003年起强制要求上市公司披露控制链情况,此后关于企业股权性质的数据可能更加准确,本书样本为2003—2016年,共14个年度的A股上市公司。

根据研究的需要,我们剔除了如下样本:(1)金融保险和房地产等资本结构差异较大行业的相关企业,行业分类以《中国上市公司分类指引》(2012年版)为准。(2)已退市、PT、ST、SST以及曾经处于这类状态的企业[①]。(3)样本期内审计报告异常的企业,包括否定意见、拒绝发表意见、无法发表意见的审计报告。(4)主营行业发生重大变更的企业,具体地是指按照《中国上市公司分类指引》中的一级行业分类,所属行业在样本期间内发生了变化的企业。此外,我们还剔除了一些数据缺失较多的样本。

总体来看,本章实证分析的对象为包含2160家上市公司和22774个样本点的非平衡面板数据,整个实证过程都是使用的STATA14.0软件。

回归变量计算方法如表5-1所示。根据前期相关研究,衡量投资规模的变量选择了总资产增长率$Invest_{i,t}$和资本支出$capx_{i,t}$,除第一部分外,之后的实证分析主要选择资本支出作为投资规模的替代变量。股权性质$state_{i,t}$是由上市公司股权控制链计算得到的虚拟变量。由于投融资决策中,不同行业企业特征差异较大,相对而言制造业企业数量多,财务上具有相似性,因此设置制造业虚拟变量$manu_{i,t}$用于子样本的稳健性检验以及关于投资结构和投资效率的相关分析。货币政策主要是通过货币供应量增速m_t以及货币紧缩虚拟变量mt_t来衡量。此外,经营现金流$cf_{i,t}$和投资机会$q_{i,t}$是前期理论研究中与企业投资行为关系最紧密的核心财务指标。其他控制变量来自前期相关研究成果,主要包括基本的特质因素如成立时间、企业规模和资产可抵押性,关键财务因素如盈利能力、主营业务收入以及负债情况,股权结构因素如股权集中度和股权制衡度。

[①] 上市公司如果连续2年亏损、亏损1年且净资产跌破面值、公司经营过程中出现重大违法行为等情况之一,交易所对公司股票进行特别处理,亦即ST(Special Treatment)制度。对ST公司,如果再出现问题,比如下年继续亏损从而达到《公司法》中关于连续3年亏损限制的,则进行PT(Particular Transfer)处理。SST是指未完成股改的ST股票。相关上市公司财务状况往往比较特殊且受多外部因素干扰,信息披露和市场交易规则与普通公司存在差异,为避免异常数值对实证结论的干扰,本书对这类企业的数据全部剔除。

表 5–1　　　　　　　　　　主要回归变量的计算方法

	变量名称	变量符号	计算方法
投资规模	总资产增长率	$Invest_{i,t}$	企业 i 第 t 年末总资产与年初总资产的比值
	资本支出规模	$capx_{i,t}$	企业 i 第 t 年构建固定资产、无形资产和其他长期资产支付的现金与年末总资产的比值
核心变量	股权性质	$state_{i,t}$	企业 i 第 t 年的股权性质，如果企业为国有控股，则 $state_{i,t}=1$，否则 $state_{i,t}=0$。上市公司的控股股东由股权控制链计算得到，如相关数据存在缺失，则根据年报中公布的为准。实际控制人性质为国有企业、机关事业单位或各级政府定义为国有企业，实际控制人为民营企业或个人则定义为非国有企业
	制造业企业	$manu_{i,t}$	如果企业属于《上市公司分类指引》（2012 年修订版）中制造业 C13—C43 中的行业，则 $manu_{i,t}=1$，否则 $manu_{i,t}=0$
	货币政策	m_t	t 年末 M2 余额同比增速，为时间序列变量
	货币紧缩	mt_t	t 年末 M2 余额同比增速小于中位数，则 $mt_t=1$，否则 $mt_t=0$。中位数利用整个样本期月度数据计算得到
	经营现金流	$cf_{i,t}$	企业 i 第 t 年企业经营性现金流净额与年末总资产的比值
	投资机会	$q_{i,t}$	企业 i 第 t 年末的托宾 Q（TobinQ）值。具体的计算方法是指： （总股数－境内上市的外资股 B 股）×年末收盘价 A 股当期值＋境内上市的外资股 B 股×年末收盘价当期值×当日汇率＋年末负债合计/（年末资产总计－无形资产净额－商誉净额）
控制变量	企业成立时间	$age_{i,t}$	企业 i 第 t 年的成立时间是年份 t 减去企业成立的年份
	企业规模	$size_{i,t}$	企业 i 第 t 年末总资产的自然对数值
	现金持有	$cash_{i,t}$	企业 i 第 t 年末公司库存现金、银行结算户存款、外埠存款、银行汇票存款、银行本票存款、信用卡存款、信用证保证金存款等的合计数比上年末总资产
	盈利情况 A	$roa_{i,t}$	企业 i 第 t 年总资产净利润率
	盈利情况 B	$ebitda_{i,t}$	企业 i 第 t 年息税折旧摊销前营业利润率
	收入增长	$gs_{i,t}$	企业 i 第 t 年主营业务收入与 $t-1$ 年主营业务收入的比例减 1
	杠杆水平	$lev_{i,t}$	企业 i 第 t 年总负债与总资产的比值

续表

	变量名称	变量符号	计算方法
控制变量	资产可抵押性	$collater_{i,t}$	企业 i 第 t 年末资产可抵押性。具体参考了 Berger 等（1996），Almeida 和 Campello（2007）和李青原和王红建（2013）的计算方法：资产可抵押性 =（货币资金 + 0.715 × 应收账款 + 0.547 × 存货 + 0.535 × 固定资产）/总资产
	股权集中度	$conc_{i,t}$	企业 i 第 t 年末第一大股东持股比例
	股权制衡度	$banc_{i,t}$	企业 i 第 t 年末前五大股东持股与第一大股东持股规模的比值
	行业虚拟变量	ind_dummy	由于面板数据截面较大，固定效应可能丢失过多的自由度，因此考虑利用行业进行聚类，但在上市公司中，制造业企业数量较多，则在制造业中二级行业进行区分。具体来看，参见《上市公司分类指引》（2012 年修订版），其中 C 类制造业公司按 C13—C43 分为 31 个行业，其余公司按大类分别设置虚拟变量
	年度虚拟变量	$year\_dummy$	按 2003—2016 年每年分别设置虚拟变量。多数实证模型中包含货币政策时间序列变量，两者存在线性相关关系，此时不会列入年度虚拟变量

二、变量描述性统计

相关变量的数据特征如表 5-2 所示。

表 5-2　　　　　　　　　全样本的描述性统计

变量名称	样本数	均值	标准差	中位数	最小值	最大值
$Invest_{i,t}$	22774	0.2154	0.4188	0.1033	-0.2881	2.5563
$capx_{i,t}$	22774	0.0606	0.0551	0.0444	0.0007	0.2635
$state_{i,t}$	22774	0.5347	0.4988	1	0	1
$manu_{i,t}$	22774	0.6646	0.4721	1	0	1
$q_{i,t}$	22774	0.0271	0.0192	0.0209	0.0092	0.1190
$cf_{i,t}$	22774	0.0487	0.0720	0.0468	-0.1620	0.2512
$roa_{i,t}$	22774	0.0398	0.0577	0.0358	-0.1857	0.2147
$ebitda_{i,t}$	22772	0.1676	0.1696	0.1419	-0.4491	0.8361
$size_{i,t}$	22774	21.7567	1.2133	21.5900	19.4508	25.6743

续表

变量名称	样本数	均值	标准差	中位数	最小值	最大值
$cash_{i,t}$	22774	0.1928	0.1469	0.1506	0.0100	0.7121
$gs_{i,t}$	21644	0.1941	0.4247	0.1243	-0.5420	2.7324
$lev_{i,t}$	22774	0.4433	0.2080	0.4445	0.0478	0.9409
$collater_{i,t}$	22444	0.4324	0.1260	0.4284	0.1343	0.7953
$conc_{i,t}$	21878	0.3665	0.1535	0.3476	0.0909	0.7445
$banc_{i,t}$	21878	1.6264	0.5731	1.4586	1.0140	3.5920

注：考虑到投资机会 $q_{i,t}$ 数值相对投资规模较大，在回归中估计系数过小不便于列示，本书对 $q_{i,t}$ 数值除以100进行分析，后文不再赘述。

从表 5-2 中可以看出，我国上市公司在整个样本期内保持了较高的资产规模增长速度，平均的总资产增长率 21.5%，最高的样本甚至单年资产规模扩大了 2.55 倍。资本支出则保持了总资产 6% 左右的水平，且两个指标的波动幅度都较大。从样本结构看，有 53.5% 和 66.5% 的样本点分别属于国有企业和制造业企业。从财务指标上看，中国上市公司的投融资决策以及经营绩效实际上分化比较明显，包括现金持有、营业收入以及盈利相关的数据分布范围都比较广，极值之间差额很大。从治理指标看，我国上市公司的股权集中现象比较明显，控股股东的持股比例达到 36.7%，且标准差较小。为了剔除离群值可能对估计结果造成的干扰，所有的连续变量都进行了 1% 水平下的 winsorize 缩尾处理[①]。

核心变量的数据按年度进行描述性统计情况如表 5-3 所示。

表 5-3　　　　　　　　　核心变量分年度统计数据

年度	样本数	$Invest_{i,t}$		$capx_{i,t}$		$q_{i,t}$		$cf_{i,t}$	
		均值	方差	均值	方差	均值	方差	均值	方差
2002	896	0.177	0.343	0.07	0.063	0.024	0.013	0.055	0.073
2003	954	0.218	0.375	0.072	0.063	0.02	0.01	0.054	0.075
2004	1047	0.213	0.356	0.074	0.065	0.017	0.009	0.055	0.076
2005	1050	0.1	0.209	0.068	0.063	0.015	0.008	0.06	0.071
2006	1099	0.153	0.319	0.062	0.058	0.019	0.011	0.063	0.069
2007	1184	0.249	0.383	0.066	0.059	0.037	0.021	0.053	0.075
2008	1279	0.131	0.315	0.071	0.06	0.019	0.011	0.06	0.075

① 将最大和最小的 1% 样本数值替换为 99% 和 1% 分位数数值，主要目的是剔除离群值对回归检验的干扰。

续表

年度	样本数	$Invest_{i,t}$		$capx_{i,t}$		$q_{i,t}$		$cf_{i,t}$	
		均值	方差	均值	方差	均值	方差	均值	方差
2009	1364	0.243	0.502	0.058	0.054	0.033	0.018	0.067	0.078
2010	1691	0.467	0.702	0.063	0.055	0.035	0.02	0.043	0.075
2011	1951	0.321	0.536	0.073	0.059	0.022	0.013	0.029	0.075
2012	2113	0.182	0.347	0.067	0.055	0.021	0.012	0.044	0.07
2013	2085	0.132	0.217	0.059	0.049	0.025	0.016	0.042	0.068
2014	2025	0.162	0.313	0.052	0.046	0.028	0.018	0.043	0.067
2015	1995	0.204	0.414	0.044	0.041	0.043	0.029	0.048	0.065
2016	2041	0.214	0.415	0.04	0.04	0.033	0.022	0.047	0.067

可以看出，样本企业投资规模的均值随时间有比较明显的波动，在2010年有1691家企业的平均资产扩张速度达到46.7%，资本支出规模也有类似的变化趋势。从图5-1中的趋势看，货币供应量的变化与现金流和投资机会变量之间存在趋同性，这可能体现了货币政策从需求端对企业投资的影响，即宽松的货币政策往往伴随着企业投资机会增多以及经营现金流的宽裕，而投资规模的整体变化更加平滑，但大的方向性调整与货币政策也有高度的一致性。

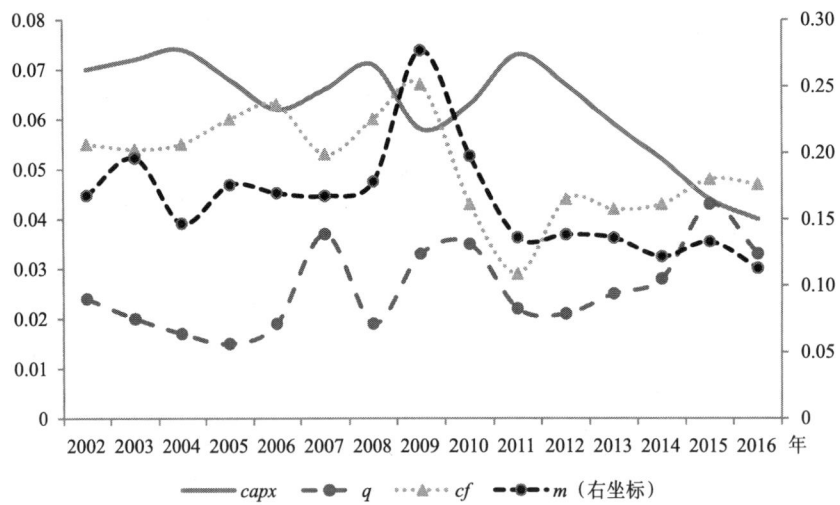

图5-1 核心变量份均值的变化趋势

按照企业是否属于国有企业分组后，对两组样本的核心变量进行均值检验，结果如表5-4所示。

表 5-4　　　　　　　　核心变量按股权性质分组的均值比较

	分组	样本数	均值	标准差	差值95%置信区间	t值	单边P值
$Invest_{i,t}$	民营	10597	0.29777	0.52140	0.14338	28.17550	0.00000
	国有	12177	0.14366	0.28351	0.16483		
$capx_{i,t}$	民营	10597	0.06151	0.05500	0.00032	2.39200	0.00840
	国有	12177	0.05976	0.05508	0.00318		
$q_{i,t}$	民营	10597	0.32394	0.02187	0.00943	40.23070	0.00000
	国有	12177	0.22477	0.01509	0.10401		
$cf_{i,t}$	民营	10597	0.04237	0.07263	-0.01372	-12.44330	0.00000
	国有	12177	0.05423	0.07093	-0.00999		

注：均值检验的差值是民营组均值减去国有组均值，显著为正表示民营企业该指标要高于国有企业。差值95%置信区间中的两个数据是指两个样本均值之差在95%的置信水平下的取值范围，并不是国有/民营对应的统计量。当两个数字符号相同时，单边P值小于0.05，即可以拒绝均值等于0的原假设，说明两组数据的均值存在显著性差异。

可以看出，4个变量均值t检验均在单边1%的水平下显著（除资本支出外的3个指标都能在0.01%的水平下显著），拒绝组间均值相等的原假设。这说明，在我国资本市场上不同股权性质企业的财务特征确实呈现极大的差异。具体而言，民营企业的投资规模在整个样本期内显著高于国有企业，尤其是资产增长率变量两者的均值相差接近1倍。两类企业面临的投资机会和现金流情况也存在明显不同，民营企业的市场估值相对于账面资产的水平明显更高，但国有企业的现金流情况普遍更加健康。

按照样本年份是否属于货币紧缩态势分组后，对两组样本的核心变量进行均值检验，结果如表5-5所示。

4个变量的均值t检验中均能通过单边0.01%显著性水平，即货币紧缩和宽松状态下，企业与投资相关的核心财务指标均呈现很明显的差异。从均值比较看，宽松条件下的资本支出规模比紧缩条件会高出20%，自由现金流的差异接近30%左右，投资机会两者的差异则相对较小。

主要实证变量之间的相关性情况如表5-6所示。

可以看出，变量之间的相关系数整体是比较稳定的，当期的资产增长率和资本支出之间相关性为0.124，虽有正向关系，但也存在一定的差异，通过两个指标对比分析企业投资的两个方面有统计意义。值得注意的是，投资变量与投资机会和现金流出现了一些负相关的情况，这主要是由于指标关系滞后的问题。前期的研究中，

表 5-5 核心变量按货币态势分组的均值比较

	分组	样本数	均值	标准差	差值95%置信区间	t值	单边P值
$Invest_{i,t}$	紧缩	13257	0.20229	0.00336	0.04235	5.57020	0.00000
	宽松	9514	0.23362	0.00471	0.20301		
$capx_{i,t}$	紧缩	13257	0.05695	0.00045	0.00722	11.75570	0.00000
	宽松	9517	0.06562	0.00060	0.01011		
$q_{i,t}$	紧缩	13257	0.02611	0.00018	0.00119	6.56920	0.00000
	宽松	9517	0.02780	0.00018	0.00220		
$cf_{i,t}$	紧缩	13257	0.04325	0.00060	0.01118	13.56620	0.00000
	宽松	9517	0.05632	0.00076	0.01495		

影响当期投资规模的往往是前一期的财务特征（投资机会和现金流），负相关可能与当期一些指标均值反转有关。其他变量关系与直观感受接近，如高杠杆与投资负相关，高营业收入与投资正相关。

投资与投资机会和现金流当期值分年度相关系数情况如表 5-7 所示。

整体上看，资产扩张与当期投资机会和现金流情况大多相关性比较稳定，但资本支出与当期投资机会的关系大多数年份并不显著，与现金流的相关性则一直比较高。

三、基础模型的设计与实证结果

这一部分为基础的回归分析，利用非平衡的面板数据对企业投资与货币政策的关系进行估计。具体的回归方程为：

$$Invest_{i,t}(capx_{i,t}) = \beta_0 + \beta_1 m_t + \beta_2(control\_) + ind_{dummy} + \epsilon_{i,t}$$

其中，被解释变量是两个投资指标 $Invest_{i,t}$ 和 $capx_{i,t}$；主要的回归变量是货币供应量 m_t；系数 β_1 的显著性可以衡量货币政策变化对当期企业投资行为的影响。$control\_$ 表示影响当期投资的其他因素，根据前期相关研究（李青原和王红建，2013；靳光辉、刘志远和花如贵，2016），结合数据质量和可得性，我们主要选择了滞后一期的自有现金流 $cf_{i,t-1}$ 和投资机会 $q_{i,t-1}$，企业的成立时长 $age_{i,t}$、规模 $size_{i,t}$、现金持有情况 $cash_{i,t}$、盈利情况 $roa_{i,t}$、收入增长 $gs_{i,t}$、杠杆水平 $lev_{i,t}$、资产可抵押性 $collater_{i,t}$，以及股权集中度 $conc_{i,t}$ 和股权制衡度 $banc_{i,t}$ 两个治理因素。此外，在回归中由于存在货币政策这一时间序列变量，因此不能加入年份虚拟变量以免产生共线性问题，为排除个体效应的干扰，先进行了货币政策单一变量以及行业聚类的估计，然后加入控制变量后分别采用行业聚类和随机效应两种方法估计。

表 5-6 主要实证变量的相关系数

	$Invest_{i,t}$	$capx_{i,t}$	$q_{i,t}$	$cf_{i,t}$	$roa_{i,t}$	$ebitda_{i,t}$	$size_{i,t}$	$cash_{i,t}$	$gs_{i,t}$	$lev_{i,t}$	$collater_{i,t}$	$conc_{i,t}$	$banc_{i,t}$
$Invest_{i,t}$	1												
$capx_{i,t}$	0.124***	1											
$q_{i,t}$	0.144***	-0.069***	1										
$cf_{i,t}$	-0.074***	0.165***	0.070***	1									
$roa_{i,t}$	0.276***	0.168***	0.220***	0.364***	1								
$ebitda_{i,t}$	0.166***	0.164***	0.142***	0.241***	0.596***	1							
$size_{i,t}$	-0.024***	0.034***	-0.325***	0.095***	0.093***	0.096***	1						
$cash_{i,t}$	0.387***	-0.074***	0.183***	0.088***	0.281***	0.074***	-0.206***	1					
$gs_{i,t}$	0.346***	0.069***	0.084***	0.036***	0.263***	0.099***	0.035***	0.019***	1				
$lev_{i,t}$	-0.170***	-0.043***	-0.304***	-0.097***	-0.392***	-0.281***	0.354***	-0.449***	0.042***	1			
$collater_{i,t}$	0.239***	-0.005	-0.016***	0.196***	0.197***	0.036***	-0.120***	0.745***	-0.011	-0.288***	1		
$conc_{i,t}$	-0.004	0.077***	-0.125***	0.098***	0.106***	0.058***	0.212***	0.002	0.042***	0.024***	0.101***	1	
$banc_{i,t}$	0.144***	0.027***	0.147***	-0.041***	0.037***	0.042***	-0.138***	0.132***	0.035***	-0.153***	0.030***	-0.667***	1

注:*、**和***分别表示在10%、5%和1%的置信区间下显著。

表 5-7　　　　　　　投资核心变量相关系数分年度统计情况

年度	$Invest_{i,t}$		$capx_{i,t}$	
	$q_{i,t}$	$cf_{i,t}$	$q_{i,t}$	$cf_{i,t}$
2003	-0.061*	-0.002	-0.042	0.137***
2004	-0.027	0.033	-0.024	0.198***
2005	-0.045	0.070**	0.014	0.213***
2006	0.045	0.03	-0.02	0.242***
2007	0.087***	-0.061**	0.021	0.163***
2008	0.086***	0.044	-0.018	0.172***
2009	0.072***	-0.009	-0.04	0.122***
2010	0.073***	-0.124***	-0.009	0.105***
2011	-0.001	-0.040*	-0.024	0.105***
2012	0.039*	-0.057***	-0.034	0.131***
2013	0.066***	0.028	0.02	0.125***
2014	0.057***	-0.035	-0.045**	0.143***
2015	0.068***	-0.095***	-0.041*	0.114***
2016	0.046**	-0.093***	-0.044**	0.145***

估计的结果如表 5-8 所示，其中列（1）—（3）是针对 $Invest_{i,t}$ 的回归结果，列（4）—（6）是针对 $capx_{i,t}$ 的回归结果。从 $F\_stat.$ 和 $Chi2.$ 统计量看模型整体估计结果比较显著，无论用哪种估计方法，m_t 的系数都在 1% 的水平下显著为正，即货币供应量的上升会推动企业资产或资本支出规模的扩张。滞后一期的现金流和托宾 Q 值在所有的回归方程中也均显著为正，说明投资规模确实与企业自身的流动性状况以及投资机会密切相关。此外，与企业特征、财务状况以及公司治理相关指标也大多在 1% 的水平下显著，且符号符合前期研究相关结论。

在基础模型的基础上，我们分析了宽松和紧缩态势下，货币政策波动对企业投资行为的影响是否有非对称的效果，即宽松政策对投资规模的扩张与紧缩政策对投资规模的收缩影响程度是否是一致的。具体的回归方程为：

$$Invest_{i,t}(capx_{i,t}) = \beta_0 + \beta_1 m_t + \beta_2(control\_) + ind_{dummy} + \epsilon_{i,t}(by - mt_t)$$

形式与基础模型一致，但分为货币紧缩和宽松两个子样本组分别回归，并对两组回归结果的系数 β_1 显著性进行比较。

表 5-8　　　　　　　　货币政策影响企业投资规模的实证分析

	(1)	(2)	(3)	(4)	(5)	(6)
		$Invest_{i,t}$			$capx_{i,t}$	
m_t	0.757***	0.143***	0.115**	0.090***	0.039***	0.036***
	(0.070)	(0.047)	(0.047)	(0.009)	(0.010)	(0.009)
$cf_{i,t-1}$		0.048*	0.063**		0.094***	0.050***
		(0.027)	(0.026)		(0.006)	(0.005)
$q_{i,t-1}$		2.835***	2.771***		0.0360	0.094***
		(0.130)	(0.128)		(0.027)	(0.026)
$age_{i,t}$		-0.004***	-0.004***		-0.002***	-0.003***
		(0.000)	(0.000)		(0.000)	(0.000)
$size_{i,t}$		0.039***	0.039***		0.001***	0
		(0.002)	(0.002)		(0.000)	(0.001)
$cash_{i,t}$		0.420***	0.391***		-0.043***	0.00500
		(0.022)	(0.020)		(0.005)	(0.005)
$roa_{i,t}$		0.823***	0.817***		0.126***	0.131***
		(0.039)	(0.039)		(0.008)	(0.008)
$gs_{i,t}$		0.186***	0.185***		0.002**	-0.00100
		(0.004)	(0.004)		(0.001)	(0.001)
$lev_{i,t}$		0.150***	0.152***		0.00200	0.005*
		(0.011)	(0.011)		(0.002)	(0.003)
$collater_{i,t}$		-0.473***	-0.442***		-0.00700	-0.061***
		(0.023)	(0.021)		(0.005)	(0.005)
$conc_{i,t}$		-0.072***	-0.070***		0.00500	0.033***
		(0.017)	(0.017)		(0.004)	(0.005)
$banc_{i,t}$		0.021***	0.022***		0.006***	0.007***
		(0.004)	(0.004)		(0.001)	(0.001)
$con\_$	0.083***	-0.731***	-0.751***	0.055***	0.050***	0.076***
	(0.023)	(0.044)	(0.041)	(0.003)	(0.009)	(0.011)
ind_dummy	√	√		√	√	
random_effect			√			√
obs.	22774	19907	19907	22774	19907	19907
F_stat.	15.90***	108.1***		31.79***	58.79***	
Chi2.			6103***			2013***
R^2_adj	0.0300	0.238		0.0600	0.144	
R^2_within			0.207			0.108

注：括号内为相关系数估计的标准误。*、**和***分别表示在10%、5%和1%的置信区间下显著。$con\_$为模型截距项的估计结果；ind_dummy 和 $random\_effect$ 分别表示模型选择了行业聚类和随机效应；$F\_stat.$ 和 $Chi2.$ 是模型整体的F统计量和卡方统计量；R^2_adj 和 R^2_within 表示模型的adjustR方和withinR方的数值。以下表格有相似情况不再赘述。

表 5-9　　不同货币态势下货币政策影响企业投资规模的实证分析

	(1)	(2)	(3)	(4)
	$Invest_{i,t}$		$capx_{i,t}$	
分组方式	$mt_t = 1$	$mt_t = 0$	$mt_t = 1$	$mt_t = 0$
m_t	0.411	0.201***	-0.010	0.036***
	(0.270)	(0.073)	(0.052)	(0.013)
$cf_{i,t-1}$	0.126***	0.0550	0.081***	0.117***
	(0.036)	(0.040)	(0.007)	(0.009)
$q_{i,t-1}$	3.624***	1.142***	0.0180	0.280***
	(0.174)	(0.207)	(0.034)	(0.047)
$age_{i,t}$	-0.003***	-0.006***	-0.002***	-0.003***
	(0.000)	(0.001)	(0.000)	(0.000)
$size_{i,t}$	0.037***	0.042***	0.001	0.007***
	(0.003)	(0.003)	(0.000)	(0.001)
$cash_{i,t}$	0.402***	0.480***	-0.042***	-0.045***
	(0.029)	(0.034)	(0.006)	(0.008)
$roa_{i,t}$	0.684***	1.013***	0.100***	0.132***
	(0.054)	(0.056)	(0.010)	(0.013)
$gs_{i,t}$	0.199***	0.155***	0.002	0.002
	(0.006)	(0.007)	(0.001)	(0.002)
$lev_{i,t}$	0.125***	0.237***	-0.003	0.005
	(0.015)	(0.018)	(0.003)	(0.004)
$collater_{i,t}$	-0.544***	-0.338***	-0.00400	-0.034***
	(0.030)	(0.035)	(0.006)	(0.008)
$conc_{i,t}$	-0.079***	-0.044	0.00700	-0.011*
	(0.022)	(0.027)	(0.004)	(0.006)
$banc_{i,t}$	0.025***	0.015**	0.006***	0.004***
	(0.006)	(0.007)	(0.001)	(0.002)
$con\_$	-0.704***	-0.865***	-0.029*	-0.051***
	(0.077)	(0.066)	(0.015)	(0.015)
ind_dummy	√	√	√	√
obs.	12145	7762	12145	7762
F_stat.	73.31***	46.02***	35.63***	34.77***
R^2_adj	0.257	0.242	0.142	0.193

表 5-9 中，列（1）和列（3）表示货币紧缩态势子样本组的回归结果；列（2）和列（4）表示货币宽松态势子样本组的回归结果，全部方程都增加了控制变

量,并利用行业进行聚类。从结果看,宽松组的货币政策变量m_t均在1%的水平下显著为正,系数值分别为0.201和0.036,但紧缩组均不显著。这说明,从整体上看货币政策的宽松会明显提高企业的投资规模,但紧缩条件下货币态势变化与企业投资行为关系的显著性较弱。这一结论与一些国外理论研究的结论并不一致,似乎无法体现货币紧缩对企业投资意愿以及融资难度的负面影响,具体情况需要在企业特征分组以及影响渠道等角度进行分析。另外,值得注意的是,紧缩样本中资本支出与企业投资机会的关系并不显著,这也说明了紧缩条件下融资约束可能制约了企业把握投资机会。

四、考虑股权性质差异的模型设计与实证结果

在中国,企业的股权性质对其财务特征及投融资决策影响极大,前期很多研究都指出国有企业面临的外部政策环境,以及内部的决策机制都与民营企业有极大的差异(卢峰和姚洋,2004;饶品贵和姜国华,2013等)。

这一部分,我们利用股权性质将全样本分为两组,并利用基础模型分析不同子样本中货币政策变化与企业投资之间的关系。具体的回归方程如下:

$$capx_{i,t} = \beta_0 + \beta_1 m_t + \beta_2(control\_) + ind_{dummy} + \epsilon_{i,t}(by-state_{i,t}|mt_t)$$

由于篇幅问题,这里投资变量只选择了资本支出水平$capx_{i,t}$,模型结构与之前的没有很大差异,所有样本通过两个方面进行分组。首先是对国有企业和非国有企业的样本组分别进行估计,然后对两个组再分货币宽松和紧缩态势特征(一共四个子样本组)进行回归分析,最后比较组间m_t系数的显著性差异。所有的方程均利用行业进行聚类。

在表5-10中,列(1)和列(2)表示国有企业和民营企业样本组的回归结果;列(3)和列(4)表示国有企业在不同货币态势下的回归结果;列(5)和列(6)表示民营企业在不同货币态势下的回归结果。从整体上看,国有和民营企业样本组货币政策对企业投资规模的影响都在1%的置信水平下显著为正,系数分别为0.024和0.039,即民营企业的投资受货币政策变动的影响可能更大。从进一步的结果来看,国有企业和民营企业在货币宽松的环境下都有显著的投资规模扩大,系数上民营企业要略高于国有企业。但在紧缩条件下,货币态势变化与民营企业的投资收缩程度关联度很高,但对于国有企业影响则并不显著。这可能与紧缩条件下,国有和民营企业面对的融资约束程度差异有关,下行周期中国有企业融资受到的冲击较小,得到的补贴更大,甚至会对民营企业的融资产生挤出效应。

表 5-10　　货币政策对不同股权性质企业投资规模影响的实证分析

分组方式	(1) $state_{i,t}=1$	(2) $state_{i,t}=0$	(3) $state_{i,t}=1$ $mt_t=1$	(4) $state_{i,t}=1$ $mt_t=0$	(5) $state_{i,t}=0$ $mt_t=1$	(6) $state_{i,t}=0$ $mt_t=0$
m_t	0.024*** (0.010)	0.039*** (0.012)	0.012 (0.011)	0.034*** (0.011)	0.044** (0.014)	0.037*** (0.011)
$cf_{i,t-1}$	0.125*** (0.008)	0.066*** (0.008)	0.091*** (0.006)	0.121*** (0.007)	0.084*** (0.006)	0.085*** (0.007)
$q_{i,t-1}$	0.134*** (0.042)	0.029 (0.035)	0.015 (0.029)	0.201*** (0.036)	0.0290 (0.030)	0.0350 (0.031)
$age_{i,t}$	-0.002*** (0.000)	-0.002*** (0.000)	-0.002*** (0.000)	-0.002*** (0.000)	-0.002*** (0.000)	-0.002*** (0.000)
$size_{i,t}$	0.003*** (0.000)	0 (0.001)	0.001** (0.000)	0.003*** (0.000)	0 (0.000)	0.003*** (0.000)
$cash_{i,t}$	-0.048*** (0.006)	-0.052*** (0.007)	-0.041*** (0.005)	-0.047*** (0.006)	-0.042*** (0.005)	-0.046*** (0.006)
$roa_{i,t}$	0.139*** (0.011)	0.107*** (0.012)	0.129*** (0.009)	0.133*** (0.010)	0.113*** (0.009)	0.124*** (0.010)
$gs_{i,t}$	0.004*** (0.001)	0.00100 (0.001)	0.002** (0.001)	0.003*** (0.001)	0.002** (0.001)	0.00100 (0.001)
$lev_{i,t}$	0.017*** (0.003)	-0.008** (0.004)	0.004* (0.002)	0.011*** (0.003)	-0.00100 (0.003)	-0.00200 (0.003)
$collater_{i,t}$	-0.032*** (0.006)	0.017** (0.008)	-0.00600 (0.005)	-0.028*** (0.006)	0 (0.005)	0.00300 (0.006)
$conc_{i,t}$	-0.020*** (0.005)	0.043*** (0.006)	0.00100 (0.004)	-0.013*** (0.004)	0.017*** (0.004)	0.016*** (0.004)
$banc_{i,t}$	0.002* (0.001)	0.009*** (0.001)	0.005*** (0.001)	0.004*** (0.001)	0.008*** (0.001)	0.006*** (0.001)
$con\_$	0.0180 (0.011)	0.071*** (0.016)	0.062*** (0.010)	0.00700 (0.011)	0.081*** (0.011)	0.026** (0.012)
ind_dummy	√	√	√	√	√	√
obs.	10838	9069	6460	4378	5685	3384
F_stat.	46.12***	26.04***	50.48***	52.81***	39.67***	42.64***
R^2_adj	0.189	0.136	0.141	0.182	0.133	0.142

除分组回归外，我们也通过在模型中引入货币政策与股权性质 $m_t * state_{i,t}$ 的方式，利用单一模型分析国有和民营企业投资—货币政策敏感性的差异。具体的回归

方程如下：

$$Invest_{i,t}(capx_{i,t}) = \beta_0 + \beta_1 m_t + \beta_2 m_t * state_{i,t} + \beta_3 state_{i,t} + \beta_4(control\_) + ind_{dummy} + \epsilon_{i,t}$$
$(by - mt_t)$

模型整体结构不变，交互项 $m_t * state_{i,t}$ 的系数 β_2 若显著为负，表示货币政策对国有企业投资的影响要低于民营企业。另外，在方程中也直接加入了股权性质的虚拟变量 $state_{i,t}$。

表 5-11 中，列（1）和列（2）表示全样本的回归结果；列（3）和列（5）表示货币紧缩样本组的回归结果；列（4）和列（6）表示货币宽松样本组的回归结果。整体上看，货币供应量的变化对国有和民营企业投资的影响差异较大，利用资产增长率和资本支出变量估计的 $m_t * state_{i,t}$ 系数分别为 -0.624 和 -0.029，均在 1% 的水平下显著。考虑不同货币态势的影响可以看出两者的差异性主要集中在紧缩阶段，$mt_t = 1$ 的样本组中，交互项的回归系数分别为 -1.906 和 -0.482，且在 1% 的水平下显著，但宽松阶段的样本组中回归系数均在 10% 的水平下不显著，即国有和民营企业投资—货币政策的敏感关系并无差异。

表 5-11 货币政策对不同股权性质企业投资规模影响的实证分析（交互项）

分组方式	(1)	(2)	(3)	(4)	(5)	(6)
	$Invest_{i,t}$	$capx_{i,t}$	$Invest_{i,t}$		$capx_{i,t}$	
			$mt_t = 1$	$mt_t = 0$	$mt_t = 1$	$mt_t = 0$
$m_t * state_{i,t}$	-0.624***	-0.029***	-1.906***	-0.120	-0.482***	0.004
	(0.090)	(0.008)	(0.473)	(0.150)	(0.091)	(0.034)
m_t	-0.167**	0.005	-0.160	0.269**	1.066***	-0.0170
	(0.071)	(0.015)	(0.356)	(0.121)	(0.069)	(0.027)
$state_{i,t}$	-0.130***	-0.011***	-0.297***	0.014	0.053***	-0.006
	(0.015)	(0.003)	(0.063)	(0.030)	(0.012)	(0.007)
$cf_{i,t-1}$	-0.039	0.096***	-0.122***	0.0560	0.086***	0.118***
	(0.027)	(0.005)	(0.036)	(0.040)	(0.007)	(0.009)
$q_{i,t-1}$	2.704***	0.0160	3.496***	1.117***	0.0290	0.264***
	(0.130)	(0.027)	(0.174)	(0.208)	(0.034)	(0.047)
$age_{i,t}$	-0.004***	-0.002***	-0.002***	-0.006***	-0.001***	-0.003***
	(0.000)	(0.000)	(0.000)	(0.001)	(0.000)	(0.000)
$size_{i,t}$	0.040***	0.002***	0.040***	0.043***	0.001**	0.007***
	(0.002)	(0.000)	(0.003)	(0.003)	(0.001)	(0.001)
$cash_{i,t}$	0.405***	-0.046***	0.391***	0.479***	-0.048***	-0.047***
	(0.022)	(0.005)	(0.029)	(0.035)	(0.006)	(0.008)

续表

分组方式	(1) $Invest_{i,t}$	(2) $capx_{i,t}$	(3) $Invest_{i,t}$ $mt_t = 1$	(4) $Invest_{i,t}$ $mt_t = 0$	(5) $capx_{i,t}$ $mt_t = 1$	(6) $capx_{i,t}$ $mt_t = 0$
$roa_{i,t}$	0.818***	0.122***	0.663***	1.003***	0.093***	0.127***
	(0.039)	(0.008)	(0.053)	(0.057)	(0.010)	(0.013)
$gs_{i,t}$	0.184***	0.002**	0.197***	0.155***	0.00200	0.00200
	(0.004)	(0.001)	(0.006)	(0.007)	(0.001)	(0.002)
$lev_{i,t}$	0.165***	0.00400	0.139***	0.235***	0	0.00400
	(0.011)	(0.002)	(0.015)	(0.018)	(0.003)	(0.004)
$collater_{i,t}$	-0.451***	-0.00300	-0.519***	-0.336***	0	-0.033***
	(0.023)	(0.005)	(0.030)	(0.035)	(0.006)	(0.008)
$conc_{i,t}$	-0.061***	0.007**	-0.066***	-0.0400	0.009**	-0.0100
	(0.017)	(0.004)	(0.022)	(0.027)	(0.004)	(0.006)
$banc_{i,t}$	0.018***	0.005***	0.021***	0.014**	0.005***	0.004**
	(0.004)	(0.001)	(0.006)	(0.007)	(0.001)	(0.002)
$con\_$	-0.696***	0.047***	-0.690***	-0.887***	-0.081***	-0.053***
	(0.045)	(0.009)	(0.083)	(0.070)	(0.016)	(0.016)
ind_dummy	√	√	√	√	√	√
$obs.$	19907	19907	12145	7762	12145	7762
$F\_stat.$	107***	58.23***	72.84***	44.46***	36.85***	33.81***
R^2_adj	0.242	0.147	0.262	0.242	0.150	0.194

五、货币政策的变化对企业把握投资机会能力的影响

货币政策影响企业投资行为一个最重要的渠道就是通过缓解或加剧企业的外部融资约束，进而改变企业把握投资机会的能力（Lemmon 和 Roberts，2010 等）。具体的回归方程如下：

$$Invest_{i,t}(capx_{i,t}) = \beta_0 + \beta_1 m_t + \beta_2 m_t * q_{i,t-1} + \beta_3 q_{i,t-1} + \beta_4 (control\_) + ind_{dummy} + \epsilon_{i,t}$$
$$(by-state_{i,t})$$

这里我们选择利用货币政策与滞后一期投资机会的交互项 $m_t * q_{i,t-1}$ 来衡量这一效应，若系数 β_2 显著为正，说明企业把握投资机会的能力会随着货币供应量的上升得到提高。同时，我们也考虑了利用股权性质分组的方式比较国有和民营企业的这种效应是否存在差异。

从结果看（见表 5-12），列（1）和列（2）表示全样本的回归结果；列（3）和列（5）表示国有企业样本组的回归结果；列（4）和列（6）表示民营企业样本

组的回归结果。全样本的回归中，货币宽松对企业把握投资机会的能力提升都非常明显，$m_t * q_{i,t-1}$ 的系数均显著为正，达到 6.132 和 2.537。但从分组情况看，国有和民营企业这种效应的差异很大，尤其是资本支出 $capx_{i,t}$ 的模型，国有企业组交互项系数在 10% 的水平下无法拒绝等于 0 的原假设，而民营企业在 1% 的水平下得到估计量为 4.3。这说明，民营企业的投资—投资机会敏感性会更多地受到外部货币政策的影响，而国有企业则明显偏低。这与 Duchin、Ozbas 和 Sensoy（2010）和 Lemmon 和 Roberts（2010）等研究结论比较吻合，即更依赖于银行体系融资，且对融资条件变化更敏感的民营企业，会由于货币政策的紧缩而导致把握投资机会的能力明显下滑。

表 5–12   货币政策对企业把握投资机会能力影响的实证分析

分组方式	(1) $Invest_{i,t}$	(2) $capx_{i,t}$	(3) $Invest_{i,t}$ $state_{i,t}=1$	(4) $Invest_{i,t}$ $state_{i,t}=0$	(5) $capx_{i,t}$ $state_{i,t}=1$	(6) $capx_{i,t}$ $state_{i,t}=0$
$m_t * q_{i,t-1}$	6.132*** (1.045)	2.537*** (0.630)	4.281*** (1.345)	11.435*** (1.664)	-0.466 (1.005)	4.300*** (0.873)
m_t	0.866*** (0.079)	-0.043*** (0.016)	0.581*** (0.096)	0.988*** (0.139)	0.048** (0.022)	-0.098*** (0.026)
$cf_{i,t-1}$	-0.046* (0.027)	0.094*** (0.005)	0.062* (0.032)	-0.152*** (0.043)	0.125*** (0.008)	0.067*** (0.008)
$q_{i,t-1}$	2.019*** (0.468)	-0.338*** (0.097)	4.701*** (0.717)	7.784*** (0.686)	0.209 (0.166)	-0.638*** (0.128)
$age_{i,t}$	-0.004*** (0.000)	-0.002*** (0.000)	-0.005*** (0.000)	-0.002*** (0.001)	-0.002*** (0.000)	-0.002*** (0.000)
$size_{i,t}$	0.037*** (0.002)	0.002*** (0.000)	0.023*** (0.002)	0.070*** (0.004)	0.003*** (0.000)	0.00100 (0.001)
$cash_{i,t}$	0.420*** (0.022)	-0.043*** (0.005)	0.370*** (0.026)	0.515*** (0.038)	-0.048*** (0.006)	-0.052*** (0.007)
$roa_{i,t}$	0.850*** (0.039)	0.124*** (0.008)	0.954*** (0.047)	0.627*** (0.064)	0.139*** (0.011)	0.103*** (0.012)
$gs_{i,t}$	0.185*** (0.004)	0.002** (0.001)	0.149*** (0.006)	0.209*** (0.007)	0.004*** (0.001)	0.00100 (0.001)
$lev_{i,t}$	0.161*** (0.011)	0.00100 (0.002)	0.191*** (0.013)	0.145*** (0.019)	0.017*** (0.003)	-0.009** (0.004)

续表

分组方式	(1) $Invest_{i,t}$	(2) $capx_{i,t}$	(3) $Invest_{i,t}$ $state_{i,t}=1$	(4) $Invest_{i,t}$ $state_{i,t}=0$	(5) $capx_{i,t}$ $state_{i,t}=1$	(6) $capx_{i,t}$ $state_{i,t}=0$
$collater_{i,t}$	-0.463***	-0.00700	-0.293***	-0.623***	-0.032***	0.016**
	(0.023)	(0.005)	(0.026)	(0.040)	(0.006)	(0.008)
$conc_{i,t}$	-0.065***	0.00400	-0.098***	0.0410	-0.020***	0.042***
	(0.017)	(0.004)	(0.020)	(0.030)	(0.005)	(0.006)
$banc_{i,t}$	0.023***	0.006***	0.00600	0.042***	0.002*	0.009***
	(0.004)	(0.001)	(0.006)	(0.007)	(0.001)	(0.001)
$con\_$	-0.821***	0.057***	-0.490***	-1.549***	0.0170	0.080***
	(0.045)	(0.009)	(0.051)	(0.086)	(0.012)	(0.016)
ind_dummy	√	√	√	√	√	√
obs.	19905	19907	10836	9069	10838	9069
F_stat.	109.3	58.11	53.38	61.63	45.31	26.08
R^2_adj	0.243	0.145	0.216	0.279	0.189	0.138

注：由于模型加入了 $m_t * q_{i,t-1}$ 作为回归变量，因此两个原变量 m_t 和 $* q_{i,t-1}$ 只说明两者影响企业投资效应的截距因素，其显著性和正负号并不影响主要结论。

另外，我们关注了这种影响效应是否会在不同的货币态势下呈现出非对称的关系，即货币宽松提高投资—投资机会敏感性和货币紧缩降低投资—投资机会敏感性的效应是否有明显的差异。我们设计了两种检验方法：首先是对子样本再次分组，即将全部样本通过国有/民营和宽松/紧缩的不同组合分为四组进行估计，并比较交互项 $m_t * q_{i,t-1}$ 的系数大小。另一种方式是用二次项交互的设计分析这种非线性关系。具体的模型设定如下：

$$capx_{i,t} = \beta_0 + \beta_1 m_t + \beta_{21} m_t * q_{i,t-1} + \beta_{22} m_t^2 * q_{i,t-1} + \beta_3 q_{i,t-1} + \beta_4 (control\_) + ind_{dummy} + \epsilon_{i,t} (by-state_{i,t})$$

由于篇幅限制，这里只利用资本支出 $capx_{i,t}$ 作为被解释变量进行分析。相对于简单的交互项分析，这一部分主要是增加了 $m_t^2 * q_{i,t-1}$ 货币态势平方的交互项，其系数本身的大小没有意义，但可以利用三个系数 β_1、β_{21} 以及 β_{22} 显著的估计量来对这种非线性关系的抛物线形态进行描述。

在表 5-13 中，列（1）和列（2）列示了非线性模型得回归结果，可以看到货币态势变量的二次项与投资机会的交互项 $m_t^2 * q_{i,t-1}$ 系数显著为正，即两者之间存在显著的非线性关系。将国有和民营企业的两子样本组回归结果的系数作为二次函数列在图 5-2 中。

表 5-13 货币政策对企业把握投资机会能力影响的实证分析（非线性）

	（1）	（2）	（3）	（4）	（5）	（6）
分组方式	$state_{i,t}=1$	$state_{i,t}=0$	$state_{i,t}=1$		$state_{i,t}=0$	
			$mt_t=1$	$mt_t=0$	$mt_t=1$	$mt_t=0$
$m_t^2 * q_{i,t-1}$	72.658***	76.309***				
	(10.036)	(10.644)				
$m_t * q_{i,t-1}$	-19.413***	-15.507***	-1.353***	2.559***	1.473	4.010***
	(3.309)	(3.667)	(0.332)	(0.804)	(0.387)	(0.812)
m_t	0.111***	0.004	0.0270	-0.037*	-0.096***	-0.063***
	(0.024)	(0.029)	(0.019)	(0.019)	(0.018)	(0.024)
$cf_{i,t-1}$	0.122***	0.066***	0.120***	0.091***	0.085***	0.084***
	(0.008)	(0.008)	(0.007)	(0.006)	(0.007)	(0.006)
$q_{i,t-1}$	1.736***	1.159***	0.142	-0.370***	-0.462***	-0.586***
	(0.225)	(0.270)	(0.146)	(0.115)	(0.109)	(0.117)
$age_{i,t}$	-0.002***	-0.002***	-0.002***	-0.002***	-0.002***	-0.002***
	(0.000)	(0.000)	(0.000)	(0.000)	(0.000)	(0.000)
$size_{i,t}$	0.003***	0.002**	0.003***	0.001**	0.003***	0
	(0.000)	(0.001)	(0.000)	(0.000)	(0.000)	(0.000)
$cash_{i,t}$	-0.045***	-0.052***	-0.047***	-0.041***	-0.046***	-0.043***
	(0.006)	(0.007)	(0.006)	(0.005)	(0.006)	(0.005)
$roa_{i,t}$	0.139***	0.100***	0.133***	0.127***	0.120***	0.111***
	(0.011)	(0.012)	(0.010)	(0.009)	(0.010)	(0.009)
$gs_{i,t}$	0.003***	0.00100	0.003***	0.002**	0.00100	0.002**
	(0.001)	(0.001)	(0.001)	(0.001)	(0.001)	(0.001)
$lev_{i,t}$	0.016***	-0.013***	0.010***	0.00400	-0.00300	-0.00200
	(0.003)	(0.004)	(0.003)	(0.003)	(0.003)	(0.003)
$collater_{i,t}$	-0.033***	0.012*	-0.028***	-0.00700	0.00200	-0.00100
	(0.006)	(0.007)	(0.006)	(0.005)	(0.006)	(0.005)
$conc_{i,t}$	-0.019***	0.042***	-0.013***	0	0.015***	0.016***
	(0.005)	(0.006)	(0.004)	(0.004)	(0.004)	(0.004)
$banc_{i,t}$	0.002*	0.009***	0.004***	0.005***	0.006***	0.007***
	(0.001)	(0.001)	(0.001)	(0.001)	(0.001)	(0.001)
$con\_$	-0.00300	0.047***	0.00800	0.067***	0.031***	0.094***
	(0.012)	(0.017)	(0.011)	(0.010)	(0.012)	(0.011)
ind_dummy	√	√	√	√	√	√
obs.	10838	9069	13285	17460	14384	14592
F_stat.	45.35	26.67	51.90	49.83	42.36	39.47
R^2_adj	0.192	0.143	0.182	0.142	0.143	0.135

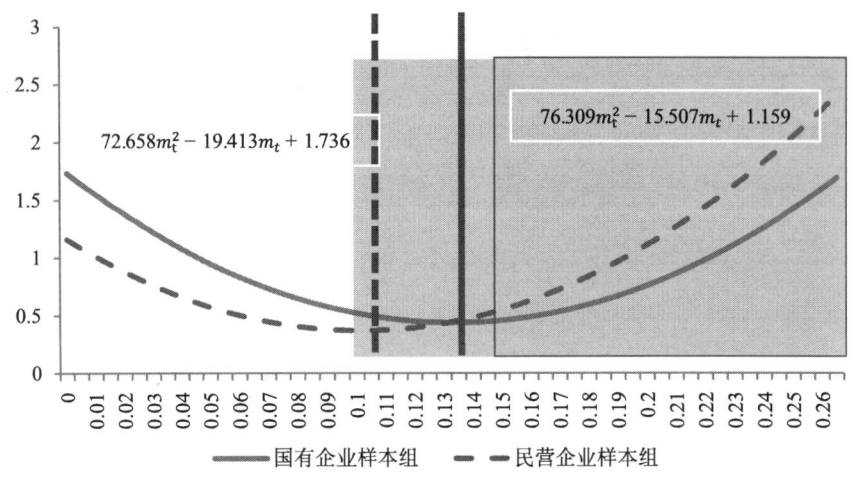

图 5-2　货币政策影响企业把握投资机会能力的二次函数形式

注：横轴表示货币政策变量 m_t，纵轴表示货币政策对企业投资—投资机会敏感性的影响程度。非实线填充区域为紧缩态势 $mt_t=1$，实线填充区域为宽松态势 $mt_t=0$。两条抛物线分别来自两个模型估计的相关系数。两条竖线分别为两条抛物线极小值对应的 m_t 值。

从图 5-2 可以看出，虽然两条曲线的形态比较接近，但极值点的差异导致在整个样本期内两类企业投资—投资机会敏感性受到货币政策影响的趋势存在一定差异。就国有企业角度看，二次函数极小值对应的 m_t 为 13.6% 左右，在样本中多数时间点（样本期内货币供应量 m_t 大多位于 10%—16% 之间，只有 2009 年偏高）中呈现对称抛物线形态，即在货币政策最宽松和最紧的阶段，企业把握投资机会的能力够会更强。相对而言，民营企业的二次函数极值的横坐标（10.3% 左右）偏离于整个样本的均值较多，多数情况下投资—投资机会敏感性与货币政策呈现正相关关系，即更高的货币供应量会提高民营企业把握投资机会的能力，而紧缩状态下企业会放弃更多的机会。从表 5-13 列（3）—（6）中对企业类型和货币态势双重分组回归的情况也可以得到类似的结论，国有企业在货币宽松区间内会有更强地把握投资机会能力，但紧缩时交互项 $m_t * q_{i,t-1}$ 系数显著为负，说明在低水平下货币继续收缩反而会提高企业的投资—投资机会敏感性。民营企业投资在宽松区制下与国有企业的情况类似，交互项系数更高，说明资金充裕对其投资效率的相对改善效果更强，紧缩条件下虽然系数有所降低，但两者的关系仍为正相关，即融资偏紧会明显降低民营企业的投资效率。这一结论符合前期文献中关于国有企业融资便利的研究，如周黎安（2008）指出在稳增长压力下，官员会倾向于逆周期扩大国有企业的融资规模，于蔚、汪森军和金祥荣（2012）考虑了国有企业政治关联在缓解银企信息不对称中的作用，于泽、陆怡舟和王闻达（2015）指出银行体系存在对于民营企业抵押品相关要素缺失的歧视。这些差异化的融资机制在货币增速下滑、信贷规模收缩、资金价格上升的区制内更加明显。

总的来看，在第一部分我们从数据上验证了货币政策与企业投资规模之间的正向关系，同时考虑了企业股权性质和外部的货币周期环境的影响。从数据上看，民营企业的这种关系更强，宽松阶段这种效应更显著。对投资—投资机会敏感性与货币态势关系的研究从一个方面探寻了这种机制，结论表明，货币政策的宽松会从整体上改善企业把握投资机会的能力，这种效果在民营企业中可能更为明显。但在紧缩条件下，其机制存在非对称性和非一致性，货币收缩会降低民营企业投资与投资机会的敏感关系，国有企业的情况则有所反转，更低的货币供给反而会提升国有企业对投资机会的把握能力。在后续融资部分的实证研究中，我们将对这种非一致性的机制逻辑进行研究。

第二节 货币政策、财务特征与企业投资行为

在前期的研究中，不少学者关注了货币政策影响企业投资行为的异质性问题，除了基本的股权性质外，包括企业类型、财务特征以及成长性的差异都可能造成企业面临货币态势波动时的投资行为变化。本节选择了涵盖企业内在特征、财务特征以及治理特征的 7 个典型指标，分析了货币政策对不同类型企业投资规模的影响以及把握投资机会的能力的影响。

一、主要回归指标的设定

主要的数据来源、样本选择、与企业投资相关的回归变量计算方法都与第一部分一致，不再赘述。本部分中的企业类型变量计算方法如表 5-14 所示。

变量涉及企业的基本特征，如规模 $size_{i,t}$ 和融资约束程度 $sa_{i,t}$；经营效率相关指标，如营运资金周转率 $worx_{i,t}$ 和营业收入增长 $gs_{i,t}$；偿债能力和经营风险情况，如流动性比率 $lqlev_{i,t}$、利息保障倍数 $icr_{i,t}$ 以及资产可抵押性 $collater_{i,t}$。其中，融资约束和资产可抵押性是根据前期研究方法计算的替代指标。

表 5-14　　　　　　　　　主要特征变量的计算方法

	变量名称	变量符号	计算方法
特征变量	企业规模	$size_{i,t}$	企业 i 第 t 年末总资产的自然对数值
	融资约束	$sa_{i,t}$	企业 i 第 t 年的融资约束程度。具体参考了 Hadlock 和 Pierce（2010）以及鞠晓生、卢荻和虞义华（2013）的计算方法。融资约束程度 = （-0.737×企业规模）+（0.043×企业规模^2）-（0.040×企业成立时长），指数越小表示融资约束越大
	营运资金周转率	$worx_{i,t}$	企业 i 第 t 年年销售收入净额与平均营运资金规模之比，主要用于衡量营运资本的使用效率
	流动性比率	$lqlev_{i,t}$	企业 i 第 t 年末流动性负债与流动性资产之比，主要衡量企业短期流动性压力
	主营业务收入增长率	$gs_{i,t}$	企业 i 第 t 年主营业务收入与 $t-1$ 年主营业务收入之比
	利息保障倍数	$icr_{i,t}$	企业 i 第 t 年息税前利润与利息费用的比值
	资产可抵押性	$collater_{i,t}$	企业 i 第 t 年末资产可抵押性。具体参考了 Berger 等（1996），Almeida 和 Campello（2007）和李青原和王红建（2013）的计算方法：资产可抵押性 = （货币资金 + 0.715×应收账款 + 0.547×存货 + 0.535×固定资产）/总资产

二、描述性统计

特征变量的描述性统计见表 5-15 所示。

表 5-15　　　　　　　　　特征变量的描述性统计

变量名称	样本数	均值	标准差	中位数	最小值	最大值
$size_{i,t}$	22774	21.7567	1.2133	21.5900	19.4508	25.6743
$sa_{i,t}$	22774	3.8713	1.3889	3.6319	1.3398	8.7921
$worx_{i,t}$	21647	1.8645	19.7569	1.6117	-17.4135	23.0795
$lqlev_{i,t}$	22774	2.0503	1.7194	1.4186	0.2434	18.4254
$gs_{i,t}$	21644	0.1941	0.4247	0.1243	-0.5420	2.7324
$icr_{i,t}$	22774	1.4417	20.0354	2.6605	-52.9448	44.5587
$collater_{i,t}$	22444	0.4324	0.1260	0.4284	0.1343	0.7953

从数据看，样本企业的特征呈现出非常明显的多元化，所有变量即使经过缩尾后的数据极值仍然偏离于均值和中位数较多。营运资本效率$worx_{i,t}$和利息保障倍数$icr_{i,t}$的均值和标准差之比均小于0.1，样本整体的离散程度很高。流动性比率$lqlev_{i,t}$均值明显高于中位数，说明多数样本流动性状况健康，但少数样本流动性压力较大。利息保障倍数$icr_{i,t}$也有类似的情况，较大比例的企业偿债能力较好，超过一半倍数在2.66以上，但整体均值仅1.44，说明少量企业的盈利能力相对于利息支出非常低。

为了更直观的描述不同特征企业的投资情况，我们在每一个年度将截面样本按照特征变量数值排序，取最大25%的样本和最小25%的样本分别计入该变量的最大组和最小组。然后对两个极端组样本的资本支出$capx_{i,t}$进行均值检验，如表5-16所示。

表 5-16　　　　　　　投资规模按特征变量分组的均值检验结果

分组变量	分组	样本数	均值	标准差	差值95%置信区间	t值	单边P值
$size_{i,t}$	最小组	5692	0.0564	0.0552	-0.0141	-11.3584	0.0000
	最大组	5690	0.0684	0.0576	-0.0099		
$sa_{i,t}$	最小组	5692	0.0540	0.0534	-0.0175	-14.7309	0.0000
	最大组	5688	0.0694	0.0583	-0.0134		
$worx_{i,t}$	最小组	5687	0.0651	0.0568	0.001	2.9381	0.0017
	最大组	5687	0.0621	0.0552	0.005		
$lqlev_{i,t}$	最小组	5692	0.0693	0.0605	0.0105	11.9697	0.0000
	最大组	5690	0.0567	0.0509	0.0146		
$gs_{i,t}$	最小组	5412	0.0482	0.0496	-0.0218	-19.4715	0.0000
	最大组	6537	0.0680	0.0597	-0.0178		
$icr_{i,t}$	最小组	5687	0.0534	0.0512	-0.0181	-15.5736	0.0000
	最大组	5688	0.0695	0.0589	-0.0141		
$collater_{i,t}$	最小组	5687	0.0581	0.0614	0.0022	4.0864	0.0000
	最大组	5688	0.0539	0.0482	0.0062		

可以看出，在每一个因素的两个极端组中资本支出的均值均有较大差异，如营业收入增长$gs_{i,t}$最高组和最低组的投资均值相差50%。除运营资金周转率在1%的水平下拒绝均值之差为0的原假设外，其他分组都能通过0.01%的显著性检验，说明特征因素确实对企业投资规模影响很大。具体来看，规模更大、融资约束更小、营运资金周转率更高、营业收入增长更高、流动性比率更低、利息保障倍数更高、资

产可抵押性更高的企业会有更高的平均投资增长。

三、货币政策变化对哪类企业投资的影响更大

这一部分实证分析的主要目的是分析不同类型企业投资与货币政策变化的敏感关系是否有显著差异,这里主要采用了交互项回归的方式,具体模型如下:

$$capx_{i,t} = \beta_0 + \beta_1 m_t + \beta_2 m_t * X_{i,t} + \beta_3 X_{i,t} + \beta_4(control\_) + ind_{dummy} + \epsilon_{i,t}$$

其中,$X_{i,t}$是反映企业财务特征的变量,针对每一个特征因素都进行替代后进行独立的回归;交互项$m_t * X_{i,t}$的系数β_2显著为正说明特征变量的数值越大,货币政策变化对企业实际投资规模的正向影响越明显,反之则反。其他的控制变量和聚类方式与第一部分的基础模型一致。

在表5-17中,列(1)—(7)分别列示了7个因素作为交互项的回归结果。可以看出,整体上除了运营资金周转率$worx_{i,t}$之外,其他6个模型的交互项均在1%的水平下显著。具体来看,$m_t * size_{i,t}$的系数显著为负,说明企业规模越小,其投资行为受外部货币政策的冲击越严重。相似的,这种效应也体现在融资约束程度更高、资产可抵押性越低的企业上。这与Leary(2009)以及于蔚、汪淼军和金祥荣(2012)等的研究结论吻合。从财务角度看,企业短期流动性压力过高或偿债能力不足都可能导致其对外部融资的需求较高,这类企业的实际投资规模往往与货币政策的宽松程度密切相关。最后,主营业务收入增长率较低的企业对外部环境的依赖性也更大。

表5-17 货币政策影响不同特征企业投资规模的实证分析

	(1)	(2)	(3)	(4)	(5)	(6)	(7)
分组变量$X_{i,t}$	$size_{i,t}$	$sa_{i,t}$	$worx_{i,t}$	$lqlev_{i,t}$	$gs_{i,t}$	$icr_{i,t}$	$collater_{i,t}$
$m_t * X_{i,t}$	-0.068***	-0.061***	0	0.016***	-0.061***	-0.001**	-0.535***
	(0.007)	(0.007)	(0.000)	(0.005)	(0.022)	(0.000)	(0.077)
m_t	1.465***	-0.230***	0.009	-0.038***	0.001	0.008	0.240***
	(0.161)	(0.027)	(0.010)	(0.013)	(0.010)	(0.010)	(0.035)
$X_{i,t}$	-0.009***	-0.00400	0	0.002***	-0.007**	0	0.076***
	(0.001)	(0.004)	(0.000)	(0.001)	(0.004)	(0.000)	(0.013)
$cf_{i,t-1}$	0.094***	0.094***	0.093***	0.093***	0.094***	0.094***	0.094***
	(0.005)	(0.005)	(0.006)	(0.006)	(0.006)	(0.006)	(0.005)
$q_{i,t-1}$	0.0250	0.0190	0.0360	0.0380	0.0390	0.0390	0.0430
	(0.027)	(0.027)	(0.027)	(0.027)	(0.027)	(0.027)	(0.027)

续表

分组变量$X_{i,t}$	（1） $size_{i,t}$	（2） $sa_{i,t}$	（3） $worx_{i,t}$	（4） $lqlev_{i,t}$	（5） $gs_{i,t}$	（6） $icr_{i,t}$	（7） $collater_{i,t}$
$age_{i,t}$	-0.002***	-0.002***	-0.002***	-0.002***	-0.002***	-0.002***	-0.002***
	（0.000）	（0.000）	（0.000）	（0.000）	（0.000）	（0.000）	（0.000）
$size_{i,t}$		-0.00500	0.001***	0.001***	0.001***	0.001***	0.002***
		（0.005）	（0.000）	（0.000）	（0.000）	（0.000）	（0.000）
$cash_{i,t}$	-0.042***	-0.042***	-0.042***	-0.039***	-0.042***	-0.042***	-0.044***
	（0.005）	（0.005）	（0.005）	（0.005）	（0.005）	（0.005）	（0.005）
$roa_{i,t}$	0.126***	0.127***	0.127***	0.125***	0.125***	0.124***	0.127***
	（0.008）	（0.008）	（0.008）	（0.008）	（0.008）	（0.008）	（0.008）
$gs_{i,t}$	0.002**	0.002**	0.002**	0.002**		0.002**	0.002**
	（0.001）	（0.001）	（0.001）	（0.001）		（0.001）	（0.001）
$lev_{i,t}$	0.00300	0.00300	0.00200	-0.00100	0.00100	0.00200	0.00100
	（0.002）	（0.002）	（0.002）	（0.003）	（0.002）	（0.002）	（0.002）
$collater_{i,t}$	-0.008*	-0.008*	-0.00700	-0.00600	-0.00700	-0.00700	
	（0.005）	（0.005）	（0.005）	（0.005）	（0.005）	（0.005）	
$conc_{i,t}$	0.005	0.004	0.005	0.005	0.005	0.005	0.004
	（0.004）	（0.004）	（0.004）	（0.004）	（0.004）	（0.004）	（0.004）
$banc_{i,t}$	0.006***	0.006***	0.006***	0.006***	0.006***	0.006***	0.006***
	（0.001）	（0.001）	（0.001）	（0.001）	（0.001）	（0.001）	（0.001）
con_	0.280***	0.201**	0.050***	0.046***	0.051***	0.050***	0.0110
	（0.027）	（0.090）	（0.009）	（0.009）	（0.009）	（0.009）	（0.011）
ind_dummy	√	√	√	√	√	√	√
obs.	19907	19907	19907	19907	19907	19907	19907
F_stat.	59.46***	58.54***	57.01***	57.13***	57.94***	57.08***	58.74***
R^2_adj	0.148	0.148	0.144	0.145	0.144	0.145	0.146

注：部分特征变量同时也是影响投资规模的控制因素，如规模、主营业务收入增长以及资产可抵押性，统一将回归结果列示在$X_{i,t}$，原指标所在行空置。

四、货币政策对不同类型企业把握投资机会能力的影响

与股权性质的研究类似，我们也关注了不同类型企业投资—投资机会敏感性受到货币政策变动影响是否存在差异，分组回归的模型如下：

$$capx_{i,t} = \beta_0 + \beta_1 m_t + \beta_2 m_t * q_{i,t-1} + \beta_3 q_{i,t-1} + \beta_4(control\_) + ind_{dummy} + \epsilon_{i,t} (by - X_{i,t})$$

基础模型与第一部分类似，我们对每一个因素的最大组和最小组（按照描述性

统计中的计算方式）分别进行估计，并比较组间 $m_t * q_{i,t-1}$ 的系数大小来判断企业类型对这种投资—投资机会渠道的影响效果。具体如表 5-18a 和表 5-18b 所示。

表 5-18a 货币政策对不同类型企业把握投资机会能力影响的实证分析（a）

分组方式	(1) $size_{i,t}$ 最大组	(2) $size_{i,t}$ 最小组	(3) $sa_{i,t}$ 最大组	(4) $sa_{i,t}$ 最小组	(5) $worx_{i,t}$ 最大组	(6) $worx_{i,t}$ 最小组	(7) $lqlev_{i,t}$ 最大组	(8) $lqlev_{i,t}$ 最小组
$m_t * q_{i,t-1}$	-0.756 (1.832)	3.747*** (1.031)	-0.582 (1.845)	4.430*** (1.018)	3.381** (1.542)	5.180*** (1.823)	3.052*** (1.006)	-1.533 (1.590)
m_t	0.102*** (0.036)	-0.122*** (0.035)	0.098*** (0.036)	-0.136*** (0.034)	-0.0220 (0.034)	-0.0560 (0.036)	-0.109*** (0.034)	0.063* (0.034)
$cf_{i,t-1}$	0.185*** (0.012)	0.046*** (0.011)	0.182*** (0.012)	0.048*** (0.010)	0.095*** (0.010)	0.135*** (0.012)	0.048*** (0.012)	0.151*** (0.012)
$q_{i,t-1}$	0.343 (0.301)	-0.595*** (0.159)	0.367 (0.304)	-0.691*** (0.157)	-0.264 (0.237)	-0.553** (0.265)	-0.511*** (0.152)	0.399 (0.257)
$age_{i,t}$	-0.002*** (0.000)	-0.002*** (0.000)	-0.002*** (0.000)	-0.002*** (0.000)	-0.002*** (0.000)	-0.003*** (0.000)	-0.002*** (0.000)	-0.003*** (0.000)
$size_{i,t}$	-0.002* (0.001)	0 (0.002)	-0.00100 (0.001)	0.00100 (0.002)	0.002*** (0.001)	0.005*** (0.001)	-0.005*** (0.001)	0.006*** (0.001)
$cash_{i,t}$	-0.066*** (0.009)	-0.022** (0.010)	-0.074*** (0.009)	-0.0140 (0.009)	-0.054*** (0.010)	-0.021** (0.010)	-0.0100 (0.009)	-0.00100 (0.012)
$roa_{i,t}$	0.076*** (0.020)	0.135*** (0.014)	0.071*** (0.020)	0.121*** (0.014)	0.143*** (0.016)	0.181*** (0.016)	0.102*** (0.016)	0.178*** (0.016)
$gs_{i,t}$	0.00100 (0.002)	0.00200 (0.002)	0.00100 (0.002)	0.00200 (0.002)	-0.00200 (0.002)	0.00300 (0.002)	0.00200 (0.002)	0.00300 (0.002)
$lev_{i,t}$	0.034*** (0.006)	-0.014*** (0.005)	0.035*** (0.006)	-0.014*** (0.004)	-0.00500 (0.006)	0.023*** (0.005)	-0.014* (0.007)	0.00500 (0.006)
$collater_{i,t}$	-0.056*** (0.009)	-0.00800 (0.010)	-0.050*** (0.009)	-0.0150 (0.010)	-0.0110 (0.009)	-0.045*** (0.009)	-0.020* (0.011)	-0.052*** (0.009)
$conc_{i,t}$	-0.032*** (0.007)	0.037*** (0.008)	-0.030*** (0.007)	0.040*** (0.008)	0.00600 (0.006)	-0.014** (0.007)	0.0100 (0.007)	-0.0110 (0.007)
$banc_{i,t}$	0.00300 (0.002)	0.008*** (0.002)	0.00200 (0.002)	0.008*** (0.002)	0.006*** (0.002)	0.004* (0.002)	0.005*** (0.002)	0.007*** (0.002)
con_	0.141*** (0.022)	0.088** (0.041)	0.142*** (0.022)	0.0530 (0.039)	0.043** (0.017)	-0.00300 (0.019)	0.198*** (0.022)	-0.0220 (0.019)
ind_dummy	√	√	√	√	√	√	√	√
obs.	5199	4637	5169	4703	4989	4996	4457	5213
F_stat.	29.93	14.43	30.99	13.48	23.32	21.48	11.17	24.40
R^2_adj	0.231	0.140	0.239	0.129	0.203	0.189	0.113	0.204

表 5-18b　货币政策对不同类型企业把握投资机会能力影响的实证分析（b）

	(9)	(10)	(11)	(12)	(13)	(14)
分组方式	$gs_{i,t}$		$icr_{i,t}$		$collater_{i,t}$	
	最大组	最小组	最大组	最小组	最大组	最小组
$m_t * q_{i,t-1}$	1.736	3.763***	1.816*	3.932***	2.358**	3.367**
	(1.185)	(1.234)	(0.960)	(1.345)	(1.012)	(1.336)
m_t	-0.006	-0.053*	-0.081***	-0.100***	-0.055*	-0.0530
	(0.034)	(0.030)	(0.031)	(0.037)	(0.029)	(0.035)
$cf_{i,t-1}$	0.106***	0.058***	0.145***	0.060***	0.074***	0.117***
	(0.011)	(0.009)	(0.012)	(0.011)	(0.010)	(0.012)
$q_{i,t-1}$	-0.184	-0.384**	-0.545***	-0.269*	-0.378**	-0.427**
	(0.181)	(0.192)	(0.206)	(0.147)	(0.156)	(0.204)
$age_{i,t}$	-0.002***	-0.002***	-0.002***	-0.002***	-0.002***	-0.002***
	(0.000)	(0.000)	(0.000)	(0.000)	(0.000)	(0.000)
$size_{i,t}$	0.00100	0.004***	-0.002***	0	-0.001*	0.004***
	(0.001)	(0.001)	(0.001)	(0.001)	(0.001)	(0.001)
$cash_{i,t}$	-0.075***	-0.0120	-0.075***	-0.063***	-0.0110	-0.0230
	(0.010)	(0.008)	(0.011)	(0.009)	(0.008)	(0.016)
$roa_{i,t}$	0.106***	0.080***	0.042**	0.063***	0.067***	0.135***
	(0.018)	(0.013)	(0.018)	(0.013)	(0.015)	(0.016)
$gs_{i,t}$	-0.008***	0.018***	0	0.003	0.006***	-0.002
	(0.001)	(0.005)	(0.002)	(0.002)	(0.002)	(0.002)
$lev_{i,t}$	-0.00400	-0.009**	0.033***	-0.028***	-0.014***	0.017***
	(0.005)	(0.004)	(0.006)	(0.004)	(0.004)	(0.005)
$collater_{i,t}$	0.025**	-0.023***	0.0120	0.040***	-0.082***	0.066***
	(0.010)	(0.008)	(0.010)	(0.009)	(0.015)	(0.014)
$conc_{i,t}$	0.00900	-0.00300	0.014*	0.020***	0.011*	-0.004
	(0.008)	(0.006)	(0.008)	(0.007)	(0.007)	(0.007)
$banc_{i,t}$	0.006***	0.003**	0.009***	0.008***	0.008***	0.002
	(0.002)	(0.002)	(0.002)	(0.002)	(0.002)	(0.002)
$con\_$	0.071***	0.0100	0.140***	0.063***	0.138***	-0.030
	(0.020)	(0.018)	(0.020)	(0.019)	(0.019)	(0.020)
ind_dummy	√	√	√	√	√	√
$obs.$	4932	4958	4784	4865	4409	5199
$F\_stat.$	18.73	12.99	18.95	14.43	16.27	19.22
R^2_adj	0.175	0.121	0.176	0.136	0.165	0.169

每连续两列表示某一特征因素的两个极端组的估计结果，整体上看，通过投资机会渠道的研究，能很好地解释前一部分货币政策影响企业投资的特征差异情况。具体来说，小企业组交互项 $m_t * q_{i,t-1}$ 系数在1%的水平下显著为正，而大企业组系数不显著，这说明货币政策对小企业投资的影响更大，确实源于其能改善企业把握投资机会的能力，而大企业这种效应并不强。融资约束高的企业交互项系数显著为正，融资约束低的企业并不显著，这与企业规模的检验结果非常类似，两者的影响机制也很接近。从营运资金周转率角度看，两个子样本组的回归结果均显著为正，营运能力较差的企业可能受到货币政策影响相对更大。与风险和成长性相关的指标，即流动性压力、偿债能力和主营业务收入，都表现出非常明显的特征差异性，$lqlev_{i,t}$ 最高的样本组实证结果中交互项系数显著为正，估计量达到3.052，而流动性比率低的企业组回归系数不显著。这说明货币宽松能有效提高那些流动性压力较高企业的投资—投资机会敏感性。类似的，利息保障倍数 $icr_{i,t}$ 和主营业务收入增长 $gs_{i,t}$ 数值较低的企业会受外部货币态势的影响更大。最后是资产可抵押性指标，最大组和最小组中交互项都显著为正，相对来看可抵押资产不足的企业把握投资机会更依赖货币宽松。

为了更直观地了解企业特征、货币政策与企业投资规模之间的相互关系，尤其是特征变量的平滑效应，我们在每个年度将所有的样本按照特征因素的数值按从小到大划分为10组，将每一个十分位数的样本分别归总，整体形成10个自样本组。分别利用如下模型进行估计：

$$capx_{i,t} = \beta_0 + \beta_1 m_t + \beta_2 m_t * q_{i,t-1} + \beta_3 q_{i,t-1} + \beta_4(control\_) + ind_{dummy} + \epsilon_{i,t}(by - X_{i,t})$$

将每个因素的10组样本回归结果的 β_2 系数列示在图5-3中。

总的来看，利用各个变量分成的10个子样本组回归结果确实并不稳定，说明货币政策对企业投资和投资机会的影响会由于特征因素而有较大差异。可以看到，企业规模、融资约束程度、运营资金周转率、利息保障倍数分组的交互项系数都随着组别序号增加呈现明显的下滑趋势，而流动性比率分组回归结果图形则向上倾斜。相对而言，主营业务收入增长和资产可抵押性虽然也有下滑，但整体较为平稳。这些结论与两组回归的情况吻合，也符合上文的理论分析。

总的来看，这一部分我们分析了不同特征企业在进行投资规模决策时受外部货币政策影响的差异性。从数据看，不同类型企业由于对外部融资的依赖程度明显不同，货币政策的宽松或紧缩会对部分企业把握投资机会的能力产生明显影响。规模较小的、融资约束程度高的、资产可抵押率低、运营资金周转率低、流动性压力大、偿债能力较弱，营业收入增长偏低的企业在经营中会更依赖于外部的货币环境宽松。

在紧缩条件下相关企业主观上趋于保守，客观上也会受到外部金融市场和金融机构的歧视。整体的融资难度和成本的上升会对这类企业冲击更大，造成其把握投资机会能力明显下滑。

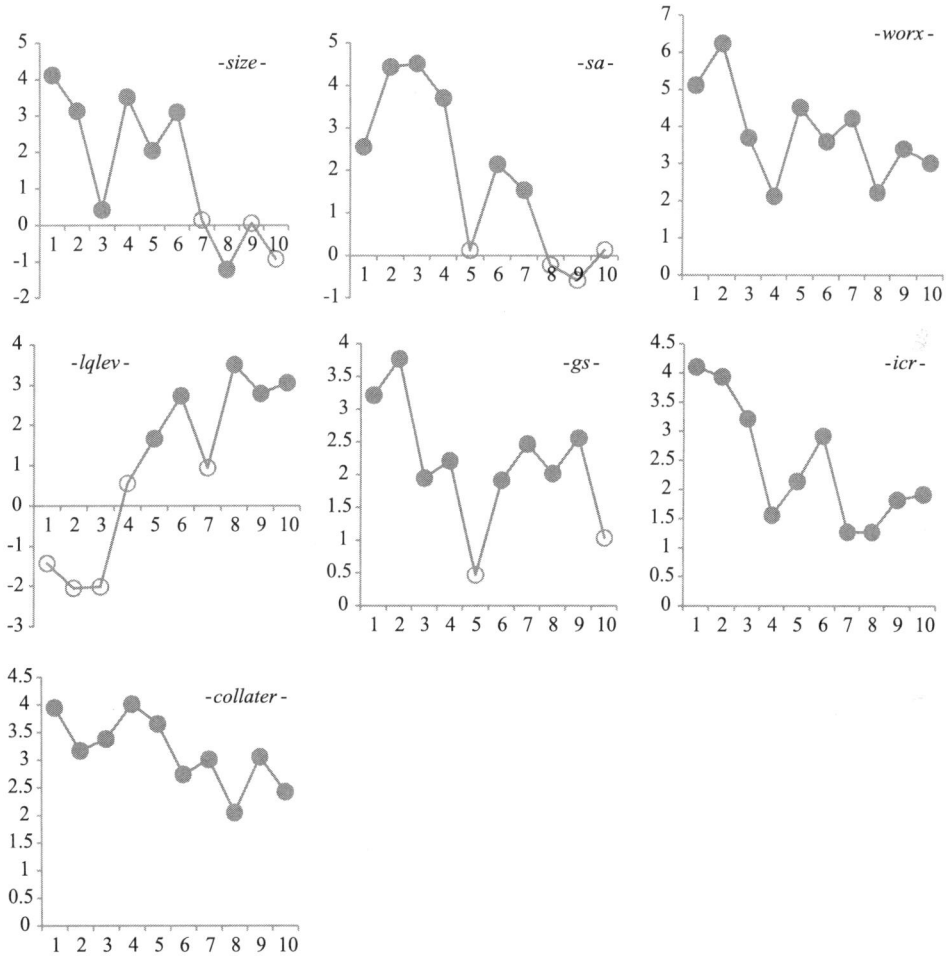

图 5－3　货币政策影响不同类型企业把握投资机会能力的实证结果（分组回归）

注：每一个图形表示利用某一个特征变量将样本分组后的回归结果。横坐标表示组别，组别 1 表示特征变量每年最小的 10% 的样本集；纵坐标表示该组样本回归结果中交互项 $m_t * q_{i,t-1}$ 的系数 β_2 的估计值。空心的点表示在 5% 的水平下不显著。

第三节 货币政策、股权性质与企业融资行为

相对于投资行为而言,企业融资是更基础的财务决策,其受到外部货币环境的影响更为直接,而且根据前文的理论和实证分析,融资状况的变化也会对企业的投资产生内生的冲击。这一部分我们重点关注了货币政策对企业融资行为的影响,涉及融资规模、结构、资本结构、融资成本以及影响机制等多个方面。

一、主要回归指标与设定

主要的回归变量计算方法如表 5-19 所示。

表 5-19　　　　　　　　主要回归变量的计算方法

	变量名称	变量符号	计算方法
融资情况	债权净现金流	$deb_{i,t}$	企业 i 第 t 年的债权净现金流/总资产。债权净现金流 = 发行债券收到的现金 + 取得借款收到的现金 + 收到其他与筹资活动有关的现金 – 偿还债务支付的现金 – 支付其他与筹资活动有关的现金/总资产
	股权净现金流	$sha_{i,t}$	企业 i 第 t 年的股权净现金流 = 吸收权益性投资收到的现金 – 分配股利、利润或偿付利息支付的现金/总资产
	净融资规模	$fin_{i,t}$	企业 i 第 t 年债权净现金流入与股权净现金流入之和与总资产的比值
	新增融资结构	$fstr_{i,t}$	企业 i 第 t 年债权净现金流入与股权净现金流入的比值
资本结构	杠杆率	$lev_{i,t}$	企业 i 第 t 年总负债与总资产的比值
	有息负债率	$levx_{i,t}$	企业 i 第 t 年有息负债与总资产的比值
融资机制	融资成本	$dcost_{i,t}$	企业 i 第 t 年实际支付的现金股利,支付给其他投资单位的利润以及支付的借款利息、债券利息等与总负债的比值
	债务期限结构	$dmstr_{i,t}$	企业 i 第 t 年长期负债与短期负债的比值
	还本付息压力	$dpu_{i,t}$	企业 i 第 t 年偿还债务本金支付的现金与偿付债务利息支付现金的比值
	还本付息能力	$icrebit_{i,t}$	企业 i 第 t 年息税折旧摊销前利润与总负债的比值

续表

	变量名称	变量符号	计算方法
税负压力	综合税率	$taxa_{i,t}$	企业 i 第 t 年营业税金及附加与所得税费用之和与营业总收入的比值
	所得税率	$tax_{i,t}$	企业 i 第 t 年所得税费用与利润总额的比值
核心变量	货币政策	m_t	t 年末 M2 余额同比增速,为时间序列变量
	货币紧缩	mt_t	t 年末 M2 余额同比增速小于中位数,则 $mt_t=1$,否则 $mt_t=0$。中位数利用整个样本期月度数据计算得到
	是否国有企业	$state_{i,t}$	企业 i 第 t 年的股权性质,如果企业为国有控股,则 $state_{i,t}=1$,否则 $state_{i,t}=0$。上市公司的控股股东由股权控制链计算得到,如相关数据存在缺失,则根据年报中公布的为准。实际控制人性质为国有企业、机关事业单位或各级政府定义为国有企业,实际控制人为民营企业或个人则定义为非国有企业
控制变量	投资机会	$q_{i,t}$	企业 i 第 t 年末的 TobinQ 值。具体的计算方法是指:(总股数 - 境内上市的外资股 B 股)× 年末收盘价 A 股当期值 + 境内上市的外资股 B 股 × 年末收盘价当期值 × 当日汇率 + 年末负债合计/(年末资产总计 - 无形资产净额 - 商誉净额)
	成立时间	$age_{i,t}$	企业 i 第 t 年的成立时间是年份 t 减去企业成立的年份
	企业规模	$size_{i,t}$	企业 i 第 t 年末总资产的自然对数值
	现金持有	$cash_{i,t}$	企业 i 第 t 年末库存现金、银行结算户存款、外埠存款、银行汇票存款、银行本票存款、信用卡存款、信用证保证金存款等的合计数比上年末总资产
	盈利情况	$roa_{i,t}$	企业 i 第 t 年总资产净利润率
	收入增长	$gs_{i,t}$	企业 i 第 t 年主营业务收入与 $t-1$ 年主营业务收入的比例减 1
	杠杆水平	$lev_{i,t}$	企业 i 第 t 年末总负债与总资产的比值
	资产可抵押性	$collater_{i,t}$	企业 i 第 t 年末资产可抵押性。具体参考了 Berger 等(1996)、Almeida 和 Campello(2007)和李青原和王红建(2013)的计算方法:资产可抵押性 =(货币资金 + 0.715 × 应收账款 + 0.547 × 存货 + 0.535 × 固定资产)/总资产
	股权集中度	$conc_{i,t}$	企业 i 第 t 年末第一大股东持股比例

续表

	变量名称	变量符号	计算方法
控制变量	股权制衡度	$banc_{i,t}$	企业 i 第 t 年末前五大股东持股与第一大股东持股规模的比值
	非债务税盾	$ndts_{i,t}$	企业 i 第 t 年末固定资产折旧与总资产的比值
	行业虚拟变量	ind_dummy	由于面板数据截面较大，固定效应可能丢失过多的自由度，因此考虑利用行业进行聚类，但在上市公司中，制造业企业数量较多，则在制造业中二级行业进行区分。具体来看，参见《上市公司分类指引》（2012 年修订版），其中 C 类制造业公司按 C13—C43 分为 31 个行业，其余公司按大类分别设置虚拟变量

根据前期研究，融资行为存在即期特征和存量特征两个方面，即当年的融资规模、结构，以及长期以来融资行为的结果（资本结构存量）。在即期特征方面，我们的被解释变量主要来自当年的现金流量表，即债权融资（债权净现金流）$deb_{i,t}$ 和股权融资（股权净现金流）$sha_{i,t}$，以及两者的总规模 $fin_{i,t}$ 和比例 $fstr_{i,t}$，在存量特征方面选择了两个资本结构指标，即杠杆率 $lev_{i,t}$ 和有息负债率 $levx_{i,t}$。为分析货币政策影响企业融资行为和结构的内在逻辑，我们关注了几个融资特征变量，包括融资成本 $dcost_{i,t}$、债务期限结构 $dmstr_{i,t}$，企业当前面临的还本付息的压力 $dpu_{i,t}$ 和能力 $icrebit_{i,t}$，以及税收压力 $tax_{i,t}$（$taxa_{i,t}$）。主要的回归变量为货币政策 m_t 和紧缩虚拟变量 mt_t，同样我们重点关注不同股权性质 $state_{i,t}$ 企业这种影响机制的差异性。这一部分的实证分析主要涉及融资和资本结构相关问题，因此控制变量的选择与投资基础模型有所不同，具体相关的指标如表中所示，除非债务税盾因素外，其他的计算方法与前期研究一致。

二、描述性统计

主要回归变量的描述性统计结果如表 5 – 20 所示，与前两部分实证相关的变量未列出。

从规模来看，上市公司的债权融资规模均值要略低于股权融资，波动性也相对更小。这是由于本书研究的样本主要是上市公司，从整体上看中国多数企业的融资极度依赖银行体系，社会融资规模结构中债权融资的规模明显更大。从融资结构 $fstr_{i,t}$ 的数据看，债权和股权融资的比值在多数样本中为负数，即两者之间存在替代关系，债权和股权融资应该看作一个综合的权衡决策。从资本结构数据看，杠杆率

$lev_{i,t}$ 的均值和中位数比较接近，整体呈现对称的分布，均值水平不到45%，说明至少在报表上多数企业杠杆水平是比较健康的。此外，从均值水平看，整体财务成本不高，短期债务与长期债务比较均衡，付息的压力较小，能力比较强，税收比例相对比较稳定。但从均值和中位数的差，以及方差和极值情况看，样本企业的融资特征差异很大。例如融资成本和还本付息能力 $icrebit_{i,t}$，均值都比中位数多50%以上，说明样本分布并不均匀，少数样本极大地偏离于中间值。

表 5-20 主要回归变量的描述性统计结果

变量名称	样本数	均值	标准差	中位数	最小值	最大值
$deb_{i,t}$	22774	0.0178	0.0750	0.0046	-0.1969	0.2517
$sha_{i,t}$	22774	0.0210	0.1260	-0.0168	-0.0869	0.6234
$fin_{i,t}$	22774	0.0390	0.1351	0.0023	-0.2038	0.5913
$fstr_{i,t}$	22517	-0.8844	7.2062	-0.1114	-36.7655	32.2781
$lev_{i,t}$	22774	0.4433	0.2080	0.4445	0.0478	0.9409
$levx_{i,t}$	22774	0.2001	0.1652	0.1799	0.0000	0.6553
$dcost_{i,t}$	22712	0.0798	0.1098	0.0468	0.0000	0.7254
$dmstr_{i,t}$	18443	0.9211	2.5657	0.1243	0.0000	18.9531
$dpu_{i,t}$	22415	11.1070	12.1348	8.2645	0.0000	73.4223
$icrebit_{i,t}$	21649	0.2939	0.3519	0.1906	-0.2625	2.0755
$taxa_{i,t}$	22690	0.0312	0.0336	0.0210	-0.0069	0.1878
$tax_{i,t}$	22774	0.1730	0.1689	0.1586	-0.4909	0.8245
$ndts_{i,t-1}$	22773	0.0230	0.01542	0.01965	0.0013	0.0749

为了对样本企业的融资状况有全面的描述，我们将四个核心因素融资规模 $fin_{i,t}$、杠杆率 $lev_{i,t}$、融资成本 $dcost_{i,t}$ 以及还本付息压力 $icrebit_{i,t}$ 分别利用年度、股权性质以及货币态势分组进行数据形态的分析，分别如表 5-21、表 5-22 和表 5-23 所示。

从数据上看，不同的年份几个重要变量的均值和方差都呈现较大的波动，以融资规模 $fin_{i,t}$ 为例，整体上均值波动与货币供应量的变化呈现正相关，在峰值附近存在一定的滞后关系。上市公司的整体杠杆水平与资本市场的波动密切相关，由于替代作用的存在，债务水平会随着股权融资便利度上升而有所下降。融资成本和付息压力的变化趋势体现了较强的自相关性，前者的变化与基准利率的变化趋势有关，付息压力则滞后于杠杆率的变化。

表 5–21　　　　　部分重要变量分年度描述性统计

年度	样本数	$fin_{i,t}$		$lev_{i,t}$		$dcost_{i,t}$		$icrebit_{i,t}$	
		均值	方差	均值	方差	均值	方差	均值	方差
2002	896	0.031	0.125	0.44	0.175	0.077	0.08	0.233	0.245
2003	954	0.042	0.126	0.457	0.182	0.077	0.098	0.241	0.26
2004	1047	0.043	0.127	0.474	0.183	0.07	0.089	0.245	0.313
2005	1050	-0.004	0.087	0.5	0.189	0.076	0.1	0.224	0.313
2006	1099	0.013	0.103	0.506	0.186	0.072	0.095	0.244	0.299
2007	1184	0.044	0.132	0.491	0.181	0.068	0.081	0.293	0.322
2008	1279	0.023	0.117	0.49	0.196	0.077	0.096	0.248	0.317
2009	1364	0.041	0.155	0.478	0.209	0.07	0.097	0.27	0.338
2010	1691	0.115	0.212	0.426	0.227	0.079	0.121	0.336	0.383
2011	1951	0.086	0.178	0.408	0.229	0.095	0.137	0.382	0.436
2012	2113	0.033	0.129	0.409	0.225	0.105	0.142	0.35	0.418
2013	2085	0.014	0.088	0.42	0.216	0.093	0.127	0.338	0.397
2014	2025	0.014	0.088	0.426	0.209	0.081	0.109	0.305	0.347
2015	1995	0.032	0.109	0.427	0.202	0.071	0.094	0.269	0.318
2016	2041	0.037	0.124	0.42	0.2	0.063	0.088	0.279	0.31

表 5–22　　　　　不同股权性质企业重要变量均值比较

组	分组	样本数	均值	标准差	差值95%置信区间	t 值	单边 P 值
$fin_{i,t}$	国有	12177	0.01886	0.10368	0.03984	24.44150	0.00000
	民营	10597	0.06217	0.16089	0.04678		
$lev_{i,t}$	国有	12177	0.49490	0.19545	-0.11615	-41.63610	0.00000
	民营	10597	0.38398	0.20624	-0.10570		
$dcost_{i,t}$	国有	12131	0.06719	0.08609	0.02426	18.70080	0.00000
	民营	10581	0.09430	0.13031	0.02994		
$icrebit_{i,t}$	国有	11884	0.24222	0.28957	0.10536	24.17280	0.00000
	民营	9765	0.35688	0.40661	0.12396		

表 5 – 23　　　　　　　　不同货币态势下企业重要变量均值比较

	分组	样本数	均值	标准差	差值95%置信区间	t 值	单边 P 值
$fin_{i,t}$	紧缩	13257	0.03604	0.12514	0.00355	3.91710	0.00000
	宽松	9517	0.04315	0.14781	0.01067		
$lev_{i,t}$	紧缩	13257	0.42264	0.21191	0.04396	17.79810	0.00000
	宽松	9517	0.47205	0.19897	0.05484		
$dcost_{i,t}$	紧缩	13246	0.08371	0.11698	-0.01222	-6.31720	0.00000
	宽松	9466	0.07438	0.09858	-0.00643		
$icrebit_{i,t}$	紧缩	12828	0.31354	0.37078	-0.05761	-9.90180	0.00000
	宽松	8821	0.26544	0.32044	-0.03857		

从表 5 – 22 中可以看出，国有和民营企业的融资特征呈现出极大的差异，四个变量均在 0.01% 的显著性水平下拒绝均值相等的原假设。年均民营企业的整体融资规模（0.062）要远高于国有企业（0.019），而资产负债率则偏低，这说明国有企业在股权融资上确实存在更大优势。从融资成本角度看，民营企业成本的均值（0.943）比国有企业（0.672）高出近 50%，而还本付息能力方面，国有企业则盈利相对于负债水平则明显低于国有企业，这都与前期研究和直观感受一致。

从描述性数据看，货币政策的变化对企业融资行为和特征的影响也非常显著，两组样本中变量的均值均在 0.01% 的水平下存在显著差异。宽松阶段的企业融资总规模更高、杠杆率水平更高、融资成本更低。但值得注意的是宽松环境下企业的还本付息能力反而更弱，这说明相关企业还本付息压力受高杠杆的负面影响。

三、货币政策与企业融资规模

这一部分的实证研究，我们首先关注了货币政策变化对企业融资规模和结构的影响，具体的回归方程如下：

$$Fx_{i,t} = \beta_0 + \beta_1 m_t + \beta_2 m_t * state_{i,t} + \beta_3 state_{i,t} + \beta_4(control\_) + ind_{dummy} + \epsilon_{i,t}$$

其中，被解释变量 $Fx_{i,t}$ 是指企业的融资规模和结构情况，几个变量分别替换之后进入模型，包括债权融资 $deb_{i,t}$、股权融资 $sha_{i,t}$、总融资规模 $fin_{i,t}$ 和融资结构 $fstr_{i,t}$ 四个方面。货币政策因素 m_t 的系数 β_1 显著为正，表示宽松政策下融资因素的数值更高。另外，在进一步的回归模型中我们增加了股权性质与货币政策的交互项 $m_t * state_{i,t}$，其系数 β_2 的显著性表示货币政策变化对国有企业与民营企业的融资影响是否存在差异。模型的控制变量主要包括企业的成立时长 $age_{i,t}$、规模 $size_{i,t}$、滞后一期的现金持有情况$cash_{i,t-1}$、盈利情况$roa_{i,t-1}$、收入增长$gs_{i,t-1}$、杠杆水平$lev_{i,t-1}$、资产可抵押性$collater_{i,t-1}$、以及股权集中度$conc_{i,t-1}$，选择行业聚类的方式进行估计。

在表5-24中，列（1）—（3）列示了债权融资的相关回归结果；列（4）—（6）列示了股权融资的相关回归结果。债权融资方面，不考虑股权性质因素中的列（1）和列（2）结构m_t的系数均在5%的水平下显著为正，说明货币供应量的提高会增加企业当年债权融资净现金规模。从列（3）中交互项$m_t*state_{i,t}$系数显著为负，说明民营企业的债权融资规模更容易受到货币态势变动的影响，这与卢峰和姚洋（2004）和饶品贵和姜国华（2013）等研究的结论吻合。在股权融资方面，整体样本中货币政策与股权融资之间存在显著正向关系，在列（3）中交互项$m_t*state_{i,t}$系数显著为正，且股权性质变量$state_{i,t}$的系数也显著为正，说明在股权融资方面，国有企业对货币政策更加敏感。外部流动性供给偏低时，资本市场趋于萧条，股权融资成本提高，国有企业会有转向银行体系或债券市场进行融资的倾向。整体上看，国有和民营企业的融资方式随着货币政策的变化呈现出截然不同的选择，而且在紧缩阶段债权融资市场同样会收紧，从股权融资渠道转入的国有企业会进一步挤压民营企业的融资需求，加剧其债权融资的顺周期性。

表5-24　货币政策对企业债权和股权融资规模影响的实证研究

	(1)	(2)	(3)	(4)	(5)	(6)
被解释变量		$deb_{i,t}$			$sha_{i,t}$	
m_t	0.025**	0.046***	0.0180	0.174***	0.128***	-0.079***
	(0.013)	(0.014)	(0.022)	(0.021)	(0.014)	(0.021)
$m_t*state_{i,t}$			-0.057**			0.130***
			(0.027)			(0.027)
$state_{i,t}$			-0.012***			0.033***
			(0.004)			(0.004)
$age_{i,t}$		-0.002***	-0.002***		0	0
		(0.000)	(0.000)		(0.000)	(0.000)
$size_{i,t}$		0.009***	0.009***		0.002***	0.003***
		(0.001)	(0.001)		(0.001)	(0.001)
$cash_{i,t-1}$		0.012*	0.00900		-0.027***	-0.037***
		(0.007)	(0.007)		(0.006)	(0.006)
$roa_{i,t-1}$		0.112***	0.111***		-0.026**	-0.035***
		(0.011)	(0.011)		(0.011)	(0.011)

续表

被解释变量	(1)	(2)	(3)	(4)	(5)	(6)
		$deb_{i,t}$			$sha_{i,t}$	
$gs_{i,t-1}$		0.012***	0.012***		0.008***	0.008***
		(0.001)	(0.001)		(0.001)	(0.001)
$lev_{i,t-1}$		-0.006***	-0.005**		0	0.001
		(0.002)	(0.002)		(0.002)	(0.002)
$collater_{i,t-1}$		-0.070***	-0.068***		-0.036***	-0.026***
		(0.007)	(0.007)		(0.007)	(0.007)
$conc_{i,t-1}$		-0.017***	-0.015***		-0.024***	-0.016***
		(0.004)	(0.004)		(0.004)	(0.004)
$con\_$	0.022***	-0.127***	-0.126***	0.001	0.0130	0.00400
	(0.004)	(0.012)	(0.013)	(0.007)	(0.012)	(0.012)
ind_dummy	√	√	√	√	√	√
$obs.$	22774	18196	18196	22774	18196	18196
$F\_stat.$	6.380	23.13	22.50	14.73	13.73	15.96
R^2_adj	0.0110	0.0620	0.0620	0.0280	0.0360	0.0440

在表 5-25 中，列（1）—（3）是关于融资总规模的回归结果；列（4）—（6）是关于融资结构的回归结果。很显然，整体模型中货币政策对融资总规模有显著的正向影响，且系数估计量位于债权和股权融资回归模型系数的中间。而交互项 $m_t * state_{i,t}$ 系数显著为负，即从整体上看货币态势的变化对民营企业的总融资量有更大的影响，这一结论支撑了第一部分中关于不同股权性质企业投资行为受货币政策影响的结论。在融资结构方面，其结论与表 5-24 的结果相呼应，民营企业的债务/股权融资比例会受到货币态势的极大影响，交互项系数显著为负达到 -1.82，即随着货币态势的宽松，民营企业的融资中更大比例来自债权融资，而国有企业的这种效应较弱。

表 5-25　　　　　　货币政策对企业融资规模和结构影响的实证研究

	(1)	(2)	(3)	(4)	(5)	(6)
		$fin_{i,t}$			$fstr_{i,t}$	
m_t	0.025**	0.077***	-0.160***	0.025**	0.125***	0.688***
	(0.013)	(0.019)	(0.029)	(0.013)	(0.032)	(0.228)
$m_t * state_{i,t}$			-0.196***			-1.820***
			(0.036)			(2.806)

续表

	(1)	(2)	(3)	(4)	(5)	(6)
	\multicolumn{3}{c}{$fin_{i,t}$}		$fstr_{i,t}$		
$state_{i,t}$			0.046***			-0.421***
			(0.006)			(0.048)
$age_{i,t}$		-0.002***	-0.001***		0.058***	0.059***
		(0.000)	(0.000)		(0.012)	(0.012)
$size_{i,t}$		0.011***	0.012***		-0.459***	-0.455***
		(0.001)	(0.001)		(0.054)	(0.054)
$cash_{i,t-1}$		-0.0120	-0.024***		0.821	0.796
		(0.009)	(0.009)		(0.675)	(0.681)
$roa_{i,t-1}$		0.079***	0.068***		-2.203*	-2.265**
		(0.014)	(0.014)		(1.125)	(1.130)
$gs_{i,t-1}$		0.021***	0.020***		-0.595***	-0.594***
		(0.002)	(0.002)		(0.139)	(0.139)
$lev_{i,t-1}$		-0.00400	-0.00200		1.622***	1.615***
		(0.003)	(0.003)		(0.229)	(0.230)
$collater_{i,t-1}$		-0.110***	-0.098***		3.014***	3.035***
		(0.009)	(0.009)		(0.712)	(0.717)
$conc_{i,t-1}$		-0.041***	-0.031***		1.248***	1.279***
		(0.005)	(0.005)		(0.390)	(0.397)
$con\_$	0.022***	-0.115***	-0.123***	0.022***	5.371***	5.120***
	(0.004)	(0.016)	(0.017)	(0.004)	(1.250)	(1.289)
ind_dummy	√	√	√	√	√	√
obs.	22774	18196	18196	22774	17971	17971
$F\_stat.$	6.380	24.28	25.89	6.380	5.870	5.671
R^2_adj	0.0110	0.0650	0.0710	0.0110	0.0140	0.0140

四、货币政策与企业资本结构选择的静态模型

企业资本结构选择是现代公司金融理论的核心问题,也是即期融资行为长期积累的结果。大量研究表明,企业的财务特征、经营以及风险情况会对其资本结构选择产生较大影响,但从内生角度看,货币政策的变化会通过改变企业的融资成本和便利程度影响其长期资本结构。这一部分的实证主要关注货币态势调整对静态资本结构以及资本结构调整效率的影响。

静态模型的回归方程设置如下:

$$lev_{i,t}(levx_{i,t}) = \beta_0 + \beta_1 m_t + \beta_2 m_t * state_{i,t} + \beta_3 state_{i,t} + \beta_4(control\_) + ind_{dummy} + \epsilon_{i,t}$$

其中，被解释变量为本文定义的两个资本结构指标$Lev_{i,t}$和$Levx_{i,t}$，核心解释变量为货币政策m_t，回归系数β_1显著为正说明货币供应量的提高会增加企业的杠杆水平。交互项$m_t * state_{i,t}$的系数β_2则是用于衡量国有和民营企业的这种影响效应是否存在差异。向量组$control\_$表示一系列影响企业资本结构的控制变量，根据相关前期研究成果，主要包括企业成立时长$age_{i,t}$、规模$size_{i,t}$，滞后一期的盈利情况$roa_{i,t-1}$、收入增长$gs_{i,t-1}$、流动性比率$lqlev_{i,t-1}$、营运资金周转率$worx_{i,t-1}$、资产可抵押性$collater_{i,t-1}$、以及非债务税盾$ndts_{i,t-1}$，选择行业聚类的方式进行估计。

在表5-26中，列（1）—（3）是关于资产负债率$lev_{i,t}$的实证结果，列（4）—（6）列示的是关于有息负债率$levx_{i,t}$的实证结果。总的来看，两个资本结构指标实证回归的结果比较接近，不考虑股权性质因素的情况下，货币政策对当期企业负债率是正向显著的影响，但从后两个方程，股权性质$state_{i,t}$以及股权性质和货币政策交互项$m_t * state_{i,t}$的回归系数相反，这说明虽然国有企业普遍有更高的杠杆率水平，但企业资本结构受到货币政策影响的程度要弱于民营企业。这一结论与上文关于企业融资结构的结果相互印证，即民营企业短期内顺周期的债权融资行为，以及国有企业在紧缩条件下的替换融资，造成了长期内货币政策对两者资本结构的影响存在较大差异，这与Korajczyk和Levy（2003）以及陆正飞、祝继高和樊铮（2009）等人的研究结论相似。

表5-26　　　　　　货币政策影响企业静态资本结构的实证分析

	(1)	(2)	(3)	(4)	(5)	(6)
被解释变量	$lev_{i,t}$			$levx_{i,t}$		
m_t	0.530***	0.490***	0.794***	0.285***	0.305***	0.484***
	(0.028)	(0.028)	(0.043)	(0.026)	(0.026)	(0.039)
$state_{i,t}$		0.021***	0.099***		0.010***	0.036***
		(0.002)	(0.009)		(0.002)	(0.008)
$m_t * state_{i,t}$			-0.508***			-0.300***
			(0.054)			(0.050)
$age_{i,t}$	0	0	0	-0.002***	-0.002***	-0.002***
	(0.000)	(0.000)	(0.000)	(0.000)	(0.000)	(0.000)
$size_{i,t}$	0.045***	0.044***	0.044***	0.033***	0.033***	0.033***
	(0.001)	(0.001)	(0.001)	(0.001)	(0.001)	(0.001)

续表

被解释变量	(1)	(2)	(3)	(4)	(5)	(6)
	$lev_{i,t}$			$levx_{i,t}$		
$roa_{i,t-1}$	-1.171***	-1.154***	-1.155***	-0.792***	-0.801***	-0.801***
	(0.020)	(0.020)	(0.020)	(0.019)	(0.019)	(0.019)
$gs_{i,t-1}$	0.049***	0.049***	0.050***	0.026***	0.026***	0.026***
	(0.003)	(0.003)	(0.003)	(0.002)	(0.002)	(0.002)
$lqlev_{i,t-1}$	-0.034***	-0.034***	-0.033***	-0.015***	-0.015***	-0.015***
	(0.000)	(0.001)	(0.001)	(0.000)	(0.000)	(0.000)
$worx_{i,t-1}$	-0.000***	-0.000***	-0.000***	-0.000***	-0.000***	-0.000***
	(0.000)	(0.000)	(0.000)	(0.000)	(0.000)	(0.000)
$collater_{i,t-1}$	0.044***	0.040***	0.036***	-0.106***	-0.104***	-0.106***
	(0.010)	(0.010)	(0.010)	(0.009)	(0.009)	(0.009)
$ndts_{i,t-1}$	-1.122***	-1.174***	-1.172***	0.118	0.143*	0.145*
	(0.082)	(0.082)	(0.082)	(0.076)	(0.076)	(0.076)
$conc_{i,t-1}$	-0.014*	-0.026***	-0.026***	-0.045***	-0.039***	-0.040***
	(0.008)	(0.008)	(0.008)	(0.007)	(0.007)	(0.007)
$con\_$	-0.496***	-0.468***	-0.515***	-0.364***	-0.378***	-0.405***
	(0.024)	(0.024)	(0.025)	(0.022)	(0.023)	(0.023)
ind_dummy	√	√	√	√	√	√
obs.	18196	18196	18196	18196	18196	18196
F_stat.	368.5***	364.6***	361.5***	215.1***	211.8***	209.2***
R^2_adj	0.526	0.528	0.530	0.393	0.394	0.395

虽然我们在前期模型的估计过程中都对企业所属行业进行了聚类,但企业特征,尤其是当前企业本身的负债程度可能也是影响货币政策对资本结构选择的重要影响因素。这里选择分位数回归的方法估计货币政策在不同分位数水平下对企业资本结构影响的系数是否存在差异,仍然估计了静态模型。

$$lev_{i,t}(levx_{i,t}) = \beta_0 + \beta_1 m_t + \beta_2(control\_) + ind_{dummy} + \epsilon_{i,t}$$

分位数回归的估计方法,假设条件分布 $y|x$ 的总体 q 分位数 $y_q(x)$ 是 x 的线性函数,即 $y_q(x) = x_i^T \beta_q$。其中,β_q 被称为"q 分位数的回归系数",其估计量 $\hat{\beta}_q$ 可以由以下最小化问题来定义:

$$\min_{\beta_q} \sum_{i:y_i \geq x_i^T \beta_q}^{n} q|y_i - x_i^T \beta_q| + \sum_{i:y_i < x_i^T \beta_q}^{n} (1-q)|y_i - x_i^T \beta_q|$$

由于分位数回归的目标函数带有绝对值,不可微分,这里需要使用线性规划的方式来计算 $\hat{\beta}_q$。这里认为,样本分位数的回归系数 $\hat{\beta}_q$ 是总体分位数回归系数 β_q 一致估计量，而且$\hat{\beta}_q$服从渐进正态分布，即$\sqrt{n}(\hat{\beta}_q - \beta_q) \xrightarrow{d} N(0, Avar(\hat{\beta}_q))$。

其中，渐进方差为：$Avar(\hat{\beta}_q) = A^{-1} B A^{-1}$

$$A \equiv p\lim_{n \to \infty} \frac{1}{n} \sum_{i=1}^{n} f_{u_q}(0|x_i) x_i x_i^T$$

$$B \equiv p\lim_{n \to \infty} \frac{1}{n} \sum_{i=1}^{n} q(1-q) x_i x_i^T$$

这里$f_{u_q}(0|x_i)$是扰动项$u_q = y - x^T \beta_q$的条件密度函数在$u_q = 0$处的取值。我们是利用自助法求解协方差矩阵，并取q在每5%处分别估计，得到的分位数回归结果中，货币政策m_t回归系数和置信区间如图5-4所示。

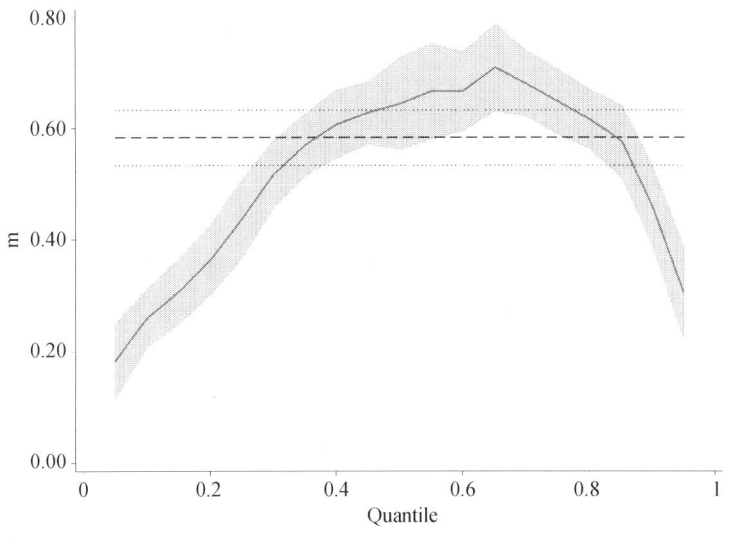

图5-4 分位数回归货币政策的变化

注：图中的曲线为方程随着被解释变量分位数增加m_t系数的变化趋势，在条件分布的两端，由于系数估计值的标准误变大，置信区间也有所扩大。

可以看出，货币政策在不同分位数下对企业资本结构的影响呈现"倒U型"的态势，具体而言，杠杆率特别低和特别高的样本企业受到货币政策影响较小，而在债务水平中上的企业（0.4—0.8分位数）资本结构变化对外部流动性变化的反馈较强。高杠杆企业面临较大的存量债务约束，巨大的付息压力和破产成本都约束了其继续调整资本结构的行为，长期低杠杆企业往往属于风险偏好较小的企业，其融资和投资行为对宽松政策变化的敏感程度也较低。相对而言，资本结构处于中等的企业，其调整空间较大，利用融资成本和难度的变化改善自身资本结构的边际收益更高。

五、货币政策与企业资本结构调整效率

在静态研究的基础上,我们需要关注的另一个核心问题是货币政策是否会影响企业资本结构的调整效率。假定企业存在最优的目标资本结构,且会受到一系列财务因素的影响。在这里,本书构建了与静态模型类似的方程来衡量企业的目标资本结构:

$$lev_{i,t}^*(levx_{i,t}^*) = \beta_0 + \beta_1(control\_) + \mu_{i,t}$$

其中,$lev_{i,t}^*$ 表示公司当年的最优目标资本结构,这里的控制向量组 $control\_$ 选择与静态模型一致。为了衡量资本结构的调整效率,需要构建实际资本结构与目标水平之间的长期关系:

$$lev_{i,t} - lev_{i,t-1} = \delta(lev_{i,t}^* - lev_{i,t-1}) + \epsilon_{i,t}$$

其中,当年实际资本结构变动的情况,与向最优资本结构调整的预期之间的缺口 δ 可以衡量资本结构的调整效率。将模型整理后可以得到:

$$lev_{i,t} = (1-\delta)lev_{i,t-1} + \delta\beta_x(control\_) + \mu_{i,t} + \epsilon_{i,t}$$

模型中,系数$(1-\delta)$可以被估计,即对该方程回归可以测算企业年平均资本结构的调整效率。Flannery 和 Rangan(2006)、Byoun(2008)、Cook 和 Tang(2010)以及姜付秀和黄继承(2011)等对该模型的有效性提供了理论和实证支持,对此,我们在此不再赘述。

为分析货币政策对资本结构调整速度是否存在差异,本书在等式右边加入了货币紧缩变量mt_t与资本结构滞后项的交互项$mt_t * lev_{i,t-1}$,得到动态面板模型:

$$lev_{i,t} = \beta_0 + \beta_1 lev_{i,t-1} + \beta_2 mt_t * lev_{i,t-1} + \beta_3 m_t + \gamma(control\_) + \epsilon_{i,t}$$

其中,核心的变量是交互项$mt_t * lev_{i,t-1}$,系数β_2显著为正表明货币紧缩段的资本结构调整效率较低,反之则调整效率较高。此外,我们还对该模型分组以及引入三项交互项$state_{i,t} * mt_t * lev_{i,t-1}$的方式研究了不同股权性质企业这种货币政策影响资本结构调整效率的机制是否存在差异。

由于模型中含有被解释变量的滞后项,必定存在内生性问题,本书选择了 Arellano – Bond 提出的系统 GMM 方法来构建工具变量和估计参数。

根据 Nickell(1981)的观点,如果面板模型中包含了被解释变量的滞后值,即动态面板数据,即使是组内估计量也是不一致的,尤其是对于本书构建的年度数据短样本而言,这种动态面板偏差可能更大。从技术上来看,动态面板的估计方法分为差分 GMM、水平 GMM 和系统 GMM。

定义如下的面板数据模型:

$$y_{i,t} = \alpha + \rho y_{i,t-1} + x_{i,t}^T \beta + z_i^T \delta + \mu_i + \epsilon_{i,t} \ (t=2,\cdots,T)$$

其中，$x_{i,t}^T$ 为影响被解释变量的其他因素；z_i^T 为不随时间变化的截面特质影响因素；μ_i 为个体效应。利用一阶差分可以消去个体性差异，得到：

$$\Delta y_{i,t} = \rho \Delta y_{i,t-1} + \Delta x_{i,t}^T \beta + \Delta \epsilon_{i,t}$$

由于原方程中 $y_{i,t-1}$ 与扰动项 $\epsilon_{i,t}$ 相关，因此差分方程中 $\Delta y_{i,t-1}$ 与 $\Delta \epsilon_{i,t}$ 依然存在相关关系。Anderson 和 Hsiao（1981）最早提出可以利用被解释变量的滞后项作为工具变量来解决内生性问题，他们指出 $y_{i,t-2}$ 是一个合适的工具变量，$y_{i,t-2}$ 与 $\Delta y_{i,t-1} = y_{i,t-1} - y_{i,t-2}$ 相关，但与 $\Delta y_{i,t} = y_{i,t} - y_{i,t-1}$ 无关（假定扰动项不存在自相关性）。在其基础上，Arellano 和 Bond（1991）指出，所有可能的更高阶滞后变量 $\{y_{i,t-3}, y_{i,t-4}, \cdots\}$ 都是有效的工具变量，如果全部使用在估计过程中可以进一步提高估计效率，这种方法被称为差分 GMM。在后来的实践中，学者们逐渐发现了差分 GMM 存在的几个问题：一是如果控制因素 $x_{i,t}$ 仅为前定变量，即 $x_{i,t}$ 与当期的扰动项无关，但与前期的扰动项有关，则经过差分后的 $\Delta x_{i,t}$ 与 $\Delta \epsilon_{i,t}$ 就存在相关性，从而导致 $\Delta x_{i,t}$ 称为差分方程的内生变量，需要增加其滞后项 $\{x_{i,t-1}, x_{i,t-2}, \cdots\}$ 作为工具变量。二是在较长样本期的情况下，可能存在弱工具变量的问题，导致估计偏差。三是不随时间变化的特质变量 $z_{i,t}$ 系数无法估计。四是如果被解释变量持续性较强，可能导致滞后项 $y_{i,t-2}$ 与差分项 $\Delta y_{i,t-1}$ 的系数关联度较低，即同样存在弱工具变量的问题。

Arellano 和 Bover（1995）利用对水平方程的估计来解决这一问题，由于被解释变量的滞后差分项 $\Delta y_{i,t-1}$ 与滞后项 $y_{i,t-1}$ 有非常明显的相关性，同时如果扰动项不存在自相关性，则 $E(\Delta y_{i,t-s} \epsilon_{i,t}) = E(y_{i,t-s} \epsilon_{i,t}) - E(y_{i,t-s-1} \epsilon_{i,t})$，因此他们将差分序列 $\{\Delta y_{i,t-1}, \Delta y_{i,t-2}, \cdots\}$ 作为滞后解释变量的 $y_{i,t-1}$ 的工具变量，估计的结果即为水平 GMM 估计量。此后，Blundell 和 Bond（1998）将差分 GMM 和水平 GMM 方法结合在一起，将差分方程和水平方程作为一个联立系统进行联立估计，成为系统 GMM 估计方法，理论上其估计效率高于直接估计单一方程，并且可以估计不随时间变化变量的系数。

在表 5-27 中，列（1）—（3）是对全样本分别利用 2SLS、差分 GMM 和系统 GMM 三种方式进行估计的结果；列（4）—（6）是利用分组和三项交互项的方式对股权性质的影响进行了分析，只采用了系统 GMM 的估计方法。从实证结果可以看出，所有模型整体显著性指标 $Chi2.$ 数值较大，且能通过自回归检验，而被解释变量的滞后项 $lev_{i,t-1}$ 除了差分 GMM 模型外，都在 1% 的水平下显著，同时模型也通过了工具变量相关性以及过度识别检验，这表明选择动态模型来研究资本结构的调整速度是有效的。全样本回归中，核心变量 $mt_t * lev_{i,t-1}$ 的系数在 1% 的水平下显著为正,根据定义,即货币紧缩阶段企业的资本结构调整效率偏低,这可能与企业在紧缩状态下融资难度上升、融资方式的选择范围下降有关。股权性质的研究中,民营企业组交互项系数为0.161,明显高于国有企业组的0.091,三项交互项的系数显著为负,这都说明民营企业资本结构调整效率受货币态势的影响更为明显,即在紧缩阶段,多数民营企业主动调整资本结构的能力会更大幅度的下滑。这也印证了之前关于紧缩阶段民营企业融资受到更大冲击的结论。

表 5-27　　　　货币政策影响企业资本结构调整效率的实证研究

	(1)	(2)	(3)	(4)	(5)	(6)
估计方法	2SLS	差分 GMM	系统 GMM			
分组情况	全样本	全样本	全样本	$state_{i,t}=1$	$state_{i,t}=0$	全样本
$lev_{i,t-1}$	0.465***	-0.008	0.441***	0.549***	0.355***	0.448***
	(0.013)	(0.017)	(0.018)	(0.023)	(0.024)	(0.022)
$mt_t * lev_{i,t-1}$	0.171***	0.039***	0.132***	0.091***	0.161***	0.174***
	(0.010)	(0.009)	(0.010)	(0.010)	(0.018)	(0.013)
$Chowtest\_F$						
mt_t	0.069***	0.003	0.054***	0.035***	0.068***	0.051***
	(0.005)	(0.005)	(0.005)	(0.005)	(0.009)	(0.005)
$state_{i,t} * mt_t * lev_{i,t-1}$						-0.066***
						(0.010)
$state_{i,t} * lev_{i,t-1}$						-0.072***
						(0.017)
$size_{i,t}$	0.014***	0.027***	0.023***	0.028***	0.00300	0.024***
	(0.002)	(0.004)	(0.003)	(0.004)	(0.005)	(0.003)
$roa_{i,t-1}$	-0.136***	-0.077***	-0.114***	-0.0200	-0.243***	-0.148***
	(0.018)	(0.019)	(0.024)	(0.030)	(0.031)	(0.024)
$gs_{i,t-1}$	0.010***	0.005***	0.008***	0.007***	0.006**	0.009***
	(0.002)	(0.001)	(0.002)	(0.002)	(0.003)	(0.002)
$lqlev_{i,t-1}$	0.003***	0	0.005***	0.010***	0.002*	0.004***
	(0.001)	(0.001)	(0.001)	(0.002)	(0.001)	(0.001)
$collater_{i,t-1}$	-0.061***	-0.090***	-0.106***	-0.099***	-0.139***	-0.107***
	(0.010)	(0.010)	(0.012)	(0.017)	(0.014)	(0.012)
$ndts_{i,t-1}$	-1.214***	-0.285**	-0.798***	-0.565***	-1.016***	-0.888***
	(0.111)	(0.113)	(0.132)	(0.153)	(0.210)	(0.131)
$conc_{i,t-1}$	0.157***	-0.00400	0.105***	0.081***	0.075***	0.100***
	(0.014)	(0.015)	(0.018)	(0.021)	(0.025)	(0.017)

续表

	(1)	(2)	(3)	(4)	(5)	(6)
估计方法	2SLS	差分GMM	系统GMM			
分组情况	全样本	全样本	全样本	$state_{i,t}=1$	$state_{i,t}=0$	全样本
$con\_$	-0.068*	-0.0670	-0.226***	-0.379***	0.247**	-0.227***
	(0.040)	(0.084)	(0.072)	(0.086)	(0.111)	(0.072)
$obs.$	18196	15795	18196	9977	8219	18196
$Chi2.$	3747***	292.2***	1550***	1434***	669.1***	1415***
$AR1$		-6.839***	-20.80***	-16.37***	-13.30***	-20.55***
$AR2$		-2.878	0.105	-0.408	0.640	0.281

注：$AR1$ 和 $AR2$ 指利用 Arellano-Bond 检验的一阶自相关的 Z 统计量。

六、货币政策影响企业融资行为的机制研究

对货币政策影响企业融资的短期和长期现象进行描述后，我们将关注货币政策影响企业融资行为的机制。主要包括货币政策如何影响企业融资成本和债务期限结构、还本付息的压力以及税收情况。

在融资成本和债务期限结构的研究中，考虑到两个被解释变量从定义上存在显著的自相关性，同时根据前期的研究成果我们选择了构建动态面板模型，即将其滞后一阶纳入模型，具体的方程设定如下：

$$Y_{i,t} = \beta_0 + \beta_1 Y_{i,t-1} + \beta_2 m_t + \beta_3 m_t * state_{i,t} + \beta_4 state_{i,t} + \beta_5 (control\_) + ind_{dummy} + \epsilon_{i,t}$$

其中，被解释变量 $Y_{i,t}$ 包括企业融资成本 $dcost_{i,t}$ 和债务期限结构 $dmstr_{i,t}$ 两个方面，方程中包含这两个变量的滞后项 $Y_{i,t-1}$，选择利用系统 GMM 的方法进行估计。核心变量货币政策 m_t 的系数 β_2 若显著为正，表示货币宽松会提高企业融资成本，拉长债务周期，反之，则情况相反。此外，为了分析货币政策对不同股权性质企业债务融资特征影响的差异性，我们利用分组和引入交互项 $m_t * state_{i,t}$ 的方式进行检验，系数 β_3 若显著为正说明国有企业受货币政策影响的效应更强。根据前期的研究，我们这里选择的控制变量包括企业的成立时长 $age_{i,t}$、规模 $size_{i,t}$、盈利情况 $roa_{i,t}$、投资机会 $q_{i,t}$、流动性比 $lqlev_{i,t}$ 以及资产可抵押性 $collater_{i,t}$，选择行业聚类的方式进行估计。

总的来看，模型整体显著性良好，也能通过自相关检验，被解释变量滞后一阶都在1%的水平下显著，说明动态面板模型的设定是合理的。在表5-28中，列（1）—（4）是针对债务融资成本的实证结果，可以看到全样本的回归中，m_t 的系数为-0.047，且在1%的水平下显著，货币宽松确实会从整体改善企业融资贵的问题。在分组回归中，国有企业依然显著为负，但民营企业的融资成本对货币政策并

不敏感。交互项回归中 $m_t * state_{i,t}$ 的系数同样显著为负也印证了这一结论。前期一些研究指出民营企业紧缩阶段会受到更大负面冲击，本书的结论似乎与其存在差异。这可能与我国银行体系在紧缩阶段更加激进的资产配置方式有关，即信贷规模和外部流动性偏紧时，民营企业面临的问题从融资贵转为融资难，即使愿意提高贷款利率也会由于银行的风险偏好加大而无法获得资金，相对软约束和刚性兑付的国有企业，则能通过承担相对更高的资金成本而获得持续的支持。列（5）—（8）是针对债务融资期限结构的实证结果。整体来看，宽松的货币政策会提高企业持有长期债务的动力，这一方面与企业在流动性充裕时候会有更强的长期投资意愿有关，另一方面资金充足也会提高企业的风险偏好，倾向于利用期限错配获利。从分组和交互项回归的结果看，国有企业债务期限对货币政策的敏感性可能要略微高于民营企业，但两者并没有出现本质上的显著性差异，说明投资动力渠道和风险承担渠道对企业债务期限结构选择有普遍性的影响。

表 5-28　货币政策影响企业债务融资成本和期限结构的实证分析

	（1）	（2）	（3）	（4）	（5）	（6）	（7）	（8）
$Y_{i,t}$		$dcost_{i,t}$				$dmstr_{i,t}$		
分组情况	全样本	$state_{i,t}=1$	$state_{i,t}=0$	全样本	全样本	$state_{i,t}=1$	$state_{i,t}=0$	全样本
$Y_{i,t-1}$	0.244***	0.311***	0.199***	0.243***	0.301***	0.345***	0.158***	0.301***
	(0.015)	(0.016)	(0.014)	(0.015)	(0.014)	(0.014)	(0.006)	(0.014)
m_t	-0.047***	-0.073***	-0.01	-0.005	1.642***	1.842***	1.068***	1.083**
	(0.011)	(0.009)	(0.015)	(0.022)	(0.353)	(0.417)	(0.243)	(0.475)
$m_t * state_{i,t}$				-0.062**				0.809
				(0.027)				(0.595)
$state_{i,t}$				0.021***				-0.214*
				(0.008)				(0.128)
$age_{i,t}$	0.001**	0.001***	0.002***	0.001**	0.00500	0.0160	0.023***	0.00500
	(0.000)	(0.000)	(0.001)	(0.000)	(0.012)	(0.012)	(0.008)	(0.012)
$size_{i,t}$	-0.028***	-0.022***	-0.034***	-0.027***	0.285***	0.267***	0.146***	0.282***
	(0.003)	(0.003)	(0.004)	(0.003)	(0.070)	(0.094)	(0.033)	(0.070)
$roa_{i,t}$	0.053***	0.033***	0.072***	0.055***	-0.926***	-0.939***	-0.583***	-0.929***
	(0.015)	(0.013)	(0.019)	(0.015)	(0.303)	(0.454)	(0.172)	(0.304)
$q_{i,t}$	-0.111**	-0.151***	-0.181***	-0.127**	0.755	-1.393	-0.0260	0.840
	(0.051)	(0.049)	(0.059)	(0.051)	(1.541)	(2.368)	(0.676)	(1.545)
$lqlev_{i,t}$	0.020***	0.018***	0.023***	0.020***	0.590***	1.024***	0.432***	0.590***
	(0.001)	(0.001)	(0.001)	(0.001)	(0.071)	(0.120)	(0.021)	(0.071)

续表

	(1)	(2)	(3)	(4)	(5)	(6)	(7)	(8)
$Y_{i,t}$		$dcost_{i,t}$				$dmstr_{i,t}$		
分组情况	全样本	$state_{i,t}=1$	$state_{i,t}=0$	全样本	全样本	$state_{i,t}=1$	$state_{i,t}=0$	全样本
$collater_{i,t}$	0.031**	0.00700	0.032**	0.028**	-1.498***	-1.833***	-1.500***	-1.496***
	(0.013)	(0.012)	(0.015)	(0.013)	(0.290)	(0.433)	(0.156)	(0.290)
$con\_$	0.600***	0.493***	0.695***	0.581***	-6.385***	-6.403***	-3.433***	-6.178***
	(0.055)	(0.060)	(0.078)	(0.056)	(1.448)	(2.016)	(0.654)	(1.448)
obs.	19817	10773	9044	19817	15451	9082	6369	15451
Chi2.	1340***	1276***	1181***	1333***	589.7***	793.1***	1414***	611.0***
AR1	-12.46***	-8.008***	-9.347***	-12.45***	-8.246***	-6.941***	-4.543***	-8.250***
AR2	0.782	0.549	0.711	0.797	0.380	0.180	0.0660	0.388

企业当前的还本付息压力和还本付息能力对其融资决策有非常直接的影响，这里我们也分析了货币政策的态势与即期企业还本付息压力和能力的关系。具体的回归方程为：

$$Y_{i,t} = \beta_0 + \beta_1 m_t + \beta_2(control\_) + ind_{dummy} + \epsilon_{i,t} \ (by - state_{i,t})$$

被解释变量$Y_{i,t}$分别为还本付息压力$dpu_{i,t}$和能力$icrebit_{i,t}$。前者是指当年偿还本金相对于利息支出的比例，数据越大表示当年面临的还本付息压力越大。$icrebit_{i,t}$是企业当年盈利能力相对于负债规模的比例，数据越大表示企业的还本付息能力越强。核心变量m_t系数β_1表明外部货币政策变化对企业还本付息的影响。这一模型中的控制变量包括规模$size_{i,t}$，滞后一期的营业收入增长率$gs_{i,t-1}$、投资机会$q_{i,t-1}$、流动性比$lqlev_{i,t-1}$、资产可抵押性$collater_{i,t-1}$以及股权集中度$conc_{i,t-1}$，选择行业聚类的方式进行估计。

在表5-29中，列（1）—（3）和列（4）—（6）分别是针对还本付息压力和能力的实证结果。可以看出，列（1）的全样本回归中，货币政策系数β_1在1%的水平下显著为-5.650，说明随着货币政策的宽松企业的还本付息压力也在逐步减弱，这一方面也印证了企业有拉长债务期限的倾向，同时也说明银行体系的风险厌恶程度在下降，新增融资的难度降低。从分组情况看，这种影响主要体现在民营企业上，国有企业的还本付息压力与外部的流动性水平之间并不敏感。在另一方面，全样本回归表明货币政策宽松会提高企业的还本付息能力，主要的影响机制是宽松环境下的投资收益率上升所带来的整体盈利能力提高要超过债务的增长速度。相对而言，这种效应在国有和民营企业上都非常显著，但民营企业的系数更高。这可能说明多数民营企业的经营周期波动大，由于融资和投资面临的约束较多，其收益率上升更依赖于整体宽松的货币环境。

表 5-29　　　　　　　　货币政策影响企业还本付息的实证研究

	(1)	(2)	(3)	(4)	(5)	(6)
	$dpu_{i,t}$			$icrebit_{i,t}$		
分组情况	全样本	$state_{i,t}=1$	$state_{i,t}=0$	全样本	$state_{i,t}=1$	$state_{i,t}=0$
m_t	-5.650***	-1.807	-12.124***	0.579***	0.482***	0.841***
	(2.108)	(2.633)	(3.554)	(0.050)	(0.056)	(0.092)
$size_{i,t}$	-0.800***	-0.758***	-0.869***	0.021***	0.014***	0.034***
	(0.078)	(0.096)	(0.140)	(0.002)	(0.002)	(0.004)
$gs_{i,t-1}$	-0.919***	-1.010***	-0.840***	0.041***	0.032***	0.047***
	(0.198)	(0.268)	(0.297)	(0.005)	(0.006)	(0.007)
$q_{i,t-1}$	-26.241***	-35.866***	-17.473***	4.255***	4.025***	4.250***
	(4.933)	(8.169)	(6.444)	(0.115)	(0.169)	(0.164)
$lqlev_{i,t-1}$	-1.022***	-1.279***	-0.963***	0.067***	0.078***	0.064***
	(0.037)	(0.075)	(0.047)	(0.001)	(0.002)	(0.001)
$collater_{i,t-1}$	-7.243***	-8.937***	-5.252***	0.320***	0.366***	0.284***
	(0.765)	(1.064)	(1.115)	(0.018)	(0.023)	(0.029)
$conc_{i,t-1}$	-0.355	-1.320*	1.304	0.100***	0.149***	0.062***
	(0.554)	(0.718)	(0.910)	(0.013)	(0.015)	(0.024)
$con\_$	34.943***	36.352***	33.744***	-0.781***	-0.700***	-1.045***
	(1.932)	(2.418)	(3.405)	(0.046)	(0.052)	(0.088)
ind_dummy	√	√	√	√	√	√
$obs.$	17927***	9869***	8058***	18195***	9976***	8219***
$F\_stat.$	42.20***	22.74***	23.49***	260.1***	124.9***	130.9***
R^2_adj	0.107***	0.101***	0.125***	0.425***	0.388***	0.446***

税收是企业综合成本的重要组成部分，也对整体财务决策影响较大。理论上来说，企业的应税金额与其盈利水平之间存在高度的相关性，而避税难度或税收强度的提高会增强这种相关性。这里我们主要关注了货币政策对税收和盈利水平敏感性的影响。具体回归方程如下：

$$tax_{i,t} = \beta_0 + \beta_1 m_t * roa_{i,t} + \beta_2 m_t + \beta_3 roa_{i,t} + \beta_4(control\_) + ind_{dummy} + \epsilon_{i,t}(by-state_{i,t})$$

我们选择了综合税率$taxa_{i,t}$和所得税率$tax_{i,t}$两个被解释变量。核心回归变量是货币政策与盈利能力的交互项$m_t * roa_{i,t}$，其系数显著为正表明货币宽松会提高税收与盈利能力之间的敏感性。除交互项的两个因素外，其他控制变量主要包括规模$size_{i,t}$、营业收入$gs_{i,t}$以及投资机$lq_{i,t}$，选择行业聚类的方式进行估计，如表 5-30

所示。

表 5-30　　　货币政策对企业税收—盈利敏感性影响的实证研究

	(1)	(2)	(3)	(4)	(5)	(6)
	$taxa_{i,t}$			$tax_{i,t}$		
分组情况	全样本	$state_{i,t}=1$	$state_{i,t}=0$	全样本	$state_{i,t}=1$	$state_{i,t}=0$
$m_t * roa_{i,t}$	-0.446***	-0.318***	-0.629***	-0.866***	-0.707***	-1.307***
	(0.155)	(0.078)	(0.227)	(0.285)	(0.224)	(0.659)
m_t	-0.003	-0.007	-0.024	-0.101***	-0.151***	-0.068
	(0.006)	(0.011)	(0.019)	(0.036)	(0.049)	(0.055)
$roa_{i,t}$	0.223***	0.275***	0.291***	0.190**	0.300**	0.158
	(0.013)	(0.027)	(0.036)	(0.081)	(0.124)	(0.106)
$size_{i,t}$	0	0.001**	-0.002***	0.001	-0.003*	0.003*
	(0.000)	(0.000)	(0.001)	(0.001)	(0.001)	(0.002)
$gs_{i,t}$	-0.004***	-0.002*	-0.006***	0.005*	0.00200	0.007**
	(0.000)	(0.001)	(0.001)	(0.003)	(0.004)	(0.004)
$q_{i,t}$	-0.160***	-0.339***	-0.116***	-0.814***	-0.997***	-0.583***
	(0.010)	(0.027)	(0.027)	(0.067)	(0.122)	(0.078)
con_	0.00300	-0.018**	0.054***	0.092***	0.158***	0.0450
	(0.004)	(0.008)	(0.015)	(0.027)	(0.037)	(0.042)
ind_dummy	√	√	√	√	√	√
obs.	21577***	11832***	9745***	21644***	11884***	9760***
F_stat.	299.6***	126.1***	31.41***	27.94***	17.85***	11.14***
R^2_adj	0.418***	0.346***	0.137***	0.0610***	0.0660***	0.0500***

列 (1) — (3) 和列 (4) — (6) 分别列示了关于综合税率 $taxa_{i,t}$ 和所得税率 $tax_{i,t}$ 的实证结果，两个被解释变量存在一定的相关性，整体上实证结果也非常接近。可以看出，在全样本回归中交互项 $m_t * roa_{i,t}$ 系数 β_1 均在 1% 的水平下显著为负，这表明随着货币政策的宽松，企业税收与盈利水平的相关性在减弱，结合 m_t 系数主要为负的特点，这说明货币政策与企业避税的难度有关。这一结论符合我们对于国内税收强度的调查情况，即在市场整体宽松，企业流动性和盈利相对较好时，年内的税收进度一般会超时序完成，政府税收强度会明显减弱，企业避税的成本反而更低，可能会有更强的账面盈利和成长预期，进而有更高的融资倾向。但在紧缩阶段，政府完成税收难度较大，往往会通过领导督办、清收欠税、强化监管等方式提高企业避税成本。由于财政收入预算往往比经济和货币周期更加平滑，实际上依预算收税的决策会导致企业在宽松阶段实际税率较低，紧缩阶段则会"应税尽税"。考虑到

企业在宽松阶段由于避税产生的盈利幻觉问题，这种税收现状可能会进一步加大企业财务决策的顺周期性，放大经济波动。从分组的情况看，这种效应在避税意愿更强的民营企业中可能更加敏感，货币政策对民营企业组税收—盈利的敏感性影响均显著高于国有企业。

第四节 基于市场错误定价的企业投资决策分析

近年来，行为金融理论快速发展，基于投资者非理性假设下的公司财务决策成为理论界关注的重要前沿问题。不少研究都指出，当经理人面对错误的市场定价时，其投资和融资决策将受到很大影响。在这一部分，我们关注了基于行为视角下，货币政策对企业投资行为的影响。首先，我们考虑了非理性行为外生的情况下，纳入基础框架后货币政策对企业投资规模的影响是否会受到冲击。其次，我们注意到，货币政策本身与资本市场的波动密切相关，投资者非理性行为可能内生于货币政策的变化。最后，我们在现金流内生情况下对货币政策影响企业投融资决策的整体状况进行了实证分析。

一、非理性错误定价和度量方式综述

在行为金融学的研究范式中，错误定价的界定和度量是一个核心问题。一般认为资产价格偏离于其基本价值的因素主要包括市场上投资者信念偏差、不稳定的偏好以及套利性质等方面，在很多行为金融研究中，错误定价与投资者情绪（investor sentiment）之间密切相关甚至能等同起来。在本文的研究中，我们也沿用了这一界定方式，即错误定价完全来自于市场非理性的情绪因素。

对非理性错误定价的准确度量是行为公司金融实证分析的基础，虽然实际上目前还没有最完美的衡量公司层面市场错误定价的方式（Baker 和 Wurgler，2011），但已经形成了比较公认的两种度量思路：一是事前度量。在有效的市场中，一些估值水平的指标（例如 Q 值）由于包含了企业的成长性因素被认为可以衡量公司内在价值，但在非理性的研究框架下，这种市场的估值指标中间除了包含企业的内在价值外，还包括企业的价格偏离部分。二是事后度量。即利用之后的股票超额收益来衡量当期的价格偏离，核心思想是目前被高估公司的股票会在未来有较低的超额收益，而未来股票收益很高的公司目前被非理性地低估了。除了直接利用事后的股票收益来计算当前的错误定价外，也有很多学者利用在市场上有预测能力的财务指标

作为错误定价指标的替代变量。

(一) 事前的错误定价度量

在早期有不少行为金融学家认为，估值水平本身是一个有效地衡量股票价格错误定价的替代指标。Baker 和 Wugler (2002) 对市场时机理论的研究是这一思想最典型的例子，他们指出，市账比 (market-book ratio) 是经理人判断市场是否出现了价格偏离，也就是融资时机的重要因素。同时，为了对长期资本结构问题进行研究，他们利用对市账比在年度间加权平均的方式衍生出外部融资加权平均市账比值，来衡量一段时间内错误定价的累积效果。

$$misp_{t-1} = \sum_{s=0}^{t-1} \frac{deb_s + sha_s}{\sum_{r=0}^{t-1} deb_r + sha_r} \times \left(\frac{M}{B}\right)_s$$

其中，sha_s 代表净股票融资；deb_s 表示净债务融资；变量 $misp_{t-1}$ 由公司历史 M/B 值的加权平均得到，权重为当期外部融资占所有历史时期的外部融资的比例。但是，这种对错误定价的度量方式被认为存在很多问题，Hovakimian (2006) 就指出市账比指标除了包含错误估值的因素外，还包含信息不对称、成长机会以及债务积压问题等因素，可能并不是一个有代表性的替代变量。不少学者通过各种办法过滤掉估值指标中的系统性因素，将利用不同类型的残差模型来分离出错误定价的代理变量。

Blanchard 等 (1993) 以及 Galeotti 和 Schiantarelli (1994) 指出，可以对 Q 值进行分解，得到包含公司基本成长机会价值的部分和定价扭曲部分，他们采用前期的损益或者红利水平作为包含于公司基本价值的因素。也有部分学者指出，红利分配水平一般比较平稳，无法包含很多公司真实价值波动的信息。Cummins、Hassett 和 Oliner (1999) 以及 Bond 和 Cummins (2000) 利用分析师预测的收益贴现值来估计公司的基本价值，但 Amir、Lev 和 Sougiannis (1999) 认为预测本身包含了物价水平等其他和公司内在成长性不相关的信息，这种分离方法局限性也很强。Goyal 和 Yamada (2004) 借鉴了 Morck、Shleifer 和 Vishny (1990) 以及 Shin 和 Stulz (1998) 的思想，采用主营业务收入增长率作为涵盖公司基本价值的波动的变量，对 Q 值进行年度的横截面回归，模型的估计值作为公司的基本价值，而残差则表示错误定价程度。

$$q_{i,t} = \beta_0 + \beta_1 gs_{i,t} + \beta_2 gs_{i,t-1} + \beta_3 gs_{i,t}^2 + \beta_4 gs_{i,t-1}^2 + ind_{dummy} + \epsilon_{i,t}$$

其中 $gs_{i,t}$ 表示企业 i 时期 t 的主营业务增长；模型中 $q_{i,t}$ 值对当期和滞后一期的主营业务增长及其平方项回归，利用行业进行聚类；$q_{i,t}$ 的估计量 $qx_{i,t}$ 是公司内在的基本价值，错误定价的计算方法为 $misp_{i,t} = q_{i,t} - qx_{i,t}$。

类似的，Rhodes – Kropf、Robinson 和 Viswanathan 将企业市场估值水平（平均 Q 值）分离为包含其成长性的内在价值部分和市场错误定价部分。他们认为公司规模、杠杆率和盈利能力是拟合其内在价值最重要的因素，同时考虑到行业的差异性和市场周期的波动，对所有样本在每一个行业的所有公司在每一个年度分别进行截面回归：

$$q_{i,t} = \beta_0 + \beta_1 size_{i,t} + \beta_2 lev_{i,t} + \beta_3 roa_{i,t} + \epsilon_{i,t}$$

他们将模型的拟合值 $qx_{i,t}$ 作为实证研究中投资机会的替代变量，对残差 $q_{i,t} - qx_{i,t}$ 进行 Z 标准化后得到情绪指标的替代变量。

Alzahrani（2006）对 Rhodes – Kropf、Robinson 和 Viswanathan（2005）的思路进行了进一步的改造，考虑了行业层面整体出现的系统性差异，采用了两步回归的方式分离出市场估值中的非理性部分作为错误定价的替代变量。他们的模型中，公司的净收入和杠杆率是影响内在价值最重要的因素，利用行业层面的数据进行估计的方程为：

$$\ln M_{i,t} = \beta_{0j} + \beta_{1j} \ln B_{i,t} + \beta_{2j} \ln|NI|_{i,t} + \beta_{3j} \ln|NI|_{i,t} * D_{i,t} + \beta_{4j} lev_{i,t} + \epsilon_{i,t}$$

其中 $M_{i,t}$ 表示企业的市场价值；$B_{i,t}$ 是账面价值；$NI_{i,t}$ 是公司净收入；$D_{i,t}$ 是当公司净收入取负数时的虚拟变量，这里假定净收入对公司估值的影响在正和负的阶段是不对称的；$lev_{i,t}$ 是杠杆率。

第一步模型可以估计出基于行业数据的方程（也就是参数 $\{\beta_{kj}\}$），然后利用包含行业信息模型以及公司个股数据可以得到估计的公司内在价值 $v(\beta_{i,t})$，因此，错误定价的计算方法为：$misp_{i,t} = \ln M_{i,t} - v(\beta_{i,t})$

对于企业内在价值的计算方法还有 Lee、Myers 和 Swaminathan（1999）首先提出的残差收益模型（residual income model，RIM）。Elliott、Koeter – Kant 和 Warr（2007）和 Hirshleifer、Richardson 和 Teoh（2007）借鉴了这一思路，指出如果采用确定的超额收益计算当期公司内在价值可以有效避免成长性和风险对公司价值的影响，他们在 RIM 模型的基础上提出了计算市场错误定价替代变量 V/P 法：

$$V_0 = B_0 + \sum_{i=1}^{T} (1+r)^{-i} E_0[X_{i-r} * B_{i-1}] + \frac{(1+r)^{-T}}{r} TV$$

其中，TV 终值的计算方法为：

$$TV = E_0[X_{T-r} * B_{T-1} + X_{T+1-r} * B_T]/2$$

V_0 表示公司 0 时刻，也就是当期的内在价值；B_0 是公司在 0 时刻的账面价值；r 是股权融资成本，也就是投资者要求的收益率；$E_0[X_i]$ 是时刻 i 的期望收益，这两篇文献采用的都是滞后三阶样本计算。他们认为公司内在价值为未来超额收益的期

望值和账面价值之和，并采用内在价值和市场价格的比率的形式来衡量当期的错误定价：$M_0 = E(V_0)/P_0$

其中P_0表示公司的市场价格，如果$VP_0<1$则表示公司被市场高估，反之则被低估。

(二) 事后的错误定价度量

根据定义，长期内被非理性高估的企业的市场价格会由于信息逐步公开而存在均值回归倾向，即价格存在趋势性下滑，反之低估企业未来的市场价格存在上升趋势。因此，一些学者指出，对市场有预测能力的各种财务和市场指标都可以作为对横截面错误定价情况的替代指标，这一理念也被认为是事后的度量方式。

Lee和Swaminathan（2000）通过实证检验指出，股票的换手率和未来股票超额收益之间的负相关关系。Baker和Stein（2004）对这一现象进行了解释。他们认为，在存在卖空约束的情况下，非理性的投资者会在乐观的时候更多地参与市场进行交易，当上市公司股票价格高估的时候往往伴随着股票流动性上升。因此，股票的流动性（一般用换手率和交易量度量）可以在一定程度上体现公司的价格偏离，Baker和Wurgler（2006）在对总量错误定价的度量中就利用换手率作为替代变量。由于换手率和交易量也存在横截面数据，在公司层面的实证检验中这种流动性指标也被广泛采用，如Campbell和Lundblad（2007），Brown、Crocker和Foerster（2009）以及Grundy和Li（2010）在他们的实证中就采用年平均换手率数据作为公司层面错误定价的替代变量。

Diether、Malloy和Scherbina（2002）以及Sakda和Scherbina（2007）通过实证检验指出，分析师预测的离散程度和未来股票超额收益之间存在负相关关系，这种现象难以被基于有效市场假说的理性理论所解释。Gilchrist、Himmelberg和Huberman（2005）指出，在卖空约束的假定下投资者信念的分歧程度较高代表其公司股票价格会被高估，他们利用这一指标作为公司层面错误定价的替代变量，计算方式是首先计算每月分析师对该公司每股盈余预测标准差的年平均值，乘以总股数最后除以公司账面总资产。Dayand和Warachka（2010）进一步对分析师预测和股票未来回报之间的关系进行了研究。他们指出，分析师长短期的预测分歧是由于其对股票未来超额收益的强预测性能在一定程度上体现股票当前的错误定价程度。整体来看，这类变量选择方法对数据要求较高，在实证上采用的并不是很多。

Sloan（1996）提出的应计异象是会计和财务管理领域学者关注的重要问题，应计异象本身是指公司盈余组成部分中的应计项目持续性会低于现金流的持续性，操控性的应计项目对公司未来股票超额收益存在一定的预测性，高（低）应计项目会伴随着随后股票的低（高）超额收益。Hirshleifer 和 Teoh（2006）对这一现象从行为金融的角度进行了解释，投资者对盈余报告存在一种叫作有限关注（limited attention）的信念偏差，虽然企业会披露盈余和现金流的相关信息，但由于详细地解读盈余报告需要大量成本，大多数投资者由于有限关注的原因仅仅会选择他们认为和企业价值更相关的盈余信息，这会导致投资者对应计项目的高估。虽然理性的机构投资者能更准确了解公司的价值，但由于中介限制和交易摩擦等问题还是无法改变价格偏离的状况。Ali 和 Gurun（2008）以及 Gerard、Guido 和 Koutsoyannis（2009）也都对应计异象从心理学角度进行了解释，排除了这种超额背后的系统性风险因素。在他们研究的基础上，不少行为金融学家发现了利用非操控应计项目度量投资者情绪的优势，他们认为这种度量方式不仅对数据要求不是很特殊，而且可以有效排除成长性或者财务风险等能够系统性影响股票收益的因素，近期的不少实证研究都利用非操控应计项目对投资者情绪进行度量。

Polk 和 Sapienza（2009）选取操控性应计项目作为截面投资者情绪的替代指标。定义应计项目 $accr = \Delta nccr - \Delta cl - dep$。其中，$\Delta nccr$ 为总流动资产的变动—现金和现金等价物的变动；Δcl 表示总流动负债的变动—流动负债中短期负债的变动—应付所得税变动；dep 代表折旧和摊销。他们借鉴 Chan、Chan、Jegadeesh 和 Lakonishok（2001）的研究方法来分离出应计项目中的主观操控部分，思路是利用过去 5 年应计项目与主营业务收入的比值和当期主营业务收入来度量非主观的企业必要应计项目，非主观必要应计项目的计算方法为：

$$normalaccr_{i,t} = \frac{\sum_{k=1}^{5} accr_{i,t-k}}{\sum_{k=1}^{5} sales_{i,t-k}} sales_{i,t}$$

投资者情绪也就是横截面层面价格偏离程度为：

$$daccr_{i,t} = accr_{i,t} - normalaccr_{i,t}$$

Polk 和 Sapienza（2009）对操控性应计项目的计算方法被近期不少学者采用，如 Grundy 和 Li（2010）等。在他们的基础上，Chang、Faff、Kwok 和 Wong（2009）对这种方法进行了一些改进，主要是对非主观必要应计项目的计算上，他们并不是仅仅利用主营业务收入这一个指标来对必要应计项目进行估计，还考虑了固定资产对盈余管理的影响。这一计算方式对数据的要求稍高，要求企业必须有至少连续 10 年以上的财务数据，对应计项目进行时间序列回归：

$$\frac{accr_{i,t}}{asset_{i,t-1}} = \beta_0 + \beta_1 \frac{\Delta sales_{i,t}}{asset_{i,t-1}} + \beta_2 \frac{ppe_{i,t}}{asset_{i,t-1}} + \epsilon_{i,t}$$

其中，$asset_{i,t}$ 是企业当期的总资产；$\Delta sales_{i,t}$ 是当年主营业务收入增量；$ppe_{i,t}$ 是

当年固定资产存量；$\epsilon_{i,t}$是模型残差。利用估计出来的模型可以得到非主观必要应计项目：

$$normalaccr_{i,t} = \beta_0 + \beta_1 \frac{\Delta sales_{i,t} - \Delta ar_{i,t}}{asset_{i,t-1}} + \beta_2 \frac{ppe_{i,t}}{asset_{i,t-1}}$$

其中，$\Delta ar_{i,t}$是当期应收账款的变化额，之后与 Polk 和 Sapienza（2009）采用了相同的标准化方式。

Jegadeesh 和 Titman（1993）首先发现美国股票市场存在短期的动量效应（Momentum Effect），他们指出在 3—12 个月的统计期内，之前表现良好的股票会存在超额收益。大量实证表明在排除了 Fama – French 提出的 3 个系统性风险因素干扰的情况下，动量利润依然显著存在，行为金融学家们指出动量效应存在的原因是市场上的投资者对公司基本面特有信息的反应不足。基于此，不少学者利用价格动量指标来衡量横截面错误定价程度，近期的如 Dijk 和 Huibers（2002）以及 Sias（2007）等。另外，有部分学者关注到不同类型企业的动量效应有所差异，Hou、Peng 和 Xiong（2009）将估值水平和动量效应结合起来构成投资者情绪的替代变量；而在 Hou、Peng 和 Xiong（2010）的研究中，他们用股票个股收益对市场和行业指数收益回归的拟合优度作为衡量反应过度的指标和价格动量结合在一起形成错误定价的替代变量。回归方程如下：

$$R_{i,t} = \beta_{0i,t} + \beta_{1i,t} R_{mt} + \beta_{2i,t} R_{ind,t} + \epsilon_{i,t}$$

$R_{i,t}$表示个股收益；R_{mt}和$R_{ind,t}$表示同期市场和行业指数的收益。他们认为模型的拟合优度R^2和调整后的R^2能用来衡量投资者处理信息的偏误程度，如果拟合优度较小则说明股票对公司层面信息反应过度。

二、主要回归变量的计算方法及描述性统计

为保证研究结果的可靠，我们从两种度量方法中各选择了一个有代表性的非理性错误定价指标。具体的计算方法如下：

$mispa_{i,t}$：借鉴 Rhodes – Kropf、Robinson 和 Viswanathan（2005）的研究方法，将企业市场估值水平$q_{i,t}$分离为包含其成长性的内在价值部分和市场错误定价部分。考虑到行业的差异性和市场周期的波动，对所有样本在每一个行业的所有公司在每一个年度分别进行如下截面回归：

$$q_{i,t} = \beta_0 + \beta_1 size_{i,t} + \beta_2 lev_{i,t} + \beta_3 roa_{i,t} + \epsilon_{i,t}$$

Rhodes – Kropf、Robinson 和 Viswanathan 认为，公司规模、杠杆率和盈利能力是拟合其内在价值最重要的因素，本章将上述模型的拟合值$qx_{i,t}$作为实证研究中投资

机会的替代变量，对残差$q_{i,t} - qx_{i,t}$进行 Z 标准化后得到情绪指标的替代变量$mispa_{i,t}$。

$mispb_{i,t}$：参考 Polk 和 Sapienza（2009）的研究方法，我们选取操控性应计项目作为截面投资者情绪的替代指标。由于中国市场样本周期较短，选择利用过去 3 年的应计项目与主营业务收入的比值和当期主营业收入$sales_{i,t}$来度量非主观的企业必要应计项目：

$$normalaccr_{i,t} = \frac{\sum_{k=1}^{3} accr_{i,t-k}}{\sum_{k=1}^{3} sales_{i,t-k}} sales_{i,t}$$

对$daccr_{i,t}$进行 Z 标准化后得到投资者情绪指标$mispb_{i,t}$。

影响投资的其他控制因素与第一部分实证研究一致，此处不再赘述。主要回归变量的描述性统计结果如表 5–31 所示。

表 5–31　　　　　　　核心变量的描述性统计

变量名称	样本数	均值	标准差	中位数	最小值	最大值
$mispa_{i,t}$	21648	0.0000	1.0000	-0.1594	-1.8976	4.3908
$mispb_{i,t}$	14459	0.0000	1.0000	-0.0229	-4.5023	4.8533
$capx_{i,t}$	22774	0.0606	0.0551	0.0444	0.0007	0.2635
$cf_{i,t}$	22774	0.0487	0.0720	0.0468	-0.1620	0.2512
$qx_{i,t}$	21648	0.0763	0.0428	0.0900	-0.6106	0.8048

由于错误定价指标经过了 Z 标准化，因此均值和方差保持在 0 和 1，高估和低估仅仅是相对水平。从中位数情况看，更多的样本处于 0 值以下，即被相对低估的水平，而部分被高估的指标则较大幅度的偏离于均值水平。此外，相对于原始的投资机会指标$q_{i,t}$，由规模、杠杆和盈利分行业回归得到的拟合值$qx_{i,t}$均值更大，且波动相对较小，在一定程度上确实能反映了企业的内在价值。

对每一年度的样本的错误定价指标分别求均值后，数据列示在图 5–5 中。

总体来看，两个指标的均值整体上呈现非常接近的变化趋势，波峰和波谷基本上都能完全对应，这说明事前和事后指标在长期大样本中存在接近的估计效率。从整体的趋势上看，错误定价指标与资本市场的波动呈现一定的正向关系，且有一定的预测性，这与宏观上关于投资者非理性情绪的相关研究（如 Baker 和 Wurgler，2006 等）结论能相互吻合。从理论和前期经验证据的角度看，本书构建的市场错误定价指标是有效的。

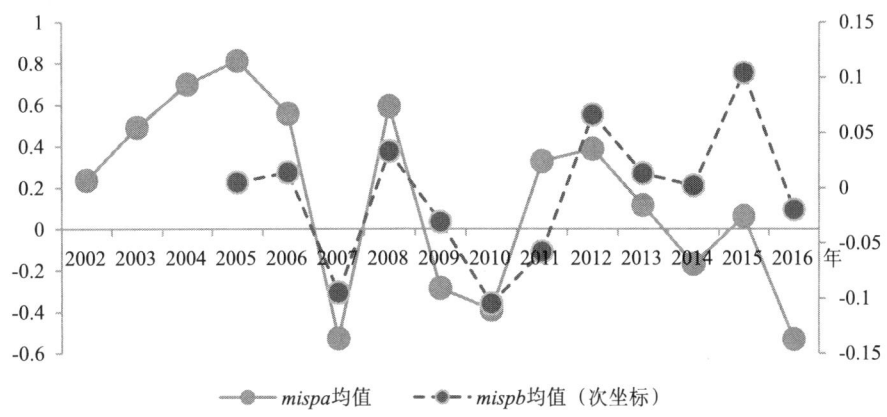

图 5-5 两个错误定价指标均值在不同年份的变化趋势

注：事后指标的计算需要用到前三期的应计项目和销售相关指标，因此样本周期从 2005 年开始。

为了进一步分析非理性错误定价指标的数据特征，我们对其处于不同股权性质和货币政策条件下的企业样本组的指标均值进行 t 检验，结果如表 5-32 所示。

表 5-32　　　　　不同股权性质、货币政策条件下的错误定价程度

	分组	样本数	均值	标准差	差值95%置信区间	t 值	单边 P 值
$mispa_{i,t}$	国有	11884	-0.10754	0.82636	0.21184	17.57960	0.00000
	民营	9764	0.13089	1.16400	0.26501		
	紧缩	12827	-0.10122	1.02003	0.22150	18.09380	0.00000
	宽松	8821	0.14719	0.95116	0.27532		
$mispb_{i,t}$	国有	8577	0.00678	1.18280	-0.04986	-0.98480	0.16240
	民营	5882	-0.00989	0.64664	0.01651		
	紧缩	8844	-0.02017	0.01188	1.11726	3.04520	0.00120
	宽松	5615	0.03177	0.01040	0.77939		

在错误定价 $mispa_{i,t}$ 中，国有企业的均值显著低于民营，并在 0.01% 的水平下显著，而来自应计项目计算得到的 $mispb_{i,t}$ 虽然均值不同，但 95% 的置信区间位于 0 轴两侧，t 统计量无法拒绝均值相等的原假设。货币态势方面，宽松政策下的错误定价程度远远高于紧缩态势，这暗示了我国资本市场泡沫中有相当比例来自流动性驱动。两个指标均值检验的 t 统计量都在 1% 的水平下显著。

三、引入错误定价机制的单方程投资模型

根据前期的理论和实证研究,错误定价可能通过股权融资渠道(Baker、Stein 和 Wurgler,2003)或迎合渠道(Polk 和 Sapienza,2009)改变企业的实际投资规模。在基础的框架下,我们将错误定价以控制变量的形式引入投资模型,具体的回归方程设定如下:

$$capx_{i,t} = \beta_0 + \beta_1 m_t + \beta_2 mispa_{i,t}(mispb_{i,t}) + \beta_3 qx_{i,t} + \beta_4(control\_) + ind_{dummy} + \epsilon_{i,t}$$

其中,模型整体结构与第一节的投资基础模型一致,主要的变化在于增加了即期错误定价因素 $mispX_{i,t}$,其系数 β_2 显著为正说明高估企业的相对投资规模更大。另外,我们也关注控制非理性因素后,货币政策与企业投资的正向关系是否会继续保持稳定,即系数 β_1 相对于基础投资模型是否会有显著性下降。值得注意的是,由于投资者非理性的框架下,$q_{i,t}$ 不能准确衡量企业面临的真实投资机会,因此我们利用计算事前错误定价指标中得到的企业内在价值 $qx_{i,t}$ 作为投资机会,理论上该指标来自于企业内在因素的拟合,已剔除了估值错误的干扰,是更有效率的替代变量。在全样本的回归后,我们依然关注了股权性质分组回归的情况,比较国有和民营企业货币政策—错误定价—投资的相互关系和传导机制是否存在差异。

在表5-33中,列(1)—(3)和列(4)—(6)分别列示的是利用两个错误定价指标 $mispa_{i,t}$ 和 $mispb_{i,t}$ 的回归结果。总体来看,无论是全样本还是分组回归,$mispX_{i,t}$ 的系数均在1%的水平下显著为正,说明非理性错误定价因素通过股权融资渠道和迎合渠道对企业投资产生影响的机制确实存在。相对于理性框架的回归结果,货币政策的系数 β_1 显著性和估计值均有明显的下滑,尤其是在国有企业子样本组中,这说明不考虑市场非理性因素时,货币政策对企业投资的影响可能被高估。相对而言,民营企业受到融资约束改善而提高投资的机制依然存在,但国有企业则不显著。

表5-33   错误定价条件下货币政策影响企业投资规模的实证研究

	(1)	(2)	(3)	(4)	(5)	(6)
	$capx - mispa_{i,t}$			$capx - mispb_{i,t}$		
分组方式	全样本	$state_{i,t}=1$	$state_{i,t}=0$	全样本	$state_{i,t}=1$	$state_{i,t}=0$
m_t	0.012	0	0.045***	0.041***	0.012	0.059***
	(0.010)	(0.016)	(0.013)	(0.010)	(0.017)	(0.013)
$mispX_{i,t}$	0.002***	0.003***	0.002***	0.003***	0.003***	0.003***
	(0.000)	(0.001)	(0.001)	(0.000)	(0.000)	(0.001)

续表

分组方式	(1)	(2)	(3)	(4)	(5)	(6)
	$capx - mispa_{i,t}$			$capx - mispb_{i,t}$		
	全样本	$state_{i,t}=1$	$state_{i,t}=0$	全样本	$state_{i,t}=1$	$state_{i,t}=0$
$cf_{i,t-1}$	0.106***	0.128***	0.082***	0.118***	0.130***	0.097***
	(0.006)	(0.008)	(0.008)	(0.006)	(0.008)	(0.009)
$qx_{i,t-1}$	0.123***	0.131***	0.109***	0.129***	0.144***	0.101***
	(0.012)	(0.011)	(0.012)	(0.012)	(0.011)	(0.012)
$age_{i,t}$	-0.002***	-0.002***	-0.002***	-0.001***	-0.002***	-0.001***
	(0.000)	(0.000)	(0.000)	(0.000)	(0.000)	(0.000)
$size_{i,t}$	0.003***	0.003***	0.002***	0.004***	0.004***	0.005***
	(0.000)	(0.000)	(0.001)	(0.000)	(0.001)	(0.001)
$cash_{i,t}$	-0.043***	-0.047***	-0.049***	-0.052***	-0.045***	-0.058***
	(0.005)	(0.006)	(0.007)	(0.005)	(0.007)	(0.008)
$roa_{i,t}$	0.119***	0.139***	0.092***	0.099***	0.115***	0.077***
	(0.008)	(0.011)	(0.012)	(0.008)	(0.012)	(0.012)
$gs_{i,t}$	0.003***	0.004***	0.00100	0.003***	0.005***	0
	(0.001)	(0.001)	(0.001)	(0.001)	(0.001)	(0.001)
$lev_{i,t}$	0.00300	0.016***	-0.006*	0.011***	0.016***	0.00600
	(0.002)	(0.003)	(0.004)	(0.002)	(0.003)	(0.004)
$collater_{i,t}$	-0.011**	-0.034***	0.012*	-0.013***	-0.038***	0.0120
	(0.005)	(0.006)	(0.007)	(0.005)	(0.006)	(0.008)
$conc_{i,t}$	-0.003	-0.024***	0.033***	-0.020***	-0.033***	0.00400
	(0.004)	(0.005)	(0.006)	(0.004)	(0.005)	(0.006)
$banc_{i,t}$	0.004***	0.00100	0.007***	0	0	0.00200
	(0.001)	(0.001)	(0.001)	(0.001)	(0.001)	(0.001)
con_	0.025***	0.0130	0.0240	-0.020**	-0.00800	-0.048***
	(0.009)	(0.011)	(0.015)	(0.009)	(0.012)	(0.016)
ind_dummy	√	√	√	√	√	√
obs.	18788***	10547***	8241***	14174***	8415***	5759***
F_stat.	56.27***	44.14***	22.44***	45.73***	35.37***	15.61***
R^2_adj	0.146***	0.189***	0.129***	0.155***	0.189***	0.126***

四、考虑错误定价内生的投资模型

单方程的实证结果显示，加入错误定价指标后货币政策与投资的正向关系被削弱，这暗示了货币政策对投资的影响可能也通过改变非理性错误定价而发挥作用。

理论和基于中国市场的实证研究都表明,流动性的宽松是引起资本市场泡沫和非理性波动的重要原因(李健和邓瑛,2011;闫先东和朱迪星,2016 等),因此我们也将此渠道纳入实证方程。具体的思路是设定联立模型进行分析:

$$\begin{cases} capx_{i,t} = \beta_0 + \beta_1 m_t + \beta_2 mispa_{i,t}(mispb_{i,t}) + \beta_3 qx_{i,t} + \beta_4(control\_) + ind_{dummy} + \epsilon_{i,t} \\ mispa_{i,t}(mispb_{i,t}) = \gamma_0 + \gamma_0 m_{t-1} + \mu_{i,t} \end{cases}$$

联立模型由投资模型和错误定价方程两部分组成,投资方程中核心变量和控制变量与单方程一致,错误定价模型主要是研究 $mispa_{i,t}(mispb_{i,t})$ 受到滞后一期货币政策影响的情况。系数 γ_0 的显著性表示流动性驱动的企业股票价格波动程度。

在估计方法上,对两个方程独立进行估计会存在内生性问题。而且使用单一方程估计时,由于忽略了各方程扰动项之间的联系,很可能导致估计效率的损失。为了解决潜在的内生性问题和充分利用扰动项之间的关系,我们选择了常见的系统估计法"三阶段最小二乘法"(Three Stage Least Square,简称 3SLS)。整个估计过程包括两个步骤,首先是对每个方程进行 2SLS 的估计,然后利用结果得到对整个系统扰动项协方差的估计,并据此对整个系统进行 GLS 估计,具体如下:对于联立方程模型的第 j 个方程,忽略系统中不在该方程的内生变量 y_j^* 和外生变量 x_j^*,并考虑所有 T 个样本观测值,则该方程为:

$$y_j = Y_j \gamma_j + X_j \beta_j + \varepsilon_j = Z_j \delta_j + \varepsilon_j (j = 1, 2, \cdots, M)$$

其中,解释变量向量为 $Z_j \equiv Y_j X_j$,系数 $\delta_j \equiv \begin{pmatrix} \gamma_j \\ \beta_j \end{pmatrix}$,整个系统方程为:

$$y \equiv \begin{pmatrix} y_1 \\ y_2 \\ \vdots \\ y_M \end{pmatrix} = \begin{pmatrix} Z_j & \cdots & \cdots & 0 \\ \vdots & Z_2 & & \vdots \\ \vdots & & \ddots & \vdots \\ 0 & & & Z_M \end{pmatrix} \begin{pmatrix} \delta_1 \\ \delta_2 \\ \vdots \\ \delta_M \end{pmatrix} + \begin{pmatrix} \varepsilon_1 \\ \varepsilon_2 \\ \vdots \\ \varepsilon_M \end{pmatrix} \equiv Z\delta + \varepsilon$$

假设 $E(\varepsilon | X) = 0, E(\varepsilon\varepsilon' | X) = \Sigma \otimes I$,其中 X 包括系统内所有外生变量。

记 $\hat{Z}_j \equiv X(X'X)^{-1}X'Z_j$ 为第 j 个方程解释变量 Z_j 对所有外生工具变量进行回归的拟合值,则第 j 个方程的 2SLS 估计量为 $\hat{\delta}_{j,2sls} = (\hat{Z}_j' Z_j)^{-1} Z_j' y_j$。利用估计得到的残差估计协方差矩阵的估计量,得到 $\hat{\sigma}_{i,j} = \frac{1}{T}(y_i - Z_i \hat{\delta}_{i,2sls})'(y_j - Z_j \hat{\delta}_{j,2sls})$。因此,类似 SUR 的思路,利用 GLS 对系统进行估计,得到 3SLS 估计量为:

$$\hat{\delta}_{j,3sls} = [(\hat{Z}_j'(\hat{\sum}^{-1} \otimes I)\hat{Z}_j)]^{-1} \hat{Z}_j'(\hat{\sum}^{-1} \otimes I) y_j$$

第五章 货币政策与企业投融资行为：基于中国A股上市公司的经验证据

实证中实际选择的是迭代三阶段最小二乘，即对于上述估计出的模型，可以利用其残差重新估计协方差矩阵 Σ，然后再利用 GLS 反复估计直到收敛。

针对错误定价内生于货币态势变动的模型估计情况如表 5-34 所示。

表 5-34　错误定价内生条件下货币政策对企业投资行为影响的实证研究

	(1)	(2)	(3)	(4)	(5)	(6)
分组方式	全样本	$state_{i,t}=1$	$state_{i,t}=0$	全样本	$state_{i,t}=1$	$state_{i,t}=0$
模型1	\multicolumn{3}{c}{$capx-mispa_{i,t}$}			$capx-mispb_{i,t}$		
m_t	0.033***	0.026	0.038**	0.026**	-0.006	0.045***
	(0.014)	(0.055)	(0.020)	(0.011)	(0.019)	(0.014)
$mispX_{i,t}$	0.026***	0.089***	0.024***	0.139***	0.160***	0.093***
	(0.004)	(0.016)	(0.003)	(0.003)	(0.004)	(0.004)
$cf_{i,t-1}$	0.105***	0.127***	0.081***	0.100***	0.108***	0.087***
	(0.006)	(0.009)	(0.008)	(0.006)	(0.009)	(0.009)
$qx_{i,t-1}$	0	-0.00100	0.00100	0	-0.00100	0
	(0.001)	(0.006)	(0.001)	(0.000)	(0.000)	(0.000)
$age_{i,t}$	-0.002***	-0.002***	-0.002***	-0.001***	-0.001***	-0.001***
	(0.000)	(0.000)	(0.000)	(0.000)	(0.000)	(0.000)
$size_{i,t}$	0.003***	0.003***	0.003***	0.005***	0.003*	0.006***
	(0.000)	(0.001)	(0.001)	(0.001)	(0.002)	(0.001)
$cash_{i,t}$	-0.043***	-0.046***	-0.048***	-0.056***	-0.049***	-0.060***
	(0.005)	(0.009)	(0.008)	(0.005)	(0.007)	(0.008)
$roa_{i,t}$	0.117***	0.137***	0.089***	0.075***	0.098***	0.060***
	(0.008)	(0.018)	(0.012)	(0.009)	(0.013)	(0.013)
$gs_{i,t}$	0.002**	0.004***	0.00100	0.003**	0.004**	0
	(0.001)	(0.001)	(0.001)	(0.001)	(0.002)	(0.001)
$lev_{i,t}$	0.00100	0.015***	-0.008**	0.064***	0.098***	0.032***
	(0.003)	(0.005)	(0.004)	(0.006)	(0.011)	(0.005)
$collater_{i,t}$	-0.013**	-0.035***	0.0100	-0.010**	-0.033***	0.013*
	(0.005)	(0.007)	(0.008)	(0.005)	(0.006)	(0.008)
$conc_{i,t}$	-0.002	-0.022***	0.034***	-0.021***	-0.030***	0.006
	(0.004)	(0.005)	(0.006)	(0.007)	(0.009)	(0.008)
$banc_{i,t}$	0.004***	0.00100	0.007***	0	0	0.00200
	(0.001)	(0.001)	(0.001)	(0.001)	(0.001)	(0.001)
$con\_$	0.027***	0.00900	0.026*	-0.045*	-0.0250	-0.075***
	(0.009)	(0.035)	(0.015)	(0.025)	(0.042)	(0.024)
ind_dummy	√	√	√	√	√	√
$obs.$	18788***	10547***	8241***	14174***	8415***	5759***
$F\_stat.$	4872***	9847***	2167***	7194***	8064***	1165***
R^2_adj	-0.0450***	-1.517***	-0.0970***	-7.238***	-12.84***	-1.361***

续表

	(1)	(2)	(3)	(4)	(5)	(6)
分组方式	全样本	$state_{i,t}=1$	$state_{i,t}=0$	全样本	$state_{i,t}=1$	$state_{i,t}=0$
模型2		$mispa_{i,t}-m_{t-1}$			$mispb_{i,t}-m_{t-1}$	
m_{t-1}	2.338***	0.585***	3.472***	0.252***	0.156*	0.436***
	(0.187)	(0.205)	(0.340)	(0.079)	(0.092)	(0.157)
$con\_$	-0.421***	-0.0610	-0.691***	0.231	0.163	0.343*
	(0.061)	(0.067)	(0.109)	(0.174)	(0.256)	(0.204)
ind_dummy	√	√	√	√	√	√
$obs.$	18788***	10547***	8241***	14174***	8415***	5759***
$F\_stat.$	170.4***	190.3***	204.6***	211.6***	130.2***	127.8***
R^2_adj	0.009***	0.018***	0.024***	0.007***	0.008***	0.016***

表5-34格中上下两部分分别代表联立模型中两个方程的回归结果，方程1列示结构与基础模型一致。在方程2中，滞后货币政策m_{t-1}的系数在全部6个模型中均在1%的水平下显著为正，说明企业在资本市场上的价格偏离程度与外部的流动性状况有非常密切的关系。再考虑到方程1中错误定价对企业投资的正向影响，可以认为货币政策通过改变资本市场的估值水平，进而影响企业实际投资行为的渠道确实存在。与传统的货币政策资产价格渠道相比，基于错误定价的传导机制主要关注的是非理性因素的影响。尤其在我国定价机制仍不健全，投资者整体非理性程度较高的资本市场上，流动性变化对于非理性因素的影响可能还超过对于基本价值波动的冲击。方程1中货币政策m_t系数的显著性情况与单方程模型比较接近，只是系数的估计量数值略低，这也进一步说明错误定价内生的假定是合理的。

另外，从分组情况看，在考虑错误定价内生的情况下，民营企业的资本市场估值水平受到货币政策冲击的程度要远高于国有企业，这可能与民营企业大多总市值较小，投资者分散程度更高，其价格更容易受到非理性因素驱动的资金流向因素影响。但是，从β_2的系数情况看，国有企业经理人迎合市场非理性行为进行投资决策的概率更大，这可能与国有企业经理人目标结构有关。相关企业的经理人往往是任命制，这导致企业的经理人更重视短期目标，即会倾向于在任期内提高企业的账面绩效和市场价格，而非长期的成长性和内在价值，因此其行为对于市场非理性的价格波动也更敏感。

根据潘敏和朱迪星（2010）等研究的结论，理性经理人对非理性市场价格的迎合程度可能并不稳定。为分析这一问题，我们利用每个年度的子样本分别进行联立模型的估计,并观察核心变量系数β_2的变化趋势。

$$\begin{cases} capx_{i,t} = \beta_0 + \beta_1 m_t + \beta_2 mispa_{i,t} + \beta_3 qx_{i,t} + \beta_4(control\_) + ind_{dummy} + \epsilon_{i,t} (By-year) \\ mispa_{i,t} = \gamma_0 + \gamma_0 m_{t-1} + \mu_{i,t} \end{cases}$$

考虑到$mispb_{i,t}$变量的样本周期较短,在这一模型中,我们仅选择利用$mispa_{i,t}$单一因素进行分析。

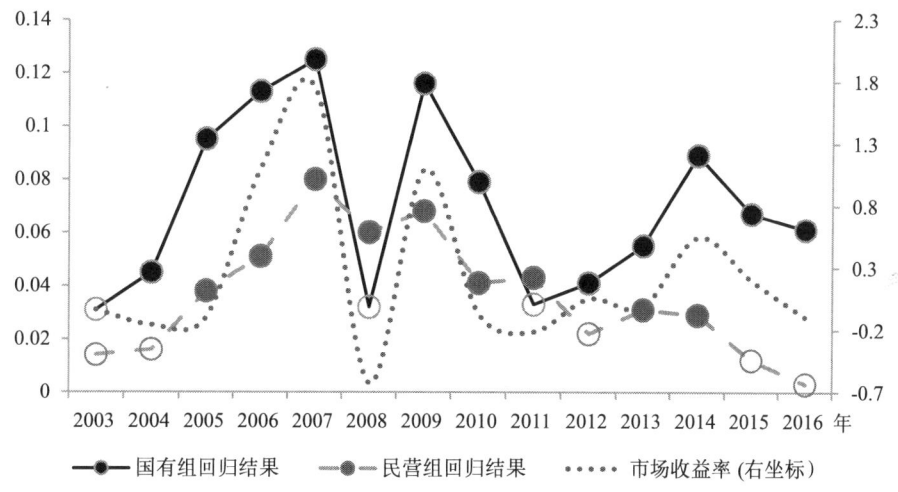

图5-6 错误定价与投资的关联度跨时期的比较分析

注:市场收益率是指基于全A股市场,考虑现金红利再投资,并利用流通市值加权平均的全部A股综合年市场回报率。填充的点表示该年度样本在5%的水平下显著。

从图5-6中可以清晰看出,分年度的错误定价回归系数与整个资本市场的走势之间有极高的相关性。这一现象可以从投资者非理性的时变特征来解释,当市场处于上行周期时,普遍获利的投资者存在自我归因和过度自信的认知偏差,且两者之间具有相互强化的反馈效应。他们会过度依赖自己收集到的信息而轻视准确概率更高的公共信息,注重那些增强自信心的信息,而轻视降低自信心的信息。而在市场下行阶段,由于投资者具有损失厌恶的特征,往往更容易接受外部公共信息。这导致在上行周期投资者修正自己对市场价格非理性预期的时间更长,市场错误定价的偏离可能更具有持续性。另外,根据处置效应,投资者倾向于卖出盈利的股票而持有亏损的股票。因此,在上行周期投资者持股周期往往偏短,经理人面临的外部治理压力要明显大于紧缩阶段,其行为对股价更加敏感。这一机制在国有和民营组中都很明显,在经理人短期目标的驱使下,绝大多数年份国有企业投资行为对于市场错误定价的敏感性更强。

五、考虑需求因素内生的融资模型

从前期文献可以看出,除了缓解融资约束以及影响非理性价格波动外,货币政策也会通过需求因素影响企业的投资行为(Schoder,2013 等)。货币的宽松和紧缩会改变企业的现金流和盈利状况(Benmelech、Meisenzahl 和 Ramcharan,2017 等),以及对未来现金流和盈利的预期(Gennaioli、Ma 和 Shleifer,2016 等)。这都可能对当期企业的投资行为产生明显的冲击。在实证研究中,我们将需求的冲击抽象为货币政策对企业现金流情况的直接影响,将其引入错误定价内生的联立模型中:

$$\begin{cases} capx_{i,t} = \beta_0 + \beta_1 m_t + \beta_2 mispa_{i,t} + \beta_3 qx_{i,t-1} + \beta_4 cf_{i,t-1} + \beta_4 (control\_) + ind_{dummy} + \epsilon_{i,t} & (5-1) \\ mispa_{i,t} = \gamma_0 + \gamma_1 m_{t-1} + \mu_{i,t} & (5-2) \\ cf_{i,t} = \theta_0 + \theta_1 m_t + \varphi_{i,t} & (5-3) \end{cases}$$

其中,前两个方程的结构与之前没有变化。主要增加了方程(5-3),即企业现金流状况与货币政策关系,系数 θ_1 的显著性表明货币政策在需求端对企业流动性影响的程度。由于在基础模型中流动性指标为滞后项,因此方程(5-3)也可以理解为流动性滞后项 $cf_{i,t-1}$ 与货币政策滞后项 m_{t-1} 的回归,其结果对本书的研究并没有影响。实际估计中,因篇幅问题模型分析了基于指标 $mispa_{i,t}$ 的回归结果。

从联立模型中第 2 个和第 3 个方程的回归结果看,在所有模型中货币政策与错误定价和企业现金流之间都有非常显著的正向关系,说明这两个影响企业投资行为的因素内生于货币态势在数据上是成立的。在表 5-35 中,列(1)是全样本回归结果,在考虑内生问题后,3 个变量 $m_t * qx_{i,t-1}$、$mispa_{i,t}$ 以及 $cf_{i,t-1}$ 的回归系数均显著为正,即货币宽松会通过改善企业融资需求、影响企业市场非理性定价程度、影响企业的市场需求和现金性状况,最终从 3 个方面影响企业的投资行为和决策。列(2)—(3)和列(4)—(5)分别是从股权性质和货币态势的角度对这 3 个渠道影响的结构和特征进行分析。具体来看,货币政策通过影响企业融资约束进而改变企业把握投资机会能力的效应更多体现在民营企业和货币紧缩阶段,经理人迎合流动性驱动的错误定价进而改变投资行为的效应更多体现在国有企业和货币宽松阶段,最后是国有企业和货币紧缩条件下,货币政策影响企业面对的市场需求,改善现金流进而提高投资动力的机制要更加显著。

表 5-35　　考虑 3 个渠道的货币政策影响企业投资规模的实证研究

	(1)	(2)	(3)	(4)	(5)
分组方式	全样本	$state_{i,t}=1$	$state_{i,t}=0$	$mt_t=1$	$mt_t=0$
模型 1			$capx - mispa_{i,t}$		
m_t	0.075***	0.023	0.108***	0.074***	0.491***
	(0.014)	(0.047)	(0.022)	(0.019)	(0.053)
融资约束	2.542***	1.699*	3.619***	5.312***	2.903***
$m_t * qx_{i,t-1}$	(0.343)	(0.920)	(0.753)	(0.951)	(1.261)
错误定价	0.032***	0.103***	0.034***	0.004	0.013***
$mispa_{i,t}$	(0.004)	(0.024)	(0.003)	(0.004)	(0.001)
需求因素	0.081***	0.108***	0.060***	0.066***	0.108***
$cf_{i,t-1}$	(0.006)	(0.008)	(0.009)	(0.007)	(0.010)
$qx_{i,t-1}$	-0.361***	-0.344	-0.387***	-0.467***	-0.690***
	(0.090)	(0.390)	(0.094)	(0.095)	(0.192)
$age_{i,t}$	-0.002***	-0.002***	-0.002***	-0.001***	-0.003***
	(0.000)	(0.001)	(0.000)	(0.000)	(0.000)
$size_{i,t}$	0.002***	0.00300	0.002*	0.002***	0.007***
	(0.001)	(0.005)	(0.001)	(0.001)	(0.001)
$cash_{i,t}$	-0.036***	-0.041***	-0.047***	-0.035***	-0.040***
	(0.005)	(0.008)	(0.007)	(0.006)	(0.008)
$roa_{i,t}$	0.092***	0.106***	0.072***	0.058***	0.104***
	(0.010)	(0.037)	(0.013)	(0.011)	(0.013)
$gs_{i,t}$	0.002**	0.004**	0.00100	0.00200	0.003*
	(0.001)	(0.002)	(0.001)	(0.001)	(0.002)
$lev_{i,t}$	-0.00300	0.0140	-0.014***	-0.008***	0.00400
	(0.003)	(0.009)	(0.004)	(0.003)	(0.004)
$collater_{i,t}$	-0.024***	-0.047***	-0.00200	-0.024***	-0.051***
	(0.005)	(0.006)	(0.008)	(0.006)	(0.008)
$conc_{i,t}$	0.00400	-0.021***	0.044***	0.00600	-0.012**
	(0.004)	(0.005)	(0.006)	(0.004)	(0.006)
$banc_{i,t}$	0.006***	0.002*	0.009***	0.007***	0.004***
	(0.001)	(0.001)	(0.001)	(0.001)	(0.002)
$con\_$	0.048**	0.0180	0.064***	-0.0140	-0.043*
	(0.022)	(0.147)	(0.023)	(0.016)	(0.023)
ind_dummy	√	√	√	√	√
obs.	19906***	10838***	9068***	12144***	7762***
F_stat.	4870***	10000***	2718***	2208***	1831***
R^2_adj	-0.111***	-2.091***	-0.242***	0.130***	0.199***

续表

	(1)	(2)	(3)	(4)	(5)
分组方式	全样本	$state_{i,t}=1$	$state_{i,t}=0$	$mt_t=1$	$mt_t=0$
模型 2			$mispa_{i,t} - m_{t-1}$		
m_{t-1}	1.938***	0.413**	2.833***	13.357***	-7.276***
	(0.181)	(0.204)	(0.313)	(0.317)	(0.240)
$con\_$	-0.339***	-0.0280	-0.553***	-2.080***	1.416***
	(0.060)	(0.066)	(0.103)	(0.081)	(0.083)
ind_dummy	√	√	√	√	√
$obs.$	19906***	10838***	9068***	12144***	7762***
$F\_stat.$	130.8***	189.7***	191.6***	1942***	1310***
R^2_adj	0.00700***	0.0170***	0.0220***	0.138***	0.141***
模型 3			$cf_{i,t} - m_t$		
m_t	0.162***	0.171***	0.133***	0.053***	0.039*
	(0.012)	(0.016)	(0.020)	(0.023)	(0.022)
$con\_$	0.014***	0.00600	0.027***	0.033***	0.032***
	(0.004)	(0.005)	(0.006)	(0.010)	(0.007)
ind_dummy	√	√	√	√	√
$obs.$	19906***	10838***	9068***	12144***	7762***
$F\_stat.$	1384***	1015***	542.3***	771.1***	660.9***
R^2_adj	0.0650***	0.0860***	0.0560***	0.0600***	0.0790***

第五节 货币政策与企业投资结构变化

之前几个部分都是围绕着货币政策与企业投资规模的关系和影响渠道进行实证分析，这一部分我们重点关注货币宽松和紧缩后企业的投资结构和资产配置方式是否会明显变化，以及这种影响的机制。

一、主要回归指标与设定

数据来源和样本选择数据与之前研究一致。本部分研究涉及的有关资产结构、利润结构以及现金流结构相关数据的计算方法如表 5-36 所示。

表 5-36　　　　　　　　主要结构变量的计算方法

交易性金融资产	$fasset_{i,t}$	企业 i 第 t 年末持有的交易性金融资产与总资产的比值。交易性金融资产是企业为交易目的所持有的债券投资、股票投资、基金投资等交易性金融资产的公允价值,包括企业持有的直接指定为以公允价值计量且其变动计入当期损益的金融资产
投资性房地产规模	$easset_{i,t}$	企业 i 第 t 年末持有的投资性房地产净额与总资产的比值。投资性房地产是指为赚取租金或资本增值,或两者兼有而持有的房地产,包括已出租的土地使用权、持有并准备增值后转让的土地使用权、已出租的建筑物。投资性房地产净额是投资性房地产与投资性房地产减值准备、投资性房地产累计折旧之差额
金融投资活动相对增长	$gfivst_{i,t}$	企业 i 第 t 年取得投资收益所收到的现金增长率减去经营活动产生的现金流量净额增长率
金融投资活动现金流相对规模	$cfivst_{i,t}$	企业 i 第 t 年取得投资收益所收到的现金流量净额与经营活动产生的现金流净额的比值
金融活动利润相对规模	$pivst_{i,t}$	企业 i 第 t 年金融活动利润与主营业务利润之比。金融活动利润 = 投资收益 + 公允价值变动收益 + 汇兑收益
金融投资收益率	$riv_{i,t}$	企业 i 第 t 年金融投资活动的收益率。投资活动的收益率 = 投资收益 / (长期股权投资本期期末值 + 持有至到期投资本期期末值 + 交易性金融资产本期期末值 + 可供出售金融资产本期期末值 + 衍生金融资产本期期末值)

注:为实证结果显示位数的需要,将交易性金融资产 $fasset_{i,t}$ 和投资性房地产规模 $easset_{i,t}$ 乘以 100 后进行实证分析。

这一部分的研究主要关注 3 个方面,资产结构因素包括交易性金融资产 $fasset_{i,t}$ 和投资性房地产规模 $easset_{i,t}$;投资结构的行为主要包括金融投资活动增长 $gfivst_{i,t}$ 和现金流规模 $cfivst_{i,t}$;影响企业资产配置行为的因素主要包括金融活动利润 $pivst_{i,t}$ 和投资收益率 $riv_{i,t}$。投资结构问题与企业所属行业的情况相关,因此在多数实证中我们重点关注了制造业领域的样本特点。其他控制变量的计算方法均与前文一致。另外,部分数据来自企业财务年报的附录表格,存在数据缺失现象,整体样本数量略少于前期研究。

二、描述性统计

结构变量全样本和制造业样本的描述性统计如表 5-37 所示。

表 5-37　　　　　　　　　　结构变量的表述性统计

变量名称	样本数	均值	标准差	中位数	最小值	最大值
全样本						
$fasset_{i,t}$	16024	0.1522	0.6829	0.0000	0.0000	5.2626
$easset_{i,t}$	16589	1.1084	3.2445	0.0000	0.0000	22.2682
$gfivst_{i,t}$	21633	0.5611	11.2149	0.1501	-56.5801	61.2366
$cfivst_{i,t}$	22774	0.1664	0.6142	-0.6383	-16.6476	25.2014
$pivst_{i,t}$	22771	0.0914	0.3241	0.0049	-0.3820	2.3380
$riv_{i,t}$	21626	0.0720	0.2405	0.0036	0.0000	1.8306
制造业样本						
$fasset_{i,t}$	10802	0.2343	0.6468	0.0000	0.0000	5.2626
$easset_{i,t}$	11121	1.7418	3.4390	0.0000	0.0000	22.2682
$gfivst_{i,t}$	14297	0.6521	11.2065	0.2148	-56.5801	61.2366
$cfivst_{i,t}$	15135	0.1704	0.6498	-0.6582	-16.6476	25.2014
$pivst_{i,t}$	15132	0.0700	0.2817	0.0027	-0.3820	2.3380
$riv_{i,t}$	14291	0.0612	0.2215	0.0020	0.0000	1.8306

可以看出，无论在全样本还是制造业样本中，绝大多数企业的金融资产和投资性房地产的占比都较低，中位数均为 0，说明多数样本并没有在这两个项目下配置资产[①]。相对而言，制造业企业的金融投资规模均值 0.23%，投资性房地产占总资产比重 1.74%，略高于全样本的数值，说明制造业企业投资偏离主业的问题更为典型。现金流结构也能证明这一点，投资活动的现金流增速在均值和中位数上都高于经营活动而且制造业企业投资活动的增速缺口和比值数据均高于全样本。利润结构上看，制造业企业投资的利润占比和收益率均低于全样本。另外，可以看到所有指标均值和标准差的比值都处于一个非常低的水平，说明经营脱实向虚的情况在不同企业间分化明显。

三、货币政策与企业资产结构

这一部分实证分析的主要目的是研究货币态势的变化是否会改变企业当期持有金融资产或投资性房地产在总资产中的占比，考虑到资产结构存在延续性，这里选

---

① 有少数企业存在将金融投资和房地产投资改头换面进入报表的情况，但其不影响整体数据结构和实证分析，此处忽略不计。

择动态面板模型进行估计，具体方程如下：

$$fasset_{i,t}(easset_{i,t}) = \beta_0 + \beta_1 fasset_{i,t-1}(easset_{i,t-1}) + \beta_2 m_t + \beta_4(control\_) + ind_{dummy} +$$
$$\epsilon_{i,t}(by-manu_{i,t}|state_{i,t})$$

其中，被解释变量为交易性金融资产$fasset_{i,t}$和投资性房地产规模$easset_{i,t}$；核心变量m_t系数β_2的显著性表示货币政策的宽松是否会提高企业持有的相关资产规模。由于模型中包含被解释变量的滞后项，必须采用系统GMM方法进行估计。模型的控制变量包括企业规模$size_{i,t}$、滞后一期的现金流规模$cash_{i,t-1}$和杠杆率情况$lev_{i,t-1}$。

基于交易性金融资产和投资性房地产资产的研究分别如表5-38和表5-39所示。

在表5-38中，列（1）—（3）和列（4）—（6）分别是针对全样本和制造业企业的回归结果，均采用系统GMM估计方法。可以看出，所有模型整体显著性指标$Chi2$.数值较大，且能通过自回归检验，而被解释变量的滞后项$fasset_{i,t-1}$都在1%的水平下显著，同时模型也通过了工具变量相关性以及过度识别检验，这表明选择动态模型来研究资本结构的调整速度是有效的。核心变量m_t的系数在全样本和制造业样本方程中均显著为正。但是，全样本中仅在10%的水平下显著，系数为0.16，而制造业样本在1%的水平下显著，系数为0.262，说明制造业企业的金融资产持有会受到货币政策更直接的影响。从股权性质看，无论是全样本还是制造业，都体现出国有企业金融投资倾向大于民营企业的现象。全样本的民营企业回归结果并不显著，制造业虽然显著但估计数值仅为0.161，远低于国有企业的0.326。这一结论与Duchin、Gilbert、Harford和Hrdlicka（2017）的研究相吻合，即没有融资约束的国有企业会有更强的风险倾向，但其主营业务利润率水平偏低，在货币宽松时会更倾向于将资源配置在金融资产上以获得更高的利润回报。

表5-38　　货币政策影响企业交易性金融资产持有规模的实证研究

$fasset_{i,t}$	（1）	（2）	（3）	（4）	（5）	（6）
	全样本			制造业样本		
		$state_{i,t}=1$	$state_{i,t}=0$		$state_{i,t}=1$	$state_{i,t}=0$
$fasset_{i,t-1}$	0.493***	0.600***	0.308***	0.449***	0.525***	0.384***
	（0.032）	（0.018）	（0.022）	（0.018）	（0.029）	（0.027）
m_t	0.160*	0.250***	0.124	0.262***	0.326***	0.161***
	（0.089）	（0.087）	（0.104）	（0.095）	（0.050）	（0.049）
$size_{i,t}$	0.034*	0.0230***	0.037***	0.046***	0.033**	0.038**
	（0.018）	（0.009）	（0.013）	（0.015）	（0.014）	（0.019）

续表

$fasset_{i,t}$	(1)	(2)	(3)	(4)	(5)	(6)
	全样本			制造业样本		
		$state_{i,t}=1$	$state_{i,t}=0$		$state_{i,t}=1$	$state_{i,t}=0$
$cash_{i,t-1}$	0.081***	0.166***	0.088	0.074***	0.127***	0.064
	(0.009)	(0.047)	(0.071)	(0.008)	(0.047)	(0.081)
$lev_{i,t-1}$	-0.065***	-0.039***	-0.091***	-0.067***	-0.041***	-0.094***
	(0.017)	(0.009)	(0.026)	(0.017)	(0.009)	(0.026)
$con\_$	-0.729*	-0.459	-0.739	-0.948***	-0.677**	-0.806*
	(0.395)	(0.420)	(0.508)	(0.337)	(0.304)	(0.430)
obs.	19070	10709	8361	12517	6320	6197
Chi2.	253.1***	1452***	200.1***	665.9***	366.8***	218.6***
AR1	-7.035***	-5.748***	-5.365***	-6.358***	-7.475***	-6.162***
AR2	1.328	-1.224	1.489	0.164	-0.210	1.418
Sargan.	60.51***	48.02***	57.69***	63.33***	47.61***	65.32***

表 5-39　货币政策影响企业投资性房地产资产持有规模的实证研究

$easset_{i,t}$	(1)	(2)	(3)	(4)	(5)	(6)
	全样本			制造业样本		
		$state_{i,t}=1$	$state_{i,t}=0$		$state_{i,t}=1$	$state_{i,t}=0$
$easset_{i,t-1}$	0.899***	0.800***	0.936***	0.853***	0.883***	0.910***
	(0.021)	(0.026)	(0.016)	(0.021)	(0.024)	(0.020)
m_t	0.886***	0.321***	0.773***	0.889***	0.484***	0.971***
	(0.127)	(0.104)	(0.182)	(0.157)	(0.170)	(0.209)
$size_{i,t}$	-0.371***	-0.316***	-0.238***	-0.129*	-0.376***	-0.186**
	(0.080)	(0.082)	(0.083)	(0.071)	(0.083)	(0.074)
$cash_{i,t-1}$	0.221	0.175	0.104	-0.0670	0.101	0.159
	(0.161)	(0.230)	(0.184)	(0.125)	(0.141)	(0.159)
$lev_{i,t-1}$	0.508**	-0.0310	0.353*	-0.369**	0.382*	0.0390
	(0.221)	(0.291)	(0.212)	(0.177)	(0.222)	(0.214)
$con\_$	8.123***	7.319***	5.184***	3.121**	8.317***	4.155***
	(1.764)	(1.870)	(1.796)	(1.556)	(1.820)	(1.605)
obs.	19070	10709	8361	12517	6320	6197
Chi2.	2010***	1208***	5174***	1992***	1628***	2477***
AR1	-7.087***	-5.837***	-4.590***	-4.681***	-6.268***	-5.688***
AR2	-0.265	-0.0600	-0.216	-0.155	-0.424	-0.0250
Sargan.	38.72***	43.17***	46.65***	51.65***	36.63***	46.96***

针对投资性房地产的实证研究方法与交易性金融资产基本一致，整个实证模型设定也一样是有效的。可以看出，每个方程中货币政策的系数都在1%的水平下显著为正，即宽松的货币态势会促使企业持有更高比例的投资性房地产。但从结构看，回归结果与金融资产的研究存在差异，这里民营企业的房地产投资偏好要高于国有企业，尤其是制造业样本中，这一系数达到0.971，高出国有企业一倍以上，且在1%的水平下显著。这可能是由于相对国有企业而言，民营上市公司的决策机制更加灵活，将资金从主营业务转出而投入到房地产项目或投资房地产资产的制度性障碍更低。此外，民营企业信用度偏低，更愿意持有房地产以方便地获得融资。

四、货币政策与金融投资活动的现金流情况分析

除了资产结构的变化外，企业金融投资活动的现金流情况是另一个直观反映企业是否偏离主业的重要指标。这里我们通过分析货币态势变量对金融投资增速和规模的影响，来判断这种效应是否存在。具体的回归方程为：

$$gfivst_{i,t}(cfivst_{i,t}) = \beta_0 + \beta_1 mt_t + \beta_2(control\_) + ind_{dummy} + \epsilon_{i,t}(by-state_{i,t})$$

其中，被解释变量衡量企业金融投资活动的净现金流出情况，$gfivst_{i,t}$和$cfivst_{i,t}$分别是其相对于主营业务现金流的增速和规模。核心变量是货币紧缩虚拟变量mt_t，其系数β_1显著为负表示紧缩货币态势下企业会缩减金融投资活动，反之宽松态势下这种倾向会增强。控制变量包括企业规模$size_{i,t}$、滞后一期的营业收入增长$gs_{i,t-1}$、盈利情况$roa_{i,t-1}$和杠杆率情况$lev_{i,t-1}$。本部分的实证仅考虑制造业企业的情况。

在表5-40中，列（1）—（3）和列（4）—（6）分别是关于金融业务投资增速和规模的实证结果，总体来看核心变量mt_t的系数除列（5）外均显著为负。说明相对而言，确实在宽松阶段制造业企业明显提高了金融投资活动的频率和规模。从结构看，民营企业的这种效应更为显著，无论是增速还是规模变量都在显著性和系数估计的绝对值上高于国有企业。

五、货币政策宽松与企业利润结构的变化情况

金融投资活动的利润和收益率变化，是其在这一领域配置更多资源的内在原因和逻辑，从前期的理论研究看，货币政策的变化会改变金融资产的整体供需关系，推高其资产价格和短期回报率，最终影响企业在这一领域投资的利润。本书对这一关系的特征进行了实证分析，针对利润结构的回归方程为：

$$pivst_{i,t} = \beta_0 + \beta_1 pivst_{i,t-1} + \beta_2 mt_t + \beta_4(control\_) + ind_{dummy} + \epsilon_{i,t}(by-manu_{i,t}|state_{i,t})$$

表 5-40　　　　货币政策影响企业金融投资活动现金流情况的实证研究

	(1)	(2)	(3)	(4)	(5)	(6)
	\multicolumn{3}{c}{$gfivst_{i,t}$}	\multicolumn{3}{c}{$cfivst_{i,t}$}		
	制造业	$state_{i,t}=1$	$state_{i,t}=0$	制造业	$state_{i,t}=1$	$state_{i,t}=0$
mt_t	-0.322***	-0.223***	-0.347***	-0.156***	0.091	-0.190**
	(0.070)	(0.081)	(0.213)	(0.121)	(0.085)	(0.096)
$size_{i,t}$	-0.0550	-0.0980	-0.0680	-0.217***	-0.148***	-0.221***
	(0.107)	(0.086)	(0.102)	(0.058)	(0.045)	(0.055)
$gs_{i,t-1}$	-0.469*	-0.217	-0.521**	-0.308**	-0.256**	-0.214
	(0.275)	(0.223)	(0.244)	(0.150)	(0.118)	(0.132)
$roa_{i,t-1}$	-3.835*	-2.319	-2.582	-1.326	-1.738*	-1.337
	(2.059)	(1.781)	(1.935)	(1.128)	(0.946)	(1.047)
$lev_{i,t-1}$	1.133*	1.224**	0.654	0.415***	0.292***	0.443***
	(0.633)	(0.534)	(0.598)	(0.047)	(0.044)	(0.044)
con_	0.938	-1.868	2.244	-6.133**	2.083**	1.968
	(4.799)	(1.888)	(2.251)	(2.630)	(1.003)	(1.218)
ind_dummy	√	√	√	√	√	√
obs.	12517***	6320***	6197***	12517***	6320***	6197***
F_stat.	31.459***	31.384***	30.404***	22.733***	21.582***	22.700***
R^2_adj	0.121***	0.121***	0.201***	0.205***	0.205***	0.206***

其中，主要的研究对象 $pivst_{i,t}$ 主要衡量当年金融活动利润与主营业务利润规模的比例；系数 β_2 用于衡量货币宽松是否会提升这一比例；控制变量选择了企业规模 $size_{i,t}$ 以及滞后一期的杠杆率情况 $lev_{i,t-1}$。由于利润结构往往惯性较强，在模型中增加了被解释变量的滞后项成为动态模型，需要选择系统 GMM 方法进行估计。与之前的实证一样，我们对全样本和制造业样本分别进行了分析，并利用股权性质进行了分组研究，结果如表 5-41 所示。

总的来看，估计结果中整体显著性、滞后项的显著性、工具变量的相关性和过度识别检验情况均表明动态面板模型的设定是有效的。核心变量 m_t 的系数在 6 个方程中均显著为正，说明货币宽松提升企业金融活动利润占比的机制确实存在，且制造业样本的回归系数值均略高于全部样本。股权性质方面，国有企业的金融活动利润与外部货币政策态势的关系更为显著，估计的数值均高出 1 倍左右，这也与第一节实证分析中资产结构的情况一致。

对企业金融活动行为的逻辑深入分析需要关注当期金融投资收益率与货币态势的关系。具体的回归方程为：

表 5-41　货币政策影响企业金融投资活动利润结构情况的实证研究

$pivst_{i,t}$	(1)	(2)	(3)	(4)	(5)	(6)
	全样本			制造业样本		
		$state_{i,t}=1$	$state_{i,t}=0$		$state_{i,t}=1$	$state_{i,t}=0$
$pivst_{i,t-1}$	0.185***	0.205***	0.155***	0.154***	0.197***	0.148***
	(0.013)	(0.013)	(0.007)	(0.011)	(0.014)	(0.011)
m_t	0.162***	0.186***	0.092*	0.175***	0.206***	0.096***
	(0.049)	(0.055)	(0.050)	(0.047)	(0.049)	(0.049)
$size_{i,t}$	0.113***	0.118***	0.112***	0.111***	0.111***	0.108***
	(0.009)	(0.012)	(0.005)	(0.008)	(0.009)	(0.009)
$lev_{i,t-1}$	0.266***	0.232***	0.222***	0.210***	0.240***	0.239***
	(0.035)	(0.042)	(0.030)	(0.036)	(0.037)	(0.036)
$con\_$	-0.387**	-0.505*	0.212*	-0.310*	-0.319	-0.249
	(0.196)	(0.262)	(0.120)	(0.171)	(0.207)	(0.188)
obs.	19070	10709	8361	12517	6320	6197
Chi2.	278.3***	302***	583.4***	252.4***	275.8***	193.8***
AR1	-12.12***	-9.658***	-7.361***	-9.013***	-11.57***	-9.899***
AR2	1.888	1.717	0.673	0.766	1.857	0.965
Sargan.	139.2	132.3	119.8	109.6	137.4	122.7

$$riv_{i,t} = \beta_0 + \beta_1 riv_{i,t-1} + \beta_2 m_t + \beta_4(control\_) + ind_{dummy} + \epsilon_{i,t}(by-manu_{i,t}|state_{i,t})$$

模型结构与利润结构基本类似，被解释变量是企业当年金融投资活动的收益率 $riv_{i,t}$，同样包含滞后一阶指标 $riv_{i,t-1}$，需采用系统 GMM 方式进行估计。控制变量主要包括企业规模 $size_{i,t}$、滞后一期的营业收入增长 $gs_{i,t-1}$、杠杆率情况 $lev_{i,t-1}$ 以及流动性比率 $lqlev_{i,t-1}$。模型对制造业样本以及股权性质分组进行研究，结果如表 5-42 所示。

模型整体估计的显著性较好，收益率滞后一期在所有方程中均保持显著为正。核心变量货币态势 m_t 的显著性在所有方程中均非常稳定且显著，表明货币宽松对于企业金融活动盈利性的正向作用明显，且制造业样本和全样本的差距不大，国有和民营企业的回归系数也基本处于同一区间。这说明货币政策影响企业金融投资活动的外部机制是一致的，企业间的行为差异主要表现在内部决策方式的不同，这也与之前的论证相一致。

总体而言，企业利润结构的变化是前期投资方向偏离主业行为的结果，投资收益的变化则是后期投资结构进一步偏离的原因。除了收益因素外，张成思和张步昙（2016）提到的我国金融资产存在刚性兑付和相对风险偏低的问题在一定程度上能

表 5-42　　　　　货币政策影响企业金融投资收益率情况的实证研究

$riv_{i,t}$	(1)	(2)	(3)	(4)	(5)	(6)
	全样本			制造业样本		
		$state_{i,t}=1$	$state_{i,t}=0$		$state_{i,t}=1$	$state_{i,t}=0$
$riv_{i,t-1}$	0.178***	0.209***	0.116***	0.144***	0.177***	0.154***
	(0.008)	(0.011)	(0.012)	(0.010)	(0.009)	(0.009)
m_t	0.241***	0.212***	0.154*	0.179***	0.197***	0.228***
	(0.056)	(0.074)	(0.086)	(0.065)	(0.058)	(0.064)
$size_{i,t}$	0.043***	0.038***	0.033***	0.056***	0.043***	0.050***
	(0.006)	(0.009)	(0.008)	(0.007)	(0.007)	(0.007)
$gs_{i,t-1}$	0.068**	-0.0390	0.178***	0.064*	0.0210	0.123***
	(0.031)	(0.051)	(0.036)	(0.034)	(0.032)	(0.032)
$lev_{i,t-1}$	0.0260	-0.0320	0.069*	-0.0130	-0.0130	0.0290
	(0.029)	(0.042)	(0.038)	(0.034)	(0.031)	(0.032)
$lqlev_{i,t-1}$	0.003*	0.00400	0.00100	0.00200	0.004*	0.00100
	(0.002)	(0.004)	(0.002)	(0.002)	(0.002)	(0.002)
con_	-0.979***	-0.832***	-0.786***	-1.151***	-0.978***	-1.128***
	(0.163)	(0.239)	(0.237)	(0.164)	(0.172)	(0.179)
ind_dummy	√	√	√	√	√	√
obs.	19070	10709	8361	12517	6320	6197
Chi2.	651.2***	484.8***	169.8***	288.3***	583.2***	393.2***
Sargan.	732.2***	627.7***	687.5***	671.8***	785.5***	581.0***

解释这一问题,即持续的流动性宽裕会可能营造一种金融与实体经济投资收益风险失衡的状况,相对主营业务的高风险高不确定性,金融领域(包括投资性房地产)的投资收益更高,且存在刚性兑付和隐性的低风险。流动性逐步向金融和房地产领域集中成为微观主体的理性选择,且这种流动会进一步推高金融资产的收益率和吸引力,形成正向反馈。在这种资金脱实向虚的背景下,货币宽松对于企业主营业务投入的刺激作用降低,甚至可能通过推高金融资产的回报产生副作用。

第六节　货币政策与企业投资效率

从传导机制来看,货币政策对企业规模和效率的影响分别体现了其短期和长期有效性。第五节关于企业经营金融化的研究体现了投资效率的一个部分,在公司金融理论中关于投资效率更多的研究体现在企业的投资规模是否过度或不足上。这一部分我们从规模层面对投资效率（投资过度或投资不足）进行了测算，并分析了货币政策变化对企业投资效率的影响，以及公司治理机制能否对这种效应进行制约。

一、企业投资效率的测度方法

在公司金融的实证研究中，企业投资效率的测度主要有三种方式：

第一是利用企业把握投资机会的能力。Fazzari、Hubbard 和 Petersen（1988）根据优序融资理论检验企业投资支出对内部现金流的敏感性。他们认为，过高的内部现金流敏感性证明企业利用外部资金把握投资机会的能力较弱。在其基础上，Vogt（1994）将融资约束与代理问题联系起来，利用现金流与托宾 Q 值的交互项系数判别企业是否存在投资过度或不足的情况，其核心观点是现金流情况充足时，更能把握投资机会的企业。此后，不少考虑单因素影响企业投资效率的实证研究在其基础上进行了改进和扩展，如 Asker、Farre - mensa 和 Ljungqvist（2011）以及 Chen、Sun、Tang 和 Wu（2011）等分析了股权性质、政府干预等因素对于企业投资效率的影响。国内分析企业异质性与投资效率的相关研究很多基于这一方法，如荆庆鲁、孔祥和侯青川（2012）利用 ROE 衡量公司的潜在投资机会，并通过分析货币态势变化如何影响投资规模与投资机会的敏感性，来判断企业投资是否有效率。喻坤、李治国、张晓蓉和徐剑刚（2014）考虑了外部融资约束、股权性质以及投资机会三重交互项与投资规模的关系，系数显著为负说明外部融资依赖度较高的行业内，非国有企业与国有企业的投资效率差距更大。但是，就本书的研究框架来看，改善融资约束，提高对投资机会的把握能力仅仅是货币政策影响企业投资规模的一个方面，利用狭义的指标（即是否能把握投资机会）并不能准确地分析货币政策对企业投资效率的全面影响。

第二是利用相关财务数据拟合合理投资规模，偏离于合理投资规模的部分则被定义为投资过度（实际投资高于合理水平）或投资不足（实际投资低于合理水平）。Richardson（2006）在分析企业代理成本与投资效率之间的关系时，最早采用了这种方式。他利用一系列滞后期的财务数据和市场指标去拟合真实的投资水平，残差为正的样本则定义为投资过度，再分析这一残差数据与代理成本相关指标的关系。此后，对投资过度和投资不足进行量化并分析影响因素的文献大多扩展于这一理念，如 Ferreira 和 Laux（2007）、Mcnichols 和 Stubben（2008）以及 Paravisini（2008）基于治理机制、盈余管理和银行融资约束等对企业投资效率的研究都采用了这一理念。国内研究中，辛清泉、林斌和王彦超（2007）将这一方式首先运用于中国的实证，研究了薪酬结构在不同治理机制企业中对于投资效率的影响。近期，韩静、陈志红和杨晓星（2014）以及张亦春、李晓春和彭江（2015）等对管理层特质和债权治理的研究也运用了相似的手段。

第三是利用实际投资的边际收益情况来分析当前投资规模是否过度。两种传统方式的逻辑简单，模型构建比较灵活，但也存在一些适应性问题。两种方式涉及对投资机会或合理投资规模的判断，相关替代指标和计算过程都与市场估值有关，如果资本市场对企业的估值不准确或存在较大幅度的偏离，则用于衡量投资机会以及合理投资规模的方法存在一定问题。这种情况在非理性因素更多、程度更高的中国金融市场可能更为严重。Mclean 和 Zhao（2009）基于市场非理性环境下的投资效率度量是另一种选择，他们假定企业的投资项目选择存在次序选择，即优先选择效率更高（真实收益率）更高的项目，最优投资水平下企业会恰好选择所有正NPV的项目。基于这一假定，过度投资则表明企业的边际投资收益为负数，而投资不足的企业边际投资收益为正。朱迪星和潘敏（2012）利用这一理念分析了企业受市场情绪影响而改变投资规模的效率变化问题，在考虑利益相关者估值因素后得到了相对投资效率并未降低的结论。

本书对货币政策与企业投资效率的研究分别采用了后两种方式进行检验。

二、货币政策调整与企业投资过度与投资不足

在这一部分中，我们选择了第二种方式度量企业的投资过度和投资不足。根据辛清泉、林斌和王彦超（2007）以及张亦春、李晓春和彭江（2015）等的研究方法，我们估计了如下方程：

$$capx_{i,t} = \beta_0 + \beta_1 age_{i,t} + \beta_2 size_{i,t-1} + \beta_3 gs_{i,t-1} + \beta_4 lev_{i,t-1} + \beta_5 cash_{i,t-1} + year_{dummy} + ind_{dummy} + \epsilon_{i,t}$$

其中，变量的计算方法与投资基础模型中的一致，模型未引入货币政策相关变量，而加入了年度虚拟变量。控制因素主要包括成立时间$age_{i,t}$、规模$size_{i,t-1}$、主营业务收入增长$gs_{i,t-1}$、杠杆率$lev_{i,t-1}$和现金持有$cash_{i,t-1}$。

对回归结果的残差$\epsilon_{i,t}$进行排序，最高的25%样本设置虚拟变量$OverIvst_{i,t} = 1$，否则$OverIvst_{i,t} = 0$。类似的，残差最小的25%样本设置虚拟变量$UnderIvst_{i,t} = 1$，否则$UnderIvst_{i,t} = 0$。

对虚拟变量分组的描述性统计如表5-43所示。

表 5-43　　　　　　不同分组下企业投资过度与投资不足的均值检验

	分组	样本数	均值	标准差	95%区间	t值	单边P值
$OverIvst_{i,t}$	宽松—国有	4362	0.26214	0.43428	0.00720	9.28430	0.00000
	宽松—民营	3449	0.29582	0.44186	0.03456		
$UnderIvst_{i,t}$	紧缩—国有	5650	0.25681	0.43691	0.02462	7.99090	0.00000
	紧缩—民营	6760	0.31689	0.39768	0.05522		

注：分组中宽松—国有是指变量条件 $state_{i,t}=1 \& mt_t=0$，其他的类似。均值是指虚拟变量=1的样本的比例。t检验的方法与之前实证中一致。

可以看出，货币宽松的样本组中，无论是民营还是国有企业的投资过度虚拟变量均值都超过了期望水平（25%），说明在宽松阶段企业确实存在过度投资倾向，且民营企业的比例更高。紧缩样本组的情况比较类似，更多的投资不足样本出现在紧缩组中，且民营企业的投资不足比例更高。

为分析货币政策调整与企业投资效率的相互关系，我们估计了如下方程：

$$OverIvst_{i,t}(UnderIvst_{i,t}) = \beta_0 + \beta_1 m_t + \beta_2(control\_) + ind_{dummy} + \epsilon_{i,t}(by-state)$$

其中，被解释变量为虚拟变量，这里我们选择了 Probit 回归方法对模型进行估计。核心变量 m_t 系数的显著性表示随着货币态势的变化企业投资过度或投资不足的概率变化情况。控制变量包括盈利水平 $roa_{i,t}$、资产可抵押性 $collater_{i,t}$ 以及营运资金周转率 $worx_{i,t}$。

模型的估计结果如表 5-44 所示。

在表 5-44 中，列（1）—（3）和列（4）—（6）分别是针对投资过度和投资不足的回归结果。从结果可以看出，宽松的政策会有更大概率诱发企业投资过度，流动性收紧则会明显加大企业投资不足的概率。但从股权性质角度看，国有和民营企业的机制存在差异。虽然投资过度模型中两个子样本组系数均在1%的水平下显著为正，但民营企业的估计系数达到2.13，明显高于国有企业。也就是说，民营企业更容易因外界的货币宽松而投资过度。另外，民营企业在货币偏紧时投资不足的概率会明显提高，而国有企业系数则并不显著。从控制变量情况看，国企投资不足的概率可能受到盈利、资产结构以及营运资金效率的影响，内部的财务因素大于外部环境的影响。总的来看，实证结果与靳庆鲁、孔祥和侯青川（2012）以及张超、刘星和田梦可（2015）等研究基本一致。

根据前期文献的研究，债务高悬问题可能会导致即期企业的投资效率出现明显变化。Acemoglu、Ozdaglar 和 Tahbazsalehi（2015）等研究指出，高杠杆可以约束企业当期过度投资行为，同时可能放大投资不足的问题。为分析我国上市公司是否存

表 5-44 货币政策影响企业投资过度（不足）概率的实证分析

	(1)	(2)	(3)	(4)	(5)	(6)
	$OverIvst_{i,t}$			$UnderIvst_{i,t}$		
分组方式	全样本	$state_{i,t}=1$	$state_{i,t}=0$	全样本	$state_{i,t}=1$	$state_{i,t}=0$
m_t	1.437***	1.412***	2.132***	-2.076***	-0.554	-2.396***
	(0.246)	(0.331)	(0.388)	(0.246)	(0.322)	(0.401)
$roa_{i,t}$	3.096***	3.361***	2.575***	-2.590***	-2.644***	-2.273***
	(0.185)	(0.265)	(0.267)	(0.176)	(0.239)	(0.269)
$collater_{i,t}$	-0.540***	-0.939***	-0.245**	-0.794***	-0.461***	-1.066***
	(0.088)	(0.134)	(0.118)	(0.088)	(0.127)	(0.125)
$worx_{i,t}$	-0.002***	-0.002***	0	0.001**	0.002***	-0.001
	(0.000)	(0.001)	(0.001)	(0.000)	(0.001)	(0.001)
$con\_$	-0.530***	-0.733***	-0.321**	-0.505***	-0.498***	-0.537***
	(0.088)	(0.126)	(0.127)	(0.088)	(0.117)	(0.135)
ind_dummy	√	√	√	√	√	√
obs.	19906	10799	9048	19906	10831	9063
Chi2.	439.2	416.3	227.7	986.2	553.5	573.3
R^2_pre	0.220	0.236	0.221	0.244	0.243	0.261

注：R^2_pre 是回归模型的 pseudo-R^2 数值。

在这一效应，尤其是不同股权类型企业受货币政策影响的差异性。我们对如下方程进行了估计：

$$OverIvst_{i,t}(UnderIvst_{i,t}) = \beta_0 + \beta_1 m_t * lev_{i,t-1} + \beta_2 m_t + \beta_3 lev_{i,t-1} + \beta_4 (control\_) + ind_{dummy} + \epsilon_{i,t} (by-state)$$

模型架构没有大的调整，主要是增加了货币政策与滞后一期杠杆率的交互项 $m_t * lev_{i,t-1}$。在投资过度模型中，交互项系数显著为负说明前期的高杠杆能降低货币政策对被解释变量的影响，即约束企业由外部货币环境带来的过度投资行为。投资不足模型的情况则相反，系数为负表明高杠杆会放大货币收缩对投资不足的影响效果。实证中对国有和民营企业组也分别采用 Probit 方法进行估计（见表 5-45）。

在投资过度的回归模型中，可以看到 $m_t * lev_{i,t-1}$ 的系数 β_1 均在 10% 的水平下不显著，这说明前期的高杠杆对于投资过度和货币政策的敏感性并没有显著影响。这与国外样本的回归结果存在差异，即在中国债务治理的效率较弱，前期的债务规模对企业在宽松条件下的过度投资倾向约束不足。这一特征在国有和民营企业样本组中都有体现。另外，投资不足方程中国有和民营企业样本组交互项系数存在差异，民营企业组估计结果 2.919，且在 1% 的水平下显著，国有企业组不显著。说明前期

表 5-45　前期的杠杆水平对企业投资效率—货币政策敏感性影响的实证分析

	(1)	(2)	(3)	(4)	(5)	(6)
		$OverIvst_{i,t}$			$UnderIvst_{i,t}$	
分组方式	全样本	$state_{i,t}=1$	$state_{i,t}=0$	全样本	$state_{i,t}=1$	$state_{i,t}=0$
$m_t * lev_{i,t-1}$	-0.985	-1.106	-1.256	-2.623***	-1.837	-2.919***
	(1.243)	(1.705)	(2.034)	(1.230)	(1.641)	(1.047)
m_t	1.070*	1.962**	2.921***	-1.399***	-0.889	-1.665***
	(0.623)	(0.912)	(0.938)	(0.426)	(0.480)	(0.488)
$lev_{i,t-1}$	-0.188	0.149	0.461	0.219	-0.199	-0.151
	(0.198)	(0.288)	(0.310)	(0.197)	(0.277)	(0.315)
$roa_{i,t}$	2.775***	3.331***	2.185***	-2.771***	-3.074***	-2.279***
	(0.192)	(0.275)	(0.275)	(0.183)	(0.248)	(0.278)
$collater_{i,t}$	-0.621***	-0.945***	-0.422***	-0.842***	-0.541***	-1.067***
	(0.089)	(0.134)	(0.122)	(0.089)	(0.128)	(0.128)
$worx_{i,t}$	-0.002***	-0.002***	0	0.001**	0.002***	-0.00100
	(0.000)	(0.001)	(0.001)	(0.000)	(0.001)	(0.001)
$con\_$	-0.441***	-0.805***	-0.508***	-0.606***	-0.374**	-0.473**
	(0.125)	(0.190)	(0.179)	(0.126)	(0.181)	(0.190)
ind_dummy	√	√	√	√	√	√
$obs.$	19906	10799	9048	19906	10831	9063
$Chi2.$	478.4	416.9	268.7	1003	599.0	573.6
R^2_pre	0.221	0.236	0.225	0.245	0.247	0.261

过高的债务水平会加剧民营企业由于货币收缩而投资不足的概率，而国有企业在紧缩环境下的投资决策对前期债务规模并不敏感。

三、公司治理机制能否缓解企业由于货币宽松导致的投资过度

从理论上说，有效的公司治理机制通过激励相容的框架设计，能有效地降低代理问题对企业的负面影响，提高企业整体投资、生产、运营和财务效率。在这一部分，我们主要关心企业的公司治理情况是否会对由外部货币政策变动带来的投资过度和投资不足问题起到缓解作用。

我们主要选择了前期文献中最常见的涵盖董事会特征和股权结构相关的公司治理变量，样本选择和数据来源与前期实证一直，治理变量计算方法如表 5-46 所示。

其中，董事会特征指标包括董事会规模 $board_{i,t}$、董事长兼任总经理 $duel_{i,t}$ 以及独立董事比例 $indboard_{i,t}$，股权结构则包含股东关联 $sharass_{i,t}$、股权集中 $conc_{i,t}$ 以及股权

表 5-46　　　　　　　　公司治理变量的计算方法

变量名称	变量符号	计算方法
董事会规模	$board_{i,t}$	企业 i 第 t 年末董事会总人数的自然对数值
董事长与总经理是否兼任	$duel_{i,t}$	企业 i 第 t 年末董事长与总经理为同一人，则 $duel_{i,t}=1$，否则 $duel_{i,t}=0$
独立董事比例	$indboard_{i,t}$	企业 i 第 t 年末独立董事占全部董事的比例
股东关联	$sharass_{i,t}$	企业 i 第 t 年末前十大股东存在关联，则 $sharass_{i,t}=1$，否则 $sharass_{i,t}=0$
股权集中度	$conc_{i,t}$	企业 i 第 t 年末第一大股东持股比例
股权制衡度	$banc_{i,t}$	企业 i 第 t 年末前五大股东持股与第一大股东持股规模的比值

制衡度 $banc_{i,t}$。

相关指标的描述性统计情况如表 5-47 所示。

表 5-47　　　　　　　　公司治理变量的描述性统计

变量名称	样本数	均值	标准差	中位数	最小值	最大值
$board_{i,t}$	22641	2.1856	0.2072	2.1972	1.6094	2.7081
$duel_{i,t}$	20146	0.2198	0.4141	0.0000	0.0000	1.0000
$indboard_{i,t}$	22639	0.3596	0.0581	0.3333	0.1818	0.5714
$sharass_{i,t}$	18722	0.5130	0.4998	1.0000	0.0000	1.0000
$conc_{i,t}$	21878	0.3665	0.1535	0.3476	0.0909	0.7445
$banc_{i,t}$	21878	1.6264	0.5731	1.4586	1.0140	3.5920

可以看出，董事长和总经理兼任的概率在样本中占比 22% 左右，独立董事比例大部分企业保持在监管要求的 33%，最大的接近 60%。股权结构方面，多数样本前十大股东存在关联问题，第一大股东持股比例的均值和中位数均在 35% 左右，而排名第二到第五的股东持股总和平均只有控股股东的 60%（均值），较大比例的企业只有不到 50%（中位数为 46%），说明我国上市公司的股权集中现象比较明显。

为系统分析公司治理机制与企业投资过度之间的关系，我们针对每一个治理变量估计如下的方程：

$$OverIvst_{i,t} = \beta_0 + \beta_1 m_t * gov_{i,t} + \beta_2 m_t + \beta_3 gov_{i,t} + \beta_4(control\_) + ind_{dummy} + \epsilon_{i,t}(by-state)$$

模型结构以及控制变量的选择不变，主要是引入货币政策与公司治理变量的交互项 $m_t * gov_{i,t}$，其系数显著性表明公司治理机制是否能有效降低投资过度—货币政策的敏感性，即约束企业由于外部货币扩张而产生的过度投资倾向。在具体的回归中，$gov_{i,t}$ 由不同的治理指标替代，对国有和非国有的样本组分别进行回归。所有模型均采用 Probit 方法进行估计。

针对董事会和股权结构治理指标的回归结构分别如表 5-48 和表 5-49 所示。

表 5-48　　董事会治理指标影响投资过度—货币政策敏感性的实证研究

	(1)	(2)	(3)	(4)	(5)	(6)
治理变量	$board_{i,t}$		$duel_{i,t}$		$ind\,board_{i,t}$	
分组方式	$state_{i,t}=1$	$state_{i,t}=0$	$state_{i,t}=1$	$state_{i,t}=0$	$state_{i,t}=1$	$state_{i,t}=0$
$m_t * gov_{i,t}$	-4.217	-4.886***	1.525***	0.242	-0.761***	-0.923***
	(2.253)	(1.658)	(0.360)	(0.470)	(0.274)	(0.292)
m_t	2.780*	3.461*	-0.336	-1.010	1.063***	2.980***
	(1.627)	(1.985)	(1.117)	(0.858)	(0.221)	(0.830)
$gov_{i,t}$	-0.075	0.609**	0.146	0.305**	-1.031	0.126
	(0.270)	(0.305)	(0.188)	(0.129)	(1.054)	(1.181)
$roa_{i,t}$	3.288***	2.572***	3.107***	2.394***	3.329***	2.570***
	(0.267)	(0.267)	(0.286)	(0.274)	(0.267)	(0.267)
$collater_{i,t}$	-0.981***	-0.253**	-0.910***	-0.276**	-0.943***	-0.250**
	(0.135)	(0.119)	(0.142)	(0.120)	(0.134)	(0.118)
$worx_{i,t}$	-0.002***	0	-0.002***	0	-0.003***	0
	(0.001)	(0.001)	(0.001)	(0.001)	(0.001)	(0.001)
$con\_$	-0.520	-1.610**	-0.771***	-0.389***	-0.358	-0.360
	(0.615)	(0.660)	(0.134)	(0.135)	(0.405)	(0.454)
ind_dummy	√	√	√	√	√	√
obs.	10719	9012	9420	8667	10719	9012
Chi2.	444.9	231.3	341.8	239.7	412.6	228.1
R^2_pre	0.238	0.222	0.234	0.224	0.236	0.222

可以看出，3 个董事会相关指标的交互项系数显著性存在明显的差异。从董事会规模 $board_{i,t}$ 的估计结果看，国有企业组 $m_t * board_{i,t}$ 的系数并不显著，而民营组在 1% 的水平下显著为负，即董事会规模的扩大对于民营企业约束投资过度意义明显，国有企业的董事会规模对其决策影响较小。董事长和总经理兼任的回归方程中，国有组的交互项系数显著为正，但民营企业并不显著，说明企业董事长和总经理兼任时会提高国有企业由于货币宽松而投资过度的倾向，这可能与国企内部管理层制衡的机制有关，民营企业的董事长与总经理兼任情况更为普遍，但是否兼任与其决策关系不大。独立董事比例方面，交互项 $m_t * indboard_{i,t}$ 的系数在两个样本组中均显著为负，说明提高独立董事在董事会中的人数确实能约束企业的投资冲动，从系数看民营企业的效果相对更为明显。

表 5-49　股权结构治理指标影响投资过度—货币政策敏感性的实证研究

	(1)	(2)	(3)	(4)	(5)	(6)
治理变量	$sharass_{i,t}$		$conc_{i,t}$		$banc_{i,t}$	
分组方式	$state_{i,t}=1$	$state_{i,t}=0$	$state_{i,t}=1$	$state_{i,t}=0$	$state_{i,t}=1$	$state_{i,t}=0$
$m_t * gov_{i,t}$	-1.169	-2.414***	0.526***	1.259***	-2.106*	-2.776***
	(0.726)	(0.710)	(0.227)	(0.289)	(1.196)	(1.035)
m_t	1.468*	1.118	3.029***	3.451***	-0.889	1.155*
	(0.801)	(0.954)	(1.130)	(1.161)	(0.666)	(0.655)
$gov_{i,t}$	-0.136	-0.125	-1.064***	-0.052	0.287**	-0.122
	(0.130)	(0.142)	(0.362)	(0.424)	(0.112)	(0.100)
$roa_{i,t}$	3.567***	2.458***	3.422***	2.435***	3.370***	2.560***
	(0.291)	(0.290)	(0.267)	(0.269)	(0.265)	(0.267)
$collater_{i,t}$	-0.883***	-0.188	-0.919***	-0.290**	-0.933***	-0.255**
	(0.145)	(0.127)	(0.134)	(0.119)	(0.134)	(0.118)
$worx_{i,t}$	-0.002***	0	-0.002***	0	-0.002***	0
	(0.001)	(0.001)	(0.001)	(0.001)	(0.001)	(0.001)
con_	-0.703***	-0.329**	-0.334*	-0.295	-1.179***	-0.0930
	(0.149)	(0.161)	(0.188)	(0.186)	(0.208)	(0.218)
ind_dummy	√	√	√	√	√	√
obs.	9236	7943	10799	9048	10799	9048
Chi2.	384.1	201.0	428.6	248.2	445.2	234.8
R^2_pre	0.238	0.222	0.237	0.2230	0.2380	0.222

股权关联方面，民营企业组的交互项 $m_t * sharass_{i,t}$ 系数在 1% 的水平下显著为负，但国有企业系数并不显著，说明大股东关联反而缓解了民营企业由于外部货币宽松而导致的投资过度概率，国有企业的决策对股东关联情况不敏感。股权集中度的回归中，两个子样本组交互项 $m_t * conc_{i,t}$ 均显著为正，数值上民营企业更高，即大股东持股比例过高会提高企业由于外部环境宽松而过度投资的倾向，而民营企业这种现象更为明显。股权制衡方面，民营企业的交互项系数在 1% 的水平下显著为负，国有企业的系数大小和显著性都更低，即股权制衡对企业行为的约束作用更多体现在民营企业上，其他股东对于国企中控股股东（政府或国有企业）的制衡能力较弱。

总的来看，关于大股东和小股东利益冲突的代理问题对民营企业投资行为影响更大，国有企业则是股东和管理层之间的代理问题更为严重，且多数传统意义上的公司治理机制对约束国企行为的效率较低。

四、基于非市场指标的投资效率分析

考虑到我国资本市场更高的非理性因素,建立在有效市场估值条件下的投资过度和投资不足指标可能无法完全准确描述企业的投资效率问题。因此,这一部分我们借鉴了 Mclean and Zhao (2009) 的方法,假定企业投资项目选择的优序条件,利用投资边际效率的正负号来判断货币政策的宽松是否会导致投资过度。具体估计如下模型:

$$roa_{i,t}(Froa_{i,t}) = \beta_0 + \beta_1 m_{t-1} * capx_{i,t-1} + \beta_2 m_t + \beta_3 capx_{i,t-1} + \beta_4 (control\_) + ind_{dummy} + \epsilon_{i,t}(by-state)$$

被解释变量中包括即期的盈利能力 $roa_{i,t}$ 和未来 3 年累积的盈利能力 $Froa_{i,t}$。以及替代指标息税折旧摊销前营业利润率 $ebitda_{i,t}$ 及其累积指标 $Febitda_{i,t}$。由于衡量公司价值的指标大多与市场估值有关,在此框架下无法采用,我们只能利用盈利能力来判断企业的短期经营情况。同时,考虑到短期盈利指标不包含企业成长性对其价值的影响,这里我们也利用累积盈利 $Froa_{i,t}$ 来近似的替代其内在价值,其计算方法为未来 3 年平均绩效。具体的计算方式为:

$$Froa_{i,t} = (roa_{i,t} + roa_{i,t+1} + roa_{i,t+2})/3$$

$$Febitda_{i,t} = (ebitda_{i,t} + ebitda_{i,t+1} + ebitda_{i,t+2})/3$$

核心变量是滞后一期货币政策与投资规模的交互项 $m_{t-1} * capx_{i,t-1}$,在企业存在最优投资规模(低于这一规模投资边际收益为正,高于则为负),其系数 β_1 显著表示随着货币政策的变动,投资规模上升的边际收益是递增(投资不足)还是递减(投资过度)。控制变量主要包括企业规模 $size_{i,t}$ 和滞后一期杠杆水平 $lev_{i,t-1}$。模型的估计结构都考虑了国有和民营企业分组的情况。

针对即期盈利指标的回归结果如表 5-50 所示。

即期盈利模型的回归结果中,核心变量的交互项系数 $m_{t-1} * capx_{i,t-1}$ 在多数方程中不显著,只有资产收益率 $roa_{i,t}$ 为被解释变量的民营子样本组能在 5% 的水平下显著为负。这表明货币政策宽松并未导致投资扩张的即期边际收益出现过度的回落,在控制影响即期盈利的其他因素后,货币政策变动对短期内企业投资边际收益的影响实际上并不显著。

如表 5-51 所示,累积盈余模型的回归情况明显不同,交互项系数 $m_{t-1} * capx_{i,t-1}$ 的显著性在多数方程中都显著为负,尤其是民营企业样本组中,无论是资产收益率 $Froa_{i,t}$ 还是息税前营业利润率 $Febitda_{i,t}$ 方程中均在 1% 的水平下显著,且数值的绝对量明显高于国有企业。这一结论表明,如果考虑对企业未来成长性的影响,货币宽松所带来的企业投资规模增长实际上是会降低其边际收益率的,即存在明显的投资过度问题，这一机制在民营企业中更为明显。

表5-50　基于非市场指标的企业投资过度—货币政策敏感性分析（即期盈利）

	(1)	(2)	(3)	(4)	(5)	(6)
		$roa_{i,t}$			$ebitda_{i,t}$	
分组方式	全样本	$state_{i,t}=1$	$state_{i,t}=0$	全样本	$state_{i,t}=1$	$state_{i,t}=0$
$m_{t-1}*capx_{i,t-1}$	-0.300*	-0.196	-0.557**	-0.647	-0.573	-0.374
	(0.167)	(0.219)	(0.263)	(0.478)	(0.659)	(0.702)
$capx_{i,t-1}$	0.091***	0.145***	0.0130	0.216***	0.226*	0.220*
	(0.030)	(0.041)	(0.044)	(0.083)	(0.118)	(0.120)
m_{t-1}	0.031**	0.059***	0.059**	-0.0640	0.0350	0.00500
	(0.014)	(0.018)	(0.023)	(0.040)	(0.053)	(0.062)
$size_{i,t}$	0.008***	0.008***	0.011***	0.013***	0.017***	0.016***
	(0.000)	(0.000)	(0.001)	(0.001)	(0.001)	(0.002)
$lev_{i,t-1}$	-0.048***	-0.061***	-0.036***	-0.079***	-0.098***	-0.057***
	(0.001)	(0.002)	(0.002)	(0.004)	(0.006)	(0.005)
con_	-0.134***	-0.134***	-0.201***	-0.108***	-0.205***	-0.156***
	(0.009)	(0.011)	(0.015)	(0.024)	(0.031)	(0.040)
ind_dummy						
obs.	20223	11012	9211	20224	11013	9211
F_stat.	62.96	41.37	29.39	113.9	102.5	26.97
R^2_adj	0.135	0.152	0.134	0.222	0.311	0.124

表5-51　基于非市场指标的企业投资过度—货币政策敏感性分析（累计盈利）

	(1)	(2)	(3)	(4)	(5)	(6)
		$Froa_{i,t}$			$Febitda_{i,t}$	
分组方式	全样本	$state_{i,t}=1$	$state_{i,t}=0$	全样本	$state_{i,t}=1$	$state_{i,t}=0$
$m_{t-1}*capx_{i,t-1}$	-0.407**	-0.362***	-0.855***	-0.656***	-0.488***	-0.736***
	(0.179)	(0.136)	(0.283)	(0.204)	(0.181)	(0.170)
$capx_{i,t-1}$	0.0350	0.0500	-0.0230	0.173**	0.192*	0.170
	(0.029)	(0.039)	(0.043)	(0.080)	(0.115)	(0.112)
m_{t-1}	0.066***	0.079***	0.087***	0.0200	0.098*	0.097*
	(0.014)	(0.017)	(0.022)	(0.039)	(0.052)	(0.058)
$size_{i,t}$	0.005***	0.005***	0.009***	0.012***	0.014***	0.014***
	(0.000)	(0.000)	(0.001)	(0.001)	(0.001)	(0.002)
$lev_{i,t-1}$	-0.047***	-0.046***	-0.044***	-0.090***	-0.081***	-0.084***
	(0.001)	(0.002)	(0.002)	(0.004)	(0.006)	(0.005)
con_	-0.091***	-0.090***	-0.152***	-0.085***	-0.172***	-0.118***
	(0.008)	(0.010)	(0.015)	(0.023)	(0.030)	(0.038)
ind_dymmy						
obs.	15542	9059	6483	17825	10023	7802
F_stat.	54.24	37.10	24.79	124.1	108.9	30.08
R^2_adj	0.149	0.158	0.155	0.260	0.341	0.157

第七节 结论、展望与政策建议

在对前期文献梳理的基础上,本章利用中国 A 股上市公司的财务数据对货币政策影响企业投融资决策、机制以及效率的情况进行了实证分析,结果表明:

(1) 货币政策的波动对企业投资规模有显著的正向影响。这种效应在周期和企业特征角度上存在非一致性,具体来看,货币宽松对于企业投资规模扩大的影响要超过紧缩阶段的制约作用。民营企业、规模较小、融资约束较大、资产可抵押性较低、流动性压力较大、偿债能力不足以及营业收入偏低的企业投资受到货币政策影响的程度更大。

(2) 货币政策变化对企业投资规模的影响主要通过 3 个渠道发挥作用。首先是缓解融资约束,提高企业把握投资机会的能力。且这种效应存在非线性特征,相对而言,民营企业把握投资机会能力受到货币态势的影响更大。其次,是影响资本市场的非理性错误定价程度,进而通过股权融资渠道和迎合渠道改变企业投资行为。这一特征在货币宽松阶段和国有企业中更为明显。最后,是影响市场需求,改变企业的盈利水平和现金流状况,从而改变企业投资规模。这一特征更多体现在国有企业和货币紧缩阶段。

(3) 货币政策的变化对企业融资行为和特征有较大影响。其一,货币宽松会显著提高企业的融资规模。其中,国有企业的股权融资和民营企业的债权融资受到政策影响更为明显。其二,企业的长期资本结构呈现顺货币周期的特征,尤其是民营企业在货币宽松时提高杠杆、货币紧缩时降低杠杆的特征十分明显。其三,货币政策的宽松会提高企业资本结构的调整效率,尤其是民营企业会随着市场变化快速调整杠杆水平。其四,货币宽松会显著降低企业的融资成本和还本付息压力,并提高企业的风险偏好,拉长债务期限结构。最后,货币紧缩条件下企业的税收—盈利敏感性会上升,货币政策可能通过税收强度的调整而放大企业投融资行为的波动性。

(4) 货币政策的变化会改变企业的资产配置方式。首先,宽松政策会提高企业持有交易性金融资产以及投资性房地产的动力,其中国有企业持有金融资产对外部货币态势的敏感性更高,民营企业这一特征主要体现在投资性房地产上。其次,制造业企业的金融活动现金流增速和相对规模均会随着货币政策的宽松而显著提高,尤其是民营企业的主营业务现金流增速下降幅度很大。最后,是对这一现象的原因分析,货币宽松会大幅提高制造业企业投资金融资产的收益率以及金融投资在整个利润结构中的比例。

（5）货币政策的变化可能会影响企业的投资效率。货币政策波动会提高企业投资过度和投资不足的概率，民营企业的这一特征尤为明显。前期的高杠杆对于民营企业在紧缩阶段的投资不足有放大效应，但在宽松阶段并未约束企业的投资过度。良好的公司治理机制能缓和这种由于外部因素导致的投资扭曲问题。

当然，本章的研究也存在一些局限性，一些问题值得后期进一步关注：

（1）企业样本选择的问题。受数据可得性的约束，我们的研究基于公开的 A 股上市公司数据。实际上，在我国上市公司整体上都有较强的融资能力，即使是上市公司中的民营企业，小规模企业只是相对概念。更多未上市的、融资完全依赖于银行体系的企业投融资决策可能会受到外部货币态势调整、金融市场资金价格变化、银行惜贷和风险偏好程度的影响。从调研的情况看，货币政策对这类企业经营决策的影响可能更大，传导机制可能更为典型。

（2）货币态势衡量的问题。考虑数据在样本期内延续可比的关系，本书选择利用货币供应量的增速来衡量货币态势的变化和货币政策的方向，虽然 M2 增速整体上能描述这种趋势，但实际上近年来我国货币政策的调控方式已经有了较大的变化，工具运用也更加多元化，一些结构性和组合性的货币投放方式越来越多地被采用，并对金融体系以及金融机构的行为产生影响。

（3）货币政策效率的逻辑链条问题。这一部分从企业层面分析了货币政策传导的微观基础，但受制于面板数据的计量方法，我们将更多注意力集中于货币态势变化如何影响企业投融资决策。实际上，政策传导的基础研究还应该分析企业投资规模和效率变化对整个经济和物价的影响，以及央行对于企业出现系统性投融资决策后的政策反馈。例如，过度的金融资产和投资性房地产持有规模存在会造成严重的负面经济后果（Tori 和 Onaran，2016；张成思、刘泽豪和罗煜，2014 等），本书的研究只关注这种现象的存在性，没有对相关效应进行量化的研究。

根据研究的结论，我们有如下的政策建议：

（1）在不出现趋势性经济和价格波动的情况下，货币政策应尽可能保持稳健。根据我们的实证结论，前期一些理论研究和主流观点可能低估了货币态势调整对于企业非理性投融资决策的放大效应。货币宽松在提高需求的同时，会造成过度投资概率和杠杆水平的持续上升。债务高悬问题也会在紧缩阶段加剧企业还本付息压力，进一步压缩其投资能力。因此，货币政策决策应以预期引导为主，提升微观企业主体稳健经营和持续经营动力，要避免流动性短期内过度投放，降低外部政策不确定性对企业投融资行为的误导。

（2）正确理解资金脱实向虚的现象和逻辑，增强货币政策定力。从理论和实证分析的情况看，由于刚性兑付和隐性担保等价格形成机制问题，对企业而言，较长时间以来金融市场或房地产领域投资的回报率明显高于实体投资。从流动性偏紧角度解释制造业企业的投资动力可能存在逻辑偏误，宽松政策不仅无助于企业的投资动力提升，反而会形成流动性投放—金融资产（房地产）价格上升—金融资产（房地产）预期收益上升—流动性吸引力上升的反馈机制，扩大金融投资和实体投资的收益差，强化资金脱实向虚问题。因此，应坚持金融体系去杠杆政策导向不变，提高对短期风险压力的容忍度，缩小金融与经济投资回报缺口，缓解资金脱实向虚趋势，在长期内提高经济增长的内生动力。

（3）完善企业的公司治理机制。实证表明，有效的公司治理机制是缓解企业代理问题，提高经营效率，降低货币等外部因素扭曲企业行为的有效手段。在我国，股权过于集中和董事会内部无法制衡等问题比较突出，尤其是民营企业决策方式随意性较大，投资行为会受到市场环境因素的显著影响。建议后期在制度安排上对企业治理机制，尤其是董事会和股权结构方面有更明确的要求，降低由于股东和管理层、大股东和小股东目标不一致、信息不对称所带来的经营扭曲。

第六章 货币政策与商业银行经营行为：文献综述与理论分析

商业银行经营行为是货币政策传导渠道中最重要的环节之一。中央银行通过调节市场资金价格和货币供给水平，影响银行的信贷行为、风险偏好甚至业务模式，并推动实体部门的投资消费决策发生变化，最终对短期和长期的产出波动产生冲击。在一些以银行为金融体系核心的国家和地区，信贷市场几乎是货币政策调控、传导的唯一路径。

货币政策的调整在银行层面传导时有怎样的微观机制是近年来宏微观金融领域非常关注的重要问题，本章将对这一领域的主要前沿研究进行评述，主要涉及六个方面的内容：一是货币政策信贷渠道的相关研究，涉及非对称性、宏微观因素的影响以及长期经济效应；二是风险承担渠道的研究，包括表现形式、宏微观因素的影响以及长期金融稳定效应；三是货币政策如何影响商业银行的盈利能力和利润结构，以及对后期信贷和风险决策的反馈机制；四是监管政策对于货币政策与银行经营行为的关系有何影响，涉及资本监管、流动性以及杠杆率等不同监管规则；五是货币政策利用跨国银行产生的溢出效应；六是货币政策调整后，银行表内非信贷业务以及表外"影子银行"业务的发展情况。

第一节 货币政策信贷渠道的特征、逻辑与长期效应分析

信贷渠道是指，货币政策通过影响银行的贷款能力、意愿及实际规模，造成外部融资溢价和经济主体投融资行为变化，并对产出缺口形成冲击。Bernanke 和 Blinder（1988）指出，信贷渠道的实现存在两个基本前提：一是银行通过专业知识和技术有效甄别借款人，并满足其非标准化的债务融资需求，对这些借款者而言，银行贷款与非银行融资之间不能完全替代。二是银行资产构成的贷款与债券投资不

能完全相互替代，否则资产调整就能对冲货币政策的冲击。Kashyap、Stein 和 Wilcox（1993）提出了基于需求端的机制，他们认为在不同的货币环境下，银行面对的企业融资需求也发生了明显变化，导致其信贷供给政策调整并减少供给。Bernanke 和 Gertler（1995）的金融加速器理论中对银行体系在不同货币态势下的信贷宽松和紧缩决策给出了系统性的解释。

货币政策信贷渠道现象和机制的相关文献已不是近期的热点，在本章中不再赘述，这里主要关心的是有关信贷渠道的特征、逻辑以及长期效应分析的前沿文献。

一、货币政策信贷渠道的非对称性

较多学者关注到信贷渠道的机制在不同政策环境下存在明显的非对称性，即下行周期中宽松政策对于信贷规模的刺激作用，要明显的弱于通胀环境下紧缩政策对信贷规模的收缩效果。

（一）下行周期中宽松政策对信贷投放的刺激效应较弱，而非常规货币政策被证明有效

学者们从资本约束、流动性预期压力、风险冲击以及债务压力等角度解释了在外部经济偏紧条件下，信贷渠道被弱化的原因。Bernanke、Lown 和 Friedmann（1991）以及 Kashyap、Lamont 和 Stein（1994）最早观察到，下行周期中金融机构整体资本水平偏低，对银行扩大信贷规模形成了较强的制约。Heider、Hoerova 和 Holthausen（2015）指出，在危机期间，银行囤积流动性的动力增强，即使实施货币宽松政策也很难真正意义上改善其贷款动力。类似的，Acharya 和 Skeie（2011）也认为在危机状态下，宽松政策带来的流动性投入并不能显著改善银行对未来流动性压力的预期，多数机构会选择牺牲短期的利息收入，而保障长期的流动性安全。从理性角度分析，保守的流动性管理政策会推高资金市场的价格，长期来看对相关银行来说不仅流动性更安全，而且可能会有更高的利润预期。Christiano、Motto 和 Rostagno（2014）认为，按照金融加速器理论，风险冲击值得关注。尤其经济周期的下行阶段，企业的违约概率会受到多种外部随机因素的较大冲击，这可能是导致金融中介大幅收缩信贷投入的重要因素。陈旭东、何艳军和张镇疆（2014）基于2006—2011年122家商业银行样本的实证分析表明，贷款损失准备计提会放大信贷行为的亲周期性，央行在下行阶段的逆周期信贷调控会削弱这种负面的影响，但效果有限。Amador 和 Nagengast（2016）认为，一些逆向反馈机制导致了下行周期中银行贷款倾向的降低，如前期企业的债务高悬，银行体系本身的稳定性下降，以及不平衡的信贷结构（较大比例的贷款进入了暂时膨胀的建筑业和金融服务业）需要

逐步调整等。Borio 和 Gambacorta（2017）基于 108 家跨国银行数据的研究表明，当经济偏弱，而利率长期处于过低水平时，货币政策的信贷渠道效率会显著降低，并对银行体系的盈利能力产生负面冲击，控制经济金融周期、流动性、资本水平、融资成本以及银行风险等因素后这一特征依然有效。他们利用这种机制解释了 2010—2014 年期间欧美国家表内信贷规模的低增长态势。

实践中，美联储和欧央行等主要中央银行在危机后选择了包括零利率甚至负利率的价格调整，以及量化宽松等数量调整的非常规政策，并加强了前瞻性指引。从实践和相关研究的结论来看，这种以预期引导为核心理念的政策思路实现了之前的设计目标，扭转了下行周期中宽松政策效率不足的局限。

Freixas、Nartin 和 Skeie（2011）的理论模型表明，危机时央行必须推动超预期的金融市场利率下降，才能有效缓解银行体系的流动性短缺问题。Gertler 和 Karadi（2015）利用 HFI（高频识别方法）分析了货币政策的冲击情况，并将其应用于传统宏观 VAR 模型。从结果看，产出和通胀的响应情况与经典理论一致，但他们发现非预期的货币政策调整虽然对短期利率的影响并不明显，但其向信贷市场利率传导时格外有效，即非预期的货币政策小幅调整会带来信贷市场的显著反应。他们认为这种机制与风险溢价和信贷利差的预期波动有关。Carpinelli 和 Crosignani（2017）关注了市场上流动性枯竭后，央行通过货币宽松恢复银行信贷供给动机的机制和可行性。他们利用意大利银行的财务风险数据以及信贷方面的借贷登记数据分析了欧洲央行 3 年期再融资操作中调整抵押品范围的非常规政策的效果，结果表明受流动性枯竭影响更大的银行在该政策后信贷供应的恢复比较明显，受流动性枯竭影响较小的大银行后期信贷行为对这一政策则并不敏感，但在高收益债券的持有上有了更强的动力。多数企业在这一政策调整的过程中能得到更高预期的资金融入。Rodnyansky 和 Darmouni（2017）认为，量化宽松政策会同时提高 MBS 的价格和流动性水平，通过资产/权益净值上升以及准备金规模的扩大，改善银行体系的财务状况和流动性，最终扩大其放贷能力。从实证结果看，政策效果对不同的银行效率差别极大，持有较大比例 MBS 资产的银行在 QE1 和 QE3 后明显扩大了信贷规模的投放，其中 QE1 主要通过净值渠道，QE3 则主要改善了银行体系的流动性水平。

（二）紧缩政策存在反馈机制，可能加速银行的信贷收缩

Dave、Dressler 和 Zhang（2003）利用 FAVAR 对大样本时间序列数据的分析表明，实际上银行信贷受货币紧缩的影响在长期内可能被低估。学者们主要从资本管制的顺周期性、流动性预期、资产结构调整以及前期杠杆情况等方面对这一现象的逻辑进行了分析。

首先，资本水平的顺周期性造成信贷收缩的反馈效应。Chami 和 Cosimano（2010）指出，紧缩政策会导致存款利率上升，但贷款利率存在粘性，因此存贷利差会收窄并导致总利润下滑，这种变化会侵蚀银行的资本，并提高补充资本的难度，造成信贷投放能力的进一步收缩。Aguiar 和 Drumond（2007）认为，紧缩政策会导致银行资本水平下降，对外部融资的需求上升，必须以更高的资本回报率来吸引外部投资，这使得银行的流动性溢价水平上升，最终推动贷款企业的融资成本和难度提高，进一步放大紧缩政策的效果。Meh 和 Moran（2010）指出，货币紧缩状态下，投资者会更关注银行是否通过提高风险偏好来保护利润，会要求银行维持更高的资本充足率，提高贷款中自有资金比例，进而导致外部融资的压力进一步加大。黄宪、王露璐、马理和代军勋（2012）基于中国的数据表明，资本因素会导致货币政策效率发生明显的变化。在泡沫阶段实施紧缩政策时，由于银行补充资本能力较强，主要是信贷渠道和利率渠道起主导作用。随着利润逐步被压缩，资本价值下降，补充困难时，资本渠道的效果会逐步显现，即在超额准备金收缩和资本约束的共同作用下，紧缩政策的强度会叠加并不断增强。相反，资本约束可能造成扩张政策效果在前期偏弱。Behn、Wachtel 和 Haselmann（2016）使用德国信用登记数据（包括对每笔贷款的内部风险估计的详细数据），利用准自然实验的方式研究 2008 年 9 月雷曼兄弟破产后，伴随着信贷风险冲击，德国银行业信贷状况的变化。该研究表明，外生冲击导致银行业资本费用成本上升了 0.5 个百分点，并造成了 2.1—3.9 个百分点的信贷规模下滑。他们认为，资本水平的顺周期性是造成德国在外生冲击下信贷持续收缩的重要原因，这同时也为逆周期资本缓冲政策的实施提供了经验依据。

其次，紧缩环境下，银行对于流动性风险的预期可能导致其信贷决策时趋于保守。Juurikkala、Karas 和 Solanko（2011）对俄罗斯 1999—2007 年银行业数据的研究表明，由于担心未来资金来源紧张，该国信贷渠道在紧缩环境下非常显著。Kishan 和 Opiela（2000）在不完全市场的条件下，面对货币紧缩，为避免向外部传递资本状况不佳的信号，银行会选择主动扩大流动性负债，并收缩信贷规模以改善资本状况。Bianchi 和 Bigio（2013）在理论模型分析中，利用预期流动性压力解释了 2008 年金融危机后美国银行业在超额准备金规模较大时信贷投放意愿不足的内在机制。

再次，银行信贷结构选择变化可能产生反馈效应。Matsuyama（2009）指出，利率上升时借款人的资产净值会减少，金融机构的信贷投放意愿降低，会倾向于将资金投向更为安全及优质的资产，推动融资约束的借款者出售资产以避免流动性风险，最终形成金融市场的踩踏和负向的反馈机制。Choudhary 和 Jain（2017）针对巴基斯坦银行业的研究表明，外生冲击（如洪水灾害、金融紧缩）会导致消费贷款出现巨大的结构性变化。一方面,银行将信贷压缩的重点放在新借款人和受教育程度较低的借款人上;另一方面,远离冲击地区的银行业反而有信贷投放的增长,但并未弥补整体贷款规模的回落。从他们研究的结论看,"差借款人"挤出"好借款人"的逆向选择是导致经济形势和金融环境外生冲击后,银行信贷意愿下降的重要原因。Chen、Hanson 和 Stein(2017)关心了宏观金融周期对银行信贷结构的冲击。基于美国银行业数据的分析表明,2008 年开始,所有美国银行的小企业贷款投放都出现了断崖式的下降,尤其是四大银行(美国银行、花旗银行、摩根大通和富国银行)在 2010 年最低点时的贷款投放规模只有 2006 年的 44% 左右,其他银行为 66%。之后受制于宏观流动性的压力,大型银行的信贷供给一直维持在 50% 左右,其他机构则呈现更快的复苏达到危机前 80% 左右的水平。即使利用不同区域经济数据来排除需求不对称等造成的内生性,实际的情况仍然表明大型银行有更强的动力在紧缩状态下削减小企业的信贷供给。他们认为,相对于其他的核心业务,在流动性非常紧张的情况下,小企业贷款对于大银行来说是更容易削减的资产,且不容易引起价格下降—浮亏增加的负向反馈机制,相反核心客户资源更少的中小银行则会在货币宽松周期提高信贷投放以争取利润时,更多地进入小企业授信领域。

最后,近期也有部分学者指出,紧缩政策效果加速与前期宽松政策有关。Gross、Henry 和 Semmler(2017)使用模型提出,银行体系的过度杠杆化会不断形成反馈机制并最终造成金融体系的不稳定,在紧缩周期中,银行会选择利用缩表而非融资的方式来缓解资本缓冲的要求,这可能会进一步加剧企业的融资难度。文章利用欧洲 28 个国家的 40 个银行系统数据的阈值混合截面 GVAR(Threshold Mixed - Cross Section GVAR)模型验证了这一观点。结论表明,在高杠杆态势下,若资本监管加强,银行只能通过缩减信贷而非补充资本来满足资本要求,宏观经济对其的反应会更强,低杠杆态势下这种机制则由于银行补充资本的成本和难度低而不明显。另外,高杠杆周期中资本比率的冲击会对银行体系的信贷行为产生更强的跨境溢出效应。

二、宏观因素对信贷渠道传导的影响

在不同的经济系统中,信贷渠道传导的效率存在明显的差异,近期的研究主要关心了这些经济体的银行业竞争程度、金融市场波动状态以及国别制度等因素的影响。

(一)银行业竞争的程度会影响信贷渠道传导的效率

Kashyap 和 Stein(2000)的研究表明银行业集中度过高会降低信贷政策的传导

效率。Adams 和 Amel（2005）基于微观数据，Olivero、Yuan 和 Bang（2011）基于亚洲和拉丁美洲18个经济体，以及 Amidu 和 Wolfe（2013）利用55个国家和978家银行面板数据实证分析也得到类似的结论。Baglioni（2007）基于异质性代理人假设的研究表明，货币政策在不同银行业市场结构中传导的效率是不一样的，垄断竞争的市场结构下，资本充足的银行有利于货币政策的传导，寡头垄断的市场结构则恰恰相反。董华平和干杏娣（2015）利用我国122家商业银行2000—2012年的面板数据实证分析表明，股份制银行、城商行和外资银行的市场化程度更高，其市场份额的提升对信贷渠道的传导效率有正向影响。

（二）金融市场结构和波动会对银行信贷决策产生冲击

Kishan 和 Opiela（2000）指出，在直接融资市场发达、市场约束较强的国家，资产规模、流动性水平和资本充足程度都会影响银行外部融资成本，同时也会导致其信贷投放对货币政策的变动更不敏感。Haddad 和 Sraer（2016）的实证表明，当金融市场期限溢价水平较高时，银行面对的利率风险较大，即其经营决策会受到货币政策波动更大的冲击。Gobbi 和 Sette（2015）利用跨国贷款数据的实证分析表明，那些以非公开"关系"作为信贷基础的国家中，充足的资本状况会显著地缓解银行面对的外部货币政策冲击。马骏、施康、王红林和王立升（2016）利用 DSGE 模型分析了我国以银行业为主的金融体系中利率传导机制的效率问题。他们认为，贷存比限制、规模管控以及高存款准备金率会导致银行信贷投放对政策利率敏感度降低。同时，一些体制性因素（如利用基建稳增长）和周期性因素（如经济下行时风险溢价上升）也会导致信贷—利率敏感性的变化。

（三）制度国别因素会使不同经济系统的信贷渠道传导效率出现明显的差距

Mishra、Montiel 和 Spilimbergo（2014）认为，低收入国家信贷渠道的效率受正反两方面因素影响：一方面是这些国家金融体系介入国际市场的程度较低，直接融资市场不发达，国内经济金融环境不稳定，货币政策的调整对银行信贷行为的影响较大；另一方面，这些国家的国内制度环境不稳定，产权制度、法律体系、债权人保护较差，会计和信息披露制度不规范，金融市场的流动性状况较弱，银行业集中度高，资本不足，这些因素导致货币政策信贷渠道传导也存在很多障碍。Mishra、Montiel、Pedroni 和 Spilimbergo（2014）利用面板 SVAR 模型分析了不同国家货币政策冲击对于实际贷款利率的影响效率。研究结论表明，良好的经济制度框架、金融市场结构以及中央银行控制能力会提高短期利率向贷款利率传导的效率，低收入国家的银行信贷非市场化行为更为严重，其定价对货币政策的弹性较低。

三、银行特征对信贷渠道传导的影响

从实证角度看，面对同样的货币态势调整，不同类型机构的信贷决策响应会呈现明显的差异，近期研究主要从公司治理机制、资产规模、资本压力以及负债能力等方面的特征差异对这一现象背后的机制进行了分析。

1. 银行公司治理机制使得管理层实现目标及面临的约束存在差异，最终影响了其面对外部政策环境变化调整信贷决策的能力和动力。Bhaumik、Dang 和 Kutan (2011) 利用印度银行业的数据分析了不同股权性质银行的经营决策影响。结论表明，民营银行的信贷渠道传导效率低于国有银行，且这种差距在紧缩阶段更加明显。另外，他们也关注到货币政策调整会影响银行资产期限结构的配置，宽松政策后高风险的中长期贷款波动更为剧烈。Mittnik 和 Semmler (2013) 认为，银行的脆弱性和金融体系的不稳定性是客观存在的，主要源于银行治理机制对于外部性的定位很难准确和高效，加之管理者有限责任、激励机制无法相容等问题都可能导致在宽松周期中，银行体系有无限的动力推动负债和信贷规模的增长，放大经济周期并加剧金融体系的不稳定性。冯科和何理 (2011) 指出，上市融资充实了银行的资本金水平，提高了银行的风险态度，导致其信贷行为与货币政策调整的敏感性明显降低，存在过度扩张的问题。冀志斌和宋清华 (2013) 关注了高管薪酬与信贷渠道之间的关系。他们认为，薪酬过高的银行贷款行为受外部货币政策冲击的影响更明显。曹廷求和朱博文 (2013) 通过理论分析以及基于面板 GLS 的实证研究指出，董事会规模和独立性的影响较小，但是否国有控股和是否上市对银行信贷规模—货币政策敏感性的影响较大。其中，国有控股银行由于其目的与利润最大化偏离较多，对利差敏感性较低，但对法定准备金率反映更敏感，上市银行则受到较多投资者关注，其短期绩效会在二级市场上形成外部治理压力，因此对利差变化更为敏感，但法定准备金率的冲击较小。另外，从治理水平看，股东和股东大会治理机制较差、高管和监事会治理机制较好时，银行贷款行为与利差变化之间更敏感，而管理层治理较好时，其对法定准备金率变化不敏感。

2. 银行的资产规模提高会显著提升抵御风险的能力。Kashyap 和 Stein (1995) 指出，小银行外部融资能力弱于大银行，当面临紧缩性货币政策时，小银行可贷资金受到的影响较大。Kishan 和 Opiela (2000) 基于美国银行业的研究也得出类似结论，即银行规模越大、流动性越强，其信贷投放对于货币政策调整的反应越不敏感。Bwerger 和 Bouwman (2012) 基于美国长期样本数据表明，在非危机周期中，紧缩政策会降低中小银行的流动性创造能力，但对大银行影响较小。在危机时期，各类

型银行的流动性创造对货币政策调整的敏感性都不大。国内研究方面，徐明东和陈学彬（2011）对1998—2009年中国信贷渠道效应分析的结论表明，流动性充裕的大型银行信贷决策受资本充足因素的影响，中小银行则受货币态势调整影响更大。从货币政策工具来看，利率调整对大型银行的影响大于中小银行，准备金调整则对小银行影响更大。李涛和刘明宇（2012）运用中国25家银行2003—2011年非平衡面板数据的研究表明，在我国，规模越小以及流动性比例越大的银行受到货币政策调整的冲击越显著。王周伟和王衡（2016）指出，资产规模较大的国有和全国性股份制银行流动性创造水平受货币政策的影响较小，相对而言，融资渠道狭窄，受地方经济波动影响较大的城市商业银行和外资银行则对于数量和价格型货币政策调控的敏感性都较高。

3. 在多数情况下，资本状况与银行资产实力之间存在明显的正向关联，但基于资本约束的研究更多关注的是银行实际的杠杆情况和外部约束对政策响应的影响，其中有相当一部分微观研究的逻辑与货币政策非对称性的宏观分析类似。Gambacorta 和 Mistrulli（2004）认为，主动负债或清算部分资产无法完全抵消紧缩性货币政策对存款下降的影响，资本充裕的银行就通过影响其外部评级和披露信誉信息获得了更多的资源优势，并在紧缩政策环境下有更稳定的信贷决策。Van den Heuvel（2002）、Gambacorta（2005）、Michelangeli 和 Sette（2006）、Aktaş 和 Tafl（2007）、Juurikkala、Karas 和 Solanko（2011）以及 Buch、Eickmeier 和 Prieto（2014）等基于美国、意大利、土耳其、俄罗斯等国的银行数据验证了信贷渠道非对称性的微观特征，即紧缩阶段大幅压缩资本不足银行的信贷规模，而扩张阶段也会对其业务发展有较大限制。国内的研究，如魏巍、蒋海和庞素琳（2016）利用2002—2012年中国116家银行数据的实证表明，适度的资本水平确实会弱化紧缩政策对银行信贷决策的负面影响。

Meh 和 Moran（2010）构建了包含银行部门的 DSGE 模型，指出紧缩条件下资本充足率较好的银行，其信贷投放受到的冲击较小。从宏观上看，银行业资本水平能缓释实体经济面对外部流动性负面冲击的影响。近期的研究将资本约束与流动性管理以及风险状况等问题联系在一起，如，Aiyar、Shekhar、Calomiris 和 Wieladek（2014）基于1998—2007年英国银行数据的研究指出，由于股权融资的成本非常高，资本要求的提高会显著降低银行体系的信贷能力。他们利用银行监管数据库的相关数据分析了银行外生的资本需求与真实贷款供给之间的这种负向关系，同时他们还指出，紧缩政策下这种关系可能会更为显著。Gambacorta 和 Shin（2018）关注了金融危机后宽松政策对银行贷款扩张的正面意义。他们通过跨国银行业数据的实证表明，银行股本与总资产的比率上升1个百分点，会降低其在金融市场上融资成本4个基点，而贷款增速则可能有0.6个百分点的提高。基于此，他们认为实施宽松货币政策的同时，还需要关注银行的收入增长和资本积累能力，才可能通过更高规模的信贷投放缓解借款人的财务压力。此外，他们还指出，紧缩政策对资本实力较强、更容易获得非担保融资的大型银行影响不大。Temesvary 和 Banai（2017）基于中东欧银行业的研究表明，在危机前和危机中，货币宽松对低资本比例且高不良率银行的信贷行为传导都不显著，从数据看，即使是母公司的财务状况存在恶化趋势，由于资本补充潜力变弱，导致该银行的信贷扩张受到较大影响。

4. 银行负债结构以及负债能力的差异影响着流动性管理能力，并造成不同机构信贷渠道传导效率的差异。Farinha 和 Marques（2001）对葡萄牙银行业的研究表明，由于该国从欧盟其他国家获得大量资金，流动性指标的约束较小，不同流动性水平银行对于货币态势调整的反应没有明显的差异。Ehrmann、Gambacorta、Martinez – Pages、Sevestre 和 Worms（2003）对法国、德国、意大利和西班牙银行业的研究发现，流动性不足的银行对货币政策的反应更加敏感，而规模和资本因素的影响较小，他们认为主要是发达国家存款保险制度较为完善，银行实际风险较低，也减少了投资者与银行之间的信息不对称程度。Takeda、Rocha 和 Nakane（2005）基于巴西银行业的研究也得出类似结论，随着该国银行持有国债比例的提高，流动性状况比较健康，流动性比例差异没有影响银行贷款决策对货币政策的敏感性。徐明东和陈学彬（2011）认为，流动性充裕的银行信贷行为与资本充足因素关系更敏感，而中小银行受到外部货币态势变化的冲击会更明显。

从机制看，Kashyap 和 Stein（2000）认为，流动性较差的银行很难在紧缩条件下迅速而毫无代价地补偿存款损失，不得不做出更激进的收缩决策。Gambacorta（2005）认为，流动性越好的银行通过减少现金和证券方式调整贷款组合的需求较小。银行在信贷决策过程中，不仅要考虑个体流动性，而且要考虑银行体系流动性，导致银行个体流动性与信贷的关联度会随着系统流动性上升而下降。因此，与大银行、资本较高的银行、流动性较好的银行相比，小银行、资本较低的银行、流动性较差的银行的信贷下降得更明显。Matousek 和 Sarantis（2009）指出，流动性较低的银行很难通过减少现金和流动性资产来保护其贷款组合，也无法低成本弥补存款下滑带来的资金压力，这导致紧缩环境对其信贷下滑的影响更为明显。

近期的研究中，不少学者也将这种流动性差距内生化，从主动融资能力的角度给出了解释。Caballero 和 Simsek（2013）关注到经济危机期间银行惜贷程度与其在金融市场上的负债能力密切相关，过低的融资能力会导致其对宽松政策不敏感。Iyer、Peydro、Rocha – Lopes 和 Schoar（2014）认为，银行业在金融周期波动中受到流动性压力的程度并非随机的，而是与前期负债稳定性有密切的关系。他们指出，在2011年下半年意大利银行业受到较大的流动性压力，其中对外国同业银行负债比例更高的金融机构受到的影响明显加大。Chodorow – Reich 和 Falato（2017）指出，银行的财务和资本健康状况会极大地影响其在紧缩周期中的信贷选择。为排除其他因素对银行信贷决策的影响，他们利用有关企业在贷款使用中违反契约（如用途、流向等）的微观监管数据进行了分析，这种违反贷款合同的行为使得银行可以合法地提前收回贷款或提出更高的利率要求。从实证分析角度看，本身财务状况偏弱、流动性指标较差的银行会有更高的倾向不豁免这类违约，即大幅缩减相关借款人的授信规模。据测算，"差银行"比"好银行"对相关企业授信规模要收缩11%左右。他们认为，契约调整渠道是货币政策信贷渠道的一种外生的典型机制。

四、信贷渠道传导效率与经济后果

1. 从长期经济效益的角度来分析信贷渠道的传导效率，主要涉及金融加速器效应与经济反转等问题。Quint 和 Rabanal（2014）研究了一个带有房地产投资冲击的两国均衡模型，发现货币政策的调整如果对名义信贷增长做出相机反应，则整体福利会上升，但对信贷/GDP 的比例进行反应效果并不显著。Lopez – Salido、Stein 和 Zakrajsek（2017）关注了长期内信贷渠道的传导机制问题。他们利用1929—2013 年美国经济数据的研究表明，信贷市场的情绪波动上升会降低未来 1—2 年的宏观经济增长态势。考虑到信贷需求的增长和情绪的变化本身会内生于经济波动，因此从长期看这是一种经济变化通过信贷渠道均值反转的趋势性特征。他们认为，信贷市场的时变情绪波动会改变经济体系的外部融资结构，这可能是一个比金融摩擦对经济波动影响更大的宏观因素。Berger 和 Sedunov（2017）的实证表明，银行体系的表内外流动性创造都会通过消费、投资的带动作用对短期经济增长产生正向的冲击。Di Maggio 和 Kermani（2017）通过外生的监管政策因素分析了信贷渠道在长期内对经济波动的放大机制。他们关注了2004 年美国部分地区对于掠夺性贷款优先购买权政策对于信贷扩张与经济增长关系的影响，基于 DID（双重差分）模型的研究指出，信贷监管政策的放松对于年度贷款增长有11% 的影响，控制其他因素后，政策调整影响了房价3.3% 和就业2.2% 的变化，但在长期由于更多的资金进入高风险的领域和行业，最终诱发了更大概率的经济回落。

部分国内学者指出货币政策会对银行信贷结构产生影响，并最终冲击经济结构与长期增长动力。饶品贵和姜国华（2013）关注了紧缩条件下，信贷行为的结构性变化，低货币投放下贷款的投向会向国有企业集中。彭俞超和方意（2016）在 DSGE 模型中考虑了负外部性产业与为之提供针对性信贷的垄断竞争银行部门，结论表明结构性的货币政策至少在短期内能通过定向影响金融机构的运营成本而起到信贷结构内生调整的目的，并在兼顾传统目标的基础上能推动产业升级。

2. 从长期金融稳定角度看，宽松政策带来的信贷扩张存在风险积累效应。Brunnermeier、Gorton 和 Krishnamurthy（2012）在长期系统性风险的评估和预警系统中考虑银行流动性创造的意义。他们指出，与其他包括 GDP、国际收支以及实际利率相比，流动性创造指标的运用能显著提高对长期风险的预警能力。Acharya 和 Naqvi（2012）指出，代理问题导致在宽松政策下银行的信贷投放可能过于激进，流动性创造过多，最终形成长期的风险积累和隐患。Acharya 和 Naqvi（2012）指出，在不确定性较大的经济环境中，如果银行由于低利率环境而过度提高表内资产负债表的流动性创造能力，长期内银行体系的脆弱性将明显提升，并催生潜在的资产价格泡沫。Berger 和 Bouwman（2017）的实证研究表明，银行相对于经济趋势的流动性创造水平是有效的风险预警指标，即相对经济增长，过高的流动性创造会蕴含更大的长期风险，且表外流动性创造的这一机制会更为显著。货币政策对于银行流动性创造有显著的正向影响，但相对而言中小银行受到的冲击更小，即使是危机期间也不太明显。Lucas、Schaumburg 和 Schwaab（2018）针对 2008—2015 年 208 家欧洲银行的实证研究表明，2008—2009 年的全球金融危机以及 2010—2012 年的欧元区主权债务危机对 6 类银行的经营模式产生了差异性的影响。具体来看，在危机后随着货币政策的持续宽松，甚至一些非常规政策的推出，长期利率水平持续下降，多数银行有扩表的动力，希望通过持有更多的资产抵消贷款收入的下降，并持有更大规模的衍生资产，并在可能的情况下增加杠杆水平，减少现金持有规模。他们认为，无论是扩大资产规模、提高杠杆、增加业务的复杂性以及降低资金来源的稳定性都可能在长期危及金融体系的稳定性。研究还表明，相对而言，那些资产结构更复杂，业务更多元化的银行经营调整的概率更大，对长期经济的负面影响也会更显著。

宽松政策也可能加剧多头借贷的倾向，并危及长期金融稳定。Detragiache、Garella 和 Guiso（2000）以及 Degryse、Kim 和 Ongena（2009）等从微观角度，研究了多头借贷（multiple lending）在金融状况波动时能带来的风险分散以及缓释企业资金压力的问题。Bolton 等（2016）也指出，这种多头授信的方式是经济波动的一个放大机制。在单家银行自身面临流动性压力抽贷时，其他银行可能会由于前期的信息不对称程度低而继续向借款人提供贷款，缓冲非系统性的银行危机对经济的冲击。Cappelletti 和 Mistrulli（2017）关注了单家借款人多头借贷（multiple lending）

可能造成的银行风险传染路径，以及潜在的系统性问题。他们指出，在危机背景下，单家机构面临流动性压力时可能会试图通过减少债务人的信贷额度来恢复足够的流动性，但存在多头借贷的借款人可能会成为这种流动性压力传导的渠道，提高其他合作机构的资金风险。基于不同情景分析的研究表明，多头借贷的规模过大会在危机期间加剧银行惜贷的倾向，放大金融收缩的经济效应。他们认为，央行通过货币政策提高银行放贷动力时，需要考虑这种信贷关联的问题。

第二节 货币政策风险承担渠道的表现、特征与效率

金融危机后，学者们开始关注到货币态势的变化除了影响信贷决策外，还会系统性地改变银行体系的风险决策，风险定价水平、高风险资产的配置规模以及流动性管理的主动性都可能随着外部政策的宽松而出现显著的调整。这也被认为是2008年金融危机前整个金融体系积累长期风险的重要机制。

具体来看，Rajan（2006）认为货币宽松会导致无风险资产收益率下降，降低银行资产组合的整体收益，为追求实现粘性的名义收益率，机构可能会提高风险资产的配置比例。Borio和Zhu（2012）指出，货币政策宽松会降低金融市场投资，尤其是无风险债券的收益率，在收益搜寻动机和竞争效应等的推动下，会降低银行及其他金融机构的风险规避程度，银行风险承担上升。Dell'Ariccia、Marquez和Laeven（2010）以及Valencia（2011）分别通过静态和动态模型验证了货币政策通过资产价格变化提高银行高杠杆倾向的机制。宽松政策会推动资产价格上涨，银行资本规模被动提升，在负债不变的条件下，银行存在扩大资产规模保持杠杆率甚至提高杠杆率的动机，这也将推动资产价格的进一步提高，进而导致冒险动机进一步上升的反馈机制。从外部环境看，宽松政策会提高银行业的竞争程度，降低整个银行业边际利润规模，盯住绝对收益率目标的管理者报酬激励计划可能导致其行为激进，降低信贷标准，并提高风险资产在组合中的比重（Delis和Kouretas，2011）。

国内研究方面，徐明东、陈学彬（2012）基于1998—2010年59家银行的数据，分析了我国货币政策对银行风险承担的影响。他们认为，我国银行业经营过程中，收入估值效应、利益搜索动机以及竞争效应三种机制均存在。

一、货币政策风险承担渠道的表现

研究表明，货币宽松会对商业银行风险偏好产生影响，其结果主要体现在资产

端和负债端配置资源的方式和策略上。具体有以下几方面的表现:

(一) 宽松政策造成信贷审批条件放松

Maddaloni 和 Peydro (2011) 对 16 个欧元区国家银行客户信贷微观数据进行分析后指出,货币宽松后银行的信贷标准会显著放松,对不良信用史和高风险借款者发放贷款的概率更高。且低利率持续的时间越长,银行的信贷标准放松程度越高。Jimenez、Ongena、Peydro 和 Saurina (2014) 利用 2002—2008 年西班牙 200 家银行超过 130000 家企业的贷款申请和合同的微观数据分析了货币政策风险承担渠道的存在性。他们发现,较低的短期利率会诱使低资本充足率的银行更倾向于同意高风险企业的贷款申请,并提供更大的授信额度,且对这些公司的担保要求更低。这种经营策略的变化最终导致了更高的违约概率。张强、乔煜峰和张宝 (2013) 利用我国 14 家商业银行 2002—2012 年面板数据的实证研究表明,银行风险态度与货币政策之间存在显著的正向关系,追逐利益机制和杠杆机制的存在,一些原本达不到贷款要求的企业也能通过高利率拿到融资。金鹏辉、张翔和高峰 (2014) 基于银行业整体层面的数据研究表明,我国风险承担渠道主要体现在宽松政策影响银行资产选择上,对负债稳定性影响并不明显。货币宽松会明显降低银行贷款审批的标准。

(二) 宽松政策通过抵押品路径降低银行风险感知能力,导致风险定价水平偏低

Thakor (2005) 的研究表明,在货币宽松、银行资产负债表扩张的环境中,由于声誉和竞争等原因各银行往往不会在信贷合约中增加利率上浮的条款,从长期来看实质就是流动性创造的扩大,以及风险承担水平的明显上升。Ioannidou、Ongena 和 Peydro (2009) 研究了 1999—2003 年玻利维亚银行的风险定价行为,当利率下降时,银行的贷款息差会明显收窄,说明银行的风险态度趋于缓和。Dubecq、Mojon 和 Ragot (2009) 通过风险转移模型指出,当前的风险定价机制下,货币宽松会导致银行高估资产和抵押品价值,对市场的乐观情绪上升,进而影响其对违约概率、违约损失率和市场波动的准确判断,降低风险感知能力,最终导致风险容忍度提高。Adrian 和 Shin (2010) 指出,宽松货币政策会通过推动资产价格上涨,抵押物价值上升,企业现金流增加,财务状况好转,降低银行对企业信用风险的判断,导致银行的项目筛选和贷后管理的激励下降,信贷标准放松,风险定价偏低,高风险贷款增加等。Paligorova 和 Santos (2017) 利用美国近 20 年企业贷款数据的研究表明,在货币紧缩向宽松阶段转化过程中,同样高风险企业的信贷利差,即风险溢价水平也会逐步降低,在控制了那些包括信贷需求和信贷供给条件等与货币政策无关的因素后,这一特征仍然非常明显。即微观数据特征表明在宽松政策下银行的风险态度出现了明显的放松。

（三）低利率环境下，银行在高风险领域的信贷配置上升

Altunbas、Gambacorta 和 Marqueslbanez（2014）利用西欧国家和美国上市银行的数据证实了利率与银行风险资产规模之间的显著关系。Gaggl 和 Valderrama（2010）基于奥地利银行的数据分析表明，2003—2005 年再融资利率较低的阶段，该国商业贷款组合的预期违约率明显上升。Lopez、Tenjo 和 Zarate（2011）基于哥伦比亚银行业的数据分析表明，更高的 GDP 增长率会使得违约概率降低，流动性较为宽松银行会不断强化乐观情绪，风险容忍度会相应提高，共同导致高风险业务的比重上升。Delis 和 Kouretas（2011）利用 2001—2008 年欧洲银行的数据研究表明，低利率会同时提高银行风险资产规模，同时短期利率比长期利率对银行风险承担的影响更为显著。Kandrac 和 Schlusche（2017）认为，量化宽松政策驱动的信贷扩张也伴随着高风险贷款比重的上升，多数银行在商业地产、建筑业、工商业以及个人消费贷款中的投放会更加积极。

（四）货币宽松在长期会提高银行不良资产比例

Ioannidou、Ongena 和 Peydro（2014）利用 1999—2003 年玻利维亚个人贷款数据的研究表明，贷款利率的降低会明显提高个人贷款的违约概率，而且在宽松环境下，银行会对信用状况较差的贷款申请者提供更低利率的贷款合约，这同样验证了其风险感知能力降低的逻辑。牛晓健和裘翔（2013）基于银行预期违约概率指标的实证表明，我国低利率政策环境明显加大了商业银行的风险承担行为。方意（2015）指出，风险承担的度量问题可能导致在实证中货币政策风险承担渠道效应的非一致性。他认为，货币紧缩对不良率会有直接的负面影响，这与风险承担渠道的观点并非不一致，主要在于不良率是风险的结果而非行为。此外，宽松政策带来的房地产价格上升会大幅提高银行的风险加权资产规模，即主动的风险偏好。也就是说，从长期看，宽松政策会导致风险态度提高，风险隐患增加，紧缩政策则可能导致前期高风险的信贷配置更大幅度的暴露。

（五）宽松环境下银行风险管理的动力下降

Eickmier 和 Hoffman（2013）的研究表明，利率下降会提高银行在长期内扩大负债规模、减少资本缓冲的动力，最终导致宏观债务风险的上升。Angeloni、Faia 和 Duca（2015）利用 DSGE 模型和基于美国数据的实证分析指出，风险承担渠道可能发生在负债端，即银行可能会由于追求风险等目的，选择不同的融资方式和杠杆水平，降低其抵御流动性风险的能力。Chaudron（2018）利用 2008—2015 年 42 家荷兰银行季度数据的实证表明，长期的低利率状态对银行净息差收入中期限收入、权益收入和商业利润收入的结构产生较大影响，银行主动对冲利率风险的动力有所减弱。

张强、乔煜峰和张宝（2013）指出，宽松政策下银行也会通过主动抬高杠杆比例获得更大规模的可贷资金。

二、宏观因素对风险承担渠道的影响

（一）货币政策制度差异以及操作策略都会导致风险承担渠道的效应出现显著不同

Altunbas、Gambacorta 和 Marqueslbanez（2014）基于欧洲和美国银行的数据研究指出，银行风险态度更多的是受到低利率持续时间的影响，其显著性程度超过短期内利率下跌的速度。Fazio、Tabak 和 Cajueiro（2015）使用 70 个国家 5468 家银行在 1998—2012 年的数据研究表明，实施通胀目标制货币政策的国家银行整体风险承担水平更低，尤其是在全球流动性偏紧的几个时点，这些国家的银行陷入危机的概率也更低。他们认为，虽然通胀目标制存在诸如加剧金融不平衡，放大资产泡沫和高杠杆风险等问题，但更强的沟通问责以及缓解价格波动所带来的正向经济福利也对金融稳定有帮助，通胀目标至少是一个向更有效更可靠货币政策转变的一个可行的过渡性政策。Andries 和 Plescau（2017）针对 2005—2011 年东欧和中欧商业银行样本的实证研究指出，央行独立性对于货币扩张和银行风险承担之间的关系具有抑制作用，在金融危机期间，由于独立性下降货币政策风险承担渠道更为显著。王晋斌和李博（2017）的研究表明，货币政策工具的选择对风险承担渠道的机制存在较大影响。数量型工具调控下，宽松政策对风险承担的促进作用弱于紧缩政策对风险承担的约束，而价格型工具调控下这种效应正好相反，即宽松政策更为有效。

（二）经济体中银行体系的结构、主要运作方式以及整体杠杆水平等会对整体的风险—货币态势敏感性产生较大的影响

Dell'Arriccia 和 Marquez（2006）指出，信贷扩张环境下，市场竞争的程度会提高银行放松信贷标准追求利润的动力。类似的，Michalak（2011）利用 1997—2008 年欧洲银行业数据的研究表明，随着市场竞争的加剧，风险承担渠道的效应存在增强的趋势。Allen、Qian、Zhang 和 Zhao（2012）指出，在我国整体抵押贷款的占比更高，货币宽松推动的房地产等资产价格变动会对银行体系的风险测度影响更大。Brunnermeier 和 Sannikov（2014）等注意到，银行业前期资本状况和杠杆水平的差异可能导致银行在资产价格波动以及货币政策周期性波动中存在不同的行为和表现。他们还进一步指出，这种异质性的程度会决定长期风险积累的规模以及危机爆发的概率和程度。Buch、Eickmeier 和 Prieto（2014）指出，低利率会提高国内银行的风险水平，但对外资银行而言，其风险策略影响不大，反而

由于需求冲击整体信贷风险。银行体系中外资银行的规模比重提高会显著降低风险承担渠道的传导效应。

（三）金融市场的特征也对风险承担渠道的效应产生影响，如果一个国家的资产价格与流动性投放相关度高，则扩张政策可能形成反馈效应

Stein（2012）认为，货币政策会通过影响资产价格，进而改变银行的信贷意愿，一旦银行从资产价格的资本利得中能获得额外的收益。例如，抵押品价格上升，风险覆盖能力增强，就会有更大的概率进行过度杠杆的财务决策。Aramote、Lee 和 Stebunovs（2015）指出，长期利率以及远期短期利率的变化是美国金融中介在事前调整信贷风险态度的主要影响因素。他们利用零利率政策期间美国银团贷款数据进行的实证分析表明，为应对远期利率的下行，投资基金、结构性投资工具等非银行机构收购了风险较高的定期贷款。研究结论表明，风险承担渠道在非银行中介中也非常显著，且会对银行的风险态度有正向反馈作用。

三、银行特征对风险承担渠道的影响

银行特征对风险承担渠道效应的影响是近年来货币政策理论和实证研究的核心内容，学者们主要围绕前期风险状况、资产规模、资本质量以及流动性压力等方面展开研究。

（一）前期资产结构特征可能会加剧宽松阶段银行的冒险倾向

Jimenez、Ongena、Peydro 和 Saurina（2014）指出，西班牙的银行相对于欧盟其他区域的机构在短期利率下降时有更明显的冒险行为，这在那些追逐利润目标严重的银行中表现尤为明显。Shehzad 和 De Haan（2015）发现，那些危机前在高风险领域配置更多资产的银行，在危机后即使利率下滑也无法显著改善其资产质量，不良率对政策利率的敏感性显著低于其他银行。Brunnermeier 和 Sannikov（2016）指出，货币政策会通过影响银行持有的资产价格，最终改变其信贷决策。例如，长期证券价格的提高会显著改善持有此类证券较多银行的资产负债表，并放松其财务约束，最终进行隐性的资本重组。Chaudron（2018）指出，危机期间得到政府支持的以及低杠杆率的银行，在危机后的宽松环境中整体的利率风险敞口更大。

（二）部分国内学者指出，前期经营效率差异会造成银行在利润风险之间权衡重心的偏移，并影响风险承担渠道的传导

谭政勋和李丽芳（2016）利用无效率项非单调变化且存在异方差的随机前沿模型测算了我国商业银行 1994—2013 年的效率，并分析了其与银行风险承担的关系。他们指出，我国货币政策的风险承担渠道存在连续性和顺周期性，货币政策会通过

风险承担渠道间接影响银行的效率。从实证结果看，风险承担与银行效率存在"倒U型"的关系，即以效率最大化为目标的银行存在最优的风险承担水平。

（三）资产规模对银行风险态度影响的结论存在非一致性

Haldane（2009）认为，"大而不倒"机制导致大银行会有更强的风险偏好，加之其资金实力、融资能力以及风险管理的优势，总体而言在宽松态势下其利用高风险业务获得高收益的动力更强。Lopez、Tenjo 和 Zarate（2011）指出，大型银行的风险承担程度更低。从实证设计看，Lopez 等研究的是实际风险结果，这本身就受到其风险管理能力的内生影响，他们与 Haldane 的结论实质是趋同的。Adrian 和 Shin（2011）以及 Gertler 和 Kiyotaki（2011）发现，由于风险转移和寻求利益等机制的存在，银行资产规模的增加会降低其信贷结构调整的频率，这也是风险承担渠道在不同规模银行中传导效率存在差异的核心逻辑之一。Buch、Eickmeier 和 Prieto（2011）利用美国银行业 1997—2008 年数据的研究表明，货币宽松对国内小型银行风险承担上升的影响非常明显，但国内大型银行这一渠道不显著，外国银行的风险承担反而下降。Jimenez、Ongena、Peydro 和 Saurina（2014）指出，竞争性较高的市场环境下，小银行的风险渠道会更明显。汪莉和王先爽（2015）认为，央行预期管理虽然降低了通胀预期的波动幅度，但这种效应与银行风险承担之间总体呈现"倒U型"关系，即在宽松阶段，由于风险可测性低加之透明的政策沟通，会导致银行低估未来的流动性压力，风险偏好上升。实证结论表明，相对于资本实力较弱的地方银行，上市的大银行这种效应可能更为显著。

（四）资本状况是银行最重要的禀赋特征，本身就内生于风险选择，同时资本水平也会影响后期银行风险态度调整的成本和动力

Delis 和 Kouretas（2011）的实证结果表明，资本水平高的银行风险承担渠道的效率较弱。Nicolo、Dell'Ariccia、Laeven 和 Valencia（2010）认为，银行风险行为与资本状况之间的关系受风险共担机制的影响，银行在贷款投入中自有资金比例提高或特许经营权价值越大（资本充足率高），其在项目选择失败时自身损失越大，则潜在的道德风险越小，过度承担风险的动力越低。Dell'Ariccia、Laeven 和 Suarez（2016）利用美国银行业内部的小额贷款评级数据进行了实证研究，结论指出银行事前的风险态度确实与短期利率之间有非常显著的负向关系，而且这种效应在资本化程度更高的银行中更为显著。

资本状况与银行风险承担渠道的效应是近期国内学术界关注的重点。于一和何维达（2011）利用 50 家中国商业银行的数据研究表明，扩张性货币政策导致的银行风险偏好上升会延续到紧缩阶段，反而削弱货币政策效率。不同类型银行这种机制

存在差异，资本充足率高、收入多元化的银行以及近年来发展迅速的城商行在宽松阶段更为激进，这种顺周期状况更为明显。江曙霞和陈玉婵（2012）在DLM模型的基础上引入法定存款准备金因素作为货币政策的替代变量，结论表明货币政策对银行风险承担的影响与银行资本状况密切关联。

方意、赵胜民和谢晓闻（2012）指出，货币政策对我国风险承担的影响效果与资本充足率密切相关。高资本水平下，货币政策对银行风险承担负向影响，但随着资本压力加大，风险转移效应逐步增强，货币政策的变化与风险的关系逐渐由负转正。刘晓欣和王飞（2013）基于国内银行的实证表明，银行微观特征会影响货币政策风险承担渠道的传导效应，资本充足率、流动性水平、银行规模以及银行结构的差异都可能发挥作用。

（五）流动性特征以及管理思路的差异也会影响风险承担渠道的效应

Mussa（2010）利用1991—2010年美国银行业季度数据的研究表明，流动性较好的银行，宽松态势下其风险承担上升的概率较低。Allen、Babus、Carletti（2012）认为，那些负债期限长的机构，紧缩政策其实际长期经营风险与资产结构无关，而负债期限短的机构，其资产的期限结构拉长直接提高其风险概率。Jimenez、Ongena、Peydro和Saurina（2014）认为，流动性资产持有成本过高也会刺激银行通过冒险获得更高的收益。Nucera、Lucas、Schaumburg和Schwaab（2017）认为，负利率会影响金融机构的盈利能力，导致金融机构向风险较高的借款人投放更多的贷款。同时，这种有偏的资产需求会推动高风险资产价格的上升，最终同样也会损害金融稳定。他们对比了欧央行2014年6月5日、2014年9月4日以及2015年12月3日连续3次存款工具利率DFR负利率调整的市场风险感受，同时，也比较了这种调整与2012年7月5日DFR下调25bp并削减至0政策之间的差异。他们设定了未来6个月内全球股指下跌40%的极端情景假设，并考虑银行的市场估值、杠杆率、股价波动性及其与世界指数之间的相关性建模，并对银行潜在的未来资本缺口压力进行评估。基于面板数据的实证结果可以看出，负利率政策以及负利率状况下的利率下滑对银行的风险状况影响是非一致的，收入来源结构多样的银行会从相关政策中获利，但负债不稳定的银行可能会存在更高的风险概率。总的来看，他们认为"负利率"政策相对于从低利率降低到0（2012年7月），可能短期内有更强的刺激作用，但对于金融稳定的负面影响也不容忽视。

四、风险承担渠道传导效率的经济后果

近期的研究中，对风险承担渠道长期效应的研究主要集中在两个领域：一方面是危机后持续宽松，甚至一些非常规宽松政策是否造成了银行风险偏好的急剧上升，诱发道德风险；另一方面，银行风险偏好的上升是否会对整个银行系统甚至全部金融市场都产生影响，形成蔓延式发展。

（一）危机后救助的道德风险问题

Borio 和 Zhu（2012）指出，如果银行认为央行在经济形势较弱时将实施宽松政策或救助政策，则会显著降低对经济下行风险和破产概率的预期，同时提高风险态度。Farhi 和 Tirole（2009）指出，金融机构预期到下行周期中央银行可能的宽松救市决策，从而在上行周期时有扩大杠杆，提高风险承担的动力。Adrian 和 Shin（2010）指出，2002 年以来美国长期低利率的宽松货币政策是导致银行信贷标准放松，金融风险过度积聚的重要原因。Farhi 和 Tirole（2012）关注到了危机期间的救助预期可能会削弱银行审慎经营的动力，他们认为监管部门应该考虑如何将金融危机这种外部性巨大的成本在银行体系内部化。

Adachi-Sato 和 Vithessonthi（2017）构建了一个关于银行信贷资产配置的简单两期模型，他们假定银行的投资（包括信贷投放）决策会受到其短期融资能力以及后期金融危机概率的影响。一旦银行认为金融危机中被救助的概率较大，银行管理层就会倾向于不将这种危机成本内部化，即会有更大的冒险倾向，从而进行更大规模的投资。模型的结论表明，银行部门的系统性风险概率受两方面因素的影响，首先是其投资（包括信贷投放）在多大程度上会依赖于短期的资金融入。另外，银行对资产的配置方式是否会存在明显的共性。在理论研究的基础上，他们利用 1991—2013 年美国上市公司的样本，检验了银行系统性风险隐患对于企业投资的影响，结论表明，银行体系短期负债以及资产同质化程度过高，会在货币宽松阶段更大地正向影响企业的投资意愿，尤其是那些本身高杠杆的企业，这种特征更为明显。他们的研究进一步拓展了风险承担渠道的机制，即货币繁荣阶段提高银行冒险倾向，更多的短期负债和更高的资产同质性，最终进一步助推企业，尤其是高杠杆企业的过度投资，这些因素都会在紧缩周期中加剧经济的衰退，银行会由于更大的流动性压力进一步收缩资产，而企业则由于过高的债务负担进一步收缩投资。

（二）微观风险态度向系统性和宏观风险传递

López-Espinosa、Moreno、Rubia 和 Valderrama（2012）认为，金融机构在同业市场上短期融资的规模决定了其对于系统性风险概率的贡献，短期融资比例较高在紧缩周期中会面临更大的流动性压力，同时也会通过推高短期资金价格，冲击其他机构的流动性状况。Rajan（2013）等指出，这种有偏的资产配置会导致市场供需发生变化，有偏的资产需求会推动高风险资产价格的上升，最终同样也会损害金融稳定。Acharya 和 Plantin（2017）指出，这种由于风险偏好问题导致的资产价格上升，最终使得私营部门投资被挤出，并且对整个经济稳定和内生动力产生负面冲击。

第三节　货币政策对银行盈利能力的影响及长期经济效应

长期利润最大化是银行治理的核心目标，盈利情况既是银行经营行为的结果，也可能是影响其后期信贷决策和风险偏好的原因，外部流动性的宽松，会通过改善宏观需求情况，减少融资成本提高借款人的信誉状况来提高银行整体的内在价值（Bernanke 和 Gertler，1995；Gertler 和 Karadi，2013；Kiyotaki 和 Moore，2012；Allen、Carletti 和 Gale，2014 等），但也会造成净息差收入的收缩（Borio、Gambacorta 和 Hofmann.，2017；Alessandri 和 Nelson，2015）。至少在短期内，货币态势的变化对银行盈利能力的影响存在不确定性。

从结果看，更高的利润水平能刺激金融机构在经济可持续的基础上增强信贷扩张的动力，并有更强的能力吸引外部投资者的股权投资，同时内部的留存收益规模也会改善，资本压力得到缓解，最终有助于长期的微观和宏观金融稳定。

当然，在不同的经济体和发展阶段中，盈利目标并非绝对一致的。例如，徐忠（2017）指出在中国经济转型过程中，金融机构的行为以及面临的激励约束方式与发达国家存在很大不同，并不一定以长期利润最大化作为最终目标。

一、货币政策对银行盈利结构和水平的影响

（一）货币政策通过改变利率期限结构，最终影响银行体系的利润水平

从实践来看，中央银行会直接调整短期利率，并通过公开市场操作以及对短期利率预期的引导最终影响市场上的长期利率水平。English（2002）研究了 10 个工业化国家的利率与银行利润率之间的关系。他们指出，长期利率波动会比总负债的平均成本波动会更大程度上影响银行的利润，更陡峭的收益率曲线会扩大银行的利差水平。Alessandri 和 Nelson（2015）对英国银行业的分析也指出收益率曲线的斜率与银行利润之间确实存在长期的正向显著关系。Gambacorta 和 Shin（2018）指出，从长期视角看低利率对于银行盈利和信贷投放的负面影响会随着持续期的延长而上升。这是由于那些与低利率相关的短期估值收益都会逐步消失，且随着资产持有到期甚至出现逆转。

（二）货币态势会直接影响银行体系的利差水平，并改变其利润规模与构成

Claessens、Coleman 和 Donnelly（2016）利用 2005—2013 年来自 47 个国家的

3418家银行的微观数据证实了持续低利率对于银行净息差的长期负面影响。类似的，Altavilla、Canova和Ciccarelli（2016）基于欧元区的研究表明，非预期的政策宽松虽然对企业投融资环境的改善意义重大，但也显著降低了银行的贷款息差水平。Borio、Gambacorta和Hofmann（2017）利用1995—2012年总部位于14个发达国家的109家大型跨国银行数据研究了货币政策调整与银行盈利能力之间的长期关系。结果表明，短期利率水平、收益率曲线斜率与银行的资本回报率之间都存在显著的正相关关系。这说明紧缩政策所带来的利率期限结构调整对净利息收入的正向影响，会超过对贷款损失准备金和利息收入的负向影响。此外，他们还发现利率水平过低，以及期限结构过于平坦会在长期内侵蚀银行的盈利能力。

（三）非常规货币政策实质上在缓解短期市场风险的同时，也降低了银行体系的盈利能力

前期，通过零利率政策及其驱动的长期低利率被认为在保护金融体系是有效的，但近年来这一观点受到一些质疑。Plosser（2012）以及Rajan（2013）等指出，长期的低利率对银行净利润的负面影响越来越显著，并威胁金融体系的稳定。Deutsche Bundesbank（2015）在金融稳定报告中对1500家银行的分析也得出了类似的结论，即持续的低利率是近期影响银行业盈利能力的主要风险之一。Genay和Podjasek（2014）认为，低利率条件下资产质量的变化会有更大的不确定性，最终对利润产生负面影响。Rostagno、Bindseil和Kamps（2016）认为，从整体上看负利率的引入对于整个银行体系盈利能力的负面影响集中在息差收入上，但在均衡框架下负利率会改变总需求情况，这可能使银行面对的有效需求增多，且贷款的风险下滑。若考虑这一因素，低利率环境与银行的价值之间关系存在不确定性。Busch和Memmel（2017）对德国的研究指出，在正常利率环境下，100个基点的利率变动对银行净息差的影响只有7个基点，而在近期的低利率环境中，这种影响可能会达到负的97个基点。Hannoun（2015）以及Dombret（2017）认为负利率政策会极大地削弱金融中介机构的盈利能力，最终导致其在盈利目标下选择更为冒险的资产配置方式，即向高风险客户投放更多的贷款。Heider、Saidi和Schepens（2017）基于欧洲银行业的实证研究也证明了这一推断。

二、货币政策对盈利能力的冲击使银行经营决策出现变化

（一）利润压力下，可能导致银行流动性管理出现松动

Rampini、Viswanathan和Vuillemey（2017）的实证表明，金融市场的摩擦，例如抵押品受限等会导致银行无法完美对冲利率风险。实证结果表明，在利率出现波

动时，银行确实存在提高资产总量，牺牲流动性来确保利润水平的动机。Tella 和 Kurlat（2017）利用均衡模型的分析指出，货币紧缩会压缩银行体系的预期资本回报，在利润追求目标以及"大而不倒"救助预期，理性的银行会减弱流动性管理的动力，选择提高资产负债的期限错配程度。在这一机制下，货币政策对于银行经营管理的作用可能被放大，尤其是紧缩阶段的流动性风险概率会进一步提升。Drechsler、Savov 和 Schnabl（2017）的实证分析表明，虽然短期内利率波动会导致银行利润下滑，但从中期（四个季度）的响应情况看，在进行资产结构调整后，银行存在对冲这种利率风险的机制，即货币政策宽松对银行账面盈利的影响可能由于风险偏好的上升而被弱化。

（二）利润压力对信贷渠道和风险承担渠道的影响

Van den Heuvel（2002）指出，紧缩政策会推动短期和长期利率上升，但期限利差会缩短，导致净息差收入下降，资本积累难度上升。在融资约束的背景下，贷款供给下滑，紧缩政策效果被放大。Gunjia 和 Yuan（2010）对中国 1998—2002 年银行数据的研究表明，货币政策的信贷渠道在盈利水平较低的银行上更为显著。Dell'Ariccia、Marquez 和 Laeven（2010）认为宽松政策下，短期利率向长期贷款利率的传导过程存在效率损失和滞后，因此银行利润水平会提高，最终降低其过度风险承担的道德风险。Bech 和 Malkhozov（2016）指出，低利率对银行业息差水平的长期影响会提高整个银行体系减少贷款资产配置的动力，在股东盈利目标的约束下，也可能在长期内提高贷款的审批条件和利率。他们基于瑞士银行业的研究表明，由于存在垄断寡头特征，在负利率下该国银行业利用提高抵押贷款利率的方式来对冲对盈利的负面冲击。Gambacorta 和 Shin（2018）认为，盈利能力不足使得银行补充资本的难度上升，扩大贷款规模的能力也会受到侵蚀。

（三）盈利能力的内生性与银行长期价值

Praet（2016）的研究指出，银行资产负债表的特征，包括资本状况、流动性、信贷资产质量以及贷款投放效率等都会显著影响货币政策与银行盈利能力之间的关系。他们认为一个可信的解释就是内生性问题，即银行资产负债表的疲软以及政策传导效率的降低，本身就是危机期间货币政策放松的重要原因。Altavilla、Boucinha 和 Peydro（2017）研究了低利率环境下货币政策宽松对银行整体盈利能力的影响。基于欧洲不同子样本组银行业的实证数据表明，在控制了政策因素、宏观因素以及金融环境的内生性条件后，贷款期限结构的水平和斜率变化都不会对银行盈利状况产生较大的影响。他们认为低利率与银行低盈利能力之间并非因果关系，盈利能力的降低主要源自当时更差的经济环境，而低利率往往也是产出缺口下行时的相机选择。从他们研究的情况看，经济下行导致的信贷资产质量下滑以及需求下降是造成银行利差收窄的重要原因，而且他们还指出非常规政策所造成的银行盈利提高，往往与银行持有的金融资产利得有关，即来自于流动性驱动的泡沫收益。另外，他们在进一步的研究中也指出，评估长期低利率、零利率甚至负利率政策对银行的长期价值不能用孤立的因果关系来分析，虽然长期面临利差收窄资本补充困难，以及道德风险的成本，但实际上在短期内对于宏观需求的改善是显著的，相关宽松政策确实使企业的市场估值上升，降低了信用利差水平、提高了信贷资产的整体质量，这种对盈利下滑的对冲大幅降低了银行资本风险可能造成的负外部性问题。

第四节 监管政策的调整影响货币政策向银行传导的效率

一、资本监管与货币政策传导效率

（一）资本监管趋严是货币政策非对称性的主要原因之一

Bernanke 和 Lown（1991）的实证分析表明，资本短缺往往与信贷萎缩有显著的正向关系，而顺周期的资本监管会加剧这种关联。Haubrich 和 Wachtel（1993）则指出，基于风险状况的顺周期资本监管要求最终导致银行业资产组合的被动调整，进而造成银行业信贷的萎缩以及负面的经济效应。Thakor（1996）通过信息不对称模型的分析指出，由于股权回报率的要求一般比存款利率高，巴塞尔协议所提出的资本充足率要求会导致银行对贷款的回报率要求较其他资产更高，这可能会进一步加剧信贷配给失衡。Tanaka（2002）利用静态模型的分析指出，资本充足率水平以及资本约束状况会影响银行信贷投放的利率弹性，资本监管趋严可能会明显降低货币政策冲击对产出的刺激效果。Kopecky 和 Van Hoose（2004）指出，资本约束至少在短期内会对货币政策的传导产生不利影响。Ayusoet 等（2004）基于西班牙1986—2000 年银行面板数据的研究表明，资本缓冲的顺周期性是非对称的，上行周期中这一效应会更显著。Kishan 和 Opeila（2006）利用美国银行业的数据发现，资本协议的实施改变了信贷渠道的非对称态势。前期扩张政策的效应更为明显，但在实施资本协议后，紧缩政策对于银行信贷投放减少的影响要超过扩张政策对于信贷增加的影响。

Admati 和 Hellwig（2013）指出，更强的金融监管，例如更高的资本要求会在货币政策宽松时降低企业可获得的信贷资源，而在货币紧缩时这一问题会加剧经济的收缩。Aiyar、Calomiris 和 Wieladek（2014）等研究指出，1997—2007 年期间更强的资本约束确实对银行的资本结构选择有明显的影响，信贷投放的规模由于资本约束而减少了 5.7% 左右。Acharya 和 Steffen（2014）关注到 2014 年对欧洲银行资产质量评估和压力测试的情况，他们认为资本要求在不利经济环境下对银行的偿付能力意义重大，但这可能在一定程度上会限制银行的信贷投放能力，降低信贷渠道的效应，尤其是资本实力较弱的银行会通过主动削减信贷规模以提高偿付能力。Agur 和 Demertzis（2015）认为，资本要求上升会显著缓解银行的冒险行为，这种效应在宽松状态下更为显著。Uluc 和 Wieladek（2018）指出，资本监管要求的时变性（如《巴塞尔协议 III》中逆周期要求更高的资本缓冲）可能对信贷供应、风险承担以及非银行系统的融资产生较大影响。在排除其他因素后，100 个基点左右的资本金要求提高会造成表内贷款规模 5.4% 左右的下降。他们认为，更高的资本监管要求在紧缩阶段强化银行收缩信贷的动力，而在宽松阶段则会增加对于高风险借款人的信贷投入，将利润的损失通过利率转嫁给借款者。同时，他们也指出，这种表现在宏观数据上很难体现，原因在于非银行的融资方式会替代不同风险借款者的融资需求。在他们看来，资本监管的实际效果可能不如理论上表现得那样，尤其是在宽松政策阶段不仅无法降低风险积累，反而由于信贷结构的调整提高长期风险概率。

魏巍、蒋海和庞素琳（2016）利用 2002—2012 年间中国 116 家银行的相关数据研究了监管政策与货币政策的协同问题，他们认为合格稳健的资本持有水平会弱化紧缩政策对信贷扩张的负面冲击，而动态拨备率以及流动性比例对银行信贷行为——货币政策敏感性的影响并不显著。张宗新和徐冰玉（2011）利用中国 2001—2009 年上市银行面板数据的实证表明，资本监管政策下商业银行的资本缓冲计提水平有顺周期性，而信贷活动的顺周期性则得到了有效的抑制。熊启跃和黄宪（2015）利用 27 家银行季度数据分析了资本监管政策对货币政策信贷渠道传导的影响。结论表明，信贷渠道的传导存在非对称性，其中扩张政策的效果更明显，资本监管的实施会强化紧缩政策对于信贷收缩的影响，弱化扩张政策对信贷扩张的影响。王擎和田娇（2016）基于四部门 DSGE 模型的研究表明，银行的资本约束会通过银行间市场影响整个金融体系，资本监管趋严会加剧信贷决策的顺周期性和系统性潜在风险的积累。他们认为监管要求的提高应该与当前银行业实际资本状况相匹配，短期内过高的要求会加剧经济波动，只有实施差别化的监管要求在中国才更能提高长期经济福利。

（二）银行特征与信贷结构的影响

Kim 和 Lee（2006）针对 30 个 OECD 国家和 7 个非 OECD 国家的实证研究表

明，发达国家的银行资本缓冲具有逆周期性，发展中国家则顺周期性更为明显。Heid（2007）的跨国研究指出，资本缓冲的顺周期性在以银行为基础的经济体系中更为明显，在金融市场为基础的经济体系中较弱，《巴塞尔协议 II》资本监管会导致银行业顺周期资本监管的倾向更强。Jokipii 和 Milne（2008）基于 468 家欧洲银行和存款机构的面板数据研究表明，2004 年 5 月加入欧盟的 10 个国家银行整体资本缓冲有顺周期性，其他欧盟国家及丹麦、瑞士和英国则有逆周期性。同时，他们也指出相对而言大银行顺周期更强，小银行则普遍有逆周期性。Derianino（2011）利用 61 个亚洲国家银行面板数据的实证分析表明，发展中国家银行资本缓冲确实具有较强的顺周期性。Dietsch 和 Vandaele（2011）针对法国 1999—2009 年 35 家区域零售银行的研究表明，零售银行资本缓冲的逆周期特征明显，决策前瞻性更强的银行这一效应更为显著。Karmakar 和 Mok（2015）采用 1996—2010 年美国银行业数据的实证分析表明，大银行资本缓冲存在顺周期性，而小银行存在逆周期性。

Aiyar、Calomiris 和 Wieladek（2016）基于英国银行业的实证研究表明，资本监管政策和货币政策都会影响银行业的信贷投放行为，其中大银行会对资本要求变化更为敏感，但对货币政策调整的反应不明显。小银行则对两者都会有明显的正向反应。他们认为，货币政策调整不仅改变了整体的信贷投放规模，也影响了整个信贷市场的结构。他们同时也指出，一些理论模型研究所担忧的资本监管和货币政策调整相互干扰的问题可能被高估。Jorda、Richter、Schularick 和 Taylor（2017）利用 17 个国家银行的长期数据研究表明，资本状况并不能很好地反映银行实际的风险隐患，虽然更高的资本规模有更大的吸收损失能力，但实践中资本充足率更高的银行在实际资产配置中会有更强的风险偏好，这一因素的影响反而会超过损失吸收的规模。当货币政策收缩时，高资本充足率的银行反而受到更大的影响。

Granja 和 Leuz（2017）利用储蓄机构管理局（the thrift regulator，OTC）撤销这一宏观审慎调整的重大事件，分析了严监管、银行信贷行为与经济周期之间的相互关系。OTC 前期差别化的监管使得大约 10% 左右的中小银行受到的资本约束较少。政策趋严反而使得中小企业信贷规模提高了 10% 左右。从实证情况看，这种投放增加主要来自那些前期未受监管影响的大型银行。他们认为，监管趋严并不仅仅通过资本渠道发挥作用，同时可能会在宏观上降低银行管理的摩擦且改变信贷结构最终影响银行的经营和风险决策。Wilson 和 Veuger（2017）的研究也得到了类似的结论，监管趋严会对中小银行的资本管理模式产生更大冲击，进而影响其信贷投放的行业和区域选择，并对全社会信贷结构产生较大的影响。

（三）资本监管的长期福利分析

Diamond 和 Rajan（2000）利用均衡模型的分析指出资本充足率制度在减少道德

风险的同时，也降低了银行流动性创造的能力。Antonio、Jan 和 Stephany（2007）指出，发展中国家资本缓冲的顺周期性可能导致经济波动加大，长期福利损失，应选择前瞻性监管、逆周期担保以及金融脆弱性评价等逆周期监管方式降低这种效应。Dib（2010）的研究表明，资本约束能有效缓释银行经营风险在金融市场上传导的效率，降低长期宏观经济波动。Andries 和 Plescau（2017）针对 2005—2011 年东欧和中欧商业银行样本的实证研究指出，低利率会造成银行风险承担水平的提高，而严格的宏观审慎框架会削弱这种风险承担渠道的效应。马理、黄宪和代军勋（2013）考虑了我国信贷配给因素对货币政策在资本约束规则下的传导路径的影响，基于中国数据的仿真模拟结论表明，资本约束改变了货币政策的传导路径。主要是这种约束政策能降低银行业在追求个体利益最大化时的集体非理性行为，减少过度的顺周期性，最终提高长期的预期福利水平。王晋斌和李博（2017）发现，外部环境对风险承担渠道有一定影响，监管趋严会强化资本充足率指标对风险承担机制的正向影响，而资本市场的繁荣也会加剧银行的风险偏好。

（四）逆周期资本监管政策效应的评估

Lisand Herrero（2009）认为，动态拨备的引入有助于校正银行风险管理中的市场失灵，在信贷周期上行或下行期间通过提高或减少拨备使贷款拨备更具前瞻性和逆周期特征，从而熨平传统准备金的亲周期性。Repullo 和 Suarez（2013）利用迭代模型的研究表明，《巴塞尔协议 II》比《巴塞尔协议 I》更利于银行的微观稳定和社会福利，但其顺周期性更强，《巴塞尔协议 III》要求更高，但重点在于降低银行行为的顺周期性。Guidara、Lai、Soumare 和 Tchana（2013）基于加拿大银行业的研究表明银行的资本缓冲会大幅降低银行的风险敞口，但这种缓冲存在显著的逆周期性，《巴塞尔协议 III》的政策实施对于降低银行的风险承担有显著的正面意义。

Aikman、Haldane 和 Kapadia（2013）认为，逆周期资本缓冲在经济上升时期提高资本要求可抑制银行信贷增速以防范信贷扩张带来的风险累积，在经济下行时期下调资本要求可减少银行惜贷行为以减弱信贷顺周期性对经济顺周期性造成的冲击，还可以通过缓解金融体系失衡和影响资金筹措成本作用于货币政策传导效率。Angelini、Neri 和 Panetta（2014）指出，如果假定金融冲击经济周期的主要驱动因素，以时变的资本要求为基础的逆周期监管政策效应明显，但政策协同对产出、通胀和信贷波动的额外收益并不明显。Tayler 和 Ziberman（2016）利用均衡模型分析了逆周期资本缓冲等审慎政策和货币政策对于经济稳定、物价稳定以及金融稳定的影响和相互作用。从实证结果看，应对信贷冲击时，逆周期资本监管比货币政策的调控更有效，而供给冲击下，宏观审慎政策与反通胀的货币政策立场是最优选择。《巴塞尔协议 III》的实施降低了中央银行在产出与通胀间权衡的难度。Jiménez、Ongena、Peydro–Alcade 和 Saurina（2017）使用西班牙的征信数据分析了资本缓冲机制与信贷渠道之间的动态关系。研究表明，2000 年引入的经过 4 次修正的逆周期的动态拨备政策在危机期间发挥了作用。从数据看，额外的 1% 的逆周期资本缓冲要求提高了经济下行周期中企业融资规模 9 个百分点、6% 的就业规模以及 1% 左右的生存概率。

二、其他审慎监管政策对货币政策的影响

除了资本监管政策外，流动性监管以及《巴塞尔协议 III》中的杠杆率要求是对银行经营财务管理影响较大的政策，其强度变化也会对货币政策在银行体系的传导产生较大的影响。

（一）流动性监管政策的影响

Ojo（2011）的实证研究表明，流动性监管可能是比逆周期资本要求更重要的缓解银行资本缓冲顺周期行为的方法。Nicolo、Gamba 和 Lucchetta（2012）基于资本充足率冲击因素的 DSGE 模型也得到类似结论，即流动性约束对信贷决策的影响可能被低估。Farhiand Tirole（2012）认为，充足的流动性缓冲可以增强债权人对金融机构履约能力的信心，减少金融机构在流动性压力下对变卖资产的依赖，在金融体系面临流动性压力时提供缓冲。这使得在宏观上，降低了金融机构在紧缩时期对中央银行提供流动性的依赖，减少了挤兑风险。Bech 和 Keister（2017）研究了《巴塞尔协议 III》流动性监管政策要求对于货币政策信贷渠道传导的影响。流动性覆盖率（LCR）和净稳定资金比率（NSFR）的引入会显著改变银行短期流动性管理面临的约束，当银行体系整体 LCR 不足时，短期利率会下降，但长期利率的监管溢价水平会明显提升。他们认为在新的监管框架中，银行的资金成本（期限长于 30 天）会更取决于银行系统中优质流动性资产的规模，而非央行对于利率的调控，这在利率走廊机制下会更为明显。这要求央行必须做好对 LCR 的监测，从而动态改变和调整公开市场操作的方式，以提高货币政策信贷渠道的有效性。

Budnik 和 Bochmann（2017）利用 2007—2015 年欧洲地区 219 家银行的财务数据进行了实证分析，他们利用 FAVAR 分解了宏观经济变量与银行资产负债表项目以及利率的关联，研究了银行对于总需求、常规以及非常规货币政策的反应。实证结果表明，负向的需求冲击会直接影响非金融企业的贷款利率，非常规货币政策与常规货币政策对银行决策在方向上没有本质的差别，只是程度上的差异。而且，流动性增加会放大货币政策，尤其是非常规货币政策对于银行贷款决策的正向冲击，

但资本缓冲提高能减弱货币政策对于银行贷款规模的影响,甚至能减弱资金价格对于银行贷款利率的冲击。因此,他们认为不同的监管政策对货币政策效应影响存在较大的差异。Jorda、Richter、Schularick 和 Taylor(2017)利用 17 个国家银行的长期数据研究表明,资本状况并不能很好地反映银行实际的风险隐患,虽然更高的资本规模有更大的吸收损失能力,但实践中资本充足率更高的银行在实际资产配置中会有更强的风险偏好,这一因素的影响反而会超过损失吸收的规模。当货币政策收缩时,高资本充足率的银行反而受到更大的影响。另外,包括贷存比和同业融资比例等流动性指标能更好地反映金融机构面临的长期风险,相对而言流动性状况较差的机构在紧缩周期中会面临着更高的风险压力。

(二)以杠杆率限制为代表的审慎政策对风险承担渠道的影响受到广泛关注

为应对金融危机,巴塞尔委员会对银行体系的监管框架进行了重大的改革,在新的《巴塞尔协议Ⅲ》资本框架中,除了传统的风险资本指标外,基于宏观审慎理念的银行杠杆率(Leverage ratio,LR)也被纳入考虑,目标是约束银行业过度加杠杆,并不仅仅基于表内的风险加权资产,还包括表外的一些项目。Valencia(2011)通过无限期理论模型研究指出,宽松政策会导致银行融资成本降低,垄断银行得到的特许经营权价值也在增加,而杠杆率等审慎政策有利于银行降低风险—货币宽松的敏感性。Brei 和 Gambacorta(2016)的研究表明,杠杆率指标比资本指标有更显著的逆周期特征,从而在货币态势变动时更好地减缓金融体系的波动。

杠杆率监管也存在一些消极的影响。Kiema 和 Jokivuolle(2014)等认为,这一指标对风险的敏感性不足,其对名义价值相同但风险不同的资产同等对待,并面临相同的资本要求,这可能会诱导金融机构减少低风险资产的配置比重,可能有过度冒险行为。从宏观金融稳定的角度来看,这种机制可能导致 LR 对风险控制的积极作用被削弱。

Smith、Gruill 和 Lang(2017)研究了杠杆率监管在额外吸收损失能力和潜在的风险承担水平之间的权衡。在 Dell'Ariccia、Giovanni、Laeven 和 Marquez(2014)基础上的理论模型分析表明,股权融资成本偏高时,杠杆率监管会降低冒险的边际成本,在利润目标下银行的冒险倾向反而会上升。他们认为,这种冒险行为的增加并非没有约束,一方面,银行承担的风险过高将使得其监管边界从杠杆率指标回到资本指标,同样受到约束;另一方面,虽然冒险的负外部性不能完全内部化,但更高的资本规模本身也代表着银行冒险的边际成本,也是对其风险行为的约束。

从宏观角度看,杠杆率监管对于银行风险的限制以及金融稳定的提升都是显著的。在理论研究的基础上,他们基于银行的微观数据进行了实证分析,从结果看,受杠杆率约束的银行，其风险加权资产与总资产的比率相对其他银行要高出1.5—2.5个百分点，即确实存在资产配置上的风险偏好问题。基于logit模型的研究则分析了杠杆率水平与风险概率提高是否都对银行面临困境产生影响，最后他们将两个阶段的实证结果进行了反事实模拟，测试风险承担上升所产生的负面影响确实会被杠杆率监管所提高的吸收损失能力覆盖，即政策还是有利于金融稳定的。

三、监管政策与货币政策的协同效率

1. 监管政策与货币政策存在互补作用，有利于银行体系的稳健经营，缓解风险偏好及过于严重的顺周期决策，对经济长期发展有积极意义。Curdia 和 Woodford（2010）认为，央行如果对信贷利差的偏差做出反应，如信用状况恶化时扩张货币供给，在监管当局保持强度不变的情况下，整个社会的预期福利会上升。Beau 等（2012）认为货币政策与宏观审慎监管之间存在互补效应，因为后者可以捕捉并处理货币向实体部门传导过程中可能出现的金融失衡。Bodenstein 等（2014）使用技术进步以及收入等因素来衡量长期政策效应，指出货币政策与监管政策的合作在缓解通胀和信贷利差方面，存在显著的正向收益。Agur 和 Demertzis（2015）关注了货币政策和宏观审慎政策的相互作用，主要侧重点是审慎政策会缓解货币宽松导致的风险态度上升以及金融体系的不稳定。Costello、Granja 和 Weber（2016）发现，更严格的监管会提高银行财务报告的透明度，缓解金融周期波动中的信息不对称问题，降低宽松态势下的过度冒险动机。

De Moraes、Montes 和 Antunes（2016）认为，扩张政策可能会明显提高银行预期，从而显著降低银行贷款损失准备金的规模，而宏观审慎政策可能会缓解这一问题。Carrillo、Mendoza、Nuguer 和 Roldan-Pena（2018）利用扩展的新凯恩斯模型分析了货币政策和监管政策协同对于金融中介以及信贷渠道传导的协同效应。他们认为金融监管政策对于缓解金融加速器带来的宏观低效率是有意义的，逆周期政策不仅在宽松周期中能缓解银行体系的冒险行为，而且一些政策相当于在紧缩周期中对信贷行为进行补贴，减少银行惜贷的动力。他们在模型中对于同时使用货币政策和监管政策相对于单一货币政策维护金融稳定的效果，以及两者相互促进和影响的机制进行了模拟分析。货币政策和金融监管协同比单一使用货币调控更能平滑经济金融周期波动，总的福利差距在15%左右。

2. 在一些特殊外部环境下货币政策与监管政策的协同效应不及预期，甚至可能出现负向的协同效应。Angeloni 和 Faia（2013）基于TFP冲击驱动的银行挤兑和名义刚性的模型分析表明，即使不考虑监管政策，在社会福利和产出多样性方面，货

币政策对金融状况指数做出反应具有正的福利。两者都有正向的显著意义，只是协同带来的额外收益不明显。Gelain 和 Ilbas（2014）的实证研究表明，以金融稳定为目标的资本监管政策有时会与货币政策的效应产生冲突，两者的协调涉及短期风险和长期风险的权衡，从事前的角度看，对货币当局来说是很大的挑战。De Paoli 和 Paustian（2013）认为，政策的协同效应可能被高估，只有在不存在货币政策承诺的情况下，两者效应叠加才是有效率的。

Agenor 和 Pereira da Silva（2014）利用理论模型分析了货币政策与宏观审慎政策的相互作用，其结论指出：审慎政策对货币政策效率的提高并不是普适性的，只是在中等发达国家宽松政策的风险承担渠道上是适用的，但对紧缩政策对经济的负向冲击有放大效应。

Van der Ghote（2018）利用带有 TFP 冲击的连续模型分析了协同效率的问题，考虑税收抵消价格稳定带来的收益，监管政策与货币协同在长期内的预期收益只有 0.21%。Gissler、Oldfather 和 Ruffino（2016）利用美国银行层面数据研究了 2011—2013 年期间关于合格抵押品监管规则的制定和调整过程中，抵押贷款规模出现明显滑落的原因。基于主观认知代理变量的实证结论表明，那些认为监管不确定性高的银行，较少有动力在低利率环境下扩张信贷规模。

Aboyadana 和 Aboyadana（2017）研究了不发达国家货币政策与监管政策在银行风险上的协同问题。他们对 2001—2015 年撒哈拉以南非洲 48 个国家的银行数据进行了实证分析，结论表明货币紧缩政策确实会在短期内提高银行的审慎性，但在不发达国家，银行信贷和投资行为对市场流动性状况更加敏感，金融体系也更加脆弱，加之紧缩在宏观层面削弱了企业的经营状况，从后果看，实际的风险并未减少。另外，这些国家的监管政策趋严，会在短期内进一步削弱银行的稳定性，同时造成更大的短期风险暴露。他们认为在不发达国家，货币政策风险承担渠道虽然存在，但与监管政策协同可能存在一些负的累积效应。Bian、Haselman、Kick 和 Vig（2017）认为，监管的独立性非常重要，地方利益集团对于银行重组业务的干预会极大地抵消相关监管政策缓解风险承担渠道负面影响的作用。

第五节　货币政策通过跨国银行产生溢出效应

近几十年来，国际金融一体化程度的急剧上升与随之而来的跨境金融风险敞口的显著增加也扩大了金融市场价格和风险的相互关联，而银行之间通过金融同业市场的交易也有了越来越高的相关性，一些主要经济体内部的产出和政策冲击会带来全球金融体系及机构的相互影响。其中，货币政策的溢出效应受到越来越多的关注，国内的货币态势变化不仅通过汇率渠道向外传导，一些学者也关注到国际银行间业务关联的提高，导致跨国银行的经营战略调整带来的政策冲击可能被显著低估。尤其是货币政策的国际银行传导渠道得到了越来越多的关注（Morais、Peydro、Ruiz，2017）。外国货币政策的宽松可能会通过跨国银行的内部资金转移（Temesvary、Ongena 和 Owen，2015）以及整个国际金融体系的流动性状况（Baskaya、Di Giovanni、Kalemli–Ozcan 和 Peydro，2017），最终影响本国的银行间市场融资能力，提高其信贷意愿和规模，甚至可能改变风险态度。

一、货币政策对他国信贷规模的影响

Cetorelli 和 Goldberg（2008）对美国银行业的研究发现，银行业的国际化会降低信贷渠道的传导效率，大型全球性经营的银行会通过内部资本市场主动调整资金分布情况，国内货币政策带来的资金成本的变动不会对其信贷供给产生较大影响。

危机后，发达经济体中央银行持续的低利率政策对其他国家产生的溢出效应逐步受到关注，较多的研究认为，跨境信贷渠道是一个货币政策对国际资本流动和全球金融体系流动性状况产生影响的重要机制（Cetorelli 和 Goldberg，2011；Obstfeld，2015 等）。Temesvary、Ongena 和 Owen（2015）利用美国银行数据研究了全球银行借贷渠道，主要证实了国内货币态势变化对这些跨国银行在跨国分支机构信贷投放动力有直接影响。

Grab 和 Zochowski（2017）关注了非常规货币政策，如长期低利率甚至零利率和负利率环境下的国际银行借贷渠道。他们利用 250 家欧元区金融机构的相关数据评估了央行政策调控的溢出效应。欧央行资产负债表扩张决策，导致欧元区金融机构对外贷款规模的增长，且从实证结果看，外部央行的扩表行为也提高了欧元区小额信贷机构的国内贷款供应。从结构看，那些流动性受限、负债稳定性较差以及更依赖内部资本市场的银行，外部溢出和受外部溢出效应的影响都更为显著。他们认为欧央行的长期再融资操作，确实实现了最初缓解金融机构流动性压力的目标，取得了预期的效果，但对外部的溢出问题在大的范围内则无法进行福利评价和分析。

Brauning 和 Ivashina（2017）指出，跨国银行利用在海外的投资来对冲本国货币政策的调整，但由于资金来源和运用往往利用不同的货币计价，这使得银行需要去对冲外汇的风险敞口。如果跨国货币的流动规模较大，套期保值的成本就会增加，从而降低跨境贷款的回报率。从长期看，国内的货币宽松会使得跨国银行在高利率

区域增加外汇资产，并调整相关市场的信贷投放规模，整个机制的效率与汇率的波动性高度相关。

二、货币政策导致的银行风险态度上升可能向其他经济体的金融系统传递

Giannetti 和 Laeven（2012）指出，外资银行的流动性过强，可能影响国内的货币政策或监管政策效率，甚至威胁金融稳定。在危机后的金融机构去杠杆过程中，各国应对危机时，银行处置资产大多遵循"优序"的特征，即优先抛售境外资产，同时尽可能保护国内资产。Gabaix 和 Maggiori（2015）构建了一个跨国金融市场框架，研究表明发达国家，如美国货币政策的调整会通过资本流动机制影响国际市场上债权人的风险承受能力。

Morais、Peydro 和 Ruiz（2015）利用 2002—2012 年墨西哥 15 万家企业 694 万笔贷款数据研究了国外货币政策通过跨国银行溢出的风险承担渠道。实证分析表明，欧美国家的货币政策宽松显著增加了墨西哥的实际贷款规模，且传导机制非常清晰。例如，英国的货币政策波动主要影响英国银行在墨西哥分支机构的贷款行为，且量化宽松政策下的机制更为明显。从微观的贷款利率和风险数据看，这种传导更多表现为风险承担机制而非信贷机制，即国外的低利率会明显提高本国的实际贷款利率，并导致违约率大幅上升。这说明，发达国家的风险承担机制在国内信贷需求不足无法充分发挥作用时会向国际市场溢出，并通过跨国银行推高其他国家的整体风险规模。

Bruno 和 Shin（2015）指出，美联储的紧缩政策会通过风险承担渠道向国际银行业溢出，长期样本的数据分析表明，货币紧缩会导致跨境资本流动的波动，并对美元汇率产生冲击，最终推动国际银行业整体杠杆水平的降低。Rey（2015）利用总资本流量数据调查了全球金融周期的影响因素，结果表明联邦基金利率的下降与欧盟银行业杠杆率（资产负债率）的上升，同时推动全球信贷规模的扩张趋势。McGuire 和 Von Peter（2016）的实证研究表明，银行在本地的信贷风险损失会通过跨境业务向全球金融体系内蔓延。Hale 和 Obstfeld（2016）认为，前期过度膨胀的跨境银行业务，也是危机后处置救助难度加大的重要原因。

Lee、Jung、Liu 和 Stebunovs（2017）发现，美联储对于联邦基金利率的调整会极大地冲击其他国家银行体系的风险偏好。在金融危机前，一方面是美国银行业向跨国企业发放了更多高风险的贷款，另一方面是通过跨国金融市场业务影响了其他国家银行体系的短期融资能力和流动性状况，最终提高了这些银行的风险偏好。从实证的角度看，经济的不确定性、风险偏好禀赋以及汇率波动对货币政策的跨境风

险承担传导机制有着显著的影响。

三、跨国银行可能由于监管套利问题造成货币政策效率下降，长期金融稳定的基础受到冲击

Houston、Lin 和 Ma（2012）指出，危机前不同金融系统监管套利过于明显，是银行负外部性的成本无法内部化的重要原因，最终导致风险积累速度过快，危机后的处置难度加大。Cetorelli 和 Goldberg（2012）指出，当美联储收紧货币政策时，在美国经营的银行就会增加其他国家分支机构在金融市场上的借款，降低信贷渠道的传导效率。类似的，Ongena、Popov 和 Udell（2013）指出，国内监管趋严会加剧跨境业务的发展，并导致国内货币政策效率的降低。

Bremus 和 Fratzscher（2015）认为，监管部门的独立性以及监管能力的提高，都会对跨境银行业务有较大冲击，资本要求趋严后的欧元区银行对外投资就受到了相当大的限制。Reinhardt 和 Sowerbutts（2015）认为，审慎政策提高了对国内银行业的资本要求，同时也加大了非银行部门对于跨境融资的需求。这暗示了在危机后，货币政策的国内效应被稀释，但会向国外银行和金融市场溢出。Forbes、Reinhardt 和 Wieladek（2016）测算出审慎政策与非常规货币政策的交互作用能解释英国跨境银行业务在危机后收缩规模的 1/3 左右。Ongena、Schindele 和 Vonnak（2016）利用匈牙利银行业的微观数据研究表明，本国货币政策调整对本国银行信贷行为的影响要超过外资银行在本国的分支机构，他们认为对银行的信贷决策来说，资金成本的影响超过需求冲击的影响。

Emter、Schmitz 和 Tirpak（2018）利用欧盟地区银行的实证研究表明，非常规货币政策以及税收政策的调整对国内信贷的刺激作用更强，挤出了对外投资的动力，而审慎政策也提高了金融机构在不同金融体系内监管套利的成本。他们以此解释了为什么危机后欧盟银行跨境业务收缩了 25% 左右。此外，与 Constâncio（2017）等研究的结果类似，资产质量的恶化是导致跨境银行业务占比下降的重要原因，在整体经济偏弱，企业信用风险无法分散的情况下，向信息不对称程度更低的国内市场投资是更好的选择。

Cerutti、Correa、Fiorentino 和 Segalla（2016）的研究表明，欧盟国家不同的税收政策也导致这些国家银行在欧央行相似的货币政策态势下，跨境银行业务发展存在明显的差异。具体来看，更严格的税收强度会推动银行在外设置分支机构并发展跨境业务。

第六节　货币政策调整对银行业务模式的影响

除了影响信贷规模、结构以及信贷业务的风险态度外，货币政策的调整还可能对银行表内的金融市场业务，以及表外的"影子银行"业务发展产生较大的冲击。

一、货币政策对银行金融市场业务的影响

金融市场业务主要是指在银行表内，银行通过同业负债获得不稳定的资金，并在一定的杠杆和期限错配条件下，利用投资业务获得回报。这种业务模式与银行间市场主动负债的能力和成本，以及资产价格的波动密切相关，资产负债两端都会在较大程度上受到货币政策调整的影响。Minton、Stulz 和 Taboada（2017）基于美国 1987—2006 年银行财务数据的研究表明，发现银行交易资产规模与市场估值之间存在显著的负向关系。他们在文中暗示，货币宽松导致的资产价格上升，推动银行在资产配置中逐步转向投资而非贷款，最终损害了长期的经营绩效。他们认为这种效应在大银行中可能更为明显，并以此机制来解释实践中规模增加所带来的"大而不倒"价值并没有真正反映在市场估值中。

国内的研究主要是关注负债端的影响。例如，李明辉、孙莎和刘莉亚（2014）指出，紧缩政策对银行表内的流动性创造负面影响较大，但却提升了表外的流动性创造水平。从结构看，资本充足率更高的银行受到的影响较小，资产规模较大的机构受基准利率上调影响较大，但受存款准备金率和公开市场操作的影响较小。肖琦和阮健浓（2014）认为，同业业务的快速发展导致货币政策的信贷传导渠道受到较大冲击，额外的信用创造功能会导致宽松阶段市场的流动性超过央行可控范围，导致信用扩张和风险积累，而紧缩阶段由于银行普遍杠杆和期限错配严重，为防范同业市场交易对手风险，往往会有更强的动力囤积资金，造成过度收缩引发"钱荒"。

二、表外融资和"影子银行"体系的发展可能会极大地削弱信贷渠道的效率

Altunbas、Ganbacora 和 Marques（2007）发现，资产证券化的发展弱化了银行信贷行为对货币政策冲击的反应，银行可以通过将风险资产转移到表外，进而降低其信贷组合与利率变动的敏感性。李波和伍戈（2011）系统分析了影子银行体系的发展对货币政策的影响。他们认为，影子银行体系的高杠杆会对银行本身的经营、资产质量等稳健性指标有重要影响。影子银行的发展会使得传统的 M2 等指标无法

覆盖流动性的真实波动情况，并导致货币乘数扩大，误导货币政策的调控，积聚长期风险。问题暴露后的央行救助行为也可能滋生道德风险，并对中长期的政策预期产生负面冲击。此外，他们还指出，影子银行与资产价格之间存在密切关系，其未能有效监控的膨胀造成的资产价格波动也会提高货币政策调控的难度。

姚余栋和李宏瑾（2013）指出，在紧缩货币政策作用下由于代理成本上升，银行贷款更加困难，企业将更多地转向直接融资或内部融资，贷款占外部融资及内外融资的比重将明显下降。与国外金融市场仅靠价格而非数量出清不同，由于中国仍对贷款利率实行管制，贷款利率无法充分反映资金供求及风险溢价，而资金市场利率弹性较高，因此在货币紧缩时期银行贷款利率与其他融资渠道利率的利差反而缩小，这说明信贷配给仍是中国信贷市场的重要特征。裘翔和周强龙（2014）在DNK—DSGE 框架中引入了包含影子银行的金融中介部门，其研究结论表明，货币紧缩虽然能抑制银行表内的信贷行为，降低低风险企业的杠杆水平，但同时可能造成整个影子银行体系的膨胀，并提高高风险企业的债务水平。

孙国峰和贾君怡（2015）指出，商业银行表外业务的膨胀对表内贷款有明显的替代作用，这种资产端的结构替代在信用创造方面发挥了较大作用，也对传统意义上信贷渠道的传导方式产生了较大的影响。盛松成和谢洁玉（2016）利用2002—2014年月度数据和 SVAR 模型的研究指出，从相关性角度看，样本期内社会融资规模可能是比人民币贷款数据更好的中介目标，即在规模管控和资本约束的条件下，货币政策操作对于银行贷款行为的影响可能有较大一部分被表外融资所挤出或替代，银行体系的信用创造的相当一部分体现在表外。胡利琴、陈锐和班若愚（2016）指出，长期内紧缩的数量型调控政策和扩张性的低利率政策都会导致银行表外融资规模和风险承担水平的扩张。信贷规模的管控会使得贷款困难的行业和企业诉诸表外进行融资，而低利率政策下会刺激资金流入委托、信托等领域寻求高收益。

Funke、Mihaylovski 和 Zhu（2015）利用 DSGE 模型的研究表明，由于金融抑制和利率管制，货币政策收紧时会造成监管套利和资产替换，银行的表外融资规模反而会逆势提升，呈现非顺周期的特征，甚至在一定程度上会对冲表内信贷投放回落的影响。Chen、He 和 Liu（2017）关注了"4万亿"后中国货币宽松所带来的超额信贷投放在其后被其他融资方式所替代，2009年政府融资平台贷款规模更高的省份，在2012年后信贷降幅显著低于平均水平，但城投债、政府债和信托融资的增速则明显偏高，相关融资方式最终的资金来源大多也来自银行体系。这说明，低偿付能力的高债务规模使得紧缩政策效果不明显，其他方式的续接融资会补充表内贷款回落的缺口。Chen、Ren 和 Zha（2018）认为中国在2009—2015年的 M2 增速放缓虽然明显约束了银行的贷款扩张，但影子银行的规模却急剧膨胀，导致了巨大的信用风险积累。他们利用中国证券交易所上市企业间借贷的公示文件整理了银行委托贷款的相关数据，同时考虑了 16 家上市银行的财务数据，从结果看，那些治理目标与中央更为一致的国有银行的表外影子银行业务规模增长缓慢，但非国有银行则通过种种渠道将资金注入高风险的被调控行业，并将这些业务作为应收账款投资或中间业务收入等加入表内来最大化利润。

第七章　货币政策与银行经营决策：基于中国银行业的经验证据

在文献回顾和理论分析的基础上，我们利用中国银行业的微观数据对货币政策与银行经营决策的关系进行了系统性的实证研究。理论上看，货币政策调控会从资金成本、信贷市场需求、金融市场估值、外部治理压力等方面对银行的信贷以及风险决策产生较大的影响，而不同类型机构由于内部控制、治理目标以及治理能力的差异，对这些外部因素的敏感程度存在差异，最终导致货币政策效应的传递在银行微观层面出现明显的异质性。此外，银行盈利能力和资本缓冲等内生因素与货币政策的关系也受到广泛关注，而这些因素也导致后期信贷以及风险因素的决策基础出现变化。最后，值得关注的是货币政策调控会对银行短期和长期的战略决策产生较大影响，经营结构可能由于流动性和机会成本的变化而出现趋势性的调整。为综合分析我国货币政策向银行行为传导的微观机制，我们进行了五个方面的实证检验：一是货币政策信贷渠道的特征，涉及非对称性和截面异质性的相关分析。二是货币政策风险渠道的机制和一些截面特征，同时我们还重点分析了我国银行业隐藏不良行为与货币态势调整的关联性。三是基于盈利能力内生的研究，不同类型银行短期的利润和收入增长都与货币态势的变化密切相关，同时也会成为后期影响银行信贷和风险决策的另一条渠道。四是基于资本缓冲的研究，货币政策调控会改变银行资本规模的选择机制，同时资本充足率的差异，尤其是其偏离监管标准的程度会改变信贷渠道和风险承担渠道的敏感性。五是货币政策调控对银行经营结构的影响，主要涉及信贷行业结构、集中度以及金融市场业务的相关情况。在每一节的实证分析中，我们都对不同类型银行（国有大型银行、股份制银行、城商行和农商行）的相关机制进行了分组检验，以更准确地判断货币政策的微观传导特征。

第一节　货币政策、银行特征与信贷决策

Bernanke 和 Blinder（1988）指出，如果信贷市场存在摩擦，且无法被金融市场完全替代，那么货币政策的调整会通过影响银行的信贷能力和意愿，进而改变企业面临的外部融资溢价以及投融资的行为，最终对经济波动产生冲击。在大多数金融市场并不完备的经济体中，信贷渠道是货币政策向实体经济传导最重要的路径，而银行的信贷决策也是其经营决策中受到最多关注和讨论的问题。这一部分，我们重点研究了货币态势调整对中国银行体系信贷行为的影响，信贷渠道在宽松和紧缩态势下的非对称性，以及不同类型、不同财务经营特征银行信贷增长对货币态势敏感程度的差异性。

一、样本选择与主要回归指标的设定

本章节所有银行相关数据均来自中国人民银行，根据数据完整性和质量筛选，选择了 203 家商业银行作为研究对象。其中，包括 5 家国有大型银行、12 家股份制商业银行、144 家城商行和 42 家数据较为完整的农商行。样本周期为 2007—2017 年 11 个年度的数据，其中部分银行前期数据有缺失，整个实证对象为非平衡面板数据。整个检验过程使用的是 STATA15.0 软件，回归变量的计算方法如表 7-1 所示。根据前期研究，信贷行为主要考虑银行的贷款增长情况，这里利用银行的对数差分值 $loan_{i,t}$ 来进行衡量。最重要的核心变量是货币政策，多数研究中主要利用货币供应量的增速来衡量，但考虑在长周期中由于金融深化以及经济货币化程度的变化，实际上不同阶段 M2 增速快慢或者说货币态势松紧可能无法直接比较。因此，本章选择利用 hp 滤波方式分离出货币供应量的趋势性变化因素，利用波动项来衡量货币态势的变化。具体来看，是利用 2001 年 1 月至 2017 年 12 月的长样本月度 M2 数据进行 hp 滤波分解，将 2007—2017 年每年 12 月末的波动项数据取出作为本章衡量货币态势的指标 m_t。

前期，有部分关于银行特征或治理问题的研究会考虑银行股权性质的问题，例如将银行区分为国有和非国有进行比较研究。但实际上在我国，很多银行从财务角度看属于民营，实质上仍有较强的国有性质。例如，改制后多数农商行的财务控制人都是外部的企业股东，但从高管任命到财务经营战略管理都会受到上级农商行或省联社的干预或控制，联社的管理者仍由地方组织部门任命，其中存在非常明显的

表 7-1　　　　　　　　　　主要回归变量的计算方法

	变量名称	变量符号	计算方法
信贷行为	贷款增长	$loan_{i,t}$	银行 i 第 t 年末各项贷款余额自然对数值与 $t-1$ 年的差分值
核心变量	货币政策	m_t	见文中计算方法
	货币紧缩	mt_t	$m_t < 0$，则 $mt_t = 1$，否则 $mt_t = 0$
	非国有大型银行	Da_i	银行 i 不是国有大型银行，则 $Da_i = 1$，否则 $Da_i = 0$
	非股份制银行	Db_i	银行 i 不是股份制商业银行，则 $Db_i = 1$，否则 $Db_i = 0$
	非城市商业银行	Dc_i	银行 i 不是城市商业银行，则 $Dc_i = 1$，否则 $Dc_i = 0$
	非农村商业银行	Dd_i	银行 i 不是农村商业银行，则 $Dd_i = 1$，否则 $Dd_i = 0$
特征变量	盈利情况	$roa_{i,t}$	银行 i 第 t 年末总资产净利润率 ×10
	资产规模	$size_{i,t}$	银行 i 第 t 年末总资产的自然对数值
	流动性比率	$liqratio_{i,t}$	银行 i 第 t 年末流动性比率
控制变量	存款增长率	$deposit_{i,t}$	银行 i 第 t 年各项存款余额自然对数值与 $t-1$ 年的差分值
	不良贷款率	$npl_{i,t}$	银行 i 第 t 年末按五级分类统计的不良贷款率
	收入结构	$strincm_{i,t}$	银行 i 第 t 年金融市场投资业务产生的收入与贷款利息收入之比。金融市场投资业务收入 = 债券投资利息收入 + SPV 投资利息收入 + 投资收益 + 公允价值变动损益
	负债结构	$strdebt_{i,t}$	银行 i 第 t 年末同业负债与总负债的比例。同业负债 = 同业存放款项 + 同业拆入 + 卖出回购款项
银行特征虚拟变量		$type\_dummy$	在非动态面板数据回归中，考虑到固定效应可能丢失过多的自由度，因此考虑利用银行特征进行聚类，按照国有大型银行、股份制银行、城商行和农商行分别设置虚拟变量
年度虚拟变量		$year\_dummy$	按 2007—2017 每年分别设置虚拟变量。多数实证模型中包含货币政策时间序列变量，两者存在线性相关关系，此时不会列入年度虚拟变量

控股权和控制权分离的逆向治理状况。在农商行内，多数企业股东很难参与重大决策，只能追求"名股实债"的稳定分红以及一些关于融资便利的隐性协议。在这一背景下，我国实际上真正民营控股的金融机构数量较少，甄别困难，对比研究可操作性不强。

在这里，我们更关注银行类型差异的影响。在我国不同类型银行实际治理目标结构，面临的外部政策监管压力以及内部的治理水平确实存在较大差异，无论是国有大型银行、股份制银行、城商行还是农商行，都有非常独特的经营管理策略和资产负债结构配置方式，这种差异也会对货币政策传导的过程产生非常明显的影响。

因此，本章选择针对银行类型设定虚拟变量和样本组来进行实证研究，以比较其实际经营特征以及对货币政策传导影响的差异。

具体来看，由于各组样本数量差异较大，我们采用了逆向归类的方式，避免实际分组回归中出现样本过少，自由度不足的问题①，即利用非国有大型银行Da_i的回归结果来反向判定国有大型银行的数据特征，而其他三类银行也选择类似的方法。

盈利状况$roa_{i,t}$、资产规模$size_{i,t}$以及流动性水平$liqratio_{i,t}$是前期文献银行信贷渠道传导效率影响因素研究较多的几类，在这一部分一方面作为影响贷款增长的控制因素，同时也作为银行特征因素来对信贷行为与货币政策的关系进行深入的分析。其他可能影响银行信贷行为的控制变量均来自前期研究成果，包括存款增长$deposit_{i,t}$、不良率$npl_{i,t}$、收入结构$strincm_{i,t}$以及负债结构$strdebt_{i,t}$等。

二、变量的描述性统计

相关变量的数据特征如表7-2所示。

表7-2　　　　　　　　　　　全样本的描述性统计

变量名称	样本数	均值	标准差	中位数	最小值	最大值
$loan_{i,t}$	1634	0.200	0.103	0.185	-0.022	0.610
$roa_{i,t}$	1842	0.092	0.373	0.051	0.000	2.982
$size_{i,t}$	1877	15.593	1.806	15.376	12.511	21.023
$liqratio_{i,t}$	1877	0.534	0.156	0.510	0.260	1.090
$deposit_{i,t}$	1634	0.196	0.124	0.180	-0.060	0.610
$npl_{i,t}$	1877	0.016	0.011	0.013	0.001	0.068
$strincm_{i,t}$	1877	0.851	2.112	0.205	0.000	9.501
$strdebt_{i,t}$	1877	0.120	0.103	0.097	0.000	0.413

注：为了剔除离群值可能对估计结果造成的干扰，所有的连续变量都进行了1%水平下的winsorize缩尾处理②。

从表7-2中可以看出，我国银行业在整个样本期内保持了较高的信贷规模增长水平，对数差分的规模均值达到0.2，中位数也在0.185，显示了较好的整体性。相对而言，盈利状况在不同的样本点间则表现出非常巨大的差异性，资产利润率的均

---

① 例如国有大型银行仅5家，若选择该样本组进行回归可能由于样本数量不足产生较大的估计误差。
② 将最大和最小的1%样本数值替换为99%和1%分位数数值，主要目的是剔除离群值对回归检验的干扰。

值超出中位数接近1倍,说明高盈利区间样本的离散度很高,部分机构在一些特定时点上利润很高。流动性、不良率以及负债稳定性属于监管指标,在整个样本区内数据分布较为平稳,存款增长与贷款增长有非常类似的均值和方差特征,这与一般的信贷衍生理论一致。值得注意的是收入结构指标,金融市场业务投资收入与贷款利息收入比的均值接近1,中位数则只有0.2左右,说明有不少机构有过投资收入远高于贷款利息收入的情况。

图7-1显示了贷款增长$loan_{i,t}$以及存款增长$deposit_{i,t}$在每个样本时点上的均值与方差值。可以看出,银行存款增长的均值与货币政策指标m_t的变化高度相关,贷款增长的均值变化则相对比较平滑,但也呈现类似的变化趋势。从方差来看,存贷款增长的离散程度也与货币政策指标相关,即宽松态势下银行存贷款行为的差异性会更大,紧缩态势下则会有趋同性,这在2009—2010年贷款增长标准差数据上尤为明显,也从一个侧面可以佐证信贷政策的非对称特征。

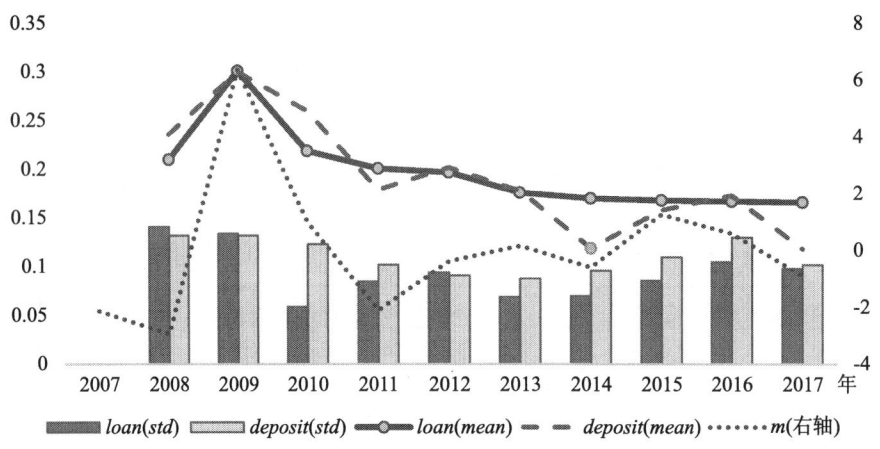

图7-1 贷款与存款增长均值方差变化趋势

按照银行是否属于某个类型分组,对两组样本的贷款增长率进行均值检验,结果如表7-3所示。

表7-3　　　　　　　信贷增长按银行特征分组的均值比较

	分组	样本数	均值	标准差	差值95%置信区间	t值	单边P值
国有大型商业银行	$Da_i=0$	55	0.13150	0.00987	-0.09960	-4.78530	0.00000
	$Da_i=1$	1579	0.20215	0.00260	-0.04169		

续表

分组		样本数	均值	标准差	差值95%置信区间	t值	单边P值
股份制商业银行	$Db_i=0$	120	0.19381	0.00878	-0.02591	-0.67920	0.24850
	$Db_i=1$	1514	0.20047	0.00267	0.01258		
城市商业银行	$Dc_i=0$	1264	0.20366	0.00299	0.00428	2.66180	0.00390
	$Dc_i=1$	370	0.18742	0.00482	0.02822		
农村商业银行	$Dd_i=0$	200	0.19756	0.00645	-0.01809	-0.35410	0.36170
	$Dd_i=1$	1434	0.20032	0.00277	0.01256		

注：均值检验的差值是此类银行的信贷增长均值减去非此类银行信贷增长的均值，显著为正表示此类银行的贷款增速要高于非此类银行。差值95%置信区间中的两个数据是指两个样本均值之差在95%的置信水平下的取值范围，并不是两个子样本组对应的统计量。当两个数字符号相同时，单边P值小于0.05，即可以拒绝均值等于0的原假设，说明两组数据的均值存在显著性差异。

可以看出，国有大型银行总计55个样本点（5家11个年度）信贷增速指标均值仅为0.13，较非国有大型银行的均值有较强的显著性，P值在0.01%的水平下显著，即这5家大型银行的信贷扩张要明显比其他类型银行整体上更为审慎，信贷的扩张速度只有后者的2/3左右。股份制银行和农村商业银行的信贷增速均值与非此类银行并没有显著的差异，这两种机构的扩张速度处于中等。而扩张最快的是城商行，平均信贷增速为0.2，与非城商行增速的均值之间存在显著的正向差异，t检验的统计量2.66，在1%的水平下显著。说明，样本期内信贷扩张速度最快的是城商行，农商行和股份制银行居中，最慢的是国有大型银行。

信贷和存款增长按样本所属时点的货币态势分组均值比较结果如表7-4所示。

表7-4 信贷和存款增长按货币态势分组的均值比较

分组		样本数	均值	标准差	差值95%置信区间	t值	单边P值
$loan_{i,t}$	$mt_t=0$	823	0.20940	0.00368	0.00897	3.72020	0.00010
	$mt_t=1$	811	0.19043	0.00353	0.02897		
$deposit_{i,t}$	$mt_t=0$	823	0.21860	0.00451	0.03281	7.40860	0.00000
	$mt_t=1$	811	0.17397	0.00398	0.05644		

注：$mt_t=0$ 表示t年为货币相对宽松年份，$m_t>0$。$mt_t=1$ 表示t年为货币相对紧缩年份，$m_t<0$。

这一均值检验是对统计指标时序图形和直观感受结论的一个量化测算，即宽松环境下的银行信贷扩张和存款增长在统计意义上都会显著高于紧缩周期，差值的

95% 置信区间都能落在正数区间，且单边 P 值都在 0.01% 的水平下非常显著。

主要变量之间的相关性情况如表 7-5 所示。

表 7-5　　　　　　　　　主要回归变量之间的相关性情况

	$loan_{i,t}$	$roa_{i,t}$	$size_{i,t}$	$liqratio_{i,t}$	$deposit_{i,t}$	$npl_{i,t}$	$strincm_{i,t}$	$strdebt_{i,t}$
$loan_{i,t}$	1							
$roa_{i,t}$	0.085***	1						
$size_{i,t}$	-0.212***	-0.171***	1					
$liqratio_{i,t}$	0.087***	0.108***	-0.239***	1				
$deposit_{i,t}$	0.612***	0.052**	-0.247***	0.138***	1			
$npl_{i,t}$	-0.207***	0.025	-0.166***	-0.051**	-0.190***	1		
$strincm_{i,t}$	0.025	0.345***	-0.171***	0.084***	0.039	0.105***	1	
$strdebt_{i,t}$	-0.02	-0.121***	0.452***	-0.081***	-0.109***	-0.231***	-0.092***	1

注：*、**和***分别表示在 10%、5% 和 1% 的置信区间下显著。

可以看出变量之间整体是比较显著的，信贷增长与存款的增长之间有超过 0.6 的相关性，信贷增长与盈利能力正相关，与规模负相关，这与我们的直观感受一致。另外，信贷增长与流动性比率正相关，与不良率负相关则体现了风险审慎态度与信贷行为的关联性。其他变量之间大多也有 1% 显著性水平下的相关性。

三、基础模型的设计与实证结果

这一部分是关于货币政策影响银行信贷行为的基础回归分析，利用非平衡的面板数据对贷款增速与货币态势指标的关系进行估计。具体的回归方程为：

$$loan_{i,t} = \alpha_0 + \beta_0 loan_{i,t-1} + \beta_1 m_t + \beta_2 (control\_) + \varepsilon_{i,t} (by - mt_t)$$

其中，被解释变量是衡量银行信贷行为的贷款增长率 $loan_{i,t}$；解释变量除了常数项外，还包括贷款增长率的滞后项 $loan_{i,t-1}$，说明这是动态面板模型；主要的回归变量是货币政策替代指标 m_t；系数 β_1 的显著性可以衡量货币政策变化对当期银行信贷行为的影响；$control\_$ 表示影响当期信贷行为的其他控制因素。根据前期相关研究，结合数据质量和可得性，我们主要选择了 3 个银行业最重要的特征因素——盈利状况 $roa_{i,t}$、资产规模 $size_{i,t}$ 和流动性水平 $liqratio_{i,t}$，以及 4 个常见的控制变量——存款增长 $deposit_{i,t}$、不良率 $npl_{i,t}$、收入结构 $strincm_{i,t}$ 和负债结构 $strdebt_{i,t}$。同时，为了研究这种信贷政策效应的非对称性，我们也利用货币态势的虚拟变量进行分组，分别估计比较相关系数的大小。

由于模型中含有被解释变量的滞后项，必定存在内生性问题，因此本章选择了 Arellano – Bond 提出的系统 GMM 方法来构建工具变量和估计参数。

根据 Nickell（1981）的观点，如果面板模型中包含了被解释变量的滞后值，即动态面板数据，即使是组内估计量也是不一致的，尤其是对于本章构建的年度数据短样本而言，这种动态面板偏差可能更大。从技术上来看，动态面板的估计方法分为差分 GMM、水平 GMM 和系统 GMM。

定义如下的面板数据模型：

$$y_{i,t} = \alpha + \rho y_{i,t-1} + x_{i,t}^T \beta + z_i^T \delta + \mu_i + \varepsilon_{i,t} (t = 2,\cdots,T)$$

其中，$x_{i,t}^T$ 为影响被解释变量的其他因素；z_i^T 为不随时间变化的截面特质影响因素；μ_i 为个体效应。利用一阶差分可以消去个体性差异，得到：

$$\Delta y_{i,t} = \rho \Delta y_{i,t-1} + \Delta x_{i,t}^T \beta + \Delta \varepsilon_{i,t}$$

由于原方程中 $y_{i,t-1}$ 与扰动项 $\varepsilon_{i,t}$ 相关，因此差分方程中 $\Delta y_{i,t-1}$ 与 $\Delta \varepsilon_{i,t}$ 依然存在相关关系。Anderson 和 Hsiao（1981）最早提出可以利用被解释变量的滞后项作为工具变量来解决内生性问题，他们指出 $y_{i,t-2}$ 是一个合适的工具变量，一方面 $y_{i,t-2}$ 与 $\Delta y_{i,t-1} = y_{i,t-1} - y_{i,t-2}$ 相关，但与 $\Delta y_{i,t} = y_{i,t} - y_{i,t-1}$ 无关（假定扰动项不存在自相关性）。在其基础上，Arellano 和 Bond（1991）指出，所有可能的更高阶滞后变量 $\{y_{i,t-3}, y_{i,t-4}, \cdots\}$ 都是有效的工具变量，如果全部使用在估计过程中可以进一步提高估计效率，这种方法被称为差分 GMM。在后来的实践中，学者们逐渐发现了差分 GMM 存在的几个问题：一是如果控制因素 $x_{i,t}$ 仅为前定变量，即 $x_{i,t}$ 与当期的扰动项无关，但与前期的扰动项有关，则经过差分后的 $\Delta x_{i,t}$ 与 $\Delta \varepsilon_{i,t}$ 就存在相关性，从而导致 $\Delta x_{i,t}$ 称为差分方程的内生变量，需要增加其滞后项 $\{x_{i,t-1}, x_{i,t-2}, \cdots\}$ 作为工具变量；二是在较长样本期的情况下，可能存在弱工具变量的问题，导致估计偏差；三是不随时间变化的特质变量 $z_{i,t}$ 系数无法估计；四是如果被解释变量持续性较强，可能导致滞后项 $y_{i,t-2}$ 与差分项 $\Delta y_{i,t-1}$ 的系数关联度较低，即同样存在弱工具变量的问题。

Arellano 和 Bover（1995）利用对水平方程的估计来解决这一问题，由于被解释变量的滞后差分项 $\Delta y_{i,t-1}$ 与滞后项 $y_{i,t-1}$ 有非常明显的相关性，同时如果扰动项不存在自相关性，则 $E(\Delta y_{i,t-s} \varepsilon_{i,t}) = E(y_{i,t-s} \varepsilon_{i,t}) - E(y_{i,t-s-1} \varepsilon_{i,t})$，因此他们将差分序列 $\{\Delta y_{i,t-1}, \Delta y_{i,t-2}, \cdots\}$ 作为滞后解释变量 $y_{i,t-1}$ 的工具变量，估计的结果即为水平 GMM 估计量。此后，Blundell 和 Bond（1998）将差分 GMM 和水平 GMM 方法结合在一起，将差分方程和水平方程作为一个联立系统进行联立估计，成为系统 GMM 估计方法，理论上其估计效率高于直接估计单一方程，并且可以估计不随时间变化变量的系数。

基础模型的估计结果如表7-6所示。

表7-6　　　　　　货币政策影响银行信贷行为的实证分析

	(1)	(2)	(3)	(4)	(5)	(6)
估计方法	2SLS	2SLS	差分GMM	系统GMM	系统GMM	系统GMM
样本选择	全样本	全样本	全样本	全样本	$mt_t=0$	$mt_t=1$
$loan_{i,t-1}$	0.351***	0.192***	0.132***	0.195***	0.201***	0.183***
	(0.024)	(0.024)	(0.025)	(0.020)	(0.041)	(0.039)
m_t	1.171***	0.882***	0.659***	0.731***	1.225***	0.126
	(0.095)	(0.115)	(0.084)	(0.076)	(0.161)	(0.177)
$roa_{i,t}$		0.073***	0.0290	0.059**	0.109**	0.006
		(0.023)	(0.025)	(0.025)	(0.055)	(0.020)
$size_{i,t}$		-0.0100	-0.023***	-0.015***	-0.073***	0.026*
		(0.006)	(0.005)	(0.004)	(0.013)	(0.014)
$liqratio_{i,t}$		-0.0180	-0.035	-0.002	-0.077***	0.014
		(0.024)	(0.024)	(0.022)	(0.029)	(0.034)
$deposit_{i,t}$		0.204***	0.213***	0.194***	0.309***	0.133***
		(0.024)	(0.017)	(0.016)	(0.029)	(0.024)
$npl_{i,t}$		-1.250**	-0.293	-0.850**	-1.793**	-1.286**
		(0.512)	(0.402)	(0.353)	(0.814)	(0.549)
$strincm_{i,t}$		-0.001	0	-0.001*	-0.001*	0
		(0.001)	(0.000)	(0.000)	(0.001)	(0.000)
$strdebt_{i,t}$		0.0350	0.00800	0.0400	0.100*	-0.0340
		(0.041)	(0.035)	(0.034)	(0.054)	(0.059)
$con\_$	0.119***	0.283***	0.508***	0.347***	1.271***	-0.280
	(0.005)	(0.089)	(0.077)	(0.061)	(0.192)	(0.219)
obs.	1431	1431	1228	1431	770	661
Chi2.	424.7***	640.5***	552.8***	685.3***	295.7	131.1
AR1			-5.065***	-5.391***	-2.866	-2.145
AR2			-0.668	-0.222	-1.123	0.229

注：括号内为相关系数估计的标准误。*、**和***分别表示在10%、5%和1%的置信区间下显著。$con\_$为模型截距项的估计结果；obs.是回归样本个数；chi2.是模型整体的卡方统计量；AR1和AR2指利用Arellano-Bond检验的一阶自相关的Z统计量，存在一阶自相关（AR1显著）而不存在更高阶自相关（AR2不显著），说明模型通过自相关检验的假设。

在表7-6中，列（1）—（2）是利用2SLS方法不同控制变量选择模型的估计结果；列（3）—（4）是利用差分GMM和系统GMM方法对全样本的估计结果；列（5）—（6）是利用系统GMM方法对货币紧缩和宽松两个子样本组估计的结果。

从实证结果可以看出，所有模型整体显著性指标 $Chi2.$ 数值较大，被解释变量的滞后项上一年度的信贷增速 $loan_{i,t-1}$ 均在1%的水平下显著为正，同时模型也通过了工具变量相关性以及过度识别检验，这表明选择动态模型来研究银行信贷行为的问题是可行的。

列（1）—（4）表明，不同的控制变量以及估计方式选择下，货币政策变量的系数 β_1 均在1%的水平下显著为正，这说明货币政策信贷渠道效应在我国银行体系整体是非常明显的。其他控制变量的显著性水平与直观感受基本一致，盈利状况 $roa_{i,t}$ 和存款增长 $deposit_{i,t}$ 的系数在大多数方程中都能显著为正，而资产规模 $size_{i,t}$ 以及不良率 $npl_{i,t}$ 的系数则大多显著为负，较好的盈利状况，以及较低的风险概率会提高银行放款的动力，与前期部分研究不一致的是当期的收入结构和负债结构对信贷增长的贡献较小。

在基础模型的基础上，我们分析了宽松和紧缩态势下，货币政策波动对企业投资行为的影响是否有非对称的效果。模型的形式与基础模型一致，但分为货币紧缩 $mt_t=1$ 和宽松 $mt_t=0$ 两个子样本组分别回归，并对两组回归结果的系数 β_1 显著性进行比较。列（5）—（6）中显示了宽松和紧缩环境子样本的回归结果，两个模型整体显著性都比较好，但货币态势指标的系数 β_1 有明显差距，宽松模型 $mt_t=0$ 系数在1%水平下显著且高达1.225，但紧缩模型则系数仅0.126，且在10%的水平下都不显著。这说明，我们选择的银行在样本周期中，呈现出宽松环境下信贷渠道明显，而紧缩环境信贷渠道不明显的特征。这一结论与前期国外研究，如 Acharya 和 Skeie（2011）以及 Heider、Hoerova 和 Holthausen（2015）等存在差异，即我国在紧缩环境下，"外部流动性—银行资本下滑—信贷能力不足"的反馈机制不明显，相反，在流动性偏紧的环境下信贷决策存在逆周期扩张，或至少是外部机制推动其信贷稳定的机制。这可能与我国银行面临多重治理目标的问题有关，即在市场环境恶化的情况下，中央或地方政府会通过各种手段要求银行体系通过非效率的信贷扩张政策来缓解经济波动，但在宽松环境中，由于巨大的政府隐性担保，银行风险目标的权重降低，存在做大做强的动力，对货币扩张的敏感性较高。这一假设是否成立，需要通过对治理目标存在差异的银行分组研究予以佐证。

四、考虑银行类别的模型设计与实证结果

在我国，银行的类别对其财务特征、信贷行为，甚至战略决策和治理目标的影响都很大，前期很多研究都指出国有和非国有、全国性和地方性银行面临的政策环境以及内部的决策机制有极大的差异。

这一部分，我们主要分析货币政策对不同类型银行信贷行为的影响，具体的回归方程与基础模型一致，由于样本数量不均衡，选择逆向归类的方式选择样本，即研究某类银行时，利用非此类银行的样本进行回归。

$$loan_{i,t} = \alpha_0 + \beta_0 loan_{i,t-1} + \beta_1 m_t + \beta_2(control\_) + \varepsilon_{i,t}(by - D_i)$$

模型的设定没有变化，主要的区别在于分组变量 D_i，分别为四类银行逆向归类虚拟变量替换，然后比较4个模型系数 β_1 的显著性，更高的 β_1 表明该类银行的信贷渠道效应最弱。模型同样包括被解释变量的滞后项，为动态面板模型，在这里我们全部运用系统 GMM 的方式进行估计。

在表7-7中，列（1）—（4）分别列示了逆向归类的四类银行子样本利用 GMM 进行回归的结果，整体上看，模型的显著性都比较好，自相关检验的结果也比较稳健。可以看出，4个模型中货币政策系数 β_1 都在1%的水平下显著为正，但系数大小存在差距。其中，非股份制商业银行样本组（$Db_i = 1$）的货币政策系数为 0.658，明显小于其他3组回归，这表明股份制银行的信贷行为对货币政策调控的敏感性最高。我们认为，股份制银行的公司治理机制相对更加完备，市场化程度较高，会随着外部流动性环境的变化更自主的调整自身的经营策略，这一观点与前期银行治理改善会强化信贷渠道效率的相关研究结论一致，而非国有大型银行组（$Da_i = 1$）的系数也较低，说明虽然大型银行的治理目标相对多元化，尤其在一些较大波动的市场环境中会承担更多稳定经济以及社会的责任，但其内控比较严谨，尤其对市场形势判断和流动性预期管理能力较强，往往不会长期偏离效率区间。相对而言，城商行和农商行的信贷渠道效率较弱，这说明其内部的治理和内控机制有待完善，一些地方政府有很强的能力和动力干预其信贷行为，尤其在下行周期和市场偏紧的情况下会导致其资产配置效率降低，最终弱化信贷渠道效率。总体而言，按银行类型逆向分组的实证结果也佐证了信贷渠道非对称的假设，即较大比例机构可能由于治理问题而在下行周期中受到外部干预，信贷行为与外部货币环境的敏感性明显降低。

表7-7　　　　　货币政策影响不同类型银行信贷行为的实证结果

	(1)	(2)	(3)	(4)
样本选择	$Da_i = 1$	$Db_i = 1$	$Dc_i = 1$	$Dd_i = 1$
$loan_{i,t-1}$	0.206***	0.189***	0.238***	0.172***
	(0.020)	(0.021)	(0.015)	(0.019)
m_t	0.718***	0.658***	0.792***	0.727***
	(0.079)	(0.081)	(0.101)	(0.069)

续表

样本选择	(1) $Da_i=1$	(2) $Db_i=1$	(3) $Dc_i=1$	(4) $Dd_i=1$
$roa_{i,t}$	0.060**	0.051**	0.376	0.061**
	(0.025)	(0.025)	(0.243)	(0.026)
$size_{i,t}$	-0.011***	-0.021***	0.007***	-0.017***
	(0.004)	(0.004)	(0.003)	(0.004)
$liqratio_{i,t}$	-0.003	-0.001	-0.062**	0.00200
	(0.023)	(0.022)	(0.025)	(0.021)
$deposit_{i,t}$	0.190***	0.186***	0.280***	0.205***
	(0.016)	(0.016)	(0.031)	(0.015)
$npl_{i,t}$	-0.890**	-0.960***	0.741*	-0.714**
	(0.357)	(0.362)	(0.394)	(0.355)
$strincm_{i,t}$	-0.001*	-0.00100	-0.0100	-0.001*
	(0.000)	(0.000)	(0.012)	(0.000)
$strdebt_{i,t}$	0.0260	0.068**	0.0230	0.055*
	(0.034)	(0.032)	(0.037)	(0.031)
$con\_$	0.294***	0.447***	-0.0310	0.384***
	(0.059)	(0.065)	(0.042)	(0.062)
obs.	1386	1323	311	1273
Chi2.	678.2***	576.5***	2692***	1045***
AR1	-5.424***	-5.142***	-1.856***	-5.253***
AR2	-0.195	-0.139	0.659	-0.877

除分组回归外，我们也通过在模型中引入货币政策与银行类型交互项 $m_t*(1-D_i)$ 的方式，利用单一模型分析银行类型对信贷渠道效应的影响，具体的回归方程如下：

$$loan_{i,t}=\alpha_0+\beta_0 loan_{i,t-1}+\beta_1 m_t+\beta_{11}m_t*(1-D_i)+\beta_{12}D_i+\beta_2(control\_)+\varepsilon_{i,t}$$

模型整体结构不变，交互项 $m_t*(1-D_i)$ 的系数 β_{11} 若显著为正，表明此类银行的信贷决策对外部货币态势的敏感性强于非此类银行。另外，在方程中也直接加入了表示银行特征本身的虚拟变量 D_i。

在表7-8中，列（1）—（4）分别表示国有大型银行、股份制银行、城商行和农商行作为类型变量进入交互项模型的回归结果。从整体上看，不同模型中交互项 $m_t*(1-D_i)$ 的系数显著性差异较大，与分组回归的结论类似，公司治理以及内部管理能力较强，导致国有大型和股份制银行组系数分别为 0.79 和 0.88，且均在 1% 的水平下显著，表明这两类全国性机构信贷渠道敏感性明显更高，而农商行和城商行的信贷决策与外部货币态势变化之间关系要明显偏弱，尤其是城商行的交互项系数显著为负。

表 7-8　货币政策对不同类型银行信贷行为影响的实证分析（交互项）

	(1)	(2)	(3)	(4)
样本选择	$D_i = Da_i$	$D_i = Db_i$	$D_i = Dc_i$	$D_i = Dd_i$
$loan_{i,t-1}$	0.203***	0.176***	0.192***	0.179***
	(0.022)	(0.022)	(0.020)	(0.021)
$m_t * (1-D_i)$	0.790***	0.880***	-0.407**	-0.162
	(0.300)	(0.209)	(0.207)	(0.270)
m_t	0.708***	0.638***	1.047***	0.751***
	(0.081)	(0.086)	(0.187)	(0.074)
D_i	0.259	-0.244***	-0.037*	0.085***
	(0.430)	(0.092)	(0.020)	(0.026)
$roa_{i,t}$	0.062**	0.063**	0.050*	0.0430
	(0.026)	(0.030)	(0.025)	(0.027)
$size_{i,t}$	-0.011***	-0.019***	-0.015***	-0.016***
	(0.004)	(0.005)	(0.004)	(0.004)
$liqratio_{i,t}$	-0.0140	-0.00600	-0.00200	-0.00500
	(0.024)	(0.024)	(0.023)	(0.024)
$deposit_{i,t}$	0.199***	0.189***	0.196***	0.197***
	(0.016)	(0.016)	(0.016)	(0.015)
$npl_{i,t}$	-1.011***	-0.601	-0.918***	-0.799**
	(0.373)	(0.373)	(0.356)	(0.358)
$strincm_{i,t}$	-0.00100	-0.00100	-0.001*	-0.001**
	(0.000)	(0.000)	(0.000)	(0.000)
$strdebt_{i,t}$	0.0380	0.0330	0.0370	0.0370
	(0.034)	(0.033)	(0.034)	(0.034)
$con\_$	0.0480	0.645***	0.363***	0.295***
	(0.135)	(0.063)	(0.065)	

续表

样本选择	(1) $D_i = Da_i$	(2) $D_i = Db_i$	(3) $D_i = Dc_i$	(4) $D_i = Dd_i$
obs.	1431	1431	1431	1431
Chi2.	686.6***	790.1***	738.7***	884.1***
AR1	-5.435***	-5.310***	-5.404***	-5.356***
AR2	-0.283	-0.233	-0.293	-0.300

五、银行特征变量与信贷渠道效率分析

在前期研究中，不少学者关注了银行信贷渠道的异质性问题，除股权结构和股权性质外，一些财务特征的差异也可能会造成银行在面对货币态势波动时信贷行为的变化。这一部分，我们选择了盈利能力、资产规模以及流动性状况 3 个最为典型的财务因素，来分析银行特征对货币政策信贷渠道的影响。

为了更直观地描述不同特征银行的信贷投放情况，我们在每一个年度将截面样本按照特征变量数值排序，取最大 25% 的样本和最小 25% 的样本分别计入该变量的最大组和最小组。然后对两个极端组样本的信贷增长 $loan_{i,t}$ 进行均值检验。

可以看出，表 7-9 中每一个因素的两个极端组中信贷增长的均值都有较大差异，当期规模和流动性指标的数据均值检验的 t 统计量都比较大，可以在 1% 的水平下显著，盈利指标分组后两组样本的贷款增长情况均值比较接近，但也在 10% 的水平下可以显著。总体而言，盈利指标更好、流动性比例更高的机构会有更大的动力提高信贷扩张意愿。

表 7-9 贷款增长按特征变量分组的均值检验结果

分组变量	分组	样本数	均值	标准差	差值 95% 置信区间	t 值	单边 P 值
$roa_{i,t}$	最小组	417	0.19180	0.00484	-0.02459	-1.30030	0.09690
	最大组	415	0.20160	0.00580	0.00499		
$size_{i,t}$	最小组	414	0.20388	0.00576	0.00403	2.52890	0.00580
	最大组	416	0.18585	0.00434	0.03202		
$liqratio_{i,t}$	最小组	416	0.18579	0.00451	-0.03696	-3.09750	0.00100
	最大组	415	0.20842	0.00577	-0.00829		

为判断不同特征对信贷渠道影响的差异性，我们利用加入其与货币政策交互项

的方式进行估计,具体的回归方程如下所示:

$$loan_{i,t} = \alpha_0 + \beta_0 loan_{i,t-1} + \beta_1 m_t + \beta_{11} m_t * char_{i,t} + \beta_2 (control\_) + \varepsilon_{i,t}$$

主要是在基础模型的基础上增加了关于货币政策与特征变量交互项 $m_t * char_{i,t}$,$char_{i,t}$ 会在不同的方程中被盈利能力、资产规模以及流动性状况替代,其系数 β_{11} 显著为正表示该指标数值越高,银行信贷行为对货币态势调整的敏感性越高。模型控制变量中已包括相关特征变量,不再额外列出。具体回归结果如表 7 - 10 所示。

表 7 - 10　　　　　　　货币政策影响不同特征银行的实证结果

样本选择	(1) $char_{i,t} = roa_{i,t}$	(2) $char_{i,t} = size_{i,t}$	(3) $char_{i,t} = liqratio_{i,t}$
$loan_{i,t-1}$	0.194***	0.197***	0.190***
	(0.020)	(0.020)	(0.020)
$m_t * char_{i,t}$	0.156	0.022***	-1.568***
	(0.112)	(0.002)	(0.580)
m_t	0.717***	0.393	1.557***
	(0.080)	(0.818)	(0.319)
$roa_{i,t}$	0.057**	0.061**	0.058**
	(0.024)	(0.025)	(0.025)
$size_{i,t}$	-0.015***	-0.015***	-0.016***
	(0.004)	(0.004)	(0.004)
$liqratio_{i,t}$	-0.00200	-0.00100	0.00500
	(0.022)	(0.022)	(0.022)
$deposit_{i,t}$	0.194***	0.195***	0.198***
	(0.016)	(0.016)	(0.015)
$npl_{i,t}$	-0.845**	-0.843**	-0.855**
	(0.353)	(0.355)	(0.352)
$strincm_{i,t}$	-0.001*	-0.001*	-0.001*
	(0.000)	(0.000)	(0.000)
$strdebt_{i,t}$	0.0410	0.0400	0.0420
	(0.034)	(0.034)	(0.033)
$con\_$	0.350***	0.342***	0.368***
	(0.061)	(0.061)	(0.062)
obs.	1431	1431	1431
Chi2.	692.5***	707.5***	727.5***
AR1	-5.378***	-5.416***	-5.369***
AR2	-0.226	-0.199	-0.161

表 7-10 的列 (1) — (3) 分别表示盈利能力 $roa_{i,t}$、资产规模 $size_{i,t}$ 以及流动性状况 $liqratio_{i,t}$ 作为特征变量的回归结果。可以看出，关于资产规模和流动性状况模型的交互项系数都比较显著，即资产规模更大以及流动性状况更差的机构会有更强的信贷渠道传导效率，资产规模的结论与上文中关于银行类型的结论类似，因为全国性的机构大多有此类财务特征，但流动性状况的情况则与直观感受不同。而盈利能力则没有表现出对当期信贷渠道的显著影响。

为进一步探索同类机构样本组内部这种财务特征因素是否能发挥作用，我们对全国性机构（包括国有大型和股份制）、城商行和农商行分别分组后进行实证研究，回归模型为：

$$loan_{i,t} = \alpha_0 + \beta_0 loan_{i,t-1} + \beta_1 m_t + \beta_{11} m_t * char_{i,t} + \beta_2 (control\_) + \varepsilon_{i,t} (by - type)$$

实证模型与全样本基本一致，为进行直观比较，我们将 3×3 组回归的结果列在图 7-2 中进行比较。

可以看出，不同类型银行的这种特征——信贷渠道效应之间的关系存在很大差异，一致性比较好的是规模因素，三类机构样本组内部 β_{11} 都呈现出显著性。但是，另外两个指标分组的情况都有极大的异质性，治理结构较好的全国性机构呈现出传统理论中的盈利能力越好、流动性状况越好，信贷渠道传导效率越高的特征。但城商行和农商行的这两类财务特征对其信贷渠道传导影响有限，在 5% 的水平下均不显著，尤其是流动性指标中，农商行分组的交互项系数估计值达到 -2.3，表明流动性状况的好坏对于一些地方法人机构的信贷管理影响确实有限。

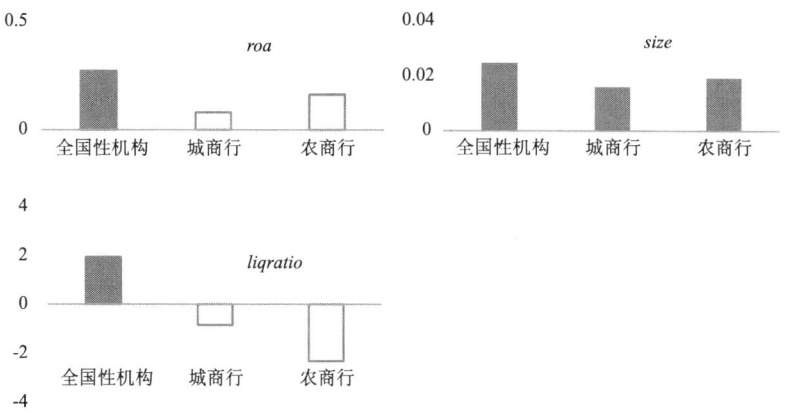

图 7-2 按银行类型分组得到的财务特征影响信贷渠道效应的实证结果

注：图形分别为利用盈利能力、资产规模以及流动性状况作为特征变量进入交互项模型的估计情况，图中纵坐标表示该组样本回归结果中交互项 $m_t * char_{i,t}$ 的系数 β_{11} 的估计值，空心的柱状图表示在 5% 的水平下不显著。

第二节　货币政策、银行治理与风险决策

风险承担渠道是金融危机后货币政策传导中最热门的问题之一，学者们关注到外部货币环境的变化不仅改变了银行的信贷决策，而且会系统性改变银行的风险决策，很多基于微观数据的研究都表明，在宽松环境下银行风险定价、高风险资产的配置规模以及风险表现都出现了较大的变化。从直观上讲，信贷决策过程本身也包含了银行风险的态度问题，但在风险承担渠道的理论和研究中更多关注的是直接的风险测度变化，以及最终的风险后果。这一部分，我们基于中国银行业的相关数据，重点关注了货币政策调整对银行风险决策的影响，同时考虑银行类型、特征可能带来的异质性问题。最后，我们还研究了中国特色的风险态度问题，即银行隐藏不良的行为特征。

一、主要回归指标与设定

这一部分的数据样本选择以及估计软件与上文相同，除风险态度指标外，其余变量都与前期研究一致，此处不再赘述。风险相关变量的计算方法如表 7-11 所示。

表 7-11　　　　　　　　　主要回归变量的计算方法

	变量名称	变量符号	计算方法
风险态度	加权风险资产规模	$rasset_{i,t}$	银行 i 第 t 年末应用资本底线之后的风险加权资产合计与总资产之比
风险结果	不良贷款率	$npl_{i,t}$	银行 i 第 t 年末不良贷款率
	关注类贷款率	$atl_{i,t}$	银行 i 第 t 年末关注类贷款与各项贷款比率
隐藏不良	不良统计偏离度	$oda_{i,t}$	银行 i 第 t 年末逾期 90 天贷款与不良贷款比率
	逾期贷款规模	$odb_{i,t}$	银行 i 第 t 年末逾期贷款与不良贷款比率
	风险缓释力度	$reles_{i,t}$	银行 i 第 t 年末重组与展期贷款在各项贷款中占比

根据前期研究，银行风险承担存在风险态度和风险结果两个方面，考虑数据可得性我们选择了样本银行的加权风险资产规模 $rasset_{i,t}$ 衡量银行风险态度，更高的数值表示银行将更多的资源配置在高风险资产中。不良率 $npl_{i,t}$ 是银行风控结果最重要的衡量因素。另外，在我国由于各种弹性机制，银行不良率一直保持在较低水平，

低波动性也很难完全衡量银行风险状况的变化,因此我们也额外选择了关注类贷款率$atl_{i,t}$作为风险结果的另一个指标,在银行风险管理中关注类一般认为相关借款人已经存在影响还本付息的潜在风险因素。进一步的,我们需要分析银行隐藏账面风险的行为特点,不良统计偏离度$oda_{i,t}$,即逾期90天与不良贷款之比能体现银行在将资产纳入不良统计的标准,逾期贷款规模$odb_{i,t}$是一个类似的辅助指标。另外,银行还会通过重组、展期以及借新还旧等方式给予一些无法还本企业新的融资安排,这除了考虑帮助企业渡过难关外,也在一定程度体现了银行未反应到不良统计中的真实问题资产规模,这里使用风险缓释力度指标$reles_{i,t}$进行衡量。

二、描述性统计

主要回归变量的描述性统计结果如表7-12所示,与信贷增速相关的变量未列出。

表 7-12　　　　　　　　　　风险指标描述性统计

变量名称	样本数	均值	标准差	中位数	最小值	最大值
$rasset_{i,t}$	776	0.65847	0.10377	0.65901	0.41805	0.95004
$npl_{i,t}$	1877	0.01568	0.01130	0.01334	0.00056	0.06829
$atl_{i,t}$	1877	0.05339	0.06685	0.03211	0.00003	0.40279
$oda_{i,t}$	1877	0.80329	0.77957	0.55463	0.10463	4.66463
$odb_{i,t}$	1877	1.82584	1.41611	1.35226	1.71226	9.50226
$reles_{i,t}$	1877	0.01044	0.02170	0.00000	0.00000	0.13000

注:所有的连续变量都进行了1%水平下的winsorize缩尾处理。

风险加权资产数据存在缺失,样本数为776个,标准差0.104的数值远小于均值水平0.658,整体数据聚集性较好。不良率数据属于监管指标,其中位数和均值非常接近,都在1.5%左右,有少量机构超过了4%的水平,关注类贷款的离散程度较高,中位数0.032比均值低很多,表明相当比例的机构有非常高的关注贷款规模。隐藏不良的指标中,逾期90天贷款与不良贷款比例的均值在0.8左右,整个样本中多数银行没有明显的隐藏不良行为,而中位数0.55较低表明部分有隐藏行为的银行中不少有非常高比例的逾期90天贷款没有纳入不良。而从缓释指标看整体上占比只有1%左右,且多数银行这一数据为0(详见图7-3)。

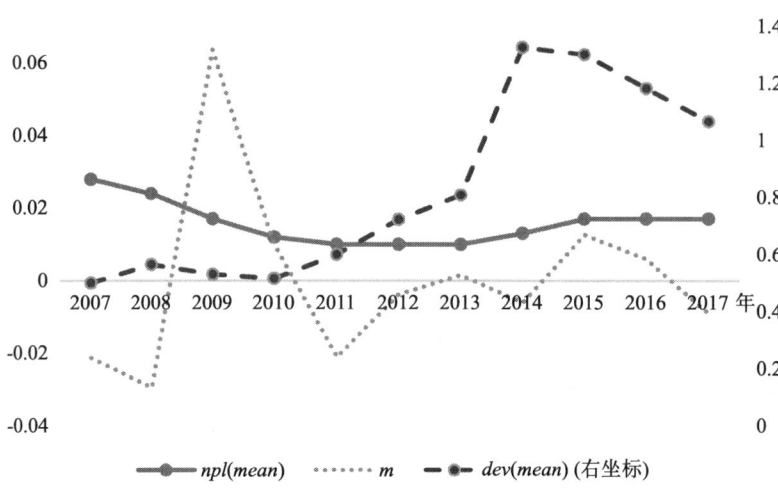

图 7-3　银行不良率和隐藏不良动力均值的年度变化趋势

从表 7-13 的数据上看，不同年份的风险变量均值呈现比较明显的波动。总体而言，货币政策的调整与不良率呈现顺周期的变化趋势，但隐藏不良的数据方面则呈现逆货币周期的特征。

表 7-13　　　　风险承担指标按银行类型分组的均值比较

$rasset_{i,t}$	分组	样本数	均值	标准差	差值95%置信区间	t 值	单边 P 值
国有大型商业银行	$Da_i = 0$	25	0.68187	0.01359	-0.01723	1.14620	0.12600
	$Da_i = 1$	751	0.65769	0.00382	0.06558		
股份制商业银行	$Db_i = 0$	60	0.66504	0.00881	-0.02027	0.51030	0.30500
	$Db_i = 1$	716	0.65792	0.00397	0.03451		
城市商业银行	$Dc_i = 0$	610	0.66113	0.00430	-0.00542	1.36610	0.08620
	$Dc_i = 1$	166	0.64872	0.00732	0.03022		
农村商业银行	$Dd_i = 0$	81	0.62641	0.01240	-0.05960	-2.95350	0.00160
	$Dd_i = 1$	695	0.66221	0.00388	-0.01201		
$npl_{i,t}$	分组	样本数	均值	标准差	差值95%置信区间	t 值	单边 P 值
国有大型商业银行	$Da_i = 0$	55	0.01842	0.00139	-0.00021	1.82730	0.03390
	$Da_i = 1$	1822	0.01560	0.00027	0.00585		
股份制商业银行	$Db_i = 0$	132	0.01203	0.00070	-0.00592	-3.86100	0.00010
	$Db_i = 1$	1745	0.01595	0.00027	-0.00193		

续表

$npl_{i,t}$	分组	样本数	均值	标准差	差值95%置信区间	t值	单边P值
城市商业银行	$Dc_i=0$	1408	0.01512	0.00029	-0.00340	-3.70420	0.00010
	$Dc_i=1$	469	0.01735	0.00057	-0.00105		
农村商业银行	$Dd_i=0$	282	0.01962	0.00082	0.00323	6.43200	0.00000
	$Dd_i=1$	1595	0.01498	0.00027	0.00606		

整体来看，不同类型银行加权风险资产$rasset_{i,t}$的均值异质性较小，仅有农商行的这一数值在5%的水平下显著低于非农商行样本，其他类型银行分组均值检验都不显著。但不良率指标$npl_{i,t}$的均值则在不同类型样本中呈现非常大的差异。除国有大型银行组在5%的水平下显著高于非国有大型银行组外，其他三类样本都与逆向归类组在1%的水平下存在显著差异，尤其是农商行的平均不良率达到1.96%，高于非农商行样本0.5个百分点左右，表现出最差的绝对风险水平。

风险承担指标按样本所属时点的货币态势分组均值比较结果如表7-14所示。

表7-14　　　　　风险承担指标按货币态势分组的均值比较

	分组	样本数	均值	标准差	差值95%置信区间	t值	单边P值
$rasset_{i,t}$	$mt_t=0$	495	0.67396	0.00601	0.00915	3.15010	0.00080
	$mt_t=1$	281	0.64968	0.00470	0.03940		
$npl_{i,t}$	$mt_t=0$	898	0.01452	0.00029	-0.00324	-4.28030	0.00000
	$mt_t=1$	979	0.01674	0.00042	-0.00120		

从货币态势分组的均值检验结果看，两个指标呈现了相反的特征，加权风险资产$rasset_{i,t}$的均值在宽松周期中显著高于紧缩周期，且在0.1%的水平下显著，这与风险承担渠道的核心观点一致，即货币供给增多会提高银行配置高风险资产的动力。另外，当期不良率$npl_{i,t}$在宽松周期中平均要低0.2%左右，这与风险承担渠道观点看似存在差异，实际并不矛盾。短期内，货币宽松对需求端和企业融资环境的改善有助于降低不良率；长期看，不良率可能由于宽松周期中开展较多高风险业务而存在上升的趋势。

三、货币政策风险承担渠道的检验

这一部分是关于货币政策风险承担渠道的基础回归模型，利用非平衡的面板数据对货币政策与银行风险态度和风险结果指标之间的关系进行估计。具体的回归方程为：

$$risk_{i,t} = \alpha_0 + \beta_0 risk_{i,t-1} + \beta_1 m_t(m_{t-1}) + \beta_2(control\_) + \varepsilon_{i,t}$$

其中，风险指标包括加权风险资产$rasset_{i,t}$、不良率$npl_{i,t}$以及关注类贷款率$atl_{i,t}$，分别衡量了风险承担的几个方面，模型包含其滞后项，即设定为动态面板模型。主要回归变量是货币政策的替代指标m_t，在关于不良率和关注类贷款率的模型中选择滞后一期的货币政策加入模型，降低需求因素的干扰，系数β_1显著为正表示货币宽松会提高银行风险承担的水平。$control\_$表示影响当期银行风险承担的其他控制因素，根据前期相关研究，以及数据的质量和可得性，我们主要选择了盈利能力$roa_{i,t}$、资产规模$size_{i,t}$、流动性比率$liqratio_{i,t}$以及负债结构$strdebt_{i,t}$。动态面板模型同样选择差分GMM或系统GMM的方式进行估计。

在表7-15中，列（1）—（2）是针对加权风险资产规模的估计结果，列（3）—（6）则是对风险结果，即不良率和关注类贷款率的估计结果，在每一个模型中我们选择了差分GMM和系统GMM两种方法进行比较。整体看出，除加权风险资产规模方程利用差分GMM估计情况外，其他的模型整体显著性指标$Chi2.$在1%的水平下显著，且能通过自回归检验，被解释变量的滞后项上一年度的风险因素$risk_{i,t-1}$均在1%的水平下显著为正，这说明模型的设定合理。

从核心变量$m_t(m_{t-1})$系数β_1的情况看，样本机构的风险承担确实与货币政策的调控之间存在高度的正向关联。即期的货币态势调整对加权风险资产规模的影响在1%的水平下显著，系数值达到0.969。不良率与关注类贷款率的模型中选择了滞后一期的货币态势指标，在不同指标和估计方法下系数均在1%的水平下正向显著，这也佐证了前期的宽松可能与问题资产比例上升有关。值得注意的是，样本期内我国货币政策相机抉择的特征比较明显，即宽松政策往往伴随着低速经济增长期，这可能对不良率与货币政策的关系产生影响。其他主要控制变量盈利能力、资产规模、流动性比率等的系数比较稳定，且符号与直观感受相符，在此不再赘述。

进一步的，我们也关注了货币政策风险承担渠道的非对称性问题，具体的模型设定为：

$$risk_{i,t} = \alpha_0 + \beta_0 risk_{i,t-1} + \beta_1 m_t(m_{t-1}) + \beta_2(control\_) + \varepsilon_{i,t}(by - mt_t)$$

变量选择与基础模型一致，主要是利用货币态势的虚拟变量mt_t将样本分为两组，分别进行回归估计，并比较系数β_1的大小和显著性，从而分析货币宽松和紧缩周期这种风险承担渠道是否存在差异性。实证结果如表7-16所示。

第七章 货币政策与银行经营决策：基于中国银行业的经验证据

表 7-15　　　　　　　　　　货币政策风险承担渠道效应的基础模型

	(1)	(2)	(3)	(4)	(5)	(6)
模型设定	$risk_{i,t}=rasset_{i,t}$		$risk_{i,t}=npl_{i,t}$		$risk_{i,t}=atl_{i,t}$	
估计方法	差分 GMM	系统 GMM	差分 GMM	系统 GMM	差分 GMM	系统 GMM
$risk_{i,t-1}$	-0.351*	0.744***	0.617***	0.639***	0.691***	0.760***
	(0.195)	(0.177)	(0.016)	(0.014)	(0.015)	(0.012)
$m_t(m_{t-1})$	0.630*	0.969***	0.020***	0.021***	0.128***	0.139***
	(0.370)	(0.359)	(0.004)	(0.003)	(0.021)	(0.020)
$roa_{i,t}$	-0.0870	-0.158**	0	0	-0.007	-0.010**
	(0.107)	(0.073)	(0.001)	(0.001)	(0.004)	(0.005)
	(1)	(2)	(3)	(4)	(5)	(6)
模型设定	$risk_{i,t}=rasset_{i,t}$		$risk_{i,t}=npl_{i,t}$		$risk_{i,t}=atl_{i,t}$	
估计方法	差分 GMM	系统 GMM	差分 GMM	系统 GMM	差分 GMM	系统 GMM
$size_{i,t}$	-0.0220	-0.055***	0.003***	0.003***	-0.001	0.004***
	(0.016)	(0.010)	(0.000)	(0.000)	(0.001)	(0.001)
$liqratio_{i,t}$	-0.0390	-0.0440	0.005***	0.005***	0.014**	0.014***
	(0.025)	(0.030)	(0.001)	(0.001)	(0.006)	(0.005)
$strdebt_{i,t}$	-0.393***	-0.365***	-0.004**	-0.004***	0.002	-0.005
	(0.059)	(0.059)	(0.002)	(0.002)	(0.009)	(0.009)
$con\_$	1.346***	1.189***	-0.038***	-0.045***	0.0200	-0.065***
	(0.279)	(0.200)	(0.004)	(0.003)	(0.021)	(0.018)
obs.	401	548	1431	1634	1431	1634
Chi2.	76.86***	83.79***	1785***	2725***	3891***	5434***
AR1	0.831	-3.045***	-4.508***	-4.541***	-4.685***	-4.778***
AR2	-1.762	0.745	-1.443	-1.516	-0.698	-0.711

从实证结果看，模型整体显著性较好，货币政策变量的系数显著性在不同的子样本组存在较大差异。具体来看，加权风险资产$rasset_{i,t}$在紧缩态势下与货币政策变化有显著的相关性，系数达到 2.556，但在宽松态势下系数仅 0.44，且在 10% 的水平下都不具有统计意义上的显著性。这可能与当前银行体系业务结构变化调整有关，在宽松周期中银行的风险态度可能并没有体现在对加权风险资产规模的调整上。

表 7-16　　　　　　货币政策风险承担渠道的非对称性分析

	(1)	(2)	(3)	(4)	(5)	(6)
模型设定	$risk_{i,t}=rasset_{i,t}$		$risk_{i,t}=npl_{i,t}$		$risk_{i,t}=atl_{i,t}$	
样本选择	$mt_t=0$	$mt_t=1$	$mt_t=0$	$mt_t=1$	$mt_t=0$	$mt_t=1$
$risk_{i,t-1}$	0.558	0.458	0.651***	0.554***	0.710***	0.631***
	(0.342)	(0.295)	(0.032)	(0.037)	(0.042)	(0.056)
	(1)	(2)	(3)	(4)	(5)	(6)
模型设定	$risk_{i,t}=rasset_{i,t}$		$risk_{i,t}=npl_{i,t}$		$risk_{i,t}=atl_{i,t}$	
样本选择	$mt_t=0$	$mt_t=1$	$mt_t=0$	$mt_t=1$	$mt_t=0$	$mt_t=1$
$m_t(m_{t-1})$	0.440	2.556***	0.026***	0.003	0.143***	0.0610
	(0.774)	(0.882)	(0.005)	(0.008)	(0.030)	(0.062)
$roa_{i,t}$	−0.182***	0.181	−0.001	0	−0.0190	0.004
	(0.060)	(0.262)	(0.001)	(0.002)	(0.013)	(0.006)
$size_{i,t}$	−0.099***	−0.111**	0.003***	0.003***	0.005*	0.022***
	(0.019)	(0.054)	(0.000)	(0.001)	(0.003)	(0.004)
$liqratio_{i,t}$	−0.0620	−0.0790	0.005***	0.002	0.007	0.0120
	(0.047)	(0.075)	(0.002)	(0.002)	(0.009)	(0.009)
$strdebt_{i,t}$	−0.440***	−0.206*	−0.007**	0.003	−0.042***	−0.005
	(0.087)	(0.112)	(0.003)	(0.003)	(0.016)	(0.015)
con_	2.044***	2.248***	−0.039***	−0.044***	−0.0630	−0.338***
	(0.485)	(0.821)	(0.005)	(0.009)	(0.042)	(0.063)
obs.	268	280	823	811	823	811
Chi2.	67.69	21.95	592.0	267.2	382.3	294.9
AR1	−1.463		−2.770	−2.107	−2.213	−2.374
AR2			−0.944	1.491	−1.449	0.953

基于风险结果指标的模型估计情况则正好相反，在货币宽松周期中，滞后一期的货币态势调整会对不良率 $npl_{i,t}$ 和关注性贷款比率 $atl_{i,t}$ 有显著的正向影响，但在紧缩周期中，两者的关系则不再显著。宽松态势下风险承担渠道的存在性比较显著，而紧缩状态下货币态势的收缩对不良率的影响有限，这可能与经济周期的波动和需求变化有关，同时可能与银行的隐藏不良动机有关，我们将在下文中进行具体的探讨。

四、银行类型与风险承担渠道的效应

这一部分,我们主要关注的是不同类型银行风险承担渠道的效应差异,具体的回归方程与基础模型一致,运用逆向归类的方式选择样本,具体的模型设定如下:

$$risk_{i,t} = \alpha_0 + \beta_0 risk_{i,t-1} + \beta_1 m_t(m_{t-1}) + \beta_2(control\_) + \varepsilon_{i,t}(by - D_i)$$

针对国有大型银行、股份制银行城商行和农商行分别进行回归,我们需要关注每一个模型中货币政策系数β_1的大小和显著性,更高的β_1说明该类银行的风险承担渠道较弱。基于加权风险资产指标的回归结果如表7-17所示。

表7-17 不同类型银行的货币政策风险承担渠道效应分析(基于加权风险资产指标)

样本选择	(1) $Da_i=1$	(2) $Db_i=1$	(3) $Dc_i=1$	(4) $Dd_i=1$
$rasset_{i,t-1}$	0.753***	0.764***	0.664***	0.744***
	(0.171)	(0.161)	(0.125)	(0.177)
m_t	1.180**	1.059***	1.011***	0.969***
	(0.362)	(0.366)	(0.414)	(0.359)
$roa_{i,t}$	-0.157*	-0.172**	6.815***	-0.158**
	(0.088)	(0.084)	(1.561)	(0.073)
$size_{i,t}$	-0.057***	-0.064***	-0.00100	-0.055***
	(0.010)	(0.011)	(0.007)	(0.010)
$liqratio_{i,t}$	-0.0470	-0.0510	0.028*	-0.0440
	(0.030)	(0.032)	(0.016)	(0.030)
$strdebt_{i,t}$	-0.371***	-0.364***	-0.00600	-0.365***
	(0.060)	(0.060)	(0.096)	(0.059)
$con\_$	1.200***	1.301***	0.205	1.189***
	(0.197)	(0.210)	(0.143)	(0.200)
$obs.$	528	500	68	548
$Chi2.$	83.38***	93.84***	127.5***	83.79***
$AR1$	-3.081***	-3.109***	-1.366***	-3.045***
$AR2$	0.688	0.787	0.662	0.745

在表7-17中,列(1)—(4)分别列示了逆向归类的四类银行子样本基于加权风险资产指标,利用GMM进行回归的结果。4个模型中货币政策系数β_1都在5%的水平下显著为正,但系数大小存在差距。从数据看,非国有大型银行和非股份制

银行组的回归系数较大，分别为1.18和1.059，均在5%的水平下显著，即货币政策对风险态度的影响较小。而非城商行和非农商行样本组的系数较小，说明这两类银行本身的风险态度更容易受到货币政策的影响。

基于不良率和关注类贷款的回归结果如表7-18所示。

表7-18 不同类型银行的货币政策风险承担渠道效应分析（基于风险结果指标）

样本选择	(1)	(2)	(3)	(4)	(5)	(6)	(7)	(8)
	\multicolumn{4}{c}{$risk_{i,t} = npl_{i,t}$}				
	$Da_i=1$	$Db_i=1$	$Dc_i=1$	$Dd_i=1$	$Da_i=1$	$Db_i=1$	$Dc_i=1$	$Dd_i=1$
$risk_{i,t-1}$	0.637***	0.659***	0.608***	0.633***	0.760***	0.762***	0.761***	0.716***
	(0.015)	(0.014)	(0.009)	(0.014)	(0.012)	(0.013)	(0.019)	(0.007)
m_{t-1}	0.021***	0.024***	0.001	0.024***	0.184***	0.144***	0.137***	0.124***
	(0.003)	(0.004)	(0.003)	(0.003)	(0.026)	(0.022)	(0.020)	(0.016)
$roa_{i,t}$	0	0	-0.00200	0	-0.011**	-0.012***	1.129***	-0.010***
	(0.001)	(0.001)	(0.012)	(0.001)	(0.005)	(0.005)	(0.166)	(0.004)
$size_{i,t}$	0.003***	0.003***	0.001***	0.003***	0.004***	0.002*	0.004***	0.005***
	(0.000)	(0.000)	(0.000)	(0.000)	(0.001)	(0.001)	(0.001)	(0.001)
$liqratio_{i,t}$	0.005***	0.005***	0.007***	0.003***	0.015***	0.017***	0.027***	0.00400
	(0.001)	(0.001)	(0.001)	(0.001)	(0.005)	(0.005)	(0.008)	(0.003)
$strdebt_{i,t}$	-0.005***	-0.005***	0.004***	-0.005***	-0.00400	0.00300	-0.019**	-0.015**
	(0.002)	(0.002)	(0.001)	(0.001)	(0.009)	(0.009)	(0.008)	(0.007)
con_	-0.044***	-0.046***	-0.017***	-0.051***	-0.061***	-0.040**	-0.073***	-0.077***
	(0.003)	(0.003)	(0.002)	(0.003)	(0.018)	(0.020)	(0.014)	(0.012)
obs.	1584	1514	370	1434	1584	1514	370	1434
Chi2.	2601***	2950***	5191***	2865***	5505***	5665***	11000***	13000***
AR1	-4.547***	-4.494***	-1.934***	-4.233***	-4.766***	-4.776***	-2.258***	-4.078***
AR2	-1.459	-1.432	-0.518	-1.435	-0.710	-0.679	-0.498	-0.455

基于风险结果指标的模型回归情况也存在类似的特征。在表7-18中，列（1）—（4）是基于不良率指标的估计情况。可以看出，除非城商行组外，其他3组样本的货币政策系数均为0.02左右，且在1%的水平下显著，说明3类机构的不良率与货币政策的关系不存在异质性，但非城商行组的实际不良率与货币态势的关系不显著，且系数仅为0.001，这说明实际上城商行本身的风险与前期货币政策的

变化高度相关，即城商行风险承担渠道最为明显。列（5）—（8）是基于关注类指标的估计结果，几个样本组的系数均在1%的水平下显著，数值差异上看，同样表现为非全国性机构组的系数较大，非城商行和非农商行组系数较小。

除分组回归外，我们也通过在模型中引入货币政策与银行类型交互项$m_t*(1-D_i)$的方式，利用单一模型分析银行类型对风险承担渠道效应的影响，具体的回归方程如下：

$$risk_{i,t} = \alpha_0 + \beta_0 risk_{i,t-1} + \beta_1 m_t + \beta_{11} m_t*(1-D_i) + \beta_{12} D_i + \beta_2(control\_) + \varepsilon_{i,t}$$

模型整体结构不变，交互项$m_t*(1-D_i)$的系数β_{11}若显著为正，表明此类银行的风险决策对外部货币态势的敏感性强于非此类银行，由于篇幅限制，我们仅分析了加权风险资产指标和不良率指标。另外，在方程中也直接加入了表示银行类型本身的虚拟变量D_i。

在表7-19中，列（1）—（4）分别表示国有大型银行、股份制银行、城商行和农商行作为类型变量进入交互项模型的回归结果。从整体上看，不同模型中交互项$m_t*(1-D_i)$的系数显著性差异较大，与分组回归的结论类似，城商行的样本组交互项系数明显要超过其他机构，尤其是不良率方面系数达到0.055，并在1%的水平下显著。

表7-19　不同类型银行的货币政策风险承担渠道效应分析（交互项）

	(1)	(2)	(3)	(4)	(5)	(6)	(7)	(8)
模型设定	$risk_{i,t}=rasset_{i,t}$				$risk_{i,t}=npl_{i,t}$			
样本选择	$D_i=Da_i$	$D_i=Db_i$	$D_i=Dc_i$	$D_i=Dd_i$	$D_i=Da_i$	$D_i=Db_i$	$D_i=Dc_i$	$D_i=Dd_i$
$risk_{i,t-1}$	0.715***	0.679***	0.698***	0.744***	0.639***	0.627***	0.629***	0.629***
	(0.190)	(0.191)	(0.183)	(0.177)	(0.014)	(0.014)	(0.014)	(0.013)
$m_t*(1-D_i)$	0.387	0.413	0.787***		0.014	-0.035***	0.055***	0.004
	(0.657)	(0.667)	(0.279)		(0.015)	(0.011)	(0.012)	(0.014)
$m_t\ (m_{t-1})$	0.967***	0.943**	0.958*	0.969***	0.020***	0.025***	0.001	0.023***
	(0.375)	(0.383)	(0.509)	(0.359)	(0.004)	(0.004)	(0.010)	(0.004)
D_i	0.248	-0.165	0.100		0.005	0.003	-0.002	0.001
	(0.567)	(0.297)	(0.183)		(0.016)	(0.008)	(0.002)	(0.002)
$roa_{i,t}$	-0.156**	-0.160*	-0.164**	-0.158**	0	0	0	0
	(0.067)	(0.090)	(0.076)	(0.073)	(0.001)	(0.001)	(0.001)	(0.001)
$size_{i,t}$	-0.054***	-0.059***	-0.058***	-0.055***	0.003***	0.003***	0.003***	0.003***
	(0.010)	(0.011)	(0.011)	(0.010)	(0.000)	(0.000)	(0.000)	(0.000)

续表

	(1)	(2)	(3)	(4)	(5)	(6)	(7)	(8)
模型设定	$risk_{i,t} = rasset_{i,t}$				$risk_{i,t} = npl_{i,t}$			
样本选择	$D_i = Da_i$	$D_i = Db_i$	$D_i = Dc_i$	$D_i = Dd_i$	$D_i = Da_i$	$D_i = Db_i$	$D_i = Dc_i$	$D_i = Dd_i$
$liqratio_{i,t}$	-0.0410	-0.0450	-0.0470	-0.0440	0.005***	0.005***	0.005***	0.005***
	(0.029)	(0.029)	(0.030)	(0.030)	(0.001)	(0.001)	(0.001)	(0.001)
$strdebt_{i,t}$	-0.372***	-0.354***	-0.365***	-0.365***	-0.004***	-0.004**	-0.004***	-0.005***
	(0.059)	(0.058)	(0.059)	(0.059)	(0.002)	(0.002)	(0.002)	(0.002)
con_	0.955	1.437***	1.251***	1.189***	-0.049***	-0.044***	-0.042***	-0.043***
	(0.609)	(0.465)	(0.216)	(0.200)	(0.017)	(0.010)	(0.003)	(0.003)
obs.	548	548	548	548	1634	1634	1634	1634
Chi2.	81.98	86.41	86.58	83.79	2730	2687	2924	3209
AR1	-3.049	-2.894	-2.959	-3.045	-4.542	-4.532	-4.553	-4.574
AR2	0.728	0.785	0.753	0.745	-1.523	-1.390	-1.329	-1.454

综合分组和交互项的回归方式看，全国性机构的风险承担渠道效应要略弱于地方法人机构的情况，这与 Buch、Eickmeier 和 Prieto (2011) 的研究结论比较类似，即风控能力较弱、治理机制不完善的小银行会有更大的概率随着外部环境变化调整风险策略，尤其是样本期内国内法人银行处于快速扩张期，有较多机构在这一过程中随着流动性状况的好转，经营重心会明显从风控向利润和规模目标转移，形成明显的风险承担效应，并在下行周期中表现为不良率的提高。

五、不同特征银行与货币政策风险渠道的传导

与信贷渠道的研究类似，我们也关注到银行的财务特征对其风险承担决策的影响。我们先在每一个年度将截面样本按照特征变量数值排序，取最大25%的样本和最小25%的样本分别计入该变量的最大组和最小组，然后对两个极端组样本的加权风险资产$rasset_{i,t}$以及不良率指标$npl_{i,t}$进行均值检验。

从表7-20的数据看，加权风险资产的数值在规模不同的机构中并未表现出明显的均值差异，统计量均无法通过10%的显著性检验，而盈利和流动性状况也只是表现出略有差异，但不良率在每一个特征组之间均值之差都能显著异于零，并通过10%的显著性检验。总的来看，更小的规模和更差的流动性状况下，不良率更高，且盈利状况与风险存在反向关系，高 ROA 的银行组不良率更高，这可能与银行隐藏不良行为有关。

表 7-20　　　　　　　风险承担指标按银行特征分组的描述性统计

$rasset_{i,t}$	分组	样本数	均值	标准差	差值95%置信区间	t值	单边P值
$roa_{i,t}$	最小组	192	0.65039	0.00678	-0.03369	-1.37590	0.08480
	最大组	193	0.66426	0.00729	0.00595		
$size_{i,t}$	最小组	191	0.65149	0.00924	-0.01837	0.28100	0.38940
	最大组	193	0.64843	0.00583	0.02450		
$liqratio_{i,t}$	最小组	191	0.66620	0.00762	0.00018	1.98350	0.02400
	最大组	192	0.64513	0.00741	0.04197		
$npl_{i,t}$	分组	样本数	均值	标准差	差值95%置信区间	t值	单边P值
$roa_{i,t}$	最小组	468	0.01448	0.00050	0.00283	-1.88040	0.03020
	最大组	467	0.01586	0.00054	0.00006		
$size_{i,t}$	最小组	467	0.01786	0.00058	0.00244	5.19770	0.00000
	最大组	467	0.01394	0.00049	0.00540		
$liqratio_{i,t}$	最小组	466	0.01599	0.00052	-0.00006	1.87840	0.03030
	最大组	468	0.01457	0.00054	0.00289		

为判断银行特征对风险承担渠道影响的差异性，我们利用加入其与货币政策交互项的方式进行估计，具体的回归方程如下所示：

$risk_{i,t} = \alpha_0 + \beta_0 risk_{i,t-1} + \beta_1 m_t + \beta_{11} m_t * char_{i,t} + \beta_2(control\_) + \varepsilon_{i,t}$

在基础模型上增加了关于货币政策与特征变量交互项 $m_t * char_{i,t}$，$char_{i,t}$ 会在不同的方程中被盈利能力、资产规模以及流动性状况替代，其系数 β_{11} 显著为正表示该指标数值上升，会提高银行风险态度对货币态势调整的敏感性。模型控制变量中已包括相关特征变量，不再额外列出。具体回归结果如表 7-21 所示。

从结果看，无论是加权风险资产还是不良率指标的相关模型，交互项系数的显著性都有类似的特征。$m_t * size_{i,t}$ 的系数显著为负，说明规模较大的机构其风险承担渠道的效应较小，这与 Adrian 和 Shin（2011）以及 Gertler 和 Kiyotaki（2011）等研究的结论类似，即由于风险转移和寻求利益等机制的存在，银行资产规模的增加会减少其信贷结构调整的频率，自然其风险态度对货币政策变动的敏感性会下降。同时，$m_t * liqratio_{i,t}$ 的系数在两个模型中均显著为正，说明更好的流动性状况会提高风险承担渠道的传导效率，这与 Allen、Babus 和 Carletti（2012）的观点接近，即流动性比率高的机构在宽松政策下后顾之忧更小，有更强的动力提高冒险倾向，而在紧缩环境下，较好的流动性水平能够提高银行在信贷结构调整中的弹性，对冲一些风险因素，更大幅度地降低不良率等风险指标。

表 7-21　不同特征银行的货币政策风险承担渠道效应分析（交互项）

样本选择	(1) $char_{i,t}=roa_{i,t}$	(2) $char_{i,t}=size_{i,t}$	(3) $char_{i,t}=liqratio_{i,t}$	(4) $char_{i,t}=roa_{i,t}$	(5) $char_{i,t}=size_{i,t}$	(6) $char_{i,t}=liqratio_{i,t}$
	\multicolumn{3}{c}{$risk_{i,t}=rasset_{i,t}$}	\multicolumn{3}{c}{$risk_{i,t}=npl_{i,t}$}		
$risk_{i,t-1}$	0.734***	0.685***	0.782***	0.639***	0.634***	0.639***
	(0.178)	(0.182)	(0.180)	(0.014)	(0.014)	(0.014)
$m_t * char_{i,t}$	−0.725	−0.183***	4.215***	0.023	−0.009***	0.323***
	(0.883)	(0.43)	(1.595)	(0.016)	(0.002)	(0.036)
$m_t(m_{t-1})$	0.925**	0.502	1.254	0.023***	0.152***	0.032
	(0.370)	(2.103)	(0.886)	(0.004)	(0.031)	(0.020)
$roa_{i,t}$	−0.154**	−0.156**	−0.163**	0	0	0
	(0.071)	(0.074)	(0.073)	(0.001)	(0.001)	(0.001)
$size_{i,t}$	−0.055***	−0.056***	−0.057***	0.003***	0.003***	0.003***
	(0.010)	(0.010)	(0.010)	(0.000)	(0.000)	(0.000)
$liqratio_{i,t}$	−0.0440	−0.0440	−0.0170	0.005***	0.005***	0.005***
	(0.029)	(0.029)	(0.031)	(0.001)	(0.001)	(0.001)
$strdebt_{i,t}$	−0.365***	−0.364***	−0.386***	−0.004***	−0.005***	−0.004***
	(0.059)	(0.059)	(0.060)	(0.001)	(0.002)	(0.002)
$con\_$	1.191***	1.244***	1.178***	−0.044***	−0.044***	−0.044***
	(0.200)	(0.206)	(0.202)	(0.003)	(0.003)	(0.003)
obs.	548	548	548	1634	1634	1634
Chi2.	88.87	91.28	85.39	2742	2712	2745
AR1	−3.028	−2.947	−3.133	−4.549	−4.532	−4.543
AR2	0.732	0.676	0.965	−1.550	−1.486	−1.513

六、货币政策调整与银行隐藏不良行为

从上文的研究可以看出，银行的不良率指标在紧缩条件下与货币政策敏感性较

弱，这可能与商业银行在不良贷款分类时主动调整其口径有关。1998 年后，中国人民银行参照国际惯例，结合中国国情制定了《贷款分类指导原则》，要求商业银行依据借款人的实际还款能力进行贷款质量的 5 级分类，即按照风险程度将贷款划分为 5 类：正常、关注、次级、可疑和损失。其中，后 3 类为不良贷款，其规模占比受监管要求限制。按照规定的内容，银行的资产质量分类在一定规则下存在弹性，例如，次级贷款是指借款人的还款能力出现明显问题，完全依靠其正常营业收入无法足额偿还贷款本息。其参考特征主要包括，持续亏损、经营性现金流为负、有还本付息能力的重组贷款、存在影响还本付息能力的内控问题或操作风险隐患，同时，本金或利息逾期 91 天至 180 天（含）的贷款或表外业务垫款 31 天至 90 天（含）的业务建议归入次级，即纳入不良贷款统计。

银行实际不良率过高，一方面导致外部监管的压力较大，一些业务开展会受到限制；另一方面，会造成风险准备计提较多，消耗较大规模的利润，降低资本补充的能力。因此，在实践中有相当比例的金融机构会运用贷款分类的弹性，将一些存在明显还本付息能力问题的客户不纳入不良统计，甚至一些本息逾期已超过 90 天的贷款都不计入不良，以避免潜在的监管和资本压力。因此，利用逾期 90 天贷款与不良贷款的比例能很好地衡量银行隐藏不良的状况。

此外，我们还关注到近年来银行贷款重组的条件有了明显的放松，一些依靠自身主营业务收入无法偿还贷款本息的企业若按《贷款分类指导原则》应纳入不良贷款统计，但实践中银行可能出于短期不良数据压力，将这类企业的贷款进行重组、展期或借新还旧操作，以延后风险暴露的时间，相当比例的"僵尸企业"贷款中都存在此类问题。虽然部分企业确实仅仅面临短期的流动性问题，这种重组和风险缓释手段是银行与企业的双赢选择，但不断放松的重组贷款条件必然诱发了更大的道德风险和潜在的操作风险，从现实情况看这种缓释手段后经营状况明显改善并能依靠自身财力偿还贷款本息的企业比例较低。

在这一部分，我们关注了货币政策调整与银行隐藏不良贷款行为之间的关系，同时也关注了不同类型银行这种行为的差异性，具体的回归模型为：

$$hide_{i,t} = \alpha_0 + \beta_0 hide_{i,t-1} + \beta_1 m_{t-1}(mt_{t-1}) + \beta_2(control\_) + \varepsilon_{i,t}$$

其中，$hide_{i,t}$ 是银行隐藏不良的程度，这里主要选择了逾期 90 天与不良贷款的比例 $oda_{i,t}$，逾期贷款与不良贷款的比例 $odb_{i,t}$，以及重组贷款与全部贷款的比例 $reles_{i,t}$。模型的核心变量选择了货币政策 m_{t-1} 与货币态势 mt_{t-1} 两个，系数 β_1 的显著性和符号说明宽松和紧缩状态下银行的隐藏不良态度是否会有变化。控制变量主要包括盈利能力 $roa_{i,t}$、资产规模 $size_{i,t}$、流动性比率 $liqratio_{i,t}$ 以及负债结构 $strdebt_{i,t}$。动态面板模型同样利用系统 GMM 的方式进行估计。基础模型的回归结果如表 7-22 所示。

表 7-22 货币政策影响银行隐藏不良贷款行为的分析

样本选择	(1)	(2)	(3)	(4)	(5)	(6)
	$hid_{i,t}=oda_{i,t}$		$hid_{i,t}=odb_{i,t}$		$hid_{i,t}=reles_{i,t}$	
$hid_{i,t-1}$	0.379***	0.375***	0.552***	0.552***	0.727***	0.722***
	(0.021)	(0.021)	(0.022)	(0.022)	(0.010)	(0.011)
m_{t-1}	-0.852***		-2.377***		0.066***	
	(0.230)		(0.395)		(0.006)	
mt_{t-1}		0.041**		0.085***		-0.002***
		(0.018)		(0.030)		(0.000)
$roa_{i,t}$	-0.134	-0.139	-0.103	-0.08	-0.002	-0.003
	(0.108)	(0.107)	(0.111)	(0.117)	(0.002)	(0.002)
$size_{i,t}$	0.169***	0.162***	0.274***	0.277***	0.002***	0.003***
	(0.024)	(0.024)	(0.033)	(0.032)	(0.001)	(0.001)
$liqratio_{i,t}$	0.0820	0.0760	-0.206	-0.172	0.007***	0.007***
	(0.098)	(0.104)	(0.174)	(0.177)	(0.002)	(0.002)
$strdebt_{i,t}$	0.511**	0.552**	1.274***	1.279***	-0.014***	-0.013***
	(0.210)	(0.216)	(0.313)	(0.310)	(0.004)	(0.004)
con_	-2.305***	-2.208***	-3.564***	-3.687***	-0.038***	-0.040***
	(0.358)	(0.355)	(0.492)	(0.495)	(0.008)	(0.008)
obs.	1634	1634	1634	1634	1634	1634
Chi2.	546.2***	506.2***	859.5***	779.1***	5620***	6779***
AR1	-5.325***	-5.334***	-4.828***	-4.881***	-5.953***	-6.062***
AR2	1.508	1.497	-0.217	-0.177	-0.929	-0.688

从实证结果看，6 个模型的整体显著性都较好，被解释变量的滞后项系数 β_0 均在 1% 的水平下显著为正，且均能通过工具变量的自相关和过度识别检验，说明隐藏不良影响因素的模型设定是可靠的。表 7-22 中列（1）—（2）显示了货币政策变化如何影响银行逾期 90 天和不良贷款比例，其中货币政策替代变量 m_{t-1} 的系数显著为负，货币紧缩虚拟变量 mt_{t-1} 的系数显著为正，这均说明偏紧的货币政策下银行会有更强的动力将逾期 90 天的严重问题资产不纳入不良贷款统计。列（3）—（4）基于逾期贷款率的检验结果也能得到类似的结论。但另一方面，列（5）—（6）中基于风险缓释指标的研究则有相反的结论，即宽松状态下银行风险缓释的偏好更强，

展期和借新还旧相关贷款的规模更高，这可能与 Dubecq、Mojon 和 Ragot（2009）以及 Paligorova 和 Santos（2017）提到的银行风险识别能力降低有关，在宽松环境下银行有更低的风险感知能力，尤其是在一些不同层级间代理问题严重的机构，短期目标为主的基层行会有很强的动力为了短期的指标美化而高估企业的未来还款能力，实际上这也从另一个角度证明了我国银行业风险承担渠道的存在。

进一步的，我们关注了不同类型银行这种隐藏不良—货币政策敏感关系的差异性，选择利用交互项模型进行估计，具体如下：

$$oda_{i,t} = \alpha_0 + \beta_0 oda_{i,t-1} + \beta_1 m_{t-1} + \beta_{11} m_{t-1} * (1 - D_i) + \beta_{12} D_i + \beta_2 (control\_) + \varepsilon_{i,t}$$

由于篇幅限制，我们重点关注的是贷款偏离度指标 $oda_{i,t}$ 的相关情况，即不同类型银行是否会在相同的货币态势调整下，对将逾期 90 天贷款纳入不良有不同的态度。虚拟变量 D_i 利用 4 类银行的逆向归类变量进行估计，并比较相关系数的显著性差异，其中最重要的是关注货币政策与银行虚拟变量交互项 $m_{t-1} * (1 - D_i)$ 系数 β_{11} 的显著性与符号。由于非交互项模型中货币政策的系数显著为负，因此 β_{11} 若显著为负表示此类机构在货币紧缩条件下加大隐藏不良的动机强于非此类机构的样本组。此外，衡量不同类型银行的虚拟变量 D_i 也加入模型，其他的控制变量与估计方法和基础模型一致。具体的回归结果如表 7-23 所示。

表 7-23　　货币政策影响不同类型银行隐藏不良贷款行为的分析

	(1)	(2)	(3)	(4)
	$D_i = Da_i$	$D_i = Db_i$	$D_i = Dc_i$	$D_i = Dd_i$
$oda_{i,t-1}$	0.313***	0.372***	0.308***	0.331***
	(0.023)	(0.022)	(0.023)	(0.025)
$m_{t-1} * (1 - D_i)$	0.564**	-0.336	-0.620*	-0.825*
	(0.244)	(0.347)	(0.375)	(0.428)
$m_t - 1$	-1.030***	-0.799***	-0.447	-0.995***
	(0.200)	(0.248)	(0.315)	(0.256)
D_i	10.74	-1.238**	-1.610***	0.800
	(8.423)	(0.544)	(0.420)	(0.547)
$roa_{i,t}$	0.0430	-0.133	-0.275	-0.190
	(0.116)	(0.099)	(0.169)	(0.149)
$size_{i,t}$	0.173***	0.169***	0.199***	0.180***
	(0.027)	(0.023)	(0.028)	(0.026)
$liqratio_{i,t}$	0.0590	0.0910	0.0700	0.0690
	(0.117)	(0.112)	(0.105)	(0.109)

续表

	(1)	(2)	(3)	(4)
	$D_i = Da_i$	$D_i = Db_i$	$D_i = Dc_i$	$D_i = Dd_i$
$strdebt_{i,t}$	0.610***	0.460**	0.412*	0.398*
	(0.205)	(0.215)	(0.216)	(0.214)
$con\_$	-12.57	-1.136*	-2.193***	-3.000***
	(8.443)	(0.669)	(0.409)	(0.712)
obs.	1634	1634	1634	1634
Chi2.	462.7	501.1	546.6	513.2
AR1	-5.450	-5.302	-5.247	-5.335
AR2	1.337	1.492	1.286	1.375

从实证结果看,4 个模型整体的设定都比较稳健,但核心变量的交互项系数呈现非常大的差异。具体来看,两类地方法人机构城商行和农商行的交互项 $m_{t-1}*(1-D_i)$ 系数 β_{11} 均在 10% 的水平下显著为负,说明这两类机构在隐藏不良方面与货币政策调整的敏感性更强,即在外部流动性压力较大时,会更倾向于将逾期 90 天的问题资产放在关注类甚至正常类贷款中,以避免监管和资本压力。相反,国有大型银行这一系数为 0.564,且在 5% 的水平下显著,说明几家治理机制和风控机制更健全的大型银行的不良统计准入标准在长期内比较稳定,并不会受政策影响。股份制银行这一指标不显著,说明其隐藏不良标准的稳定性介于大型银行和地方法人机构之间。

值得注意的是,逾期 90 天与不良贷款的比例并非纯粹内生于银行隐藏不良动机,实际上这一比例被监管部门定义为贷款偏离度指标,被严格监控。当机构这一数值过高时,可能会受到监管部门更多关注。因此,在实证中我们认为银行调整隐藏不良标准的行为,还会受到监管强度的影响,这又与其本身指标所处的区间有关。即如果某银行前期逾期 90 天与不良贷款比例过高,它再主动去调整隐藏不良标准将面临更大的潜在监管压力。

我们利用分位数回归的方式对这一问题进行估计,即估计货币政策在不同分位数水平下对于企业隐藏不良行为的影响是否存在差异,具体估计了如下的静态模型:

$$oda_{i,t} = \alpha_0 + \beta_1 m_{t-1} + \beta_2(control\_) + type_{dummy} + \varepsilon_{i,t}$$

模型的设定与基础模型存在差异,主要是分位数回归无法直接采用 GMM 进行估计,因此在模型中放弃了被解释变量的滞后项。另外,我们为了控制截面差异的扰动,选择了利用银行类型进行聚类,加入了虚拟变量组 $type_{dummy}$。

分位数回归的估计方法，假设条件分布 $y|x$ 的总体 q 分位数 $y_q(x)$ 是 x 的线性函数，即 $y_q(x) = x_i^T \beta_q$。其中，β_q 被称为"q 分位数的回归系数"，其估计量 $\widehat{\beta}_q$ 可以由以下最小化问题来定义：

$$\min_{\beta_q} \sum_{i: y_i \geq x_i^T \beta_q}^n q |y_i - x_i^T \beta_q| + \sum_{i: y_i < x_i^T \beta_q}^n (1-q) |y_i - x_i^T \beta_q|$$

由于分位数回归的目标函数带有绝对值，不可微分，这里需要使用线性规划的方式来计算 $\widehat{\beta}_q$。可以这样认为，样本分位数的回归系数 $\widehat{\beta}_q$ 是总体分位数回归系数 β_q 一致估计量，而且 $\widehat{\beta}_q$ 服从渐进正态分布，即 $\sqrt{n}(\widehat{\beta}_q - \beta_q) \xrightarrow{d} N(0, Avar(\widehat{\beta}_q))$。

其中，渐进方差为：$Avar(\widehat{\beta}_q) = A^{-1} B A^{-1}$

$$A \equiv p\lim_{n \to \infty} \frac{1}{n} \sum_{i=1}^n f_{u_q}(0|x_i) x_i x_i^T$$

$$B \equiv p\lim_{n \to \infty} \frac{1}{n} \sum_{i=1}^n q(1-q) x_i x_i^T$$

这里 $f_{u_q}(0|x_i)$ 是扰动项 $u_q = y - x^T \beta_q$ 的条件密度函数在 $u_q = 0$ 处的取值。我们是利用自助法求解协方差矩阵，并取 q 在每 5% 处分别估计，得到的分位数回归结果中，货币政策 m_{t-1} 回归系数和置信区间如图 7-4 所示。

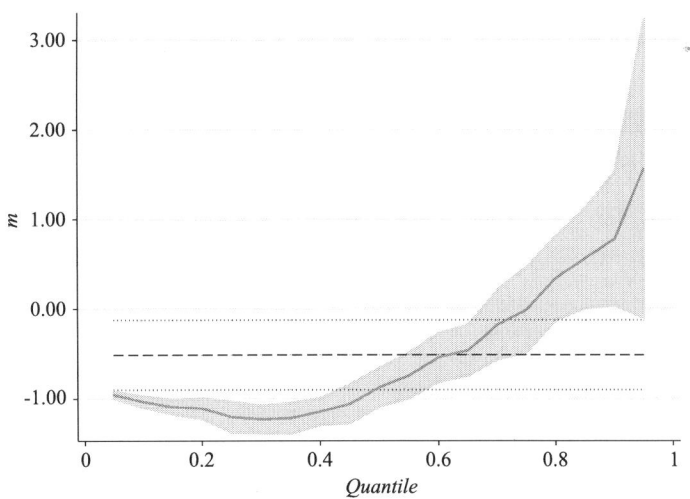

图 7-4　货币政策影响银行隐藏不良贷款行为的分位数回归结果

注：图中的曲线为方程随着被解释变量分位数增加 m_{t-1} 系数的变化趋势，在条件分布的右侧，由于系数估计值的标准误变大，置信区间也有所扩大。

可以看出，货币政策在不同分位数下对银行隐藏不良贷款行为的影响并不稳定，分位数回归的系数曲线呈现明显向上倾斜的特征。说明在隐藏不良贷款规模较大的区间内，尤其是0.8分位数以上时，货币政策对其影响较小。这与上文的假设相印证，即在较低的贷款偏离度情况下，银行主动调整不良贷款准入标准的能力更强，也更容易根据外部环境变化改变其隐藏不良的规模，但若前期这一比例已经很高，可能已引起外部监管部门的关注，这使得相关银行在这一方面进行决策的弹性明显减弱。事实上，监管部门对于银行隐藏不良的行为已越来越重视，例如，2018年2月28日，中国银监会下发《关于调整商业银行贷款损失准备监管要求的通知》（银监发〔2018〕7号），将银行不良贷款分类结果准确性与贷款损失准备监管要求关联，在此基础上，部分地方监管部门要求法人银行将逾期90天贷款全部纳入不良统计。总的来看，这种政策导向的变化在长期内会显著降低货币政策调整与企业隐藏不良行为之间的相关性。

第三节　基于银行盈利水平内生的货币政策影响分析

在关于信贷渠道和风险承担渠道的研究中，我们都假定银行的盈利状况外生于货币政策调整，在实证研究中作为一个外生因素进行考虑。但实际上，外部流动性的状况改善，会在负债层面降低银行的财务压力，并减少风险覆盖成本，提高银行盈利能力（Kiyotaki和Moore，2012等），但近期也有不少研究发现货币政策的宽松会通过存贷款利率变化的粘性差异，降低银行的净息差收入，至少在短期内造成利润下滑（Bech和Malkhozov，2016等）。考虑到盈利能力和内在价值是影响银行信贷决策和长期风险态度的重要因素，我们在这一部分将对货币政策调整与银行盈利能力之间的短期关联，及这种内生条件会如何影响信贷渠道和风险承担渠道的效应进行实证检验。

一、主要回归指标与设定

样本选择以及估计软件与上文相同，除盈利指标和贷存比控制变量外，其余变量都与前期研究一致，不再赘述。风险相关变量的计算方法如表7-24所示。

这一部分核心的回归变量为盈利指标，主要包括两个利润指标，即总资产利润率$roa_{i,t}$和资本利润率$roe_{i,t}$，以及一个收入指标，即贷款利息收入增速$ginc_{i,t}$。在回归模型中，将替换3个指标以得到相对稳健的实证结果。考虑前期研究和数据的可得性，我们增加了关于贷存比$ltd_{i,t}$作为影响银行盈利能力的控制变量。

表 7-24　　　　　　　　　主要回归变量的计算方法

	变量名称	变量符号	计算方法
盈利指标	总资产利润率	$roa_{i,t}$	银行 i 第 t 年总资产净利润率 ×10
	资本利润率	$roe_{i,t}$	银行 i 第 t 年净资产收益率 ×10
	贷款利息收入增速	$ginc_{i,t}$	银行 i 第 t 年贷款利息收入自然对数值与 $t-1$ 年的差分值
控制变量	贷存比	$ltd_{i,t}$	银行 i 第 t 年末各项贷款与存款的比例

注：由于利润率指标相对被解释变量和控制变量数值过小，考虑实证估计结果的系数可能过小，将原始数值乘以 10 后进行相关分析。

二、描述性统计

盈利指标的描述性统计结果如 7-25 所示。

表 7-25　　　　　　　　　盈利指标的描述性统计

变量名称	样本数	均值	标准差	中位数	最小值	最大值
$roa_{i,t}$	1842	0.092	0.373	0.051	0.000	2.982
$roe_{i,t}$	1842	1.577	3.261	0.841	0.001	13.155
$ginc_{i,t}$	1383	0.426	1.565	0.244	-4.513	7.205

注：所有的连续变量都进行了 1% 水平下的 winsorize 缩尾处理。

从基本的统计数据可以看出，样本银行的总资产利润率中位数 0.5%，而均值在 0.9%，即少量银行在部分时点的盈利状况很高，整个指标呈现向左倾斜的不均匀状况（见图 7-5）。净资产利润率的均值则在 0.1 以上，这种不平衡的态势更加明显。这也表明，不同银行在不同时点的盈利能力存在极大差异，简单将其外生性处理确实不稳健。另外，主营业务贷款利息收入的增速均值与中位数比较接近，相对于盈利指标的不稳定，这可能暗示了非存贷款业务的规模可能波动较大，对这一问题我们将在后文中进行详细的分析。

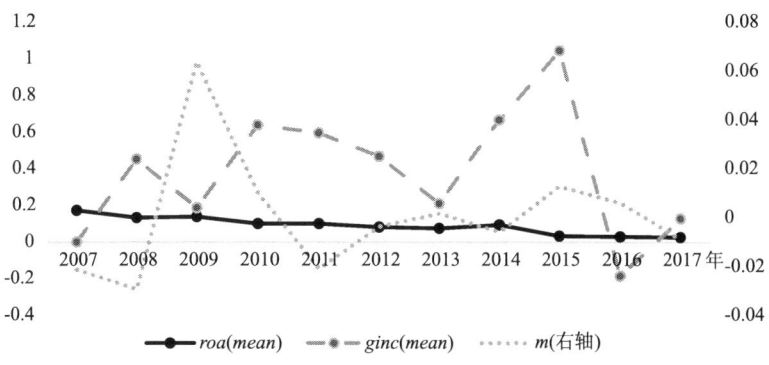

图 7-5　盈利指标均值的时序趋势图

另外，从样本截面均值的时序看，在拐点上贷款利息收入增速的均值与货币政策指标之间存在着一定的负向关系，而利润指标资产收益率则与货币态势之间存在正向关联。

盈利指标按银行类型分组的均值比较情况如表 7-26 所示。

表 7-26　　　　　　　　盈利指标按银行类型分组的均值比较

$roa_{i,t}$	分组	样本数	均值	标准差	差值95%置信区间	t 值	单边 P 值
国有大型商业银行	$Da_i = 0$	55	0.00634	0.00120	-0.18813	-1.72640	0.04220
	$Da_i = 1$	1787	0.09441	0.00895	0.01198		
股份制商业银行	$Db_i = 0$	132	0.01668	0.00524	-0.14688	-2.40490	0.00810
	$Db_i = 1$	1710	0.09758	0.00934	-0.01492		
城市商业银行	$Dc_i = 0$	1408	0.11605	0.01128	0.06313	5.06570	0.00000
	$Dc_i = 1$	434	0.01304	0.00162	0.14290		
农村商业银行	$Dd_i = 0$	247	0.01259	0.00041	-0.14130	-3.59890	0.00020
	$Dd_i = 1$	1595	0.10405	0.01000	-0.04162		
$ginc_{i,t}$	分组	样本数	均值	标准差	差值95%置信区间	t 值	单边 P 值
国有大型商业银行	$Da_i = 0$	40	0.14477	0.27447	-0.78255	-1.15470	0.12420
	$Da_i = 1$	1343	0.43473	0.04256	0.20264		
股份制商业银行	$Db_i = 0$	96	0.43322	0.12808	-0.31758	0.04460	0.48220
	$Db_i = 1$	1287	0.42583	0.04422	0.33235		
城市商业银行	$Dc_i = 0$	1047	0.45042	0.05087	-0.09343	1.00960	0.15640
	$Dc_i = 1$	336	0.35133	0.06984	0.29160		
农村商业银行	$Dd_i = 0$	200	0.35334	0.08381	-0.32014	-0.71310	0.23800
	$Dd_i = 1$	1183	0.43869	0.04712	0.14944		

整体来看，不同类型银行的利润指标都能通过均值检验，主要的特征是城商行的资产利润率 $roa_{i,t}$ 在样本期内均值显著高于其他三类银行。而从均值水平看，国有大型银行最低，股份制银行的利润率虽然高于国有大型银行和农商行，但仍远低于城商行 11.6% 的水平。收入指标上看，国有大型银行的利息收入对数差分 0.14 同样最低，而城商行这一指标的均值达到 0.45，在样本期内城商行的扩张速度远大于国有银行。

表 7-27　　　　　　　　盈利指标按货币态势分组的均值比较

	分组	样本数	均值	标准差	差值95%置信区间	t值	单边P值
$roa_{i,t}$	$mt_t=0$	863	0.111343	0.01352	-0.05455	-2.41720	0.01206
	$mt_t=1$	979	0.070936	0.01092	-0.01373		
$ginc_{i,t}$	$mt_t=0$	573	0.35841	0.06946	-0.28354	-1.35800	0.08730
	$mt_t=1$	810	0.47440	0.05241	0.05156		

货币态势分组的结果比较显著（见表7-27），利润指标$roa_{i,t}$方面，宽松态势下的均值在5%的显著性水平下显著高于紧缩态势，这暗示了流动性宽松对于银行负债成本和风险覆盖成本的积极影响。但紧缩态势下的贷款利息收入增长在10%的水平下显著高于宽松状态，这符合利差粘性的逻辑，也可能与收入结构的变化相关。

三、货币政策影响银行盈利能力的基础模型

这一部分是关于银行盈利指标受货币政策影响的基础回归模型，利用非平衡面板数据对两者的关系进行估计，具体的回归方程为：

$$profit_{i,t} = \alpha_0 + \beta_1 m_t + \beta_2(control\_) + \varepsilon_{i,t}$$

其中，盈利指标包括总资产利润率$roa_{i,t}$、资本利润率$roe_{i,t}$以及贷款利息收入增速$ginc_{i,t}$，这些指标分别替换$profit_{i,t}$进入模型。盈利指标主要描述经营后果，且波动性较大，因此与信贷和风险不同，这里不包含滞后项，即设定为静态面板模型。主要回归变量是货币政策的替代指标m_t，系数β_1显著为正表示货币宽松会提高即期银行的盈利情况。control_表示相关的控制变量，主要包括银行的规模、贷存比、流动性比率以及不良率。面板模型我们选择利用企业类型聚类的方式进行估计，并利用随机效应的结果进行佐证，考虑到核心指标货币政策m_t为时序变量，模型中不再加入时间虚拟变量。

在表7-28中，列（1）—（2）是针对资产利润率模型的估计结果，可以看出，模型估计的整体显著性较好，两种估计方法的结果比较类似，核心变量货币政策m_t的系数β_1在1%的水平下显著为正，说明宽松态势会在短期内提高银行的盈利能力。列（3）—（4）关于资本利润率的回归系数在10%的水平下显著为正，两个模型均验证了前期关于负债成本和风险覆盖成本下降的研究结论。列（5）—（6）中关于收入增速指标$ginc_{i,t}$的模型实证结果则相反，货币政策变量的系数在5%的水平下显著为负，即宽松政策反而会降低贷款利息收入的增速。此外，其他控制变量中，规模和流动性比率的显著性较好，与直观感受一致，不良率在部分模型中

对银行的短期盈利有非常显著的负向影响。

表 7 – 28　　　　　　　　货币政策影响银行盈利能力的基础模型

模型设定	(1) $profit_{i,t} = roa_{i,t}$	(2)	(3) $profit_{i,t} = roe_{i,t}$	(4)	(5) $profit_{i,t} = ginc_{i,t}$	(6)
m_t	0.114***	0.103***	1.709*	1.505*	-3.513**	-3.420**
	(0.037)	(0.033)	(0.804)	(0.759)	(1.628)	(1.622)
$size_{i,t}$	-0.050***	-0.050***	-0.647***	-0.716***	-0.066*	-0.046*
	(0.007)	(0.006)	(0.082)	(0.080)	(0.036)	(0.026)
$ltd_{i,t}$	0.0310	-0.0740	-0.294	-1.150	-0.625	-0.538
	(0.083)	(0.070)	(1.008)	(0.887)	(0.424)	(0.397)
$liqratio_{i,t}$	0.164***	-0.007	2.117***	-0.144	-0.247	-0.234
	(0.058)	(0.042)	(0.697)	(0.531)	(0.293)	(0.292)
$npl_{i,t}$	0.204	0.848	11.64	20.066***	-9.243**	-9.730**
	(0.785)	(0.526)	(9.505)	(6.686)	(4.673)	(4.607)
$con\_$	0.633***	0.899***	8.589***	12.823***	2.042***	1.730***
	(0.129)	(0.115)	(1.567)	(1.436)	(0.679)	(0.525)
type_dummy	√		√		√	
random_effect		√		√		√
obs.	1842	1842	1842	1842	1383	1383
F.	12.51***		15.26***		1.863***	
Chi2.		72.07***		107.2***		13.44***
$adj - R^2$	0.0480		0.0580		0.00500	
$within - R^2$		0.0400		0.0610		0.00800

注：type_dummy 表示模型为银行类型聚类估计；random_effect 为随机效应估计。两类估计方法的整体显著性检验的统计量分别为 F 统计量和 Chi2 统计量。

此外，我们也关注了货币政策影响银行盈利行为的非对称问题，具体的模型设定为：

$$profit_{i,t} = \alpha_0 + \beta_1 m_t + \beta_2 (control\_) + \varepsilon_{i,t} (by - mt_t)$$

变量选择与基础模型一致，主要是利用货币态势的虚拟变量 mt_t 将样本分为两组，分别进行回归估计，并比较系数 β_1 的大小和显著性，从而分析货币宽松和紧缩周期这种影响是否存在显著差异，这里由于篇幅限制，只列示了类型聚类的回归结果。实证结果如表 7 – 29 所示。

表 7-29　　　　　　　　货币政策影响银行盈利能力的非对称分析

模型设定	(1) $profit_{i,t}=roa_{i,t}$	(2) $profit_{i,t}=roa_{i,t}$	(3) $profit_{i,t}=roe_{i,t}$	(4) $profit_{i,t}=roe_{i,t}$	(5) $profit_{i,t}=ginc_{i,t}$	(6) $profit_{i,t}=ginc_{i,t}$
	$mt_t=0$	$mt_t=1$	$mt_t=0$	$mt_t=1$	$mt_t=0$	$mt_t=1$
m_t	0.216***	0.082	1.521***	1.458***	-4.017***	-3.108***
	(0.051)	(0.055)	(0.468)	(0.488)	(0.810)	(0.905)
$size_{i,t}$	-0.043***	-0.052***	-0.515***	-0.697***	-0.178***	0.007
	(0.010)	(0.011)	(0.116)	(0.129)	(0.062)	(0.046)
$ltd_{i,t}$	-0.0110	0.0630	-0.447	-0.169	-0.861	-0.614
	(0.116)	(0.119)	(1.371)	(1.468)	(0.742)	(0.517)
$liqratio_{i,t}$	0.211***	0.121	2.827***	1.488	-0.566	-0.0620
	(0.080)	(0.083)	(0.945)	(1.015)	(0.494)	(0.366)
$npl_{i,t}$	0.381	-0.0870	4.782	9.022	-8.540	-9.709*
	(1.457)	(1.004)	(17.261)	(12.344)	(9.262)	(5.607)
$con\_$	0.526***	0.686***	6.290***	9.505***	3.930***	0.959
	(0.185)	(0.203)	(2.194)	(2.501)	(1.241)	(0.882)
$obs.$	863	979	863	979	573	810
$F.$	6.378***	6.257***	7.297***	8.050***	1.916***	0.738***
$adj-R^2$	0.0480	0.0410	0.0550	0.0550	0.0130	-0.00300

从实证结果看，模型整体的显著性较好，且不同货币态势分组后核心变量的显著性存在明显的差异。具体来看，总资产利润率指标作为被解释变量时，宽松态势子样本组的回归系数在1%的水平下显著为正，但紧缩子样本组则不显著，说明货币政策影响银行利润水平的非对称性存在，即宽松政策带来的短期利润上升幅度要超过紧缩政策对利润的负面影响。资本利润率模型的回归结果均显著为正，但从系数值看也是宽松政策更大。另外，收入政策指标的情况则有所不同，两个样本组的回归系数均在1%的水平下显著为负，而宽松政策对于贷款利息收入的负向冲击更大，这也与其他研究中利差粘性假设的结论一致。

四、货币政策影响不同类型银行盈利能力的实证分析

进一步的，我们也关注了货币政策对不同类型银行盈利能力的影响，具体的回归方程与基础模型一致，运用逆向归类方式选择样本，具体的模型设定如下：

$$roa_{i,t}=\alpha_0+\beta_1 m_t+\beta_2(control\_)+\varepsilon_{i,t}(by-D_i)$$

针对国有大型银行、股份制银行、城商行和农商行分别进行回归,我们关注了每一个模型中货币政策系数β_1的大小和显著性,更高的β_1说明该类银行利润对货币态势的敏感性较弱。考虑篇幅限制,这里仅列出了基于总资产收益率指标$roa_{i,t}$的回归结果。

在表 7-30 中,列(1)—(4)分别列示了逆向归类的 4 类银行子样本回归的结果,4 个模型中货币政策系数β_1都在 1% 或 5% 的水平下显著为正,但系数大小存在差距。可以看出,宽松政策对于城商行利润的正向影响更大,相对而言国有大型银行大幅度调节业务模式的成本更高,面临的存贷款利差粘性问题更为严重,宽松政策下盈利的增长水平相对较低。但整体看,4 类机构的差异并不十分明显。

表 7-30　　　　货币政策影响不同类型银行盈利能力的效应分析

	(1)	(2)	(3)	(4)
	$Da_i = 1$	$Db_i = 1$	$Dc_i = 1$	$Dd_i = 1$
m_t	0.115***	0.093***	0.083**	0.107***
	(0.035)	(0.036)	(0.039)	(0.041)
$size_{i,t}$	-0.038***	-0.035***	-0.002***	-0.040***
	(0.006)	(0.006)	(0.001)	(0.006)
$ltd_{i,t}$	-0.00800	-0.0560	0.0260	0.111
	(0.081)	(0.086)	(0.019)	(0.091)
$liqratio_{i,t}$	0.174***	0.178***	-0.007	0.208***
	(0.059)	(0.061)	(0.011)	(0.068)
$npl_{i,t}$	-0.123	0.210	-0.341***	0.897
	(0.809)	(0.826)	(0.131)	(0.946)
$con\_$	0.588***	0.571***	0.035*	0.534***
	(0.112)	(0.120)	(0.020)	(0.115)
obs.	1787	1710	434	1595
F.	12.98***	11.44***	3.654***	15.15***
$adj-R^2$	0.0320	0.0300	0.0300	0.0430

除分组回归外,我们也通过在模型中引入货币政策与银行类型交互项$m_t * (1 - D_i)$的方式,利用单一模型分析银行类型对其盈利—货币政策敏感性的影响,具体的回归方程如下:

$$roa_{i,t} = \alpha_0 + \beta_1 m_t + \beta_{11} m_t * (1 - D_i) + \beta_{12} D_i + \beta_2 (control\_) + \varepsilon_{i,t}$$

模型整体结构和控制变量选择与基础模型一致，重点是估计交互项 $m_t*(1-D_i)$ 的系数 β_{11}，若显著为正说明此类银行的利润与货币政策的敏感性要高于其他银行，同样，我们也只选择了总资产收益率指标 $roa_{i,t}$ 的回归结果。实证结果如表7-31所示。

在表7-31中，列（1）—（4）分别表示国有大型银行、股份制银行、城商行和农商行作为类型变量进入交互项模型的回归结果。可以看出，交互项 $m_t*(1-D_i)$ 的系数显著性差异较大，结论与分组回归比较吻合，城商行组和农商行组的系数在1%的水平下显著为正，国有大型银行和股份制银行则系数不显著，说明地方法人机构的利润水平波动受货币政策的影响更为明显，这也与 Rostagno、Bindseil 和 Kamps（2016）关于正向影响的研究观点类似。事实上，国有大型银行会承担较多的非盈利目标，其利润规模的波动受到外部环境的影响较小，而地方法人机构在改制过程中可能存在较多股权治理的漏洞，由于政府在机构人事财务等方面的介入较多，相当一部分股东无法行使管理权，只能索取更高的投资回报。为保证股权的稳定性，农商行和城商行在宽松态势下大幅扩大资产负债规模以及短期利润目标会更加明显。

表7-31　货币政策影响不同类型银行盈利能力的效应分析（交互项）

	(1)	(2)	(3)	(4)
	$D_i = Da_i$	$D_i = Db_i$	$D_i = Dc_i$	$D_i = Dd_i$
$m_t*(1-D_i)$	0.115	0.151	0.331***	0.270***
	(0.105)	(0.186)	(0.102)	(0.109)
m_t	0.090***	0.082***	0.074***	0.098***
	(0.343)	(0.350)	(0.650)	(0.374)
D_i	-0.128**	-0.0540	-0.058**	0.130***
	(0.058)	(0.039)	(0.023)	(0.026)
$size_{i,t}$	-0.037***	-0.035***	-0.027***	-0.036***
	(0.006)	(0.006)	(0.005)	(0.005)
$ltd_{i,t}$	-0.00900	-0.0460	0.0480	0.0650
	(0.079)	(0.082)	(0.083)	(0.080)
$liqratio_{i,t}$	0.173***	0.170***	0.165***	0.162***
	(0.058)	(0.058)	(0.058)	(0.058)
$npl_{i,t}$	-0.114	0.187	0.399	0.514
	(0.788)	(0.780)	(0.785)	(0.780)

续表

	(1)	(2)	(3)	(4)
	$D_i = Da_i$	$D_i = Db_i$	$D_i = Dc_i$	$D_i = Dd_i$
$con\_$	0.716***	0.618***	0.407***	0.412***
	(0.142)	(0.134)	(0.108)	(0.103)
$obs.$	1842	1842	1842	1842
$F.$	9.961***	9.532***	10.33***	12.98***
$adj-R^2$	0.0330	0.0310	0.0340	0.0440

五、基于银行盈利能力内生的信贷渠道分析

可以看出,外部货币政策的调整会通过两个机制影响银行的信贷决策,一个是传统的信贷渠道,另一个则是在长期内影响银行的利润和价值,进而改变其补充资本或者说稳定资本的难度,从而影响其扩大贷款规模的能力(Gambacorta 和 Shin, 2018)。

在这一部分,我们利用联立方程模型的方法检验了盈利能力内生条件下货币政策与银行信贷决策之间的关系。具体的模型设定如下:

$$\begin{cases} loan_{i,t} = \beta_0 + \beta_1 m_t + \beta_2 roa_{i,t-1} + \beta_3(control\_) + ind_{dummy} + \varepsilon_{i,t} \\ roa_{i,t} = \gamma_0 + \gamma_1 m_t + \gamma_2(control\_) + ind_{dummy} + \mu_{i,t} \end{cases}$$

联立模型由信贷方程和盈利方程两部分组成,信贷方程中核心变量和控制变量选择与第一部分的基础模型一致,考虑到估计方法的限制未列入被解释变量的滞后项。模型中核心变量为货币政策m_t以及利润指标$roa_{i,t-1}$,两者系数的显著性表明在盈利能力内生的条件下外部货币态势调整对于银行信贷行为影响的两种机制。盈利方程与基础模型的设定一致,系数γ_1为短期利润对货币政策的敏感性。在两个模型中均采用银行类型变量聚类。

在估计方法上,对两个方程独立进行估计会存在内生性问题,而且使用单一方程估计时,由于忽略了各方程扰动项之间的联系,很可能导致估计效率的损失。为了解决潜在的内生性问题和充分利用扰动项之间的关系,我们选择了常见的系统估计法"三阶段最小二乘法"(Three Stage Least Square,简称3SLS)。整个估计过程包括两个步骤,首先是对每个方程进行2SLS的估计,然后利用结果得到对整个系统扰动项协方差的估计,并据此对整个系统进行 GLS 估计,具体如下:对于联立方程模型的第j个方程,忽略系统中不在该方程的内生变量y_j^*和外生变量x_j^*,并考虑所有T个样本观测值,则该方程为:

第七章 货币政策与银行经营决策：基于中国银行业的经验证据

$$y_j = Y_j\gamma_j + X_j\beta_j + \varepsilon_j = Z_j\delta_j + \varepsilon_j (j=1,2,\cdots,M)$$

其中，解释变量向量为 $Z_j \equiv Y_j X_j$，系数 $\delta_j \equiv \begin{pmatrix} \gamma_j \\ \beta_j \end{pmatrix}$，整个系统方程为：

$$y \equiv \begin{pmatrix} y_1 \\ y_2 \\ \vdots \\ y_M \end{pmatrix} = \begin{pmatrix} Z_1 & \cdots & \cdots & 0 \\ \vdots & Z_2 & & \vdots \\ \vdots & & \ddots & \vdots \\ 0 & \cdots & \cdots & Z_M \end{pmatrix} \begin{pmatrix} \delta_1 \\ \delta_2 \\ \vdots \\ \delta_M \end{pmatrix} + \begin{pmatrix} \varepsilon_1 \\ \varepsilon_2 \\ \vdots \\ \varepsilon_M \end{pmatrix} \equiv Z\delta + \varepsilon$$

假设 $E(\varepsilon|X)=0, E(\varepsilon\varepsilon'|X)=\Sigma \otimes I$，其中 X 包括系统内所有外生变量。

记 $\hat{Z}_j \equiv X(X'X)^{-1}X'Z_j$ 为第 j 个方程解释变量 Z_j 对所有外生工具变量进行回归的拟合值，则第 j 个方程的 2SLS 估计量为 $\hat{\delta}_{j,2sls} = (\hat{Z}_j'Z_j)^{-1}\hat{Z}_j'y_j$。利用估计得到的残差估计协方差矩阵的估计量，得到 $\hat{\sigma}_{i,j} = \frac{1}{T}(y_i - Z_i\hat{\delta}_{i,2sls})'(y_j - Z_j\hat{\delta}_{j,2sls})$。因此，类似 SUR 的思路，利用 GLS 对系统进行估计，得到 3SLS 估计量为：

$$\hat{\delta}_{j,3sls} = [(\hat{Z}_j'(\hat{\Sigma}^{-1} \otimes I)\hat{Z}_j)]^{-1}\hat{Z}_j'(\hat{\Sigma}^{-1} \otimes I)y_j$$

实证中实际选择的是迭代三阶段最小二乘，即对于上述估计出的模型，可以利用其残差重新估计协方差矩阵 Σ，然后再利用 GLS 反复估计直到收敛。

具体的回归结果如表 7-32 所示。

表 7-32 银行盈利能力内生条件下货币政策对银行信贷行为影响的实证研究

	(1)	(2)	(3)	(4)	(5)
样本选择		全样本		$mt_t = 0$	$mt_t = 1$
	模型 1	$loan_{i,t} \sim m_t$			
m_t	1.104***	0.536***	0.534***	1.370***	0.439
	(0.101)	(0.084)	(0.084)	(0.130)	(0.325)
$roa_{i,t-1}$	0.022***	0.032***	0.031***	0.029***	-0.011
	(0.006)	(0.006)	(0.006)	(0.008)	(0.008)
$size_{i,t}$		-0.010***	-0.011***	-0.010***	-0.005*
		(0.002)	(0.002)	(0.003)	(0.003)
$liqratio_{i,t}$		-0.011	-0.009	-0.047***	0.023
		(0.014)	(0.014)	(0.018)	(0.020)
$deposit_{i,t}$		0.451***	0.450***	0.403***	0.473***
		(0.017)	(0.017)	(0.023)	(0.027)

续表

	(1)	(2)	(3)	(4)	(5)
样本选择		全样本		$mt_t=0$	$mt_t=1$
		模型1	$loan_{i,t} \sim m_t$		
$npl_{i,t}$		-1.117***	-1.122***	-1.873***	-1.126***
		(0.234)	(0.234)	(0.369)	(0.313)
$strincm_{i,t}$		0	0	0	-0.001
		(0.000)	(0.000)	(0.000)	(0.000)
$strdebt_{i,t}$		0.093***	0.093***	0.102***	0.131***
		(0.023)	(0.023)	(0.031)	(0.033)
$con\_$	0.196***	0.274***	0.284***	0.298***	0.170***
	(0.007)	(0.031)	(0.031)	(0.041)	(0.047)
$type\_dummy$	√	√	√	√	√
obs.	1634	1634	1634	823	811
Chi2.	156.7***	1131***	1139***	819.3***	480.4***
$within-R^2$	0.0880	0.409	0.410	0.493	0.365
		模型2	$roa_{i,t} \sim m_t$		
m_t	0.121***	0.121***	0.099***	0.175***	0.086
	(0.036)	(0.036)	(0.341)	(0.054)	(0.053)
$size_{i,t}$			-0.045***	-0.040***	-0.051***
			(0.007)	(0.009)	(0.011)
$ltd_{i,t}$			0.0690	0.144	0.0520
			(0.081)	(0.110)	(0.117)
$liqratio_{i,t}$			0.097*	0.171**	0.0240
			(0.057)	(0.077)	(0.084)
$npl_{i,t}$			-0.386	-0.247	-0.538
			(0.947)	(1.503)	(1.284)
$con\_$	0.0130	0.0130	0.598***	0.431**	0.734***
	(0.024)	(0.024)	(0.128)	(0.177)	(0.202)
$type\_dummy$	√	√	√	√	√
obs.	1634	1634	1634	823	811
Chi2.	20.51***	20.51***	75.47***	40.62***	37.88***
$within-R^2$	0.0120	0.0120	0.0440	0.0460	0.0450

在表 7-32 中，列（1）—（3）表示不同控制变量选择的模型估计结果，列（4）—（5）为不同货币态势子样本组的回归结果。表格中上下两部分分别代表联立模型中两个方程的情况，方程 1 列示的全样本回归结果与信贷渠道部分的结论类似，即使考虑 $roa_{i,t}$ 的内生问题，货币政策与银行信贷渠道之间的正向关系依然在 1% 的水平下显著，而且盈利指标本身的系数 β_2 以及盈利方程中货币政策 γ_1 均显著为正，说明利润渠道同样发挥作用，前期对于信贷渠道的分析可能确实存在偏差。另外，从分组的回归结果也可以印证上文的结论，即在我国货币政策宽松对于银行信贷规模的正面影响要超过紧缩态势的负面影响，这在信贷渠道和利润内生两个机制下都非常明显。

同时，我们也关注不同类型银行这两种机制的效应差异，同样采用逆向归类变量分组的方式进行模型估计，并比较核心变量在不同方程中的系数差异。具体的模型设定如下：

$$\begin{cases} loan_{i,t} = \beta_0 + \beta_1 m_t + \beta_2 roa_{i,t-1} + \beta_3 (control\_) + \varepsilon_{i,t} \\ roa_{i,t} = \gamma_0 + \gamma_1 m_t + \gamma_2 (control\_) + \mu_{i,t} \end{cases} (by - D_i)$$

与前期研究类似，国有大型银行、股份制银行、城商行和农商行分别进行回归，由于是逆向归类分组，核心变量系数 β_1、β_2 以及 γ_1 的数值越大，显著性越好，说明该类银行信贷投放受货币政策的影响越小。由于方程利用了类型变量分组，此处不再进行聚类。具体的回归结果如表 7-33 所示。

表 7-33　银行盈利能力内生条件下货币政策对银行信贷行为影响的实证研究（按银行类型分组）

	(1)	(2)	(3)	(4)
	$Da_i = 1$	$Db_i = 1$	$Dc_i = 1$	$Dd_i = 1$
模型 1　$loan_{i,t} \sim m_t$				
m_t	0.535***	0.511***	0.565***	0.548***
	(0.087)	(0.089)	(0.151)	(0.091)
$roa_{i,t-1}$	0.190**	0.193**	0.105	0.177***
	(0.09)	(0.076)	(0.096)	(0.05)
$size_{i,t}$	-0.011***	-0.011***	-0.011***	-0.011***
	(0.002)	(0.002)	(0.003)	(0.002)
$liqratio_{i,t}$	-0.00900	-0.0140	-0.0260	-0.00100
	(0.014)	(0.014)	(0.023)	(0.015)

续表

	(1) $Da_i=1$	(2) $Db_i=1$	(3) $Dc_i=1$	(4) $Dd_i=1$
		模型 1　$loan_{i,t} \sim m_t$		
$deposit_{i,t}$	0.448***	0.446***	0.494***	0.445***
	(0.018)	(0.018)	(0.040)	(0.018)
$npl_{i,t}$	-1.127***	-1.204***	-0.639*	-1.156***
	(0.239)	(0.242)	(0.377)	(0.265)
$strincm_{i,t}$	0	0	0.0270	0
	(0.000)	(0.000)	(0.027)	(0.000)
$strdebt_{i,t}$	0.093***	0.104***	-0.0530	0.115***
	(0.023)	(0.024)	(0.039)	(0.025)
$con\_$	0.284***	0.291***	0.290***	0.306***
	(0.032)	(0.032)	(0.055)	(0.040)
obs.	1584	1514	370	1434
Chi2.	1050	999.6	436.2	1025
$within-R^2$	0.398	0.396	0.541	0.416
		模型 2　$roa_{i,t} \sim m_t$		
m_t	0.151***	0.155***	0.021	0.09
	(0.032)	(0.033)	(0.025)	(0.388)
$size_{i,t}$	-0.046***	-0.047***	-0.001**	-0.054***
	(0.007)	(0.007)	(0.001)	(0.008)
$ltd_{i,t}$	0.0710	0.0610	0.00200	0.115
	(0.083)	(0.085)	(0.008)	(0.090)
$liqratio_{i,t}$	0.097*	0.0970	0.012***	0.127*
	(0.058)	(0.061)	(0.004)	(0.066)
$npl_{i,t}$	-0.396	-0.499	-0.247***	-0.401
	(0.971)	(1.000)	(0.066)	(1.121)
$con\_$	0.599***	0.636***	0.026**	0.877***
	(0.130)	(0.137)	(0.011)	(0.169)
obs.	1584	1514	370	1434
Chi2.	70.91***	66.10***	56.98***	67.85***
$within-R^2$	0.0430	0.0420	0.133	0.0450

在表 7-33 中,列(1)—(4)分别列示了逆向归类的 4 类银行子样本利用联

立模型估计的结果,可以看出,4个模型的核心变量显著性存在明显差异,说明货币政策调整对于不同类型银行信贷规模决策的影响机制并不相同。与第一部分的研究结论相同,信贷渠道的直接影响主要体现在国有大型和股份制银行这类全国性机构上,尤其是股份制银行的信贷投放对外部流动性的敏感程度最高。但非城商行组的系数β_1以及γ_1显著性都是4组中最差的,这说明货币政策对于地方法人机构,尤其是城市商业银行短期的利润影响最为明显,在其经营扩张周期中,这同样会通过资本等渠道最终影响其信贷决策。可以看出,若不考虑利润指标的内生性问题,可能会低估货币政策影响地方法人机构信贷行为的程度。

六、基于银行盈利能力内生的风险承担渠道分析

类似的,外部货币政策的调整不仅会直接影响银行的风险态度和风险识别能力,而且会通过改变银行的短期盈利能力和价值,间接影响银行在贷款审批条件和风险定价上的态度(Bech 和 Malkhozov,2016)。在这一部分,我们利用联立方程模型的方法,检验了盈利能力内生条件下货币政策与银行风险决策之间的关系。具体的模型设定如下:

$$\begin{cases} npl_{i,t} = \beta_0 + \beta_1 m_{t-1} + \beta_2 roa_{i,t-1} + \beta_3(control\_) + ind_{dummy} + \varepsilon_{i,t} \\ roa_{i,t} = \gamma_0 + \gamma_1 m_t + \gamma_2(control\_) + ind_{dummy} + \mu_{i,t} \end{cases}$$

联立模型由风险方程和盈利方程两部分组成,风险方程中核心变量和控制变量选择与第二部分的基础模型基本一致,与信贷渠道研究一样,未列入被解释变量的滞后项。模型中核心变量为货币政策m_t以及利润指标$roa_{i,t-1}$,两者系数β_1和β_2的显著性表明在盈利能力内生的条件下外部货币态势调整对于银行风险决策影响的两种机制。盈利方程与基础模型的设定一致,系数γ_1为短期利润对货币政策的敏感性。在两个模型中均采用银行类型变量聚类,估计方法为迭代3SLS。具体的回归结果如表7-34所示。

表7-34 银行盈利能力内生条件下货币政策对银行风险行为影响的实证研究

样本选择	(1)	(2)	(3)	(4)	(5)
		全样本		$mt_t = 0$	$mt_t = 1$
	模型1	$npl_{i,t} \sim m_t$			
m_{t-1}	0.026***	0.025***	0.026***	0.029***	0.013
	(0.009)	(0.009)	(0.009)	(0.012)	(0.012)
$roa_{i,t-1}$	-0.001**	-0.001**	-0.001**	0.001*	-0.003***
	(0.001)	(0.001)	(0.001)	(0.001)	(0.001)

续表

	(1)	(2)	(3)	(4)	(5)
样本选择		全样本		$mt_t = 0$	$mt_t = 1$
		模型 1	$npl_{i,t} \sim m_t$		
$size_{i,t}$		0.001***	0.001***	0.001***	0.001***
		(0.000)	(0.000)	(0.000)	(0.000)
$liqratio_{i,t}$		-0.001	-0.001	-0.003	0
		(0.001)	(0.001)	(0.002)	(0.002)
$strdebt_{i,t}$		-0.014***	-0.014***	-0.00200	-0.020***
		(0.002)	(0.002)	(0.003)	(0.004)
$con\_$	0.017***	0.022***	0.023***	0.018***	0.013**
	(0.001)	(0.003)	(0.003)	(0.004)	(0.005)
$type\_dummy$	√	√	√	√	√
$obs.$	1634	1634	1634	823	811
$Chi2.$	40.72	93.92	94.37	58.53	123.3
$within-R^2$	0.0190	0.0510	0.0520	0.0590	0.116
		模型 2	$roa_{i,t} \sim m_t$		
m_t	0.121***	0.121***	0.099***	0.175***	0.086
	(0.036)	(0.036)	(0.341)	(0.054)	(0.053)
$size_{i,t}$			-0.045***	-0.040***	-0.051***
			(0.007)	(0.009)	(0.011)
$ltd_{i,t}$			0.0650	0.136	0.00500
			(0.080)	(0.110)	(0.116)
$liqratio_{i,t}$			0.097*	0.171**	0.0210
			(0.057)	(0.077)	(0.084)
$con\_$	0.013	0.013	0.590***	0.433**	0.758***
	(0.024)	(0.024)	(0.126)	(0.176)	(0.202)
$type\_dummy$	√	√	√	√	√
$obs.$	1634	1634	1634	823	811
$Chi2.$	20.51	20.51	75.31	40.45	37.54
$within-R^2$	0.0120	0.0120	0.0440	0.0460	0.0440

在表 7-34 中，列（1）—（3）表示不同控制变量选择的模型估计结果，列（4）—（5）为不同货币态势子样本组的回归结果。方程 1 列示的全样本回归结果

与风险承担渠道的基本结论吻合,货币政策调整对风险变量的影响系数β_1均在1%的水平下显著为正,即风险承担渠道明显,但同时利润指标的系数β_2的系数显著为负,说明利润的提高会显著降低风险暴露,对冲风险态度的负面影响,这一结论与Dell'Ariccia、Marquez和Laeven(2010)的观点一致,即银行风险承担受货币政策的影响会由于利润因素内生而减少。

与信贷渠道的研究一样,我们也关注了不同类型机构这种效应的差异性,同样采用逆向归类分组方式进行实证,具体的方程为:

$$\begin{cases} npl_{i,t} = \beta_0 + \beta_1 m_{t-1} + \beta_2 roa_{i,t-1} + \beta_3 (control\_) + \varepsilon_{i,t} \\ roa_{i,t} = \gamma_0 + \gamma_1 m_t + \gamma_2 (control\_) + \mu_{i,t} \end{cases} (by - D_i)$$

国有大型银行、股份制银行城商行和农商行的逆向归类虚拟变量分组后,分别利用此联立模型回归,核心变量系数β_1、β_2以及γ_1的数值越大,显著性越好,说明该类银行风险承担受货币政策的影响越小。与信贷模型一致,方程利用了类型变量分组,此处不再进行聚类。具体的回归结果如表7-35所示。

表7-35 银行盈利能力内生条件下货币政策对银行风险承担影响的实证研究(按银行类型分组)

	(1) $Da_i=1$	(2) $Db_i=1$	(3) $Dc_i=1$	(4) $Dd_i=1$
模型1 $npl_{i,t} \sim m_t$				
m_{t-1}	0.023***	0.023***	0.017	0.021***
	(0.009)	(0.009)	(0.010)	(0.009)
$roa_{i,t-1}$	-0.001**	-0.001*	-0.0140	-0.001*
	(0.001)	(0.001)	(0.013)	(0.001)
$size_{i,t}$	0	-0.000**	0	0
	(0.000)	(0.000)	(0.000)	(0.000)
$liqratio_{i,t}$	-0.00100	-0.00200	0.006*	-0.00200
	(0.001)	(0.002)	(0.003)	(0.002)
$strdebt_{i,t}$	-0.015***	-0.014***	-0.011**	-0.016***
	(0.002)	(0.003)	(0.005)	(0.003)
$con\_$	0.023***	0.026***	0.014**	0.019***
	(0.003)	(0.003)	(0.007)	(0.004)
obs.	1584	1514	370	1434
Chi2.	88.36	81.52	42.67	75.20
$within-R^2$	0.0500	0.0490	0.108	0.0480

续表

	(1) $Da_i = 1$	(2) $Db_i = 1$	(3) $Dc_i = 1$	(4) $Dd_i = 1$
模型2		$roa_{i,t} \sim m_t$		
m_t	0.151***	0.155***	0.021	0.09
	(0.032)	(0.033)	(0.025)	(0.388)
$size_{i,t}$	-0.045***	-0.047***	-0.001**	-0.053***
	(0.007)	(0.007)	(0.001)	(0.008)
$ltd_{i,t}$	0.0670	0.0590	0.00200	0.111
	(0.082)	(0.085)	(0.008)	(0.089)
$liqratio_{i,t}$	0.097*	0.0980	0.011**	0.128*
	(0.058)	(0.061)	(0.004)	(0.066)
$con\_$	0.591***	0.621***	0.023**	0.870***
	(0.129)	(0.135)	(0.011)	(0.168)
$obs.$	1584	1514	370	1434
$Chi2.$	70.74	65.89	41.66	67.76
$within-R^2$	0.0430	0.0420	0.101	0.0450

在表7-35中，列（1）—（4）分别列示了逆向归类的四类银行子样本利用联立模型估计的结果，主要特点是非城商行组的研究结论与其他三组存在明显差异，这与不考虑利润指标内生的结论比较类似，即货币态势调整时城商行的直接风险态度变化最明显。但同时，非城商行组也是唯一一个系数β_1以及γ_1显著性均不显著的，这说明货币政策—利润—风险结果的传导机制也是在城商行中效应最高。总体而言，各类银行都存在两条货币政策对风险承担的影响渠道，其效应存在对冲的机制，且其中城商行这两条渠道都最为明显，即风险态度会随着货币宽松上升更快，但利润规模也对外部货币态势更为敏感，这也导致整体上风险规模与货币政策之间的对冲关系被削弱。可以看出，若不考虑利润指标的内生性问题，可能会高估货币政策影响地方法人机构风险承担的程度。

此外，Rampini、Viswanathan和Vuillemey（2017）以及Drechsler、Savov和Schnabl（2017）等人的研究也关注了利润可能导致银行流动性管理方面的态度出现变化，这属于风险态度或风险承担问题的另一个角度，值得进一步关注。

第四节　货币政策、资本缓冲与银行经营决策

资本监管是保证商业银行审慎经营最重要的外部治理手段，合理的资本缓冲规模既是银行扩大信贷投放的基础，也是其风险管理的核心内容之一。前期文献中有不少学者关注了外部货币政策调控对银行资本缓冲规模选择的影响，宽松的政策既降低了银行补充资本的难度，但可能同时也会诱发道德风险，减少银行持有缓冲资本的动力（Derianino，2011 等），而且这种资本缓冲选择在不同类型机构中也存在很大的差异（Karmakar 和 Mok，2015 等）。另外，资本缓冲的特征也会从微观角度对货币政策的信贷渠道和风险承担渠道产生影响（Acharya 和 Steffen，2014 等）。在这一部分，我们将重点关注 2011 年中国银监会实施新资本监管标准后，货币政策调整对银行资本缓冲规模的影响，以及银行资本缓冲如何影响银行的信贷和风险决策。

一、主要回归指标与设定

资本缓冲是指银行持有的超过资本监管要求的部分，资本缓冲本身存在机会成本，但也能在长期内提高风险覆盖和缓释的能力，一定程度上反映了银行的风险态度和审慎程度，金融危机后关于银行资本缓冲的选择和价值受到了理论界和实务界的广泛关注。

2011 年，中国银监会发布了《中国银行业实施新监管标准的指导意见》，提高了对银行资本充足率监管的要求，将之前两个最低资本充足率要求（一级资本和总资本占风险资产的比例分别不低于 4% 和 8%）调整为 3 个层次的资本充足率要求：一是明确 3 个最低资本充足率要求，即核心一级资本充足率、一级资本充足率和资本充足率分别不低于 5%、6% 和 8%。二是引入逆周期资本监管框架，包括 2.5% 的留存超额资本和 0—2.5% 的逆周期超额资本。目前已明确的是留存超额资本要求，即监管中要求普通商业银行的 3 个资本充足率分别不低于 7.5%、8.5% 和 10.5%。三是增加系统重要性银行的附加资本要求，当时确定为 1%，后逐步增加，在 2012 年要求中国银行增加到 1.5%，2016 年和 2017 年工商银行和建设银行分别要求到 1.5%，目前系统重要性银行中仅农行的附加资本要求为 1%。

本部分研究所需的资本缓冲规模的指标设定也与新的监管要求一致，即银行实际资本充足率超出含留存超额资本要求的部分，具体如表 7 - 36 所示。

表 7-36　　　　　　　　　　　资本缓冲变量的计算方法

变量名称	变量符号	计算方法
总资本缓冲规模	$buffa_{i,t}$	银行 i 第 t 年末资本充足率减 10.5%，工农中建四家系统重要性银行减样本年份对应的监管要求。即中行 2012 年至今 -12%，工行 2016 年之前减 11.5%，之后减 12%，建行 2017 年减 12%
一级资本缓冲规模	$buffb_{i,t}$	银行 i 第 t 年末一级资本充足率减 8.5%，工农中建四家系统重要性银行减样本年份对应的监管要求
核心一级资本缓冲规模	$buffc_{i,t}$	银行 i 第 t 年末一级核心资本充足率减 7.5%，工农中建四家系统重要性银行减样本年份对应的监管要求

由于 2011 年前后资本监管的指标计算口径和监管要求出现明显变化，这一部分实证的样本选择为 2011—2017 年，其中资本缓冲指标分别对应银行 3 组资本充足率指标与监管要求之差，有特殊监管要求的系统重要性金融机构相关数据进行单独计算。

二、描述性统计

资本缓冲数据的描述性统计结果如表 7-37 所示，其他参与回归的变量描述性统计在之前部分中已有涉及。

表 7-37　　　　　　　　　　　资本缓冲变量描述性统计

变量名称	样本数	均值	标准差	中位数	最小值	最大值
$buffa_{i,t}$	820	0.02754	0.02865	0.02691	-0.00512	0.18622
$buffb_{i,t}$	776	0.02608	0.02515	0.01504	-0.00491	0.14516
$buffc_{i,t}$	776	0.03532	0.02558	0.02492	0.00336	0.15503

样本中，部分银行资本充足率数据从 2011 年起，而核心资本充足率和一级核心资本充足率数据自 2013 年起，因此总样本数存在一定差异。数据表明，绝大多数机构在样本期内资本充足率符合基本的监管要求，平均的资本缓冲规模在 3% 左右。在我国，受市场发展滞后限制，金融机构运用二级资本工具补充资本的相对规模偏低，多数银行核心一级资本在全部资本中占比实际要超过监管指标的相对比例（即超过 7.5%/10.5%），这也说明核心一级资本缓冲的规模均值 3.5%，明显高于另两个指标的均值，且所有样本银行在样本期内都未出现过核心一级资本不达标的情况（最小值均大于 0），而一级资本充足率和资本充足率指标均有少量样本点未达到监管要求。

资本缓冲变量的横截面均值变化趋势如图7-6所示。

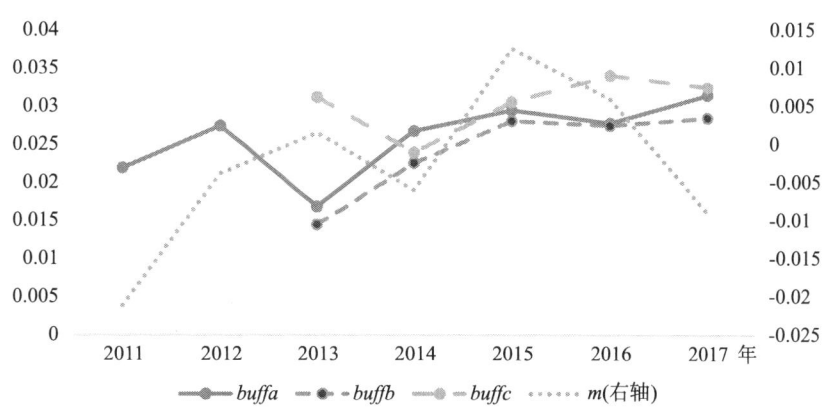

图7-6 不同样本年份资本缓冲指标均值情况

可以看出，3个资本缓冲指标均值的跨年变化趋势并不完全一致，尤其在货币态势出现拐点时，资本充足率和另外两个指标之间存在一定差异性。

资本缓冲指标按银行逆向归类虚拟变量分组的均值检验情况如表7-38所示。

表7-38 资本缓冲指标按银行类型分组的均值比较

$buffa_{i,t}$	分组	样本数	均值	标准差	差值95%置信区间	t值	单边P值
国有大型商业银行	$Da_i=0$	25	0.02460	0.00227	-0.01446	-0.52030	0.30150
	$Da_i=1$	795	0.02763	0.00103	0.00840		
股份制商业银行	$Db_i=0$	60	0.00967	0.00105	-0.02671	-5.09490	0.00000
	$Db_i=1$	760	0.02895	0.00106	-0.01185		
城市商业银行	$Dc_i=0$	610	0.02511	0.00099	-0.01391	-4.16700	0.00000
	$Dc_i=1$	210	0.03457	0.00258	-0.00500		
农村商业银行	$Dd_i=0$	125	0.04852	0.00378	0.01956	9.35320	0.00000
	$Dd_i=1$	695	0.02376	0.00089	0.02995		
国有大型商业银行	$Da_i=0$	25	0.02100	0.00283	-0.01529	-1.02730	0.15230
	$Da_i=1$	751	0.02625	0.00093	0.00478		
股份制商业银行	$Db_i=0$	60	0.00483	0.00113	-0.02947	-7.02330	0.00000
	$Db_i=1$	716	0.02786	0.00094	-0.01659		

续表

$buffb_{i,t}$		样本数	均值	标准差	差值95%置信区间	t 值	单边 P 值
城市商业银行	$Dc_i = 0$	610	0.02677	0.00102	-0.00110	1.46210	0.07210
	$Dc_i = 1$	166	0.02355	0.00190	0.00753		
农村商业银行	$Dd_i = 0$	81	0.03821	0.00282	0.00782	4.64680	0.00000
	$Dd_i = 0$	695	0.02467	0.00094	0.01926		
国有大型商业银行	$Da_i = 0$	25	0.02660	0.00256	-0.01921	-1.73510	0.04160
	$Da_i = 1$	751	0.03561	0.00094	0.00118		
股份制商业银行	$Db_i = 0$	60	0.01150	0.00100	-0.03232	-7.79300	0.00000
	$Db_i = 1$	716	0.03732	0.00095	-0.01931		
城市商业银行	$Dc_i = 0$	610	0.03631	0.00104	0.00024	2.06940	0.01940
	$Dc_i = 1$	166	0.03169	0.00197	0.00901		
农村商业银行	$Dd_i = 0$	81	0.04821	0.00282	0.00858	4.86020	0.00000
	$Dd_i = 0$	695	0.03382	0.00096	0.02020		

总的来看，不同类型银行中 3 组资本缓冲指标的均值差异情况比较接近，股份制银行的资本缓冲规模明显远低于其他三类机构，这可能是由于股份制银行的盈利目标最为明确，更关注高资本缓冲所带来的机会成本。而其他类型的机构中，农商行的资本缓冲绝对水平最高，这主要可能是其短期资本补充能力有限，需要更大的存量资本来应对不确定性的风险。

将样本分为货币紧缩和宽松两个子样本组的均值检验结果如表 7-39 所示。

表 7-39　　　　　　资本缓冲指标按货币态势分组的均值比较

	分组	样本数	均值	标准差	差值95%置信区间	t 值	单边 P 值
$buffa_{i,t}$	$mt_t = 0$	457	0.02588	0.00126	0.02557	-1.86610	0.03120
	$mt_t = 1$	363	0.02963	0.00161	0.00019		
$buffb_{i,t}$	$mt_t = 0$	495	0.02706	0.00116	-0.00098	1.43910	0.07530
	$mt_t = 1$	281	0.02436	0.00141	0.00639		
$buffc_{i,t}$	$mt_t = 0$	495	0.03656	0.00118	-0.00034	1.78500	0.03730
	$mt_t = 1$	281	0.03315	0.00145	0.00715		

可以看出，不同货币态势下资本缓冲的均值存在明显差异，三个指标的均值之差都在 5% 或 10% 的水平下显著异于 0，但符号有所不同。具体来看，资本充足率的缓冲规模在紧缩阶段均值更大，体现了风险缓释以及应对潜在监管压力的机制，而一级核心资本充足率和核心资本充足率在宽松周期中有更大的缓冲规模，这可能与资本补充的成本和难度较低有关。

三、货币政策影响银行资本缓冲规模选择的检验

这一部分检验了货币政策调整与银行资本缓冲规模之间的关联性，基础的回归模型设定为：

$$buff_{i,t} = \alpha_0 + \beta_0 buff_{i,t-1} + \beta_1 m_t + \beta_2 (control\_) + \varepsilon_{i,t}$$

其中，被解释变量利用三个资本缓冲指标替换，根据前期研究的经验，这里增加了相关指标的滞后项。核心变量货币政策 m_t 的系数 β_1 显著为正，说明宽松政策会推动银行选择更高的资本缓冲。在此方程中，我们选择了基本的 3 个银行特征因素盈利能力 $roa_{i,t}$、资产规模 $size_{i,t}$、流动性比率 $liqratio_{i,t}$ 作为控制变量。针对动态面板模型，我们选择差分 GMM 和系统 GMM 两种方式进行估计，具体的回归结果如表 7-40 所示。

可以看出，3 个不同资本缓冲指标所对应的 6 个模型估计整体显著性、工具变量相关检验都比较稳健，被解释变量的滞后项系数在 1% 的水平下显著为正，说明模型设定有效。货币政策的系数在所有模型中均能通过显著性检验，但符号存在差异，具体而言货币宽松会导致资本充足率缓冲规模 $buffa_{i,t}$ 下降，但一级资本充足率和一级核心资本充足率的缓冲规模 $buffb_{i,t}$ 和 $buffc_{i,t}$ 会回升。这一结论与均值检验结果相印证，银行的核心资本部分与银行股权价值以及盈利能力有关，随着货币宽松其规模可能会被动增长，而且对上市银行而言宽松环境下，内在价值容易被市场高估，利用市场时机补充核心资本是提高长期价值的理性选择。而非核心资本部分的变化与银行主动运用二级资本工具融资有关，在宽松政策下由于银行面临的潜在资本补充压力和资本监管压力下降，其主动补充资本的动力下降，最终在核心资本相对规模扩大的同时，二级资本的相对规模下降。

进一步的，我们关注了不同货币态势下这种外部环境变化对银行资本缓冲影响的差异性，具体的回归方程为：

$$buff_{i,t} = \alpha_0 + \beta_0 buff_{i,t-1} + \beta_1 m_t + \beta_2 (control\_) + \varepsilon_{i,t} (by - mt_t)$$

表 7-40　　　　　　　　货币政策影响银行资本缓冲规模的实证结果

	(1)	(2)	(3)	(4)	(5)	(6)
模型设定	$buff_{i,t}=buffa_{i,t}$		$buff_{i,t}=buffb_{i,t}$		$buff_{i,t}=buffc_{i,t}$	
估计方法	差分 GMM	系统 GMM	差分 GMM	系统 GMM	差分 GMM	系统 GMM
$buff_{i,t-1}$	0.202***	0.293***	0.388***	0.578***	0.365***	0.628***
	(0.109)	(0.091)	(0.081)	(0.077)	(0.078)	(0.076)
m_t	-0.132***	-0.110***	0.137***	0.114***	0.1250***	0.091***
	(0.022)	(0.025)	(0.028)	(0.026)	(0.025)	(0.030)
$roa_{i,t}$	-0.020	-0.0120	-0.0130	0.0130	-0.0160	0.013
	(0.013)	(0.014)	(0.014)	(0.015)	(0.015)	(0.016)
$size_{i,t}$	-0.003	-0.001	-0.012***	-0.002	-0.015***	-0.003
	(0.004)	(0.002)	(0.004)	(0.003)	(0.004)	(0.003)
$liqratio_{i,t}$	0.026***	0.027***	0.017**	0.022**	0.018**	0.025***
	(0.008)	(0.008)	(0.007)	(0.009)	(0.007)	(0.009)
$con\_$	0.0660	0.0180	0.213***	0.0250	0.258***	0.0460
	(0.066)	(0.036)	(0.062)	(0.043)	(0.063)	(0.045)
obs.	442	630	401	548	401	548
Chi2.	15.02***	25.45***	34.89***	64.79***	41.93***	86.94***
AR1	-3.233***	-4.238***	-2.721***	-3.686***	-2.443***	-3.879***
AR2	-0.740	0.323	-0.209	0.677	-0.552	0.637

模型设定和变量选择与基础模型一致，主要是利用货币态势虚拟变量mt_t将样本分成两组分别进行估计，并比较核心变量系数β_1的显著和数值。这里仅列出系统 GMM 估计的结果，具体如表 7-41 所示。

不同的货币态势下，模型的估计结果呈现较大差异。资本充足率方面，宽松政策下的道德风险假设成立，即银行会主动减少二级资本补充以降低经营的机会成本。但在紧缩环境下，其利用二级工具增加资本缓冲的能力有限，货币政策与资本缓冲指标的系数在 10% 的水平下并不显著。核心资本方面，紧缩周期中资本缓冲与货币政策的敏感性更高，这与上文提到的资本市值和盈余规模回落有关，而宽松政策下存在的道德风险可能对冲了这种资本净额的被动增长。

此外，我们还研究了不同类型银行资本缓冲与货币政策敏感关系的异质性，考虑到重点关注的是银行主动行为的机制，我们在模型中只列出了基于资本充足率的缓冲指标$buffa_{i,t-1}$，具体模型设定为：

表7-41　　　　　货币政策影响银行资本缓冲规模的非对称性分析

	(1)	(2)	(3)	(4)	(5)	(6)
模型设定	$buff_{i,t}=buffa_{i,t}$		$buff_{i,t}=buffb_{i,t}$		$buff_{i,t}=buffc_{i,t}$	
估计方法	$mt_t=0$	$mt_t=1$	$mt_t=0$	$mt_t=1$	$mt_t=0$	$mt_t=1$
$buff_{i,t-1}$	0.230**	0.140	0.378***	0.222***	0.421***	-0.001
	(0.095)	(0.088)	(0.110)	(0.062)	(0.118)	(0.052)
m_t	-0.145***	-0.958	0.843	1.143***	0.743	0.911***
	(0.096)	(0.624)	(0.095)	(0.088)	(0.097)	(0.063)
$roa_{i,t}$	0.0120	-0.0620	-0.003	0.0180	-0.00200	0.0230
	(0.012)	(0.106)	(0.014)	(0.126)	(0.015)	(0.128)
$size_{i,t}$	0.00100	-0.052*	-0.005	-0.078*	-0.006*	-0.065*
	(0.004)	(0.031)	(0.003)	(0.045)	(0.003)	(0.036)
$liqratio_{i,t}$	0.034***	0.010	0.022***	-0.007	0.022**	-0.003
	(0.010)	(0.030)	(0.008)	(0.041)	(0.009)	(0.040)
$con\_$	-0.0130	0.877*	0.0820	1.306*	0.101	1.111*
	(0.064)	(0.520)	(0.054)	(0.752)	(0.056)	(0.616)
obs.	309	321	268	280	268	280
Chi2.	21.71***	7.973***	24.77***	8.915***	26.66***	11.98***
AR1	-3.225	.	-3.412	.	-3.448	.
AR2	.	.	.	.	.	.

$$buffa_{i,t}=\alpha_0+\beta_0 buffa_{i,t-1}+\beta_1 m_t+\beta_2(control\_)+\varepsilon_{i,t}(by-D_i)$$

这里，我们针对四个类型银行的逆向归类虚拟变量分组进行估计，并比较不同模型中货币政策m_t系数β_1的显著性和数值差异，数值较小表示该类型银行资本缓冲受货币政策影响更大，具体的估计结果如表7-42所示。

从实证结果看，最重要的特征就是非城商行样本组$Dc_i=1$的模型中，系数β_1估计值仅-0.046，且在10%的水平下并不显著，而其他3组模型中系数均在1%的水平下显著，且相关指标的大小接近。这说明，货币政策变化对城商行资本缓冲的影响要超过其他机构，虽然股份制银行资本缓冲的绝对量较小，但经营波动受外部干扰更大，风险偏好波动也更大的城商行会有更强的动力在货币态势变化时，主动的逆向调整资本缓冲规模，以降低经营的机会成本。

表 7-42　　　　　货币政策影响不同类型银行资本缓冲规模的效应分析

样本选择	(1) $Da_i=1$	(2) $Db_i=1$	(3) $Dc_i=1$	(4) $Dd_i=1$
$buffa_{i,t-1}$	0.281***	0.303***	0.466***	0.200*
	(0.093)	(0.092)	(0.141)	(0.105)
m_t	-0.102***	-0.116***	-0.046	-0.122***
	(0.033)	(0.033)	(0.031)	(0.031)
$roa_{i,t}$	-0.0140	-0.0110	0.919	-0.0170
	(0.014)	(0.014)	(0.592)	(0.014)
$size_{i,t}$	-0.002	-0.001	0	0
	(0.003)	(0.002)	(0.001)	(0.002)
$liqratio_{i,t}$	0.026***	0.027***	0.057***	0.019**
	(0.008)	(0.009)	(0.015)	(0.009)
$con\_$	0.0410	0.0190	-0.0130	0.0120
	(0.045)	(0.039)	(0.033)	(0.034)
obs.	610	582	150	548
Chi2.	26.13***	26.04***	71.52***	14.70***
AR1	-4.168***	-4.208***	-1.698***	-3.635***
AR2	0.291	0.320	-0.082	0.070

四、资本缓冲规模对货币政策信贷渠道的影响

除了决策机制外，前期有相当多的学者关注了资本缓冲选择可能的微观经济效应，即不同资本缓冲规模可能对银行信贷决策或风险决策产生怎样的影响。这一节我们主要关注资本缓冲对信贷渠道的影响，基础的模型设定如下：

$$loan_{i,t} = \alpha_0 + \beta_0 loan_{i,t-1} + \beta_1 m_t + \beta_{11} m_t * buff_{i,t} + \beta_{12} buff_{i,t} + \beta_2(control\_) + \varepsilon_{i,t}$$

模型的设定与信贷渠道的研究类似，被解释变量为贷款增长$loan_{i,t}$，解释变量中包含其滞后项，其他控制变量也没有变化。我们主要关注货币政策与资本缓冲交互项$m_t * buff_{i,t}$的系数β_{11}，若显著为正说明更高的资本缓冲规模会提高银行信贷决策与货币政策的敏感性。另外，我们在模型中也加入了资本缓冲指标$buff_{i,t}$。基于3个不同资本充足率指标的资本缓冲变量替换进入模型，并分别运用差分GMM和系统GMM方式估计，结果如表7-43所示。

表 7-43　　　　资本缓冲对货币政策信贷渠道效应影响的实证分析

	(1)	(2)	(3)	(4)	(5)	(6)
模型设定	$buff_{i,t}=buffa_{i,t}$		$buff_{i,t}=buffb_{i,t}$		$buff_{i,t}=buffc_{i,t}$	
估计方法	差分 GMM	系统 GMM	差分 GMM	系统 GMM	差分 GMM	系统 GMM
$loan_{i,t-1}$	0.382***	0.325***	0.486***	0.396***	0.485***	0.396***
	(0.042)	(0.031)	(0.066)	(0.049)	(0.066)	(0.049)
$m_t*buff_{i,t}$	1.038***	1.326***	1.629***	1.823***	2.122***	1.968***
	(0.265)	(0.286)	(0.169)	(0.326)	(0.619)	(0.6605)
m_t	0.547***	0.395***	0.423***	0.285***	0.441***	0.292***
	(0.095)	(0.086)	(0.083)	(0.088)	(0.139)	(0.116)
$buff_{i,t}$	0.330**	0.274**	0.0230	0.221	0.142	0.316
	(0.146)	(0.115)	(0.263)	(0.202)	(0.264)	(0.202)
$roa_{i,t}$	0.0200	-0.0400	0.0150	-0.00500	0.0150	-0.00600
	(0.058)	(0.030)	(0.056)	(0.041)	(0.056)	(0.040)
$size_{i,t}$	0.021**	0.017***	0.023**	0.021***	0.021**	0.020***
	(0.009)	(0.006)	(0.011)	(0.008)	(0.010)	(0.008)
$liqratio_{i,t}$	-0.00900	-0.00800	-0.0140	-0.0170	-0.0130	-0.0150
	(0.029)	(0.027)	(0.033)	(0.030)	(0.032)	(0.030)
$deposit_{i,t}$	0.175***	0.176***	0.163***	0.145***	0.163***	0.145***
	(0.029)	(0.022)	(0.033)	(0.025)	(0.033)	(0.026)
$npl_{i,t}$	-0.879	-0.840**	-0.868	-0.972**	-0.844	-0.998**
	(0.542)	(0.401)	(0.629)	(0.490)	(0.627)	(0.491)
$strincm_{i,t}$	0	0	0	0	0	0
	(0.001)	(0.000)	(0.001)	(0.001)	(0.001)	(0.001)
$strdebt_{i,t}$	0.0180	0.0300	0.0110	0.00800	0.0160	0.0140
	(0.048)	(0.043)	(0.054)	(0.051)	(0.054)	(0.052)
$con\_$	-0.255*	-0.169*	-0.303*	-0.247**	-0.263	-0.218*
	(0.136)	(0.090)	(0.169)	(0.118)	(0.169)	(0.119)
obs.	630	818	548	736	548	736
Chi2.	321.8***	558.2***	202.4***	368.6***	209.3***	367.6***
AR1	-4.119***	-3.973***	-3.781***	-4.018***	-3.814***	-4.043***
AR2	0.511	0.344	0.830	0.589	0.762	0.513

6个方程均有较好的整体显著性,且核心变量$m_t * buff_{i,t}$的系数β_{11}均在1%的水平下显著为正,即资本缓冲规模更大的机构,其信贷渠道的效应更加明显,而资本缓冲不足会削弱其信贷决策对外部流动性状况的敏感性。这与 Admati 和 Hellwig (2013) 等基于资本监管的研究结论类似,即过于紧张的资本压力会导致银行在宽松政策下可用的信贷资源不足,无法及时的扩张信贷规模,而资本缓冲较高的机构会有更高的信贷决策弹性。

针对不同类型银行的研究方式与之前类似,即利用逆向归类的银行类型虚拟变量分组,具体的回归方程为:

$$loan_{i,t} = \alpha_0 + \beta_0 loan_{i,t-1} + \beta_1 m_t + \beta_{11} m_t * buffa_{i,t} + \beta_{12} buffa_{i,t} + \beta_2 (control\_) + \varepsilon_{i,t} (by - D_i)$$

这里仅列出基于资本充足率缓冲指标$buffa_{i,t}$的估计结果,交互项系数β_{11}更小表明此类银行的资本缓冲对信贷渠道的影响更强,具体的估计结果如表7-44所示。

表7-44　　资本缓冲对不同类型银行信贷渠道效应影响的实证分析

样本选择	(1) $Da_i = 1$	(2) $Db_i = 1$	(3) $Dc_i = 1$	(4) $Dd_i = 1$
$loan_{i,t-1}$	0.321***	0.331***	0.084**	0.379***
	(0.032)	(0.029)	(0.033)	(0.048)
$m_t * buffa_{i,t}$	1.491***	1.762***	0.730***	1.082***
	(0.246)	(0.251)	(0.275)	(0.286)
m_t	0.385	0.568*	0.481**	0.541
	(0.292)	(0.304)	(0.187)	(0.352)
$buffa_{i,t}$	0.279**	0.302***	0.435***	0.470***
	(0.116)	(0.114)	(0.069)	(0.160)
$roa_{i,t}$	-0.0410	-0.0410	3.471***	0.00400
	(0.029)	(0.027)	(0.889)	(0.035)
$size_{i,t}$	0.018***	0.012**	0.022***	0.023***
	(0.006)	(0.006)	(0.004)	(0.007)
$liqratio_{i,t}$	-0.00800	-0.0140	-0.00900	-0.00800
	(0.027)	(0.028)	(0.017)	(0.029)
$deposit_{i,t}$	0.175***	0.175***	0.328***	0.142***
	(0.022)	(0.021)	(0.040)	(0.026)

续表

样本选择	(1) $Da_i = 1$	(2) $Db_i = 1$	(3) $Dc_i = 1$	(4) $Dd_i = 1$
$npl_{i,t}$	-0.903**	-1.056***	0.785	-0.988**
	(0.411)	(0.402)	(0.534)	(0.472)
$strincm_{i,t}$	0	0	0.023*	0.00100
	(0.000)	(0.001)	(0.012)	(0.001)
$strdebt_{i,t}$	0.0260	0.063*	-0.0340	0.0110
	(0.043)	(0.037)	(0.031)	(0.048)
$con\_$	-0.181**	-0.0920	-0.303***	-0.275***
	(0.091)	(0.092)	(0.075)	(0.106)
obs.	793	758	208	695
Chi2.	546.7***	589.5***	448.4***	363.8***
AR1	-3.959***	-4.013***	-1.550***	-4.212***
AR2	0.310	0.567	-1.157	0.506

模型的整体显著性和控制变量估计情况与信贷渠道中的研究比较类似,此处不再赘述。值得关注的是,城商行和农商行相关虚拟变量的列(3)和列(4)中,交互项系数的数值更低,说明虽然这两类银行信贷渠道的效应要弱于国有大型银行和股份制银行,但其资本缓冲规模的上升会明显提高其信贷渠道效应。相反,全国性机构信贷行为对货币政策敏感性很强,但这种敏感性与其资本状况关联较小。这一结论也与 Karmakar 和 Mok(2015)和 Aiyar、Calomiris 和 Wieladek(2016)基于美国和英国不同规模银行研究的结论类似。

五、资本缓冲规模对货币政策风险承担渠道的影响

这一节我们分析银行风险决策对货币政策调控的敏感性,是否会受到其资本缓冲水平的影响,基础模型的设定与信贷渠道的研究类似,具体模型如下:

$$npl_{i,t} = \alpha_0 + \beta_0 npl_{i,t-1} + \beta_1 m_{t-1} + \beta_{11} m_{t-1} * buff_{i,t} + \beta_{12} buff_{i,t} + \beta_2(control\_) + \varepsilon_{i,t}$$

模型框架与风险承担渠道的研究没有变化,仍然选择基于不良率指标$npl_{i,t}$的动态面板模型进行估计,考虑到不良率作为风险态度的滞后指标,货币政策因素选择了滞后一期m_{t-1}进入模型,核心变量交互项也是滞后一期货币政策与资本缓冲情况的乘积$m_{t-1} * buff_{i,t}$,系数β_{11}显著为正表明资本缓冲的规模提高会提高银行风险承担渠道的传导效应。具体的估计结果如表7-45所示。

表 7-45　资本缓冲对货币政策风险承担渠道效应影响的实证分析

	(1)	(2)	(3)	(4)	(5)	(6)
模型设定	$buff_{i,t} = buffa_{i,t}$		$buff_{i,t} = buffb_{i,t}$		$buff_{i,t} = buffc_{i,t}$	
估计方法	差分 GMM	系统 GMM	差分 GMM	系统 GMM	差分 GMM	系统 GMM
$npl_{i,t-1}$	0.558***	0.637***	0.553***	0.666***	0.564***	0.671***
	(0.050)	(0.034)	(0.075)	(0.062)	(0.076)	(0.062)
$m_{t-1} * buff_{i,t}$	-1.084*	-0.657	-1.872**	-1.699**	-1.818**	-1.685**
	(0.592)	(0.543)	(0.916)	(0.859)	(0.892)	(0.838)
m_{t-1}	0.065***	0.057***	0.073***	0.061***	0.086***	0.074***
	(0.018)	(0.017)	(0.022)	(0.021)	(0.028)	(0.026)
$buff_{i,t}$	0.015*	0.015*	0.027**	0.023*	0.025**	0.023*
	(0.008)	(0.008)	(0.013)	(0.013)	(0.013)	(0.013)
$roa_{i,t}$	0.027**	0.008	0.027**	0.008	0.027**	0.008
	(0.013)	(0.006)	(0.013)	(0.006)	(0.013)	(0.006)
$size_{i,t}$	0.003***	0.002***	0.003***	0.002***	0.003***	0.003***
	(0.001)	(0.000)	(0.001)	(0.001)	(0.001)	(0.001)
$liqratio_{i,t}$	0.005***	0.004***	0.003***	0.003*	0.003**	0.003*
	(0.001)	(0.001)	(0.002)	(0.002)	(0.002)	(0.002)
$strdebt_{i,t}$	-0.001	-0.001	0.003	0.005	0.003	0.005
	(0.003)	(0.003)	(0.003)	(0.003)	(0.004)	(0.003)
$con\_$	-0.047***	-0.035***	-0.055***	-0.039***	-0.055***	-0.040***
	(0.010)	(0.005)	(0.015)	(0.013)	(0.015)	(0.013)
obs.	630	818	548	736	548	736
Chi2.	399.5***	730.7***	355.5***	632.9***	360.8***	630.0***
AR1	-3.420***	-3.659***	-2.974***	-3.199***	-2.998***	-3.212***
AR2	-0.563	-0.731	-0.713	-0.910	-0.706	-0.905

从实证结果看，6 个模型中 3 组不同的资本缓释指标与货币政策交互项的系数都在 10% 或 5% 的水平下显著为正，即高资本缓冲银行的风险态度对货币政策变化的敏感性更低。这一结论与 Jorda、Richter、Schularick 和 Taylor（2017）的观点类似，即当银行实际资本充足率远高于监管要求时，一方面就代表着其风险决策比较审慎，稳定性较好，同时资本水平较高机构的外部治理环境较好，监管压力和流动性管理难度都相对较小，风险态度不容易受到短期因素的冲击。

针对不同类型银行这种风险承担渠道——资本缓冲规模的异质性效应,我们选择了与前期研究类似的逆向归类分组方式:

$$npl_{i,t} = \alpha_0 + \beta_0 npl_{i,t-1} + \beta_1 m_{t-1} + \beta_{11} m_{t-1} * buffa_{i,t} + \beta_{12} buffa_{i,t} + \beta_2 (control\_) + \varepsilon_{i,t} (by - D_i)$$

模型中仅包含基于资本充足率的缓冲指标$buffa_{i,t}$,交互项系数β_{11}估计数值的绝对值越小表明此类机构的风险承担渠道效应对资本缓冲规模越敏感,利用系统 GMM 方式对4组样本估计的结果如表7-46所示。

表7-46　资本缓冲对不同类型银行风险承担渠道效应影响的实证分析

样本选择	(1) $Da_i=1$	(2) $Db_i=1$	(3) $Dc_i=1$	(4) $Dd_i=1$
$npl_{i,t-1}$	0.627***	0.623***	0.714***	0.708***
	(0.035)	(0.035)	(0.016)	(0.056)
$m_t * buffa_{i,t}$	-0.705	-0.536	-1.154***	-0.959***
	(0.446)	(0.356)	(0.431)	(0.325)
m_t	0.057***	0.048***	0.156***	0.042**
	(0.017)	(0.019)	(0.014)	(0.021)
$buffa_{i,t}$	0.013*	0.013*	0.00800	0.0120
	(0.008)	(0.008)	(0.008)	(0.010)
$roa_{i,t}$	0.00800	0.00500	-0.0200	0.00900
	(0.006)	(0.005)	(0.033)	(0.006)
$size_{i,t}$	0.002***	0.003***	0.001***	0.002**
	(0.000)	(0.000)	(0.000)	(0.001)
$liqratio_{i,t}$	0.004***	0.004***	0.009***	0.003**
	(0.001)	(0.001)	(0.001)	(0.002)
$strdebt_{i,t}$	-0.00100	-0.00100	-0.00200	0.00400
	(0.003)	(0.003)	(0.001)	(0.003)
$con\_$	-0.037***	-0.039***	-0.013***	-0.027**
	(0.006)	(0.006)	(0.003)	(0.012)
obs.	793	758	208	695
Chi2.	653.2***	736.7***	5980***	675.2***
AR1	-3.671***	-3.634***	-2.551***	-3.272***
AR2	-0.613	-0.715	-0.865	-0.861

从实证结果看，4 组回归中交互项系数的数值和显著性差异较大，其中非城商行组的系数值最小，为 -1.154，且在 1% 的水平下显著，非农商行组的系数也显著为负。说明地方法人银行资本缓冲规模的提高，对其风险态度和货币政策敏感性的影响很弱。从风险承担渠道部分的研究可以看出，此类银行的风险态度与货币政策调整之间相关性高，也比较稳定。另外，描述性统计数据表明这两类银行的资本充足率往往长期处于高位，超出监管标准较多，其风险决策受资本一定范围内的小幅变化可能敏感性不足。相反，大型银行尤其是股份制银行由于资本缓释规模长期保持低位，其小幅波动就可能造成资本监管压力的大幅上升，在货币态势不变的情况下，其风险决策也可能有比较大的调整。

第五节　货币政策、银行特征与经营结构调整

前四节主要分析了银行信贷渠道和风险承担渠道在我国银行体系的表现，在实证方面则主要是考虑货币政策调整会如何影响银行的信贷增长或风险态度变化，以及这种效应在时序和截面上的差异性特征。现实中，这两个方面并不是银行经营决策的全部内容，近年来我国银行业在信贷结构、资产结构甚至整个业务模式上都出现了非常大的变化，而且这种调整与货币政策的变化，或者说市场整体流动性的状况都有着非常直接的关系。客观地说，像经营结构的战略调整与银行风险承担之间存在隐性的关联，但并不属于前期国外理论研究集中关注的领域，且其中有很多特征源自我国独特的银行治理因素。

在这一部分，我们重点关注了我国银行业 3 个方面的经营结构调整受到货币政策的影响问题，即信贷行业结构、贷款集中度以及金融市场业务的发展规模，与前期研究类似，我们也关注了不同类型机构这种效应的差异。

一、主要回归指标与设定

此部分主要关注的三类回归变量计算方法如表 7-47 所示，其他控制变量在上文中已介绍过。

这一部分核心的回归变量分为 3 类，行业结构方面，这里涉及企业贷款中最重要的 3 个领域，即制造业贷款 $manu_{i,t}$、基础设施贷款 $infr_{i,t}$ 和房地产贷款 $est_{i,t}$，均为年末余额占比，其结构变化基本能衡量银行在信贷行业方面的经营策略。在授信集中度方面，主要考虑的是最大的 10 家集团（企业）客户贷款规模占净资产的比例，

表 7-47　　　　　　　　　　银行经营结构指标的计算方法

	变量名称	变量符号	计算方法
信贷行业结构	制造业贷款占比	$manu_{i,t}$	银行 i 第 t 年末制造业贷款（C）占各项贷款比例
	基建行业贷款占比	$infr_{i,t}$	银行 i 第 t 年末基础设施相关行业贷款占各项贷款比例。其中，基础设施行业=电力、燃气及水的生产和供应业（D）+交通运输、仓储和邮政业（E）+租赁和商务服务业① （L）+水利、环境和公共设施管理业（N）
	房地产业贷款占比	$est_{i,t}$	银行 i 第 t 年末房地产业贷款（K）占各项贷款比例
授信集中度	集团授信集中度	$conca_{i,t}$	银行 i 第 t 年末最大10家集团客户贷款占净资产比例
	企业授信集中度	$concb_{i,t}$	银行 i 第 t 年末最大10家企业客户贷款占净资产比例
金融市场业务规模	收入结构	$strincm_{i,t}$	银行 i 第 t 年金融市场投资业务产生的收入与贷款利息收入之比。金融市场投资业务收入=债券投资利息收入+SPV投资利息收入+投资收益+公允价值变动损益
	负债结构	$strdebt_{i,t}$	银行 i 第 t 年末同业负债与总负债的比例。同业负债=同业存放款项+同业拆入+卖出回购款项

这一比例更高表示银行更倾向将信贷资源向大企业和大客户集中。最后是金融市场业务相关，近年来银行除了被动的储蓄存款外，能通过主动的同业负债获得资金，并在金融市场上对债券、资管产品以及非标业务进行投资获得收益，在流动性宽裕和资产刚性兑付条件下，银行能通过加杠杆和期限错配等方式获得较高的收益，相对而言金融市场业务比传统的存贷款业务经营成本更低，规模调控也更加灵活，我们这里利用银行投资收入和贷款收入的比例 $strincm_{i,t}$ 以及同业负债占全部负债比例 $strdebt_{i,t}$ 两个指标来衡量即期金融市场业务的相对发展情况。

二、描述性统计

银行经营结构的描述性统计结果如表 7-48 所示。

行业结构方面，从均值可以看出，3 个主要行业在各项贷款中的占比接近一半，考虑全部贷款中接六成左右为非金融企业贷款，实际制造业贷款 $manu_{i,t}$、基础设施贷款 $infr_{i,t}$ 和房地产贷款 $est_{i,t}$ 在非金融企业部门的贷款中占比接近九成。具体来看，3 个行业贷款规模占比的均值与中位数都比较接近，整体分布比较均匀，从绝对量上

---

① 据了解，租赁和商务服务业贷款中绝大多数来自地方政府融资平台的融资，按照其经营范围可以纳入基础设施相关领域。

表 7-48　　　　　　　　银行经营结构指标的描述性统计

变量名称	样本数	均值	标准差	中位数	最小值	最大值
$manu_{i,t}$	1877	0.244	0.138	0.210	0.010	0.670
$infr_{i,t}$	1877	0.160	0.100	0.140	0.010	0.480
$est_{i,t}$	1877	0.081	0.056	0.070	0.000	0.250
$conca_{i,t}$	1877	0.795	0.815	0.600	0.000	5.010
$concb_{i,t}$	1875	0.685	0.819	0.460	0.010	4.940
$strincm_{i,t}$	1877	0.851	2.112	0.205	0.000	9.501
$strdebt_{i,t}$	1877	0.120	0.103	0.097	0.000	0.413

注：所有的连续变量都进行了1%水平下的winsorize缩尾处理。

看3个行业的规模之比为3∶2∶1，制造业的余额几乎等于另外两个行业之和。监测指标授信集中度是最大10家集团（企业）客户贷款规模与资本净额之比，考虑到资本净额数据完整性较差，这里选择利用净资产（总资产—总负债）替代，从部分样本数据看分布和趋势情况类似，但均值数据高于监测指标。从表7-48中可以看出，最大10家集团客户的授信规模与净资产的比例均值就达到79.5%，说明我国银行业总体的授信集中度偏高，中位数在60%左右，也暗示这一指标的整体分布比较均匀。基于10家企业贷款的集中度指标也呈现类似的数据特征。金融市场业务方面，可以看出在整个样本期内，投资业务的收入（包括公允价值变动损益）占贷款利息收入的85%左右，部分机构在一些时点上投资收入已超过利息收入的5倍以上。负债结构方面，受数据限制本章未考虑同业存单，但仅同业存放款项、同业拆入和卖出回购款项3项超过全部负债的10%，部分机构在一些时点上超过40%，说明目前银行利用主动负债方式获得的资金已在其整体资产负债管理中占据相当高的比例。值得注意的是，金融市场业务数据的中位数与均值差距较大，说明整个样本点在高指标处离散度很高。

信贷行业结构截面数据的均值时序如图7-7所示。

从行业结构均值的趋势看，在整个样本期内，3个主要行业的规模占比出现了比较明显的变化，整体上看制造业贷款的占比呈现下降趋势，而在2012年后基础设施领域的信贷规模占比明显提升，在2017年末所有银行两类贷款的占比均值均在20%左右，已非常接近。而房地产业贷款的均值一直在10%左右波动，近年来呈现上升趋势。

授信集中度截面数据的均值时序如图7-8所示。

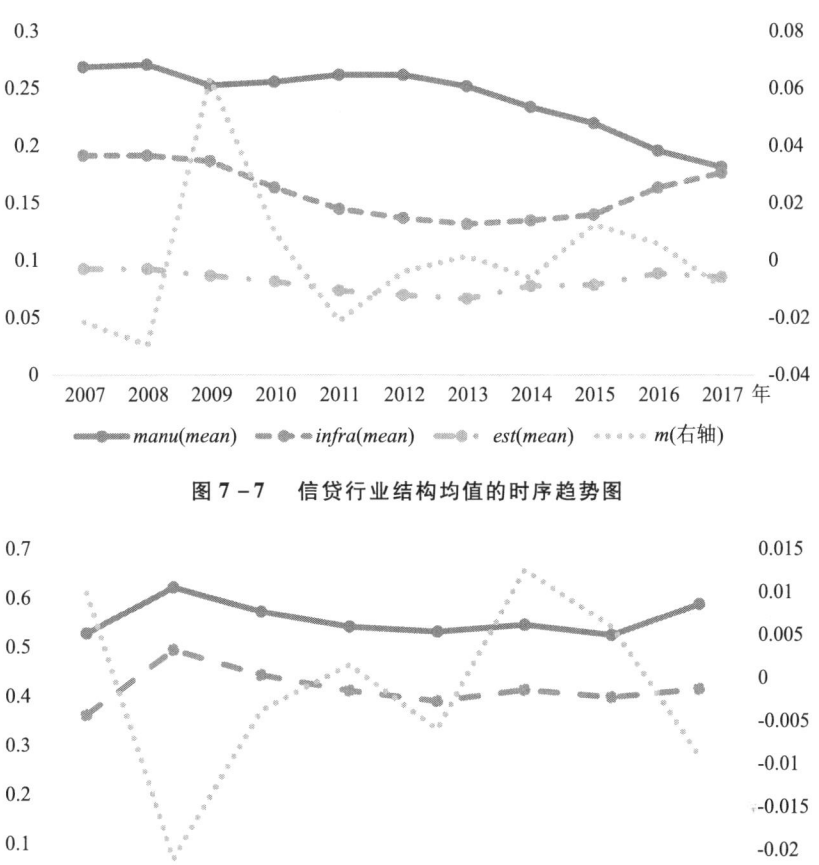

图 7-7 信贷行业结构均值的时序趋势图

图 7-8 授信集中度均值的时序趋势图

从图 7-8 中可以看出,两个授信集中度指标波动不明显,变化趋势基本相似,且在长期内与货币政策指标存在一定的负向关系。

金融市场业务指标截面数据的均值时序如图 7-9 所示。

由于投资结构和负债结构的数据量级相差较大,因此将同业负债比例指标与货币政策指标一起列入右坐标。可以看出,投资业务在 2014 年后出现了比较明显的扩张趋势,在 2017 年金融体系去杠杆政策出台后回落明显,同业负债规模占比波动相对较小,但也存在类似的变化特征。

另外,我们对经营类型指标按照银行类型分组进行了均值 t 检验,考虑到篇幅限制,在 3 类指标中分别选择基础设施贷款 $infr_{i,t}$、集团授信集中度 $conca_{i,t}$ 和负债结

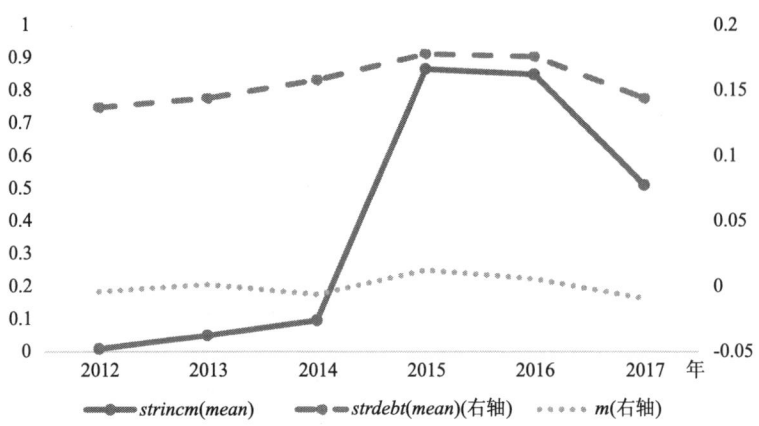

图 7–9　金融市场业务均值的时序趋势图

构指标$strdebt_{i,t}$进行分析。结果如表 7–49 所示。

表 7–49　　　　　经营结构指标按银行类型分组的均值比较

$infr_{i,t}$	分组	样本数	均值	标准差	差值 95% 置信区间	t 值	单边 P 值
国有大型商业银行	$Da_i = 0$	55	0.31218	0.00623	0.15532	11.87880	0.00000
	$Da_i = 1$	1822	0.15525	0.00229	0.15076		
股份制商业银行	$Db_i = 0$	132	0.22379	0.00620	0.05133	7.73210	0.00000
	$Db_i = 1$	1745	0.15501	0.00240	0.08622		
城市商业银行	$Dc_i = 0$	1408	0.15405	0.00256	-0.03361	-4.36960	0.00000
	$Dc_i = 1$	469	0.17725	0.00507	-0.01279		
农村商业银行	$Dd_i = 0$	282	0.12915	0.00608	-0.04870	-5.63360	0.00000
	$Dd_i = 1$	1595	0.16527	0.00247	-0.02355		
$conca_{i,t}$		样本数	均值	标准差	差值 95% 置信区间	t 值	单边 P 值
国有大型商业银行	$Da_i = 0$	55	0.61600	0.03077	-0.40328	-1.65490	0.04910
	$Da_i = 1$	1822	0.80056	0.01935	0.03416		
股份制商业银行	$Db_i = 0$	132	0.44591	0.02041	-0.51902	-5.13920	0.00000
	$Db_i = 1$	1745	0.82157	0.02004	-0.23230		
城市商业银行	$Dc_i = 0$	1408	0.85918	0.02410	0.17176	5.94920	0.00000
	$Dc_i = 1$	469	0.60294	0.01827	0.34070		
农村商业银行	$Dd_i = 0$	282	0.67390	0.02718	-0.24580	-2.71410	0.00340
	$Dd_i = 1$	1595	0.81659	0.02157	-0.03958		

续表

$strdebt_{i,t}$		样本数	均值	标准差	差值95%置信区间	t 值	单边 P 值
国有大型商业银行	$Da_i = 0$	55	0.08877	0.00581	-0.05932	-2.24550	0.01240
	$Da_i = 1$	1822	0.12043	0.00244	-0.00401		
股份制商业银行	$Db_i = 0$	132	0.22583	0.00738	0.09685	12.80560	0.00000
	$Db_i = 1$	1745	0.11146	0.00239	0.13189		
城市商业银行	$Dc_i = 0$	1408	0.11612	0.00269	-0.02432	-2.46700	0.00690
	$Dc_i = 1$	469	0.12967	0.00505	-0.00278		
农村商业银行	$Dd_i = 0$	282	0.09263	0.00601	-0.04462	-4.77360	0.00000
	$Dd_i = 1$	1595	0.12425	0.00258	-0.01863		

基础设施投资方面，可以看出不同类型银行的均值差异较大，不同逆向归类虚拟变量分组后的均值检验均能通过1%的显著性检验。具体来看，基础设施贷款的均值按照国有大型银行、股份制银行、城商行和农商行的次序排列，且每组间都存在显著差异。这种特征与我们的直观感受一致，历史原因和资金实力都导致资金需求较大的基础设施领域投资中，还是全国性银行介入较多，而资本实力较弱的地方法人机构则在这一领域介入难度较大。

授信集中度方面，4类分组也都在5%的水平下存在显著关系，但指标的绝对数值上看，城商行和农商行的集中度较高，国有大型银行和股份制银行的集中度低，尤其是股份制银行45%的均值只略高于城商行86%的一半左右。这同样符合直观认识，即净资产规模较小，且治理机制不健全的法人银行有更多主观和客观条件将贷款向大客户集中。

同业负债指标方面，国有大型银行的均值较低，而股份制银行和城商行的均值较高。国有大型银行不仅吸储能力强，而且随着货币政策工具种类的增多，能通过多种渠道从央行获得低成本的资金，并作为同业市场上的融出方获得收益。而股份制银行的经营管理更为灵活，负债管理的市场化程度较高，投资业务受限较少，但吸收存款能力要明显弱于国有大行和地方法人机构，主客观因素都导致其在金融市场业务中有较大程度的发展。地方法人的情况则介于两者之间，其投资业务受到限制，但主动负债扩大业务规模的动力较强，城商行和农商行的同业负债均值分别在11.6%和9.3%，略低于全部样本的均值。

与前期研究类似，我们也关注了货币态势分组的均值检验结果，如表7-50所示。

表 7-50　　　　　　　盈利指标按货币态势分组的均值比较

	分组	样本数	均值	标准差	差值95%置信区间	t 值	单边 P 值
$infr_{i,t}$	$mt_t=0$	898	0.13796	0.00333	-0.21268	-2.78080	0.00215
	$mt_t=1$	979	0.18157	0.00321	-0.00546		
$conca_{i,t}$	$mt_t=0$	898	0.66161	0.01968	-0.32901	-6.88020	0.00000
	$mt_t=1$	979	0.91764	0.03073	-0.18304		
$strdebt_{i,t}$	$mt_t=0$	898	0.12411	0.00347	-0.00050	1.85600	0.03180
	$mt_t=1$	979	0.11527	0.00327	0.01818		

可以看出不同货币态势下银行经营结构确实存在本质的差异，t 检验的结果表明，货币紧缩会导致基础设施贷款的规模占比提高，而授信集中度均值则大幅上升接近 50%，同业负债的规模占比则在 5% 的显著性水平下有所下降。

三、货币政策调整与信贷行业结构变化

这一部分主要关注货币政策调整与银行信贷行业结构的相互关系，具体的模型设定如下：

$$strloan_{i,t} = \alpha_0 + \beta_0 strloan_{i,t-1} + \beta_1 m_{t-1} + \beta_2(control\_) + \varepsilon_{i,t}$$

其中，$strloan_{i,t}$ 代表信贷结构，制造业贷款 $manu_{i,t}$、基础设施贷款 $infr_{i,t}$ 和房地产贷款 $est_{i,t}$ 分别替换其进入回归。由于信贷结构为期末余额数据，存在明显的自相关性，因此在方程中加入了其滞后项，成为动态面板模型。另外，实践中金融机构的信贷行业决策往往通过考核奖惩机制、内部转移定价以及资本占用权重等方式向基层行传导，这些制度调整很难及时动态变化，因此此处我们假定外部货币政策的变化只影响年初的银行内部信贷政策变化，进而改变全年信贷实际结构，具体到方程中就是列入滞后一期的货币政策 m_{t-1}，其系数的显著性和符号表示了外部货币政策调整后，银行通过内部制度调整改变其信贷结构的情况。在信贷结构研究的模型中，控制变量 $control\_$ 包括盈利状况 $roa_{i,t}$、资产规模 $size_{i,t}$、流动性水平 $liqratio_{i,t}$ 以及余额贷存比 $ltd_{i,t}$。我们选择了差分 GMM 和系统 GMM 的方式对动态面板模型进行估计，具体回归结果如表 7-51 所示。

表 7-51　　　　　　　　货币政策影响银行信贷结构的实证分析

	(1)	(2)	(3)	(4)	(5)	(6)
模型设定	$strloan_{i,t} = manu_{i,t}$		$strloan_{i,t} = infra_{i,t}$		$strloan_{i,t} = est_{i,t}$	
估计方法	差分 GMM	系统 GMM	差分 GMM	系统 GMM	差分 GMM	系统 GMM
$strloan_{i,t-1}$	0.671 ***	0.747 ***	0.948 ***	0.925 ***	0.750 ***	0.894 ***
	(0.041)	(0.033)	(0.041)	(0.021)	(0.041)	(0.025)
m_{t-1}	0.071 **	0.087 ***	-0.172 ***	-0.165 ***	-0.105 ***	-0.107 ***
	(0.035)	(0.032)	(0.043)	(0.036)	(0.018)	(0.017)
$roa_{i,t}$	-0.013 ***	-0.010 ***	0.010 ***	0.008 ***	0	0.002 *
	(0.003)	(0.002)	(0.003)	(0.001)	(0.001)	(0.001)
$size_{i,t}$	0.025 ***	0.018 *	0.0110	0.022 **	-0.003	-0.004
	(0.007)	(0.010)	(0.014)	(0.010)	(0.003)	(0.003)
$liqratio_{i,t}$	0.006	0.008	0.019 *	0.0160	-0.003	-0.001
	(0.009)	(0.009)	(0.011)	(0.010)	(0.006)	(0.006)
$ltd_{i,t}$	-0.083 ***	-0.060 ***	0.144 ***	0.154 ***	0.025 **	0.0100
	(0.022)	(0.020)	(0.022)	(0.017)	(0.012)	(0.010)
$con\_$	0.319 ***	0.243 ***	-0.251 ***	-0.213 ***	0.00900	-0.028 *
	(0.056)	(0.040)	(0.054)	(0.025)	(0.022)	(0.016)
obs.	1431	1634	1431	1634	1431	1634
Chi2.	1208 ***	1560 ***	829.9 ***	2035 ***	491.8 ***	1523 ***
AR1	-5.250 ***	-5.337 ***	-5.909 ***	-6.143 ***	-5.150 ***	-5.308 ***
AR2	1.173	1.246	-0.356	-0.373	-1.569	-1.498

从实证结果可以看出，模型的整体显著性较好，被解释变量的滞后一期均在1%的水平下显著为正，且能通过工具变量相关性和过度识别检验，说明模型设定较为稳健。核心变量滞后一期货币政策 m_{t-1} 的系数在 6 个方程中均在 5% 的水平下显著，说明前期的货币态势会对银行的信贷政策以及最终的信贷资源配置产生较大影响。具体来看，宽松政策会提高制造业贷款的占比，而流动性趋紧会加速信贷资源向基础设施和房地产领域转移。从逻辑看，这与前文关于地方政府基建投资偏好的研究结论相呼应，政府在紧缩压力下会倾向于提高基建领域的信贷需求规模，而出于资金安全的考虑，表面风险较低的基建项目或业务模式相对简单的房地产项目也是银行信贷结构主动调整的方向。

同时，我们也关注了不同类型银行的这种信贷结构—货币政策敏感性是否存在差异，与前文类似，也采用逆向归类虚拟变量分组进行回归，具体的方程设定如下：

$$infra_{i,t} = \alpha_0 + \beta_0 infra_{i,t-1} + \beta_1 m_{t-1} + \beta_2 (control\_) + \varepsilon_{i,t} (by - D_i)$$

此处由于篇幅限制，这里仅考虑了货币政策影响银行基础设施贷款的情况，模型按照国有大型银行、股份制银行城商行和农商行 4 个逆向分类指标分别分组后进行估计，货币政策数 β_1 的显著性表示非该类银行基建贷款—货币态势敏感性的情况，通过比较四个方程的系数显著性可判定不同银行这种效应的差异。具体的回归结果见表 7-52 所示。

表 7-52　　　货币政策影响不同类型银行信贷结构的实证分析

	(1)	(2)	(3)	(4)
样本选择	$Da_i = 1$	$Db_i = 1$	$Dc_i = 1$	$Dd_i = 1$
$infra_{i,t-1}$	0.918 ***	0.938 ***	0.908 ***	0.927 ***
	(0.020)	(0.022)	(0.019)	(0.019)
m_{t-1}	-0.185 ***	-0.182 ***	-0.162 ***	-0.158 ***
	(0.017)	(0.038)	(0.036)	(0.039)
$roa_{i,t}$	0.008 ***	0.010 ***	-0.007 ***	0.011 ***
	(0.002)	(0.002)	(0.001)	(0.002)
$size_{i,t}$	0.023 **	0.021 **	-1.278 ***	0.023 **
	(0.010)	(0.010)	(0.152)	(0.010)
$liqratio_{i,t}$	0.0160	0.0140	-0.00200	0.025 **
	(0.010)	(0.010)	(0.005)	(0.010)
$ltd_{i,t}$	0.154 ***	0.148 ***	0.125 ***	0.144 ***
	(0.016)	(0.017)	(0.014)	(0.016)
$con\_$	-0.222 ***	-0.252 ***	0.061 ***	-0.269 ***
	(0.026)	(0.028)	(0.009)	(0.027)
$obs.$	1584	1514	370	1434
$Chi2.$	2161 ***	1932 ***	6953 ***	2459 ***
$AR1$	-6.126 ***	-6.030 ***	-3.047 ***	-5.758 ***
$AR2$	-0.352	-0.072	-1.013	-0.281

表 7-52 分别列示了逆向归类的 4 类银行子样本利用 GMM 进行回归的结果。4 个模型中货币政策系数 β_1 都在 1% 的水平下显著为正，但系数大小存在差距。可以看出，非国有大型银行和非股份制银行组的系数接近且相对较大，说明虽然从绝对量上看，全国性机构的基础设施贷款占比的均值更高，但其随货币态势变化的调整幅度要弱于地方法人机构。这是由于相对能影响全国性机构经营决策的中央政府而言，那些会积极干预城商行和农商行经营的地方政府在紧缩周期的基建投资偏好更强，这也最终反映到地方法人机构信贷结构的变化上。

除分组回归外，我们也在模型中引入货币政策与银行类型交互项 $m_t * (1-D_i)$

的方式，利用单一模型分析银行类型在货币政策—信贷结构传导中的差异性，具体的模型设定如下：

$$infra_{i,t} = \alpha_0 + \beta_0 infra_{i,t-1} + \beta_1 m_{t-1} + \beta_{11} m_t * (1 - D_i) + \beta_{12} D_i + \beta_2 (control\_) + \varepsilon_{i,t}$$

模型整体结构与基础模型一致，主要增加的交互项 $m_t * (1 - D_i)$ 的系数 β_{11} 若显著为负，表明此类银行的基建贷款规模受货币政策的影响较高，相应的，方程中也直接加入了表示银行类型本身的虚拟变量 D_i。具体的回归结果如表 7-53 所示。

表 7-53　　货币政策影响不同类型银行信贷结构的实证分析（交互项）

样本选择	(1) $D_i = Da_i$	(2) $D_i = Db_i$	(3) $D_i = Dc_i$	(4) $D_i = Dd_i$
$infra_{i,t-1}$	0.931***	0.964***	0.923***	0.922***
	(0.021)	(0.026)	(0.021)	(0.021)
$m_{t-1} * (1 - D_i)$	0.102	0.0690	-0.347***	-0.160**
	(0.086)	(0.079)	(0.070)	(0.075)
m_{t-1}	-0.159***	-0.169***	-0.214***	-0.176***
	(0.037)	(0.040)	(0.062)	(0.040)
D_i	0.0840	0.152***	-0.0130	-0.0130
	(0.085)	(0.055)	(0.015)	(0.021)
$roa_{i,t}$	0.008***	0.012***	0.007***	0.008***
	(0.002)	(0.002)	(0.001)	(0.002)
$size_{i,t}$	0.024**	0.0120	0.021**	0.0170
	(0.010)	(0.012)	(0.010)	(0.011)
$liqratio_{i,t}$	0.0160	0.017*	0.018*	0.0140
	(0.010)	(0.010)	(0.010)	(0.010)
$strdebt_{i,t}$	0.156***	0.144***	0.154***	0.148***
	(0.017)	(0.018)	(0.017)	(0.017)
$con\_$	-0.308***	-0.422***	-0.211***	-0.210***
	(0.097)	(0.078)	(0.026)	(0.030)
obs.	1634	1634	1634	1634
Chi2.	2123***	1588***	2014***	1984***
AR1	-6.144***	-6.049***	-6.145***	-6.151***
AR2	-0.376	-0.355	-0.377	-0.369

实证结果与分组回归比较类似，表 7-53 中列（3）和列（4）中关于城商行和农商行分组的交互项系数显著性较好，尤其是城商行组达到 -0.347，且在 1% 的水平下显著，说明城商行的基础设施贷款占比受货币政策影响的程度远超其他类型金融机构，这进一步证实了地方政府基建投资偏好相关研究的观点。相对而言，全国

性银行基建投资规模的存量较大，考虑到相关项目贷款的期限长，主动调整的空间和难度本身也更大，也可能导致信贷结构对外部货币态势的敏感性较低。

四、货币政策调整与授信集中度的变化

这一部分我们主要关注外部货币态势变化后，银行信贷在企业间的集中度是否会有显著的变化，基础模型的设定为：

$$conc_{i,t} = \alpha_0 + \beta_0 conc_{i,t-1} + \beta_1 m_{t-1} + \beta_2 (control\_) + \varepsilon_{i,t}$$

基于最大 10 家集团和企业客户占净资产比重的两个指标 $conca_{i,t}$ 和 $concb_{i,t}$ 分别作为被解释变量介入模型，与信贷结构的研究一样，这种信贷政策的调整往往是通过年初的内部制度设定影响，因此我们也选择货币政策的滞后项 m_{t-1} 作为核心变量列入回归，模型的控制变量选择和估计方法与信贷结构研究类似。基础模型的估计结果如表 7-54 所示。

表 7-54　　　　　货币政策影响银行授信集中度的实证分析

	(1)	(2)	(3)	(4)
模型设定	$conc_{i,t} = conca_{i,t}$		$conc_{i,t} = concb_{i,t}$	
估计方法	差分 GMM	系统 GMM	差分 GMM	系统 GMM
$conc_{i,t-1}$	0.459***	0.453***	0.469***	0.428***
	(0.017)	(0.014)	(0.013)	(0.011)
m_{t-1}	-2.991***	-3.329***	-3.356***	-3.422***
	(0.247)	(0.241)	(0.210)	(0.201)
$roa_{i,t}$	-0.069***	-0.087***	-0.024**	-0.055***
	(0.014)	(0.011)	(0.010)	(0.007)
$size_{i,t}$	0.00500	-0.0530	0.00200	0.187**
	(0.104)	(0.094)	(0.071)	(0.079)
$liqratio_{i,t}$	-0.0610	-0.0260	0.0170	0.0430
	(0.075)	(0.063)	(0.050)	(0.044)
$ltd_{i,t}$	0.396***	0.452***	0.457***	0.356***
	(0.142)	(0.105)	(0.112)	(0.087)
$con\_$	1.194***	1.438***	0.291**	0.850***
	(0.211)	(0.166)	(0.139)	(0.096)
obs.	1431	1634	1425	1630
Chi2.	1743***	2511***	2773***	3301***
AR1	-5.364***	-5.445***	-4.774***	-4.739***
AR2	-0.626	-0.592	1.347	1.243

我们分别利用差分 GMM 和系统 GMM 对两组变量的方程进行了回归，模型的整体显著性较好，设定比较稳健。核心变量 m_{t-1} 在 4 个方程中均在 1% 的水平下显著为负，说明货币态势收缩会导致银行有非常明显的倾向将贷款向大集团、大企业聚集。这个结论与直观感受一致，即货币紧缩时，银行存在惜贷的动力，考虑到利率上浮的粘性要超过实际风险溢价提高的速度，银行对风险高的中小客户贷款规模有更大的压缩动力，这也会推动其"垒大户"的特征加强。

与信贷结构的研究类似，我们也关注了不同类型银行的授信集中度对于货币政策调整的差异，具体也分析分组回归和交互项回归两种方式进行印证。分组回归的模型设定为：

$$conca_{i,t} = \alpha_0 + \beta_0 conca_{i,t-1} + \beta_1 m_{t-1} + \beta_2 (control\_) + \varepsilon_{i,t} (by - D_i)$$

这里仅考虑基于集团客户的授信集中度指标 $conca_{i,t}$，不同组别货币政策 m_{t-1} 的系数显著性表示非此类银行的授信集中度受货币政策影响的程度，具体的实证结果见表 7-55 所示。

表 7-55　　货币政策影响不同类型银行授信集中度的实证分析

	(1)	(2)	(3)	(4)
样本选择	$Da_i = 1$	$Db_i = 1$	$Dc_i = 1$	$Dd_i = 1$
$conca_{i,t-1}$	0.457***	0.454***	0.276***	0.445***
	(0.014)	(0.015)	(0.025)	(0.014)
m_{t-1}	-3.274***	-3.528***	-1.408***	-4.130***
	(0.246)	(0.243)	(0.110)	(0.268)
$roa_{i,t}$	-0.085***	-0.092***	-0.071***	-0.096***
	(0.011)	(0.012)	(0.005)	(0.011)
$size_{i,t}$	-0.0520	-0.0370	-1.665**	-0.0290
	(0.093)	(0.095)	(0.686)	(0.081)
$liqratio_{i,t}$	-0.0170	-0.0130	-0.157***	-0.103*
	(0.065)	(0.066)	(0.039)	(0.062)
$ltd_{i,t}$	0.452***	0.429***	-0.131***	0.600***
	(0.106)	(0.107)	(0.040)	(0.103)
$con\_$	1.387***	1.516***	1.782***	1.552***
	(0.168)	(0.181)	(0.107)	(0.165)
obs.	1584	1514	370	1434
Chi2.	2638***	2498***	3426***	2506***
AR1	-5.333***	-5.381***	-4.805***	-5.058***
AR2	-0.684	-0.643	2.690	-0.646

从表 7-55 估计结果看，货币政策的系数 β_1 都在 1% 的水平下显著为负，但其中非城商行组的系数仅 -1.408，绝对值远小于其他 3 组。城商行的授信集中度与货币政策的关系更加敏感，一方面是其本身净资产规模较小，少量大客户的贷款规模提高就可能造成数据的大幅波动；另一方面，相对于资本实力更弱的农商行，城商行在地方政府干预下获得相对较大规模地方国企和融资平台业务的能力更强，尤其在紧缩环境下也有更大主动调整信贷投放的能力。

与信贷行业结构的研究类似，我们也对这种敏感性在银行类型上的异质性进行了基于交互项方法的实证检验，具体模型设定为：

$$conca_{i,t} = \alpha_0 + \beta_0 conca_{i,t-1} + \beta_1 m_{t-1} + \beta_{11} m_t * (1 - D_i) + \beta_{12} D_i + \beta_2 (control\_) + \varepsilon_{i,t}$$

针对不同虚拟变量 D_i 分别进行估计，交互项系数 $m_t * (1 - D_i)$ 的显著性和数值大小表示此类银行授信集中度相对于其他银行受到货币政策影响的相对程度，具体的估计结果如表 7-56 所示。

表 7-56　货币政策影响不同类型银行授信集中度的实证分析（交互项）

样本选择	(1) $D_i = Da_i$	(2) $D_i = Db_i$	(3) $D_i = Dc_i$	(4) $D_i = Dd_i$
$conca_{i,t-1}$	0.454***	0.454***	0.455***	0.449***
	(0.015)	(0.015)	(0.015)	(0.014)
$m_{t-1} * (1 - D_i)$	-2.293*	0.523	-2.601***	3.206***
	(1.170)	(0.852)	(0.590)	(0.692)
m_{t-1}	-3.324***	-3.390***	-1.608***	-4.008***
	(0.249)	(0.251)	(0.475)	(0.273)
D_i	0.283	0.145	-0.105	0.0400
	(0.645)	(0.240)	(0.098)	(0.131)
$roa_{i,t}$	-0.082***	-0.084***	-0.078***	-0.086***
	(0.011)	(0.012)	(0.011)	(0.011)
$size_{i,t}$	-0.0350	-0.0510	-0.0360	-0.0470
	(0.098)	(0.095)	(0.097)	(0.094)
$liqratio_{i,t}$	-0.0150	-0.0360	-0.0620	-0.0600
	(0.067)	(0.065)	(0.066)	(0.063)
$ltd_{i,t}$	0.436***	0.454***	0.429***	0.472***
	(0.111)	(0.109)	(0.114)	(0.107)
$con\_$	1.077	1.264***	1.360***	1.393***
	(0.695)	(0.359)	(0.173)	(0.200)

续表

样本选择	(1) $D_i = Da_i$	(2) $D_i = Db_i$	(3) $D_i = Dc_i$	(4) $D_i = Dd_i$
obs.	1634	1634	1634	1634
Chi2.	2653	2500	2402	2404
AR1	-5.402	-5.464	-5.522	-5.446
AR2	-0.628	-0.577	-0.441	-0.538

从结果看,也非常明显地表现出城商行一枝独秀的特征,交互项 $m_{t-1} * (1 - Dc_i)$ 的系数为 -2.601,且在 1% 的水平下显著,负数的数值高于其他三个模型。这进一步佐证了分组回归的结论。也就是说,由于相对净资产规模和主动调整能力等问题,城商行比其他类型金融机构的授信集中度会更容易受到外部货币政策的影响,在紧缩环境下其信贷资源向大企业集中的特点最为突出。

五、货币政策调整与银行金融市场业务规模

在对银行经营决策的研究中,多数理论和实证分析都主要关注其信贷行为,涉及规模、结构以及风险等问题,但随着我国金融市场的快速发展,整个银行业的业务模式也相对欧美发达国家有了更大的波动性。其中最为典型的就是传统的存贷款业务不再是银行战略经营和风险控制的唯一着力点,基于主动的同业负债获得资金,并通过一定程度的加杠杆、期限错配,然后在金融市场上投资获得收益的业务模式得到了快速的发展。

从数据看,2014 年至 2018 年金融机构利用同业存单主动负债的规模急剧膨胀,同业存单的托管规模从 2014 年初的不到 400 亿元,到 2018 年三季度末已经接近 9 万亿元,而资管产品的业务总规模也从 2014 年末的 20 万亿元左右,到 2017 年末已超过 53 万亿元,在资管新规的调节下目前基本处于稳定状态(见图 7-10)。

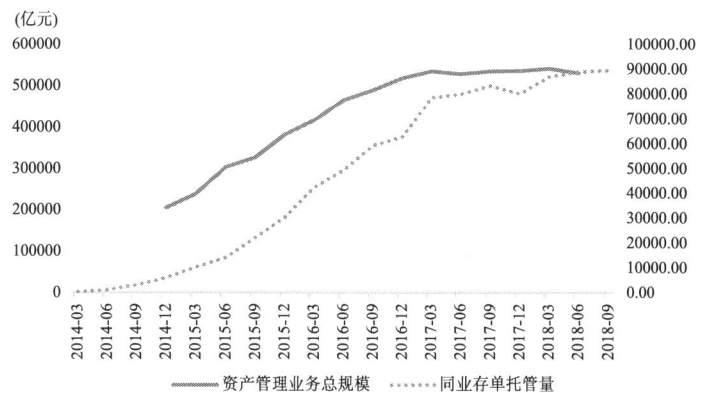

图 7-10 金融机构资管业务和同业存单规模变化趋势

注:数据来源 Wind 数据库,为宏观数据。

金融市场的发展变化，既推动了银行业业务模式的变化，也是其资产负债管理方式调整的结果，从数据可以看出，2007 年以来，尤其是 2012 年后全金融机构资金来源和运用中存贷款业务的占比持续下滑，2018 年 9 月末比例分别较 2012 年高点回落 26 个和 11 个百分点（见图 7-11）。

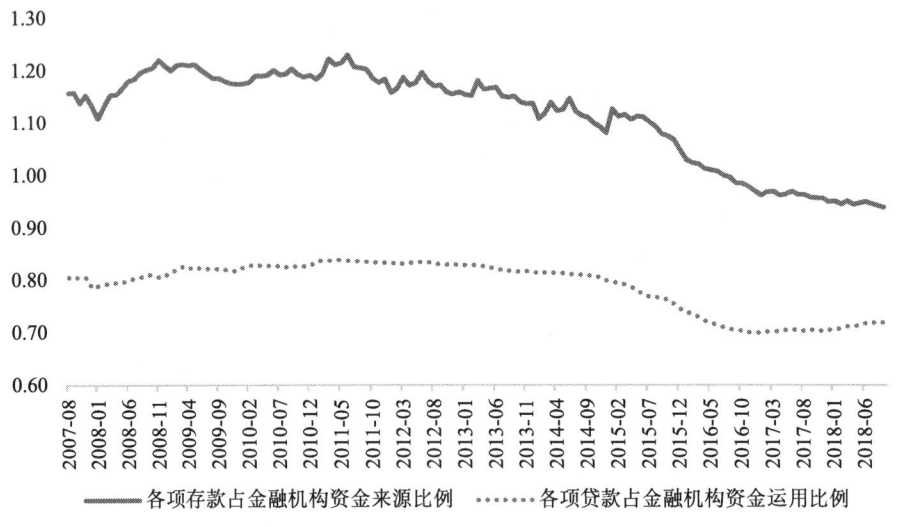

图 7-11　商业银行资金来源和运用结构变化趋势

注：数据来源 Wind 数据库，为宏观数据。

从微观机制看，银行业务模式的变化并不是平滑均匀的，同业负债的成本和难度与市场流动性状况有密切关系，而投资规模和结构也会受到金融资产价格的影响，这同样与货币态势有关，在这一部分，我们关注了货币政策的态势变化如何影响银行金融市场业务，以及这种效应在不同类型银行上的差异性。

基础模型的设定为：

$$finmkt_{i,t} = \alpha_0 + \beta_0 finmkt_{i,t-1} + \beta_1 m_t + \beta_2(control\_) + \varepsilon_{i,t}$$

金融市场业务指标 $finmkt_{i,t}$ 由收入结构 $strincm_{i,t}$ 和负债结构 $strdebt_{i,t}$ 替换进入方程。与信贷政策不同，金融市场业务的决策机制会不断根据外部环境的变化做出调整，资金价格的波动会在短期内大幅改变银行主动负债的动力，而投资业务的规模和结构也会随金融产品的价格波动迅速调整，因此在这一部分我们选择当期的货币政策 m_t 作为核心变量，其系数 β_1 的显著性和数值反应了货币态势对银行金融市场业务的影响。控制变量方面，主要包括盈利状况 $roa_{i,t}$、资产规模 $size_{i,t}$ 以及流动性水平 $liqratio_{i,t}$，以及不良率 $npl_{i,t}$。同样是利用差分 GMM 和系统 GMM 两种方式进行估计。

基础模型的回归结果如表7-57所示。

表7-57　　　　货币政策影响银行金融市场业务的实证研究

	(1)	(2)	(3)	(4)
模型设定	$finmkt_{i,t} = strincm_{i,t}$		$finmkt_{i,t} = strdebt_{i,t}$	
估计方法	差分GMM	系统GMM	差分GMM	系统GMM
$finmkt_{i,t-1}$	0.409***	0.363***	0.862***	0.745***
	(0.000)	(0.000)	(0.054)	(0.028)
m_t	2.044***	3.910***	0.145***	0.126***
	(0.116)	(0.094)	(0.047)	(0.040)
$roa_{i,t}$	0.170***	-0.014*	0.018***	0.022***
	(0.009)	(0.007)	(0.004)	(0.004)
$size_{i,t}$	10.142***	13.181***	-0.0190	-0.0120
	(0.026)	(0.019)	(0.028)	(0.021)
$liqratio_{i,t}$	-0.598***	-0.588***	-0.081***	-0.078***
	(0.012)	(0.011)	(0.021)	(0.019)
$npl_{i,t}$	116.060***	116.427***	-1.061***	-1.241***
	(0.376)	(0.355)	(0.255)	(0.235)
$con\_$	-4.281***	-1.576***	-0.198***	-0.249***
	(0.183)	(0.118)	(0.062)	(0.056)
obs.	1431	1634	1431	1634
Chi2.	1407***	1707***	790.8***	1625***
AR1	-2.111***	-2.059***	-7.710***	-7.958***
AR2	0.930	0.980	0.333	0.176

在4个模型中，货币政策变量的系数β_1均在1%的水平下显著为正，说明宽松的货币政策会驱动金融机构更快地发展金融市场业务。在宽松的外部环境下，一方面，银行能以更低的成本主动负债，且由于流动性管理的压力较小，其加杠杆和期限错配的动力会更强；另一方面，宽松政策会驱动金融产品的价格上升，提高投资业务的浮盈，而贷款的利息收益上升粘性较大，这也会提高银行在投资业务而非贷款业务配置资金的动力。

同时，我们也关注了货币政策对不同类型银行金融市场业务影响是否存在异质性，具体的估计方程为：

$$strdebt_{i,t} = \alpha_0 + \beta_0 strdebt_{i,t-1} + \beta_1 m_t + \beta_2 (control\_) + \varepsilon_{i,t} (by - D_i)$$

这里仅列出基于负债结构$strdebt_{i,t}$的回归结果，不同组别货币政策m_t的系数显著性表示非此类银行的金融市场业务受货币政策影响的程度，系数β_1数值越小表示此类银行的主动负债规模受货币政策冲击越大，具体的实证结果如表7-58所示。

表7-58　货币政策影响不同类型银行金融市场业务规模的实证分析

	(1)	(2)	(3)	(4)
样本选择	$Da_i=1$	$Db_i=1$	$Dc_i=1$	$Dd_i=1$
$strdebt_{i,t-1}$	0.711***	0.754***	0.700***	0.758***
	(0.028)	(0.030)	(0.012)	(0.026)
m_t	0.129***	0.061***	0.053***	0.124***
	(0.021)	(0.020)	(0.022)	(0.023)
$roa_{i,t}$	0.023***	0.021***	0.017***	0.018***
	(0.004)	(0.004)	(0.002)	(0.003)
$size_{i,t}$	-0.017	-0.004	-0.942***	-0.0130
	(0.020)	(0.019)	(0.154)	(0.018)
$liqratio_{i,t}$	-0.079***	-0.071***	-0.027	-0.097***
	(0.019)	(0.019)	(0.018)	(0.018)
$npl_{i,t}$	-1.249***	-1.159***	-1.493***	-1.395***
	(0.238)	(0.237)	(0.264)	(0.246)
$con\_$	-0.259***	-0.239***	-0.189***	-0.180***
	(0.057)	(0.056)	(0.033)	(0.054)
obs.	1584	1514	370	1434
Chi2.	1817***	1542***	2590***	2220***
AR1	-7.892***	-7.763***	-3.535***	-7.499***
AR2	0.121	-0.0790	0.567	0.321

4组样本回归的模型整体显著性和设定都比较稳健，核心变量m_t的系数均在1%的水平下显著为正，但数值存在非常大的差异。非城商行组的系数最小0.053，这说明城商行的金融市场业务受外部流动性影响最为明显。与国有大型银行和股份制银行相比，城商行流动性管理能力较弱，货币态势的变化对其主动负债难度和成本的冲击更大，其自身缓冲空间也更小，因此在货币收紧时其主动压缩金融市场业务的倾向会更加明显。但与农商行相比，城商行通过同业存单等方式融入资金的能力更强，在金融市场上投资受限也更小，这一点通过均值检验的结果也能体现。总的来看，城商行具有发展金融市场业务的条件和环境，但其资本相对薄弱、流动性管

理能力不足导致其在不同货币周期下面临的业务难度呈现巨大的差异,这最终导致其金融市场业务受外部因素的影响程度最高。

与前期研究类似,我们也通过交互项的模型来佐证这种异质性的特征,具体的方程为:

$$strdebt_{i,t} = \alpha_0 + \beta_0 strdebt_{i,t-1} + \beta_1 m_t + \beta_{11} m_t * (1 - D_i) + \beta_{12} D_i + \beta_2 (control\_) + \varepsilon_{i,t}$$

在这里,交互项系数 $m_t * (1 - D_i)$ 若显著为正,表明此类机构金融市场业务与货币政策的关系明显超过非此类机构。其他的模型设定和控制变量选择均与基础模型一致,具体的回归结果如表7-59所示。

表7-59 货币政策影响不同类型银行金融市场业务规模的实证分析(交互项)

样本选择	(1) $D_i = Da_i$	(2) $D_i = Db_i$	(3) $D_i = Dc_i$	(4) $D_i = Dd_i$
$strdebt_{i,t-1}$	0.711***	0.752***	0.798***	0.791***
	(0.035)	(0.030)	(0.036)	(0.034)
$m_t * (1 - D_i)$	-0.265**	0.024	0.123***	-0.040
	(0.121)	(0.212)	(0.070)	(0.078)
m_t	0.090***	0.101***	0.069***	0.081***
	(0.022)	(0.021)	(0.061)	(0.045)
D_i	0.145	-0.115	0.162***	-0.237***
	(0.125)	(0.080)	(0.055)	(0.076)
$roa_{i,t}$	0.023***	0.022***	0.020***	0.021***
	(0.004)	(0.004)	(0.004)	(0.004)
$size_{i,t}$	-0.0180	-0.00800	-0.0170	-0.0290
	(0.021)	(0.022)	(0.023)	(0.024)
$liqratio_{i,t}$	-0.077***	-0.077***	-0.087***	-0.077***
	(0.019)	(0.019)	(0.019)	(0.019)
$npl_{i,t}$	-1.219***	-1.264***	-1.095***	-0.976***
	(0.233)	(0.235)	(0.239)	(0.234)
$con\_$	-0.401***	-0.142	-0.263***	-0.0360
	(0.145)	(0.091)	(0.060)	(0.093)
obs.	1634	1634	1634	1634
Chi2.	1832***	1587***	1224***	1299***
AR1	-7.795***	-8.010***	-7.901***	-7.931***
AR2	0.121	0.163	0.258	0.277

4 个模型中，货币态势与银行类型虚拟变量交互项的系数 β_{11} 显著性差异较大，其中显著性最好的是城商行，系数达到 0.123 且在 1% 的水平下显著，这佐证了分组回归的结果。货币政策的调整对于银行业金融市场业务的发展有非常显著的影响，宽松政策下会大幅提高金融机构主动负债和金融投资的动力，且这一微观机制在城市商业银行中表现得最为明显。

第六节 结论、展望与政策建议

在对前期文献梳理的基础上，本章利用中国银行业的微观数据对货币政策与银行信贷以及风险等决策机制的关系进行了系统性的实证研究，结果表明：

第一，货币政策与银行信贷增长之间存在显著的正向关系，且在货币宽松周期中这一效应更加显著。从银行类型角度看，国有大型和股份制银行的信贷渠道效应要强于城商行和农商行。

第二，货币宽松会提高银行的实际风险偏好，并造成长期风险的积累，这一特征在风控能力较弱、治理机制不完善的地方法人银行中尤为明显。从特征指标看，规模较小、流动性更差的金融机构会有更强的风险承担渠道效应。另外，我们发现货币政策的调整会负向影响银行隐藏不良的动机，同样是地方法人机构这一特征更为显著。从分位数回归的情况看，前期隐藏不良规模较高带来的外部监管压力会削弱这种效应。

第三，货币政策对短期内银行利润指标有正向影响，而宽松环境下这一特征会更加显著。分组回归的结论表明，地方法人机构的利润对货币政策调控的敏感性更高。短期利润的变化成为货币政策另一条影响银行信贷和风险态度的路径，若不考虑银行利润这一内生因素，可能会低估货币政策影响银行信贷行为的程度，同时会高估风险承担渠道的效应。

第四，货币宽松会由于资本风险降低，而削弱银行持有资本缓冲的规模，这一特征同样在城商行样本中更加显著。同时，利用交互项模型的研究表明，资本缓冲的规模提高会强化银行信贷规模与货币政策的敏感性，但弱化风险承担渠道的效应。

第五，货币政策的紧缩会导致银行将信贷资源从制造业向基础设施和房地产等领域转移，并会导致银行授信集中度指标的上升，这在城商行样本中更加显著。另外，货币政策的宽松会导致银行金融市场业务规模的提高，金融投资收入占比和主动的同业负债规模都有明显的上升。

本章的研究同样存在一定的局限性，值得后期进一步探讨：

第一，与国内其他研究不同，由于我们的样本并非仅来自上市银行，在风险态度指标上无法运用市场定价相关的 Z–score 指标衡量，加权风险资产规模和不良率在判断银行实际风险态度上存在缺陷，虽然我们考虑了关注类贷款指标进入模型，但同样更偏向于风险结果而非态度，这类指标都容易受到外部经济周期波动等因素的干扰。后期需要研究更准确刻画非上市银行风险态度的度量方式。

第二，在研究不同类型银行行为特征差异的实证中，由于样本数量差距过大，我们选择了逆向归类的分组方式，并通过比较不同样本组核心变量系数的数值和显著性大小来判断不同银行相关机制的效应强弱。从假设检验的原则看，系数显著仅说明其在一定水平下能拒绝异于 0 的原假设，直接比较数值大小可能存在统计意义上的偏差，这也属于数据可得性所造成的实证限制。

第三，资本缓冲的研究方面，我们更关注货币态势和银行类型等因素的影响，但实际上关于资本缓冲逆周期的不少研究会考虑银行预期未来经济形势波动而采取的主动调控选择。本书的研究聚焦货币态势与微观主体的关系，在实证设计上避免同时出现经济周期和货币态势的情况，以减少货币政策内生（如对经济周期相机抉择）的可能干扰。从稳健性的角度看，忽视货币政策内生条件可能会高估其对银行资本缓冲决策的影响。这一问题需要在后期利用更多层次的实证手段进行检验。

根据研究的结论，我们有如下的政策建议：

第一，从实证结论和实践观察都可以看出，在我国不同类型银行的经营决策机制存在较大差异，尤其是城商行的经营稳定性较差，其风险态度和资本缓冲决策等都会受到外部货币冲击的较大影响，这与其治理机制不完善、内部风控机制不稳定的特点有关，也与地方政府按照特定目标对其决策进行干预有关。建议进一步完善银行治理机制，保持长期价值和风险控制目标的稳定性，减少银行顺周期行为对经济波动的放大作用。

第二，货币政策的变化与银行隐藏不良贷款的行为之间存在显著关联，隐性不良规模过高不仅降低了外部监管效率，而且会使得银行资本管理的标的出现偏移，在长期内积累资本风险，一旦政策或调控政策出现波动可能造成资本压力的急剧上升。2018 年上半年以来关于不良贷款偏离度的监管要求趋严，就导致部分银行在重新调整不良统计口径的过程中，拨备提取规模快速上升，甚至出现资本充足率大幅下降的情况。建议进一步提高不良贷款统计的制度约束，减少银行在不良管理上的主观弹性，提高其利用伪出表、伪展期和伪借新还旧等方式拖延不良暴露的成本，提高监管质量和货币政策传导效率。

第三，从过去几年的实践经验看，货币宽松显著推高了银行金融市场业务的投资规模。从银行角度看，金融市场业务模式更加灵活，在外部流动性宽裕的情况下，只需要在同业市场上主动的融入短期资金，并通过加杠杆配置长期的金融资产，就能获得明显超出传统存贷款业务的利润规模。据了解，在金融去杠杆政策实施前，部分地方法人银行仅5—6个人的金融市场业务部门就能实现500个人的贷款营销管理团队的利润水平。在这一环境下，货币政策通过信贷渠道改善企业融资环境的效率大打折扣。建议在实体经济投资回报过低的环境下，保持货币政策定力，避免由于政策大幅宽松拉大银行在贷款和金融市场投资之间的利润差距，加剧资金的脱实向虚。

参考文献

[1] Abiad A, Topalova P. The macroeconomic effects of public investment: Evidence from advanced economies [J]. Journal of Macroeconomics, 2016, 50 (95): 224 – 240.

[2] Aboyadana G, Aboyadana L. Monetary Policy, Bank Regulation and Risk – Taking [J]. Social Science Electronic Publishing, 2017.

[3] Acemoglu D, Ozdaglar A E, Tahbazsalehi A. Microeconomic Origins of Macroeconomic Tail Risks [C]. Meeting Papers. Society for Economic Dynamics, 2015: 54 – 108.

[4] Acharya V V, Skeie D. A model of liquidity hoarding and term premia in inter – bank markets [J]. Journal of Monetary Economics, 2011, 58 (5): 436 – 447.

[5] Acharya V V, Steffen S. The "greatest" carry trade ever? Understanding eurozone bank risks [J]. Journal of Financial Economics, 2015, 115 (2): 215 – 236.

[6] Acharya V, Naqvi H. The seeds of a crisis: A theory of bank liquidity and risk taking over the business cycle [J]. Journal of Financial Economics, 2012, 106 (2): 349 – 366.

[7] Acharya V, Plantin G. Monetary easing and financial instability [J]. SRC Working Paper, The London School of Economics and Political Science, 2017.

[8] Adachi – Sato M, Vithessonthi C. Bank systemic risk and corporate investment: Evidence from the US [J]. International Review of Financial Analysis, 2017, 50.

[9] Adams R M, Amel D F. The Effects of Local Banking Market Structure on the Bank – Lending Channel of Monetary Policy [J]. Fed Working Paper, 2005.

[10] Admati A, Hellwig M. The Bankers' New Clothes: What's Wrong with Banking and What to Do about It [M]. Princeton University Press, 2013.

[11] Adrian T, Moench E, Shin H S. Macro Risk Premium and Intermediary Balance Sheet Quantities [J]. Imf Economic Review, 2010, 58 (1): 179 – 207.

[12] Adrian T, Shin H S. Macro Risk Premium and Intermediary Balance Sheet Quantities [J]. Imf Economic Review, 2010, 58 (1): 179 – 207.

[13] Adriana T, Liangb N. Monetary Policy, Financial Conditions, and Financial Stability [J]. International Journal of Central Banking, 2018.

[14] Agenor P R, Morenododson B. Public Infrastructure and Growth: New Channels and Policy Implications [J]. Ssrn Electronic Journal, 2006: 1 – 59 (59).

[15] Agénor P R, Silva L A P D. Macroprudential regulation and the monetary transmission mechanism [J]. Journal of Financial Stability, 2014, 13 (1): 44 – 63.

[16] Agénor P R. Public capital, health persistence and poverty traps [J]. Journal of Economics, 2015, 115 (2): 103 – 131.

[17] Aghion P, Angeletos G M, Banerjee A, et al. Volatility and growth: Credit constraints and the composition of investment [J]. Journal of Monetary Economics, 2010, 57 (3): 246 – 265.

[18] Aghion P, Bacchetta P, Ranciere R, et al. Exchange Rate Regimes and Productivity Growth [J]. Forthcoming in the Journal of Monetary Economics, 2009.

[19] Aguiar A, Drumond I. Business Cycle and Bank Capital: Monetary Policy Transmission under the Basel Accords [J]. Fed Working Papers, 2007.

[20] Agur I, Demertzis M. Excessive bank risk taking and monetary policy [J]. SSRN Working Paper, 2012.

[21] Agur I, Demertzis M. Will Macroprudential Policy Counteract Monetary Policy's Effects on Financial Stability? [J]. Imf Working Papers, 2016.

[22] Aiyar S, Calomiris C W, Wieladek T. Does Macro – Prudential Regulation Leak? Evidence from a UK Policy Experiment [J]. Journal of Money Credit & Banking, 2014, 46 (s1): 181 – 214.

[23] Aiyar S, Calomiris C W, Wieladek T. How does credit supply respond to monetary policy and bank minimum capital requirements? [J]. European Economic Review, 2016, 82 (8): 142 – 165.

[24] Akerlof G, Blanchard O, Romer D, et al. What Have We Learned?: Macroeconomic Policy after the Crisis [M]. The MIT Press, 2014.

[25] Aktas C, Tas B K O. The Bank Lending Channel In Turkey: Effect of Capital Adequacy Ratio [J]. Journal of Brsa Banking & Financial Markets, 2007, 1 (1): 61 – 76.

[26] Alessandri P, Nelson B D. Simple banking: profitability and the yield curve [J]. Journal of Money, Credit and Banking, 2015, 47 (1): 143 – 175.

[27] Allen F, Babus A, Carletti E. Asset commonality, debt maturity and systemic risk [J]. Journal of Financial Economics, 2012, 104 (3): 519 – 534.

[28] Allen F, Carletti E, Gale D. Money, financial stability and efficiency [J]. Journal of Economic Theory, 2014, 149 (1): 100 – 127.

[29] Allen F, Gale D. Competition and Financial Stability [J]. Journal of Money Credit & Banking, 2004, 36 (3): 453 – 480.

[30] Allen F, Qian J, Qian M. Law, finance, and economic growth in China [J]. Journal of Financial Economics, 2005, 77 (1): 57 – 116.

[31] Allen F, Qian J, Zhang C, Zhao M. China's financial system: opportunities and challenges [R]. NBER Working Paper, 2012.

[32] Almeida H, Campello M, Laranjeira B, Weisbenner S., Corporate Debt Maturity and the Real Effect of the 2007 Credit Crisis [J]. Critical Finance Review, 2011, 1 (1): 3 – 58.

[33] Almeida H, Campello M, Weisbach M S. The Cash Flow Sensitivity of Cash [J]. Journal of Finance, 2004, 59 (4): 1777 – 1804.

[34] Altavilla C, Boucinha M, Peydro J L. Monetary Policy and Bank Profitability in a Low Interest Rate Environment [J]. ECB Working Paper, 2017.

[35] Altavilla C, Canova F, Ciccarelli M. Mending the broken link: heterogeneous bank lending and monetary policy pass – through [J]. ECB Working Paper, 2016.

[36] Alti, A. (2006). How persistent is the impact of market timing on capital structure? . *The Journal of Finance*, 61 (4), 1681 – 1710.

[37] Altunbas Y, Gambacorta L, Marques – Ibanez D. Securitisation and the bank lending channel [J]. European Economic Review, 2008, 53 (8): 996 – 1009.

[38] Altunbasa Y, Gambacortab L, Marques – Ibanezc D. Does Monetary Policy Affect Bank Risk? [J]. International Journal of Central Banking, 2014.

[39] Amador J, Nagengast A J. The Effect of Bank Shocks on Firm – Level and Aggregate Investment [J]. ECB Working Papers, 2016.

[40] Amidu M, Wolfe S. The impact of market power and funding strategy on bank – interest margins [J]. European Journal of Finance, 2013, 19 (9): 888 – 908.

[41] Andries A M, Plescau I. The Risk – Taking Channel of Monetary Policy: Do

Macroprudential Regulation and Central Bank Independence Influence the Transmission of Interest Rates? [J]. SSRN Working Paper, 2017.

[42] Angelini P, Neri S, Panetta F. The Interaction between Capital Requirements and Monetary Policy [J]. Journal of Money Credit & Banking, 2014, 46 (6): 1073 – 1112.

[43] Angeloni I, Faia E, Duca M L. Monetary policy and risk taking [J]. Journal of Economic Dynamics and Control, 2015, 52: 285 – 307.

[44] Angeloni I, Faia E. Capital regulation and monetary policy with fragile banks [J]. Journal of Monetary Economics, 2013, 60 (3): 311 – 324.

[45] Anselin L, Moreno R. Properties of tests for spatial error components [J]. Regional Science & Urban Economics, 2003, 33 (5): 595 – 618.

[46] Antonio J, Jan O, Stephany K. International finance and development [M]. Zed Books, 2007.

[47] Anusua Datta, Sumit Agarwal. Telecommunications and economic growth: a panel data approach [J]. Applied Economics, 2004, 36 (15): 1649 – 1654.

[48] Aramonte S, Lee S J, Stebunovs V. Risk Taking and Low Longer – Term Interest Rates: Evidence from the U. S. Syndicated Loan Market [J]. Finance & Economics Discussion, 2015.

[49] Arif S, Lee C M C. Aggregate Investment and Investor Sentiment [J]. the Review of Financial Studies, 27 (11): 3241 – 3279.

[50] Arrow K J, Kurz M. Optimal Growth with Irreversible Investment in a Ramsey Model [J]. Econometrica, 1970, 38 (2): 331 – 344.

[51] Aschauer D A. Fiscal Policy and Aggregate Demand: Reply [J]. American Economic Review, 1993, 83 (3): págs. 667 – 669.

[52] Aschauer D A. Genuine economic returns to infrastructure investment [J]. Policy Studies Journal, 1993, 21 (2): 380 – 390.

[53] Aschauer D A. Is public expenditure productive? [J]. Journal of monetary economics, 1989, 23 (2): 177 – 200.

[54] Aschauer D A. Public Investment and Productivity Growth in the Group of Seven [J]. Economic Perspectives, 1989, 13 (Sep): 17 – 25.

[55] Auerbach A J, Gorodnichenko Y. Output Spillovers from Fiscal Policy [J]. American Economic Review, 2013, 103 (3): 141 – 146.

[56] Awokuse T O, Wang X. Threshold effects and asymmetric price adjustments in US dairy markets [J]. Canadian Journal of Agricultural Economics, 2009, 57 (2): 269 – 286.

[57] Bachmann R, Moscarini G. Business Cycles and Endogenous Uncertainty [C]. Meeting Papers. Society for Economic Dynamics, 2011.

[58] Badoer D C, James C M. The Determinants of Long – Term Corporate Debt Issuances [J]. Journal of Finance, 2016, 71 (1).

[59] Baglioni A. Monetary policy transmission under different banking structures: The role of capital and heterogeneity [J]. International Review of Economics & Finance, 2007, 16 (1): 78 – 100.

[60] Bai C E, Hsieh C T, Song Z M. The Long Shadow of a Fiscal Expansion [J]. Nber Working Papers, 2016.

[61] Bai Y, Kehoe P, Arellano C. Financial Markets and Fluctuations in Uncertainty [C] . Meeting Papers. Society for Economic Dynamics, 2011.

[62] Bailey W, Huang W, Yang Z. Bank Loans with Chinese Characteristics: Some Evidence on Inside Debt in a State – Controlled Banking System [J]. Journal of Financial & Quantitative Analysis, 2011, 46 (6): 1795 – 1830.

[63] Baker M P, Foley C F, Wurgler J. The Stock Market and Investment: Evidence from FDI Flows [C] . National Bureau of Economic Research, Inc, 2004.

[64] Baker M, Stein J C, Wurgler J. When Does the Market Matter? Stock Prices and the Investment of Equity – Dependent Firms [J]. Quarterly Journal of Economics, 2003, 118 (3): 969 – 1005.

[65] Baker M, Wurgler J. Market Timing and Capital Structure [J]. Journal of Finance, 2002, 57 (1): 1 – 32.

[66] Bakke T E, Whited T M. Which Firms Follow the Market? An Analysis of Corporate Investment Decisions [J]. Review of Financial Studies, 2010, 23 (5): 1941 – 1980.

[67] Balducci R. Public Expenditure and Economic Growth. A critical extension of Barro's (1990) model [J]. Working Papers, 2005.

[68] Ball L, Mankiw N G. A sticky – price manifesto [C]. Carnegie – Rochester Conference Series on Public Policy. North – Holland, 1994, 41: 127 – 151.

[69] Banerjee, Saugata, Almas Heshmati, and Clas Wihlborg. *The dynamics of cap-*

ital structure, *SSE*. No. 333. EFI Working Paper Series in Economics and Finance, 2000.

[70] Bank W. World Development Report: knowledge for development: 1998/99 [J]. World Bank Publications, 1999.

[71] Banker R D, Fang S, Mehta M N. Cost Behavior During the World Economic Crisis [J]. Social Science Electronic Publishing, 2013.

[72] Barro, R. J. (1990). Government spending in a simple model of endogenous growth. *Journal of political economy*, 98 (5, Part 2), S103 – S125.

[73] Baskaya Y S, Di Giovanni J, Kalemli – Özcan Ş, et al. Capital flows and the international credit channel [J]. Journal of International Economics, 2017, 108: S15 – S22.

[74] Battaglini M, Nunnari S, Palfrey T R. Legislative Bargaining and the Dynamics of Public Investment [J]. American Political Science Review, 2012, 106 (2): 407 – 429.

[75] Battiston S, Gatti D D, Gallegati M, et al. Credit chains and bankruptcy propagation in production networks [J]. Journal of Economic Dynamics and Control, 2007, 31 (6): 2061 – 2084.

[76] Baumsnow N, Brandt L, Henderson V, et al. Urban Transportation, Land Use, and Growth: Evidence from China 1990 – 2010 (IGC Policy Brief) [J]. International Growth Centre, 2014.

[77] Baxamusa, M. (2011). How Well Do Market Timing, Catering, And Classical Theories Explain Corporate Decisions?. *Journal of Financial Research*, 34 (2), 217 – 239.

[78] Beau D, Clerc L, Mojon B. Macro – prudential policy and the conduct of monetary policy [J]. SSRN Working Paper, 2012.

[79] Beaudry P, Caglayan M, Schiantarelli F. Monetary Instability, the Predictability of Prices, and the Allocation of Investment: An Empirical Investigation Using U. K. Panel Data [J]. American Economic Review, 2001, 91 (3): 648 – 662.

[80] Bech M, Keister T. Liquidity regulation and the implementation of monetary policy [J]. Journal of Monetary Economics, 2017, 92.

[81] Bech M, Malkhozov A. How Have Central Banks Implemented Negative Policy Rates? [J]. Financial Market Research, 2016.

[82] Behn M, Haselmann R, Wachtel P. Procyclical capital regulation and lending [J]. The Journal of Finance, 2016, 71 (2): 919 – 956.

[83] Benati L, Lubik T A. The time–varying Beveridge curve [M]. Advances in Non–linear Economic Modeling. Springer, Berlin, Heidelberg, 2014: 167–2.

[84] Benito, A. (2005). Financial Pressure, Monetary Policy Effects and Inventories: Firm–level Evidence from a Market–based and a Bank–based Financial System. *Economica*, 72 (286), 201–224.

[85] Benmelech E, Bergman N K. Bankruptcy and the Collateral Channel [J]. Journal of Finance, 2011, 66 (2): 337–378.

[86] Benmelech E, Frydman C, Papanikolaou D. Financial Frictions and Employment During the Great Depression [J]. Nber Working Papers, 2017.

[87] Benmelech E, Meisenzahl R R, Ramcharan R. The Real Effects of Liquidity During the Financial Crisis: Evidence from Automobiles [J]. SSRN Working Paper, 2017.

[88] Berg A, Portillo R, Yang S C S, et al. Public Investment in Resource–Abundant Developing Countries [J]. Imf Economic Review, 2013, 61 (1): 92–129.

[89] Berger A N, Bouwman C H S. Bank Liquidity Creation, Monetary Policy, and Financial Crises [J]. Journal of Financial Stability, 2017.

[90] Berger A N, Sedunov J. Bank liquidity creation and real economic output [J]. Journal of Banking & Finance, 2017, 81 (9): 1–19.

[91] Bernanke B S, Blinder A S. Credit, Money, and Aggregate Demand [J]. American Economic Review, 1988, 78 (2): 435–439.

[92] Bernanke B S, Blinder A S. The Federal Funds Rate and the Channels of Monetary Transmission [J]. American Economic Review, 1992, 82 (4): 901–921.

[93] Bernanke B S, Boivin J, Eliasz P. Measuring the Effects of Monetary Policy: A Factor–Augmented Vector Autoregressive (FAVAR) Approach [J]. Quarterly Journal of Economics, 2005, 120 (1): 387–422.

[94] Bernanke B S, Gertler M, Gilchrist S. The financial accelerator in a quantitative business cycle framework [J]. Handbook of macroeconomics, 1999, 1: 1341–1393.

[95] Bernanke B S, Gertler M. Inside the black box: the credit channel of monetary policy transmission [J]. Journal of Economic perspectives, 1995, 9 (4): 27–48.

[96] Bernanke B S, Lown C S, Friedman B M. The Credit Crunch [J]. Brookings Papers on Economic Activity, 1991, 1991 (2): 205–247.

[97] Bernanke B, Gertler M. Agency Costs, Net Worth, and Business Fluctuations

[J]. American Economic Review, 1989, 79 (1): 14 – 31.

[98] Bernstein S, Lerner J, Mezzanotti F. Private Equity and Financial Fragility during the Crisis [J]. Research Papers, 2017.

[99] Berthélemy J C, S D. Foreign Direct Investment and Economic Growth: Theory and Application to China [J]. Review of Development Economics, 2000, 4 (2): 140 – 155.

[100] Bessembinder H. Forward Contracts and Firm Value: Investment Incentive and Contracting Effects [J]. Journal of Financial & Quantitative Analysis, 1991, 26 (4): 519 – 532.

[101] Bhamra H S, Kuehn L A, Strebulaev I A. The Aggregate Dynamics of Capital Structure and Macroeconomic Risk [J]. Review of Financial Studies, 2010, 23 (12): 4187 – 4241.

[102] Bhaumik S K, Dang V, Kutan A M. Implications of bank ownership for the credit channel of monetary policy transmission: Evidence from India [J]. Journal of Banking & Finance, 2011, 35 (9): 2418 – 2428.

[103] Bianchi J, Bigio S. Liquidity Management and Monetary Policy [J]. SSRN Working Paper, 2014.

[104] Bie T D. Does market timing drive capital structures? A panel data study for Dutch firms [C]. Netherlands Central Bank, Research Department, 2004.

[105] Blanchard O, Rhee C, Summers L. The Stock Market, Profit, and Investment [J]. Quarterly Journal of Economics, 1993, 108 (1): 115 – 136.

[106] Bleakley H, Cowan K. Maturity mismatch and financial crises: Evidence from emerging market corporations [J]. Journal of Development Economics, 2010, 93 (2): 189 – 205.

[107] Bliss R R, Kaufman G G. Derivatives and systemic risk: Netting, collateral, and closeout [J]. Journal of Financial Stability, 2006, 2 (1): 55 – 70.

[108] Bo B, Ivashina V. Cyclicality of credit supply: Firm level evidence [J]. Journal of Monetary Economics, 2014, 62 (1): 76 – 93.

[109] Boarnet M G. Spillovers and the Locational Effects of Public Infrastructure [J]. Journal of Regional Science, 1998, 38 (3): 381 – 400.

[110] Bodenstein M, Guerrieri L, LaBriola J. Macroeconomic policy games [J]. SSRN Working Paper, 2014.

[111] Boivin J, Kiley M T, Mishkin F S. Chapter 8 – How Has the Monetary Transmission Mechanism Evolved Over Time? [J]. Handbook of Monetary Economics, 2010, 3: 369 – 422.

[112] Bolton P, Chen H, Wang N. A q, Corporate Investment, Financing, and Risk Unified Theory of Tobin's Management [J]. Journal of Finance, 2011, 66 (5): 1545 – 1578.

[113] Bom P R D, Ligthart J E. What have we learned from three decades of research on the productivity of public capital? [J]. Journal of economic surveys, 2014, 28 (5): 889 – 916.

[114] Borio C, Gambacorta L, Hofmann B. The influence of monetary policy on bank profitability [J]. International Finance, 2017, 20 (1): 3915 – 3929.

[115] Borio C, Gambacorta L. Monetary policy and bank lending in a low interest rate environment: Diminishing effectiveness? [J]. Journal of Macroeconomics, 2017, 54.

[116] Borio C, Zhu H. Capital regulation, risk – taking and monetary policy: a missing link in the transmission mechanism? [J]. Journal of Financial stability, 2012, 8 (4): 236 – 251.

[117] Bougheas S, Demetriades P O, Mamuneas T P. Infrastructure, specialization, and economic growth [J]. Canadian Journal of Economics/Revue canadienne d'économique, 2000, 33 (2): 506 – 522.

[118] Brabant J M V. Transition and economics—politics, markets, and firms [J]. Comparative Economic Studies, 2001, 43 (3): 133 – 136.

[119] Bräuning F, Ivashina V. Monetary Policy and Global Banking [J]. NBER Working Paper, 2017.

[120] Brav A, Graham J R, Harvey C R, et al. The Effect of the May 2003 Dividend Tax Cut on Corporate Dividend Policy: Empirical and Survey Evidence [J]. National Tax Journal, 2008, 61 (3): 381 – 396.

[121] Breen M, Gillanders R. Corruption, institutions and regulation [J]. Economics of Governance, 2012, 13 (3): 263 – 285.

[122] Brei M, Gambacorta L. Are bank capital ratios pro – cyclical? New evidence and perspectives [J]. Economic Policy, 2016, 31 (86): 357 – 403.

[123] Bremus F, Fratzscher M. Drivers of structural change in cross – border banking since the global financial crisis [J]. Journal of International Money & Finance, 2015,

52: 32 - 59.

[124] Brenneman A, Kerf M. Infrastructure & Poverty Linkages [J]. A Literature Review, The World Bank, Washington, DC, 2002.

[125] Bröcker J, Rietveld P. Infrastructure and regional development [J]. Handbook of Regional Growth and Development Theories, 2009: 152 - 181.

[126] Brooks D H, Hummels D, Institute A D B. Infrastructure's role in lowering Asia's trade costs: building for trade [J]. Infrastructures Role in Lowering Asias Trade Costs Building for Trade, 2009.

[127] Bruneau C, Bandt O D, Amri W E. Macroeconomic fluctuations and corporate financial fragility [J]. Journal of Financial Stability, 2012, 8 (4): 219 - 235.

[128] Brunnermeier M K, Gorton G, Krishnamurthy A. Risk topography [J]. NBER Macroeconomics Annual, 2012, 26 (1): 149 - 176.

[129] Brunnermeier M K, Sannikov Y. A macroeconomic model with a financial sector [J]. American Economic Review, 2014, 104 (2): 379 - 421.

[130] Brunnermeier M K, Sannikov Y. Macro, Money, and Finance: A Continuous - Time Approach [J]. Handbook of Macroeconomics, 2016.

[131] Bruno V, Shim I, Shin H S. Comparative assessment of macroprudential policies [J]. Journal of Financial Stability, 2015, 28: 183 - 202.

[132] Bruno V, Shin H S. Capital flows and the risk - taking channel of monetary policy [J]. Journal of Monetary Economics, 2015, 71 (2): 119 - 132.

[133] Buch C M, Eickmeier S, Prieto E. In search for yield? Survey - based evidence on bank risk taking [J]. Journal of Economic Dynamics & Control, 2014, 43 (C): 12 - 30.

[134] Buch C M, Eickmeier S, Prieto E. Macroeconomic Factors and Microlevel Bank Behavior [J]. Journal of Money Credit & Banking, 2014, 46 (4): 715 - 751.

[135] Budnik K B, Bochmann P. Capital and liquidity buffers and the resilience of the banking system in the euro area [J]. ECB Working Paper, 2017.

[136] Bulligan G, Golinelli R, Parigi G. Forecasting monthly industrial production in real - time: from single equations to factor - based models [J]. Empirical Economics, 2010, 39 (2): 303 - 336.

[137] Busch R, Memmel C. Banks' net interest margin and the level of interest rates [J]. Credit and Capital Markets - Kredit und Kapital, 2017, 50 (3): 363 - 392.

[138] Caballero R J, Krishnamurthy A. Exchange Rate Volatility and the Credit Channel in the Emerging Markets: A Vertical Perspective [J]. Social Science Electronic Publishing, 2004 (1): 207 – 245.

[139] Caballero R J, Simsek A. Fire sales in a model of complexity [J]. The Journal of Finance, 2013, 68 (6): 2549 – 2587.

[140] Cadot O, Röller L H, Stephan A. A Political Economy Model of Infrastructure Allocation: An Empirical Assessment [J]. Cepr Discussion Papers, 1999.

[141] Cain L P, Rotella E J. Urbanization, sanitation, and mortality in the progressive era, 1899 – 1929 [C]. International Economic History Congress, Leuven, Belgium. 1990.

[142] Calderón C, Chong A. Volume and Quality of Infrastructure and the Distribution of Income: An Empirical Investigation [J]. Review of Income and Wealth, 2004, 50 (1): 87 – 106.

[143] Calderón, César A, Servén L. The Effects of Infrastructure Development on Growth and Income Distribution [J]. Social Science Electronic Publishing, 2004 (270): págs.

[144] Campello M, Giambona E, Graham J R, et al. Access to Liquidity and Corporate Investment in Europe during the Financial Crisis [J]. Review of Finance, 2012, 300 (1): 539 – 555.

[145] Campello M, Giambona E, Graham J R, et al. Liquidity Management and Corporate Investment During a Financial Crisis [J]. Review of Financial Studies, 2011, 24 (6): 1944 – 1979.

[146] Campello M, Hackbarth D. The firm – level credit multiplier [J]. Nber Working Papers, 2012, 21 (3): 446 – 472.

[147] Canes – Wrone B, Park J K. Electoral Business Cycles in OECD Countries [J]. American Political Science Review, 2012, 106 (1): 103 – 122.

[148] Cappelletti G, Mistrulli P E. Multiple Lending, Credit Lines and Financial Contagion [J]. ECB Working Paper, 2017.

[149] Carpinelli L, Crosignani M. The Effect of Central Bank Liquidity Injections on Bank Credit Supply [J]. Finance & Economics Discussion, 2017.

[150] Carrillo J A, Mendoza E G, Nuguer V, Roldan – Pena J. Tight Money – Tight Credit: Coordination Failure in the Conduct of Monetary and Financial Policies [J].

NBER Working Paper, 2017.

[151] Cavallo E, Daude C. Public investment in developing countries: A blessing or a curse? [J]. Journal of Comparative Economics, 2011, 39 (1): 65 – 81.

[152] Cerutti M E M, Correa M R, Fiorentino E, et al. Changes in prudential policy instruments—A new cross – country database [M]. International Monetary Fund, 2016.

[153] Cetorelli N, Goldberg L S. Banking Globalization, Monetary Transmission and the Lending Channel [J]. NBER Working Paper, 2008.

[154] Cetorelli N, Goldberg L S. Follow the Money: Quantifying Domestic Effects of Foreign Bank Shocks in the Great Recession [J]. American Economic Review, 2012, 102 (3): 213 – 218.

[155] Cetorelli N, Goldberg L S. Global Banks and International Shock Transmission: Evidence from the Crisis [J]. Imf Economic Review, 2011, 59 (1): 41 – 76.

[156] Chami R, Cosimano T F. Monetary policy with a touch of Basel [J]. Journal of Economics & Business, 2010, 62 (3): 161 – 175.

[157] Chang X, Dasgupta S. Target Behavior and Financing: How Conclusive Is the Evidence? [J]. Journal of Finance, 2009, 64 (4): 1767 – 1796.

[158] Chang X, Tam L, Tan T J, et al. The real impact of stock market mispricing—Evidence from Australia [J]. Pacific – Basin Finance Journal, 2007, 15 (4): 388 – 408.

[159] Chaudron R F D D. Bank's interest rate risk and profitability in a prolonged environment of low interest rates [J]. Journal of Banking & Finance, 2018, 89.

[160] Chava S, Purnanandam A. CEOs versus CFOs: Incentives and corporate policies [J]. Journal of Financial Economics, 2010, 97 (2): 263 – 278.

[161] Chen B S, Hanson S G, Stein J C. The Decline of Big – Bank Lending to Small Business: Dynamic Impacts on Local Credit and Labor Markets [J]. Nber Working Papers, 2017.

[162] Chen K, Ren J, Zha T. The nexus of monetary policy and shadow banking in china [R]. American Economic Review (forthcoming), 2018.

[163] Chen K, Waggoner D F, Higgins P C, et al. China Pro – Growth Monetary Policy and its Asymmetric Transmission [J]. NBER Working Paper, 2016. NO. 22650.

[164] Chen Z, He Z, Liu C. The financing of local government in China: Stimulus loan wanes and shadow banking waxes [R]. NBER Working Paper, 2017.

[165] Chen, He, King, et al. Model Development and Dynamic Load – Sharing Analysis of Longitudinal – Connected Air Suspensions [J]. Strojniski Vestnik, 2013, 59 (1): 14 – 24.

[166] Chin S, Kahn M E, Moon H R. Estimating the Gains from New Rail Transit Investment: A Machine Learning Tree Approach [J]. NBER Working Paper, 2017. NO. 23326.

[167] Chirinko R S, Schaller H. Bubbles, fundamentals, and investment: A multiple equation testing strategy [J]. Journal of Monetary Economics, 1996, 38 (1): 47 – 76.

[168] Chirinko R S, Schaller H. Business Fixed Investment and "Bubbles": The Japanese Case [J]. American Economic Review, 2001, 91 (3): 663 – 680.

[169] Chodorow – Reich G, Falato A. The loan covenant channel: How bank health transmits to the real economy [R]. NBER Working Paper, 2017.

[170] Chodorow – Reich G. Effects of Unconventional Monetary Policy on Financial Institutions [J]. Brookings Papers on Economic Activity, 2014, 2014 (1): 155 – 204.

[171] Chodorowreich G. The Employment Effects of Credit Market Disruptions: Firm – level Evidence from the 2008 – 9 Financial Crisis [J]. Quarterly Journal of Economics, 2014, 129 (1): 1 – 59.

[172] Choi W G. Asymmetric monetary effects on interest rates across monetary policy stances [J]. Journal of Money, Credit and Banking, 1999: 386 – 416.

[173] Choudhary M A, Jain A. Finance and inequality: The distributional impacts of bank credit rationing [J]. FED Working Paper, 2017.

[174] Christiano L J, Eichenbaum M. Liquidity Effects and the Monetary Transmission Mechanism [J]. American Economic Review, 1992, 82 (2): 346 – 353.

[175] Christiano L J, Motto R, Rostagno M. Risk Shocks [J]. American Economic Review, 2014, 104 (1): 27 – 65 (39).

[176] Claessens S, Coleman N, Donnelly M S. "Low – for – Long" Interest Rates and Net Interest Margins of Banks in Advanced Foreign Economies [R]. FED Working Paper, 2016.

[177] Cohen J P, Morrison C. Capital Asset Value Impacts of Airports and Highways In the Presence of Higher Order Spatial Autocorrelation [J]. 2004. Working Paper.

[178] Cohen J P, Paul C J M. Public infrastructure investment, interstate spatial

spillovers, and manufacturing costs [J]. Review of Economics and Statistics, 2004, 86 (2): 551 – 560.

[179] Cole H. Discussion of Gertler and Karadi: A model of unconventional monetary policy [J]. Journal of Monetary Economics, 2011, 58 (1): 35 – 38.

[180] Consigli G, Maclean L C, Zhao Y, et al. The bond – stock yield differential as risk indicator in financial markets [J]. Journal of Risk Finance, 2009, 11 (3): 3 – 24.

[181] Constàncio V. Resolving Europe's NPLs: challenges and benefits [C]. speech given at the Bruegel conference on 3 February 2017.

[182] Cook D O, Tang T. Macroeconomic conditions and capital structure adjustment speed [J]. Journal of Corporate Finance, 2010, 16 (1): 73 – 87.

[183] Costello A M, Granja J, Weber J. Do Strict Regulators Increase the Transparency of the Banking System? [J]. NBER Working Paper, 2016.

[184] Covas F, Haan W J D. The Cyclical Behavior of Debt and Equity Finance [J]. American Economic Review, 2011, 101 (2): 877 – 899.

[185] Cúrdia V, Woodford M. Credit spreads and monetary policy [J]. Journal of Money Credit & Banking, 2010, 42 (Supplement s1): 3 – 35.

[186] Custódio C, Ferreira M A, Laureano L. Why are US firms using more short – term debt? [J]. Journal of Financial Economics, 2013, 108 (1): 182 – 212.

[187] Dabla – Norris E, Brumby J, Kyobe A, et al. Investing in public investment: an index of public investment efficiency [J]. Journal of Economic Growth, 2012, 17 (3): 235 – 266.

[188] Dachis B, Duranton G, Turner M A. The effects of land transfer taxes on real estate markets: evidence from a natural experiment in Toronto [J]. Journal of Economic Geography, 2011: lbr007.

[189] Dao, M., Minoiu C., Ostry, J. Corporate Investment and the Real Exchange Rate [J]. IMF Working Paper. 2017, WP/17/183.

[190] Dasgupta S, Sengupta K. Corporate liquidity, investment and financial constraints: Implications from a multi – period model [J]. Journal of Financial Intermediation, 2007, 16 (2): 151 – 174.

[191] Dave C, Dressler S J, Zhang L. The bank lending channel: a FAVAR analysis [J]. Journal of Money, Credit and Banking, 2013, 45 (8): 1705 – 1720.

[192] de Moraes C O, Montes G C, Antunes J A P. How does capital regulation react to monetary policy? New evidence on the risk – taking channel [J]. Economic Modelling, 2016, 56: 177 – 186.

[193] De Nicolo G, Dell'Ariccia G, Laeven L, et al. Monetary Policy and Bank Risk Taking [J]. Imf Staff Position Notes, 2010, 2010 (9): 975 – 1009.

[194] De Nicolo G, Gamba A, Lucchetta M. Capital Regulation, Liquidity Requirements and Taxation in a Dynamic Model of Banking [J]. Imf Working Papers, 2012, 12 (72): 5108 – 5122.

[195] Deangelo H, Deangelo L, Stulz RM. Seasoned equity offerings, market timing, and the corporate Cifecycle [J]. Joumal of Financind Economic, 2010, 95 (3): 275 – 295.

[196] Degryse H, Kim M, Ongena S. Microeconometrics of banking: methods, applications, and results [M]. Oxford University Press, USA, 2009.

[197] Deitmar A, Deninger C. A dynamical lefschetz trace formula for algebraic anosov diffeomorphisms [J]. Abhandlungen aus dem Mathematischen Seminar der Universität Hamburg, 2003, 73 (1): 81 – 98.

[198] Delis M D, Kouretas G P. Interest rates and bank risk – taking [J]. Journal of Banking & Finance, 2011, 35 (4): 840 – 855.

[199] Dell' Ariccia G, Marquez R. Competition among regulators and credit market integration [J]. Journal of Financial Economics, 2006, 79 (2): 401 – 430.

[200] Dell' Ariccia G, Laeven L, Suarez G A. Bank Leverage and Monetary Policy's Risk – Taking Channel: Evidence from the United States [J]. FED Working Paper, 2016.

[201] Dell' Ariccia M G, Marquez M R, Laeven M L. Monetary policy, leverage, and bank risk – taking [M]. International Monetary Fund, 2010.

[202] Demetriades P O, Mamuneas T P. Intertemporal Output and Employment Effects of Public Infrastructure Capital: Evidence from 12 OECD Economies [J]. The Economic Journal, 2000, 110 (465): 687 – 712.

[203] Demir F. Financial liberalization, private investment and portfolio choice: Financialization of real sectors in emerging markets [J]. Journal of Development Economics, 2009, 88 (2): 314 – 324.

[204] Démurger S. Infrastructure Development and Economic Growth: An Explana-

tion for Regional Disparities in China? [J]. Journal of Comparative Economics, 2001, 29 (1): 95-117.

[205] Deng Y, Morck R, Wu J, et al. Monetary and fiscal stimuli, ownership structure, and China's housing market [R]. National Bureau of Economic Research, 2011.

[206] Deriantino E. Impact of Credit Expansion, Macroeconomic and External Factors Development on Indonesia Financial Stability [R]. DPNP Working Paper, 2010.

[207] Desai M A, Foley C F, Forbes K J. Financial Constraints and Growth: Multinational and Local Firm Responses to Currency Depreciations [J]. Review of Financial Studies, 2008, 21 (6): 2857-2888.

[208] Detragiache E, Garella P, Guiso L. Multiple versus Single Banking Relationships: Theory and Evidence [J]. Journal of Finance, 2010, 55 (3): 1133-1161.

[209] Di Maggio M, Kermani A. Credit-induced boom and bust [J]. The Review of Financial Studies, 2017, 30 (11): 3711-3758.

[210] Diamond D W, Hu Y, Rajan R G. Pledgeability, industry liquidity, and financing cycles [R]. National Bureau of Economic Research, 2017.

[211] Diamond D W, Rajan R G. A Theory of Bank Capital [J]. Journal of Finance, 2000, 55 (6): 2431-2465.

[212] Diamond D W, Rajan R G. Liquidity Shortages and Banking Crises [J]. Journal of Finance, 2005, 60 (2): 615-647.

[213] Diamond D W, Rajan R G. Money in a Theory of Banking [J]. American Economic Review, 2006, 96 (1): 30-53.

[214] Diamond D W, Rajan R G. The Credit Crisis: Conjectures About Causes and Remedies [J]. Nber Working Papers, 2009, 99 (2): 606-610.

[215] Dib A. Banks, credit market frictions, and business cycles [R]. Bank of Canada Working Paper, 2010.

[216] Dierynck B, Landsman W R, Renders A. Do Managerial Incentives Drive Cost Behavior? Evidence about the Role of the Zero Earnings Benchmark for Labor Cost Behavior in Belgian Private Firms [J]. The Accounting Review, 2009, 87 (4): 1219-1246.

[217] Dietsch M, Vandaele A. Countercyclical buffers: A distinctive feature of retail banks [R]. Euro Banking Working Paper, 2011, 1-36, 2011.

[218] Dillon A. User Interface Design By Ray E. Eberts [J]. Ergonomics in De-

sign the Quarterly of Human Factors Applications, 1997 (1): 31.

[219] Dombret A. The ecb's low – interest – rate policy – a blessing or a curse for the economy, consumers and banks [J]. Speech delivered at the Sparkassen – Gesprchsforum, Witten, 2017, 1.

[220] Dong M, Hirshleifer D, Teoh S H. Stock market misvaluation and corporate investment [J]. Siew Hong Teoh, 2007, 25 (12): 3645 – 3683.

[221] Drechsler I, Savov A, Schnabl P. Banking on Deposits: Maturity Transformation Without Interest Rate Risk [J]. Nber Working Papers, 2018.

[222] Drobetz W, Pensa P, Wanzenried G. Firm Characteristics and Dynamic Capital Structure Adjustment [J]. Working Papers, 2006 (1471).

[223] Duchin R, Gilbert T, Harford J, et al. Precautionary Savings with Risky Assets: When Cash Is Not Cash [J]. Journal of Finance, 2017, 72.

[224] Duffy – Deno K T, Dalenberg D R. The Municipal Wage and Employment Effects of Public Infrastructure [J]. Urban Studies, 1993, 30 (9): 1577 – 1589.

[225] Duggal K L, Jin D H. Geometry of null curves [J]. Mathematics Journal of Toyama University, 1999, 22: 95 – 120.

[226] Dwenger N. User Cost Elasticity of Capital Revisited [J]. Economica, 2014, 81 (321): 161 – 186.

[227] Easterly W R, Serven L. The Limits of Stabilization: Infrastructure, Public Deficits, and Growth in Latin America [J]. World Bank Publications, 2003, 42 (4): 1139 – 1140.

[228] Easterly W, Rebelo S. Fiscal policy and economic growth [J]. Journal of Monetary Economics, 1993, 32 (3): 417 – 458.

[229] Eichengreen B, Gupta P. Tapering talk: The impact of expectations of reduced Federal Reserve security purchases on emerging markets [J]. Policy Research Working Paper, 2014, 25: 1 – 15.

[230] Eickmeier S, Hofmann B. Monetary policy, housing booms, and financial (im) balances [J]. Macroeconomic dynamics, 2013, 17 (4): 830 – 860.

[231] Eisner R. Infrastructure and regional economic performance: comment [J]. New England Economic Review, 1991 (Sep): 47 – 58.

[232] Elburz Z, Nijkamp P, Pels E. Public infrastructure and regional growth: Lessons from meta – analysis [J]. Journal of Transport Geography, 2017, 58: 1 – 8.

[233] Elizalde A. Credit risk models II: structural models [J]. Working Papers, 2006 (6).

[234] Emter L, Schmitz M, Tirpák M. Cross-border banking in the EU since the crisis: what is driving the great retrenchment? [J]. ECB Working Paper, 2018.

[235] English W B. Interest rate risk and bank net interest margins [J]. BIS Quarterly Review, 2002, 10 (1): 67-82.

[236] Epstein G A, Jayadev A. The rise of rentier incomes in OECD countries: financialization, central bank policy and labor solidarity [J]. Financialization and the world economy, 2005, 39: 46-74.

[237] Erel I, Jang Y, Minton B A, et al. Corporate Liquidity, Acquisitions, and Macroeconomic Conditions [J]. Social Science Electronic Publishing, 2017.

[238] Erel I, Julio B, Kim W, et al. Macroeconomic Conditions and Capital Raising [J]. Social Science Electronic Publishing, 2012, 25 (2): 341-376.

[239] Esfahani H S, Ramírez M T. Institutions, infrastructure, and economic growth [J]. Journal of Development Economics, 2003, 70 (2): 443-477.

[240] Evans P, Karras G. Are Government Activities Productive? Evidence from a Panel of U.S. States [J]. Review of Economics & Statistics, 1994, 76 (1): 1-11.

[241] Farhi E, Tirole J. Bubbly Liquidity [J]. Review of Economic Studies, 2012, 79 (2): 678-706 (29).

[242] Farhi E, Tirole J. Collective Moral Hazard, Maturity Mismatch, and Systemic Bailouts [J]. American Economic Review, 2012, 102 (1): 60-93.

[243] Farhi E, Tirole J. Leverage and the Central Banker's Put [J]. American Economic Review, 2009, 99 (2): 589-593.

[244] Faulkender M, Flannery M J, Hankins K W, et al. Cash flows and leverage adjustments [J]. Journal of Financial Economics, 2012, 103 (3): 632-646.

[245] Faulkender M, Petersen M A. Does the Source of Capital Affect Capital Structure? [J]. Review of Financial Studies, 2006, 19 (1): 45-79.

[246] Fazio D M, Tabak B M, Cajueiro D O. Inflation Targeting: Is IT to blame for Banking System Instability? [J]. Journal of Banking & Finance, 2015, 59: 76-97.

[247] Fazzari S, Hubbard R G, Petersen B. Investment, Financing Decisions, and Tax Policy [J]. American Economic Review, 1988, 78 (2): 200-205.

[248] Finn M G. Is All Government Capital Productive? [J]. Economic Quarterly -

Federal Reserve Bank of Richmond, 1993, 79 (2 -3): 53 -80.

[249] Fischer E O, Heinkel R, Zechner J. Dynamic Recapitalization Policies and the Role of Call Premia and Issue Discounts [J]. Journal of Financial & Quantitative Analysis, 1989, 24 (4): 427 -446.

[250] Fishervanden K, Mansur E T, Wang Q. Costly Blackouts? Measuring Productivity and Environmental Effects of Electricity Shortages [J]. Nber Working Papers, 2012.

[251] Fiva J H, Natvik G J. Do Re - Election Probabilities Influence Public Investment? [J]. Public Choice, 2013, 157 (1 -2): 305 -331.

[252] Flannery M J, Nikolova S, Öztekin, Özde. Leverage Expectations and Bond Credit Spreads [J]. Social Science Electronic Publishing, 2012, 47 (4): 689 -714.

[253] Flannery M J, Rangan K P. Partial adjustment toward target capital structures [J]. Journal of Financial Economics, 2006, 79 (3): 469 -506.

[254] Foley - Fisher N, Ramcharan R, Yu E. The impact of unconventional monetary policy on firm financing constraints: Evidence from the maturity extension program [J]. Journal of Financial Economics, 2016, 122: 409 -429.

[255] Forbes K J. Cheap labor meets costly capital: the impact of devaluations on commodity firms [J]. Journal of Development Economics, 2002, 69 (2): 335 -365.

[256] Forbes K, Reinhardt D, Wieladek T. The Spillovers, Interactions, and (Un) Intended Consequences of Monetary and Regulatory Policies [J]. Journal of Monetary Economics, 2016, 85.

[257] Francis B, Hasan I, Zhu Y. The Impact of Political Uncertainty on Institutional Ownership [J]. Ssrn Electronic Journal, 2013.

[258] Frederick van der Ploeg. Bottlenecks in ramping up public investment [J]. Oxcarre Working Papers, 2012, 19 (4): 509 -538.

[259] Freixas X, Jorge J. The Role of Interbank Markets in Monetary Policy: A Model with Rationing [J]. Journal of Money Credit & Banking, 2008, 40 (6): 1151 -1176.

[260] Freixas X, Martin A, Skeie D. Bank Liquidity, Interbank Markets, and Monetary Policy [J]. Review of Financial Studies, 2011, 24 (8): 2656 -2692.

[261] Fu Q, Liu X. Monetary Policy and Dynamic Adjustment of Corporate Investment: A policy Transmission Channel Perspective [J]. China Journal of Accounting Research, 2015, 8 (2): 91 -109.

[262] Funke M, Mihaylovski P, Zhu H. Monetary policy transmission in China: A DSGE model with parallel shadow banking and interest rate control [J]. ECB Working Paper, 2015.

[263] Gabaix X, Maggiori M. International liquidity and exchange rate dynamics [J]. The Quarterly Journal of Economics, 2015, 130 (3): 1369 – 1420.

[264] Gaggl P, Valderrama M T. Does a Low Interest Rate Environment Affect Risk Taking in Austria? [J]. Monetary Policy and the Economy, 2010, 4 (4): 32 – 48.

[265] Gambacorta L, Mistrulli P E. Does bank capital affect lending behavior? [J]. Journal of Financial Intermediation, 2004, 13 (4): 436 – 457.

[266] Gambacorta L, Shin H S. Why bank capital matters for monetary policy [J]. Journal of Financial Intermediation (forthcoming), 2018.

[267] Gambacorta L. Inside the bank lending channel [J]. European Economic Review, 2005, 49 (7): 1737 – 1759.

[268] García – Posada M, Marchetti M. The bank lending channel of unconventional monetary policy: The impact of the VLTROs on credit supply in Spain [J]. Economic Modelling, 2016, 58: 427 – 441.

[269] Gary Madden, Grant Coble – Neal, Scott J. Savage. United States internet penetration [J]. Applied Economics Letters, 2004, 11 (9): 529 – 532.

[270] Gatti D D, Gallegati M, Greenwald B C, et al. Business fluctuations and bankruptcy avalanches in an evolving network economy [J]. Journal of Economic Interaction & Coordination, 2009, 4 (2): 195.

[271] Gelain P, Ilbas P. Monetary and Macroprudential Policies in an Estimated Model with Financial Intermediation [J]. Journal of Economic Dynamics & Control, 2014.

[272] Genay H, Podjasek R. What is the impact of a low interest rate environment on bank profitability? [J]. Chicago Fed Letter, 2014 (Jul).

[273] Gennaioli N, Ma Y, Shleifer A. Expectations and Investment [J]. Bis Working Papers, 2015, 30 (1): 379 – 431.

[274] Georgiadis G, Mehl A. Financial Globalisation and Monetary Policy Effectiveness [J]. Journal of International Economics, 2016, 103: 200 – 212.

[275] Gertler M, Gilchrist S. Monetary Policy, Business Cycles, and the Behavior of Small Manufacturing Firms [J]. Quarterly Journal of Economics, 1994, 109 (2): 309 –

340.

[276] Gertler M, Karadi P. Macroeconomic effects of large – scale asset purchase programs [J]. Research Bulletin, 2013, 18.

[277] Gertler M, Karadi P. QE 1 vs. 2 vs. 3.: A Framework for Analyzing Large – Scale Asset Purchases as a Monetary Policy Tool [J]. International Journal of Central Banking, 2013, 9 (3): 5 – 53.

[278] Gertler M, Kiyotaki N. Financial Intermediation and Credit Policy in Business Cycle Analysis [M]. Handbook of Monetary Economics. Elsevier B. V. 2011: 547 – 599.

[279] Gertler M, P K. Gertler M, Karadi P. Monetary policy surprises, credit costs, and economic activity [J]. American Economic Journal: Macroeconomics, 2015, 7 (1): 44 – 76.

[280] Ghazanchyan M, Marto R, Jonas J, et al. Collect More, Spend Better: Public Investment in Asian Frontier Markets [J]. IMF Working Paper, 2017.

[281] Giannetti M, Laeven L. The flight home effect: Evidence from the syndicated loan market during financial crises [J]. Journal of Financial Economics, 2012, 104 (1): 23 – 43.

[282] Giannetti M, Simonov A. Social Interactions and Entrepreneurial Activity [J]. Journal of Economics & Management Strategy, 2009, 18 (3): 665 – 709.

[283] Gibson J, Rozelle S. Poverty and Access to Roads in Papua New Guinea [J]. Economic Development and Cultural Change, 2003, 52 (Volume 52, Number 1): 159 – 185.

[284] Gilchrist S, Himmelberg C P, Huberman G. Do stock price bubbles influence corporate investment? [J]. Journal of Monetary Economics, 2005, 52 (4): 805 – 827.

[285] Gillanders R. Corruption and infrastructure at the country and regional level [J]. Journal of Development Studies, 2014, 50 (6): 803 – 819.

[286] Giovanni Dell' Ariccia, Luc Laeven, Robert Marquez. Real interest rates, leverage, and bank risk – taking [J]. Journal of Economic Theory, 2014, 149 (149): 65 – 99.

[287] Giroud X, Mueller H M. Firms' Internal Networks and Local Economic Shocks [J]. Social Science Electronic Publishing, 2017.

[288] Gissler S, Oldfather J, Ruffino D. Lending on hold: Regulatory uncertainty

and bank lending standards [J]. Journal of Monetary Economics, 2016, 81: 89 - 101.

[289] Gobbi G, Sette E. Do Firms Benefit from Concentrating their Borrowing? Evidence from the Great Recession [J]. Review of Finance, 2015, 18 (2): 527 - 560.

[290] Gonzaleznavarro M, Turner M A. Subways and urban growth: evidence from earth [J]. SERC DISCUSSION PAPER 195, 2016.

[291] Gräb J, Żochowski D. The international bank lending channel of unconventional monetary policy [J]. ECB Working Paper, 2017.

[292] Graham J R, Harvey C R. The theory and practice of corporate finance: evidence from the field [J]. Journal of Financial Economics, 2009, 60 (2 - 3): 187 - 243.

[293] Graham J, Harvey C. Expectations of Equity Risk Premia, Volatility and Asymmetry from a Corporate Finance Perspective [J]. Social Science Electronic Publishing, 2001.

[294] Granja J, Leuz C. The Death of a Regulator: Strict Supervision, Bank Lending and Business Activity [R]. NBER Working Paper, 2017.

[295] Greenstone M, Mas A, Nguyen H L. Do credit market shocks affect the real economy? Quasi - experimental evidence from the Great Recession and 'normal' economic times [R]. National Bureau of Economic Research, 2014.

[296] Greenwald B, Stiglitz J E, Weiss A M. Informational Imperfections and Macro - economic Fluctuations [M]. 1984.

[297] Greenwood R M, Hanson S G, Vayanos D. Forward Guidance in the Yield Curve: Short Rates Versus Bond Supply [J]. Cepr Discussion Papers, 2015.

[298] Greenwood R, Hanson S, Stein J C. A Gap - Filling Theory of Corporate Debt Maturity Choice [J]. Journal of Finance, 2010, 65 (3): 993 - 1028.

[299] Gross M, Henry J, Semmler W. Destabilizing effects of bank overleveraging on real activity—An analysis based on a threshold MCS - GVAR [J]. Macroeconomic Dynamics, 2017: 1 - 19.

[300] Grundy P, Li B, Wang Q. Lessons from Wenchuan 5.12 for Building Seismic Resilience in China [C]. international disaster and risk conference chengdu 2009.

[301] Guariglia A, Mateut S. Credit channel, trade credit channel, and inventory investment: Evidence from a panel of UK firms [J]. Journal of Banking & Finance, 2006, 30 (10): 2835 - 2856.

[302] Guerronquintana P A, Uribe M, Rubioramirez J, et al. Risk Matters: The Re-

al Exects of Volatility Shocks [C] Meeting Papers. Society for Economic Dynamics, 2011: 2530 – 2561 (32).

[303] Guidara A, Lai V S, Soumaré I, et al. Banks' capital buffer, risk and performance in the Canadian banking system: Impact of business cycles and regulatory changes [J]. Journal of Banking & Finance, 2013, 37 (9): 3373 – 3387.

[304] Gunji H, Yuan Y. Bank profitability and the bank lending channel: Evidence from China [J]. Journal of Asian Economics, 2010, 21 (2): 129 – 141.

[305] Hale G, Obstfeld M. The Euro and the geography of international debt flows [J]. Journal of the European Economic Association, 2016, 14 (1): 115 – 144.

[306] Hallegraeff G M, Lucas I A N. The marine dinoflagellate genus Dinophysis (Dinophyceae): photosynthetic, neritic and non – photosynthetic, oceanic species [J]. Phycologia, 1988, 27 (1): 25 – 42.

[307] Hannoun H. Ultra – low or negative interest rates: what they mean for financial stability and growth [C] Remarks by Hervé Hannoun, Deputy General Manager, Bank for International Settlements, at the Eurofi High – Level Seminar, Riga, April. 2015, 22.

[308] Hanson S G, Stein J C. Monetary policy and long – term real rates [J]. Journal of Financial Economics, 2015, 115 (3): 429 – 448.

[309] Haque M E, Kim D H. Public Investment in Transportation and Communication and Growth: A Dynamic Panel Approach [J]. Centre for Growth & Business Cycle Research Discussion Paper, 2003.

[310] Hassan F, Mauro F D, Ottaviano G I P. Banks Credit and Productivity Growth [J]. IMF Working Paper, 2017.

[311] Haubrich J G, Wachtel P. Capital requirements and shifts in commercial bank portfolios [J]. Economic Review, 1993, 3: 2 – 15.

[312] Heid F. The cyclical effects of the Basel II capital requirements [J]. Journal of Banking & Finance, 2007, 31 (12): 3885 – 3900.

[313] Heider F, Hoerova M, Holthausen C. Liquidity hoarding and interbank market rates: The role of counterparty risk [J]. Journal of Financial Economics, 2015, 118 (2): 336 – 354.

[314] Heider F, Saidi F, Schepens G. Life below zero: Bank lending under negative policy rates [J]. ECB Working Paper, 2017.

[315] Helbling T, Huidrom R, Kose M A, et al. Do credit shocks matter? A global perspective [J]. European Economic Review, 2011, 55 (3): 340 – 353.

[316] Henisz W J. The institutional environment for infrastructure investment [J]. Industrial and corporate change, 2002, 11 (2): 355 – 389.

[317] Hennessy C A, Whited T M. Debt Dynamics [J]. Journal of Finance, 2005, 60 (3): 1129 – 1165.

[318] Hirshleifer D, Subrahmanyam A, Titman S. Feedback and the success of irrational investors [J]. Social Science Electronic Publishing, 2006, 81 (2): 311 – 338.

[319] Hirth S, Viswanatha M. Financing constraints, cash – flow risk, and corporate investment [J]. Journal of Corporate Finance, 2011, 17 (5): 1496 – 1509.

[320] Hofmann B, Peersman G. Monetary Policy Transmission and Trade – Offs in the United States: Old and New [J]. Bis Working Papers, 2017.

[321] Holmstrom B, Tirole J. Financial Intermediation, Loanable Funds, and The Real Sector [J]. Quarterly Journal of Economics, 1997, 112 (3): 663 – 691.

[322] Holtz – Eakin D, Joulfaian D, Rosen H S. Entrepreneurial Decisions and Liquidity Constraints [J]. Rand Journal of Economics, 1994, 25 (2): 334 – 347.

[323] Holtz – Eakin D. Solow and the states: Capital accumulation, productivity and economic growth [R]. National Bureau of Economic Research, 1992.

[324] Houston J F, Lin C, Yue M A. Regulatory Arbitrage and International Bank Flows [J]. Journal of Finance, 2012, 67 (5): 1845 – 1895.

[325] Hovakimian A, Opler T, Titman S. The Debt – Equity Choice [J]. Journal of Financial & Quantitative Analysis, 2001, 36 (1): 1 – 24.

[326] Hovakimian A, Saenyasiri E. Conflicts of Interest and Analyst Behavior: Evidence from Recent Changes in Regulation [J]. Financial Analysts Journal, 2010, 66 (4): 96 – 107.

[327] Hovakimian A. Are Observed Capital Structures Determined by Equity Market Timing? [J]. Journal of Financial & Quantitative Analysis, 2006, 41 (1): 221 – 243.

[328] Hulten C R, Bennathan E, Srinivasan S. Infrastructure, Externalities, and Economic Development: A Study of the Indian Manufacturing Industry [J]. World Bank Economic Review, 2006, 20 (2): 291 – 308.

[329] Ioannidou V, Ongena S, Peydró J L. Monetary policy and subprime lending: a tall tale of low federal funds rates, hazardous loans and reduced loan spreads [J]. ECB

Working Papr, 2009.

[330] Ioannidou V, Ongena S, Peydró J L. Monetary policy, risk-taking, and pricing: Evidence from a quasi-natural experiment [J]. Review of Finance, 2014, 19 (1): 95-144.

[331] Iyer R, Peydró J L, da-Rocha-Lopes S, et al. Interbank liquidity crunch and the firm credit crunch: Evidence from the 2007-2009 crisis [J]. The Review of Financial Studies, 2013, 27 (1): 347-372.

[332] Jametti M, Joanis M. Electoral Competition as a Determinant of Fiscal Decentralisation [J]. Fiscal Studies, 2016, 37 (2): 285-300.

[333] Jenter D, Lewellen K, Warner J B. Security Issue Timing: What Do Managers Know, and When Do They Know It? [J]. Journal of Finance, 2011, 66 (2): 413-443.

[334] Jiménez G, Ongena S, Peydró J L, Saurina, J. Hazardous times for monetary policy: What do twenty-three million bank loans say about the effects of monetary policy on credit risk-taking? [J]. Econometrica, 2014, 82 (2): 463-505.

[335] Jiménez G, Ongena S, Peydró J L, Saurina, J. Macroprudential policy, countercyclical bank capital buffers, and credit supply: evidence from the Spanish dynamic provisioning experiments [J]. *Journal of Political Economy* 125.6 (2017): 2126-2177.

[336] Jiménez G, Ongena S, Peydró J L, et al. Credit Supply and Monetary Policy: Identifying the Bank Balance-Sheet Channel with Loan Applications [J]. American Economic Review, 2012, 102 (5): 2301-2326.

[337] Johansson E. Intergovernmental grants as a tactical instrument: empirical evidence from Swedish municipalities [J]. Journal of Public Economics, 2003, 87 (5): 883-915.

[338] John Preston, Graham Wall. The Ex-ante and Ex-post Economic and Social Impacts of the Introduction of High-speed Trains in South East England [J]. Planning Practice & Research, 2008, 23 (3): 403-422.

[339] Jokipii T, Milne A. The cyclical behaviour of European bank capital buffers [J]. Journal of Banking & Finance, 2008, 32 (8): 1440-1451.

[340] Jorda O, Schularick M, Taylor A M. Leveraged Bubbles [J]. Working Paper, 2015.

[341] Julio B, Yook Y. Political Uncertainty and Corporate Investment Cycles [J].

Journal of Finance, 2012, 67 (1): 45 – 83.

[342] Jung K, Kim Y C, Stulz R. Timing, investment opportunities, managerial discretion, and the security issue decision [J]. Journal of Financial Economics, 1996, 42 (2): 159 – 186.

[343] Juurikkala T, Karas A, Solanko L. The Role of Banks in Monetary Policy Transmission: Empirical Evidence from Russia [J]. Review of International Economics, 2011, 19 (1): 109 – 121.

[344] Kahle K M, Stulz R M. Access to capital, investment, and the financial crisis [J]. Journal of Financial Economics, 2013, 110 (2): 280 – 299.

[345] Kalemli – Ozcan S, Kamil H, Villegas – Sanchez C. What Hinders Investment in the Aftermath of Financial Crises: Insolvent Firms or Illiquid Banks? [J]. Review of Economics and Statistics, 2016, 98 (4): 756 – 769.

[346] Kalemli – Ozcan S, Papaioannou E, Perri F. Global banks and crisis transmission [J]. Journal of International Economics, 2013, 89 (2): 495 – 510.

[347] Kaleschke L, Richter A, Burrows J, et al. Frost flowers on sea ice as a source of sea salt and their influence on tropospheric halogen chemistry [J]. Geophysical Research Letters, 2004, 311 (16): 371 – 375.

[348] Kandil M. Asymmetric nominal flexibility and economic fluctuations [J]. Southern Economic Journal, 1995: 674 – 695.

[349] Kandrac J, Schlusche B. The Effect of Bank Supervision on Risk Taking: Evidence from a Natural Experiment [J]. FED Working Paper, 2017.

[350] Kang J, Stulz R M. Do Banking Shocks Affect Borrowing Firm Performance? An Analysis of the Japanese Experience [J]. Journal of Business, 2000, 73 (1): 1 – 23.

[351] Kang W, Lee K, Ratti R A. Economic policy uncertainty and firm – level investment [J]. Journal of Macroeconomics, 2014, 39 (3): 42 – 53.

[352] Kapan T, Minoiu C. Balance Sheet Strength and Bank Lending During the Global Financial Crisis [J]. Social Science Electronic Publishing, 2013, 13 (102).

[353] Kaplan S N, Zingales L. Do Financing Constraints Explain Why Investment is Correlated with Cash Flow? [J]. Nber Working Papers, 1997, 112.

[354] Karmakar S, Mok J. Bank capital and lending: An analysis of commercial banks in the United States [J]. Economics Letters, 2015, 128: 21 – 24.

[355] Kashyap A K, Lamont O A, Stein J C. Credit Conditions and the Cyclical Behavior of Inventories [J]. Quarterly Journal of Economics, 1994, 109 (3): 565-592.

[356] Kashyap A K, Stein J C. The Role of Banks in the Transmission of Monetary Policy [J]. Nber Reporter, 1995, 100 (2).

[357] Kashyap A K, Stein J C. What Do a Million Observations on Banks Say about the Transmission of Monetary Policy? [J]. American Economic Review, 2000, 90 (3): 407-428.

[358] Kashyap A K, Wilcox D W. Production and Inventory Control at the General Motors Corporation During the 1920's and 1930's [J]. American Economic Review, 1993, 83 (3): 383-401.

[359] Kashyap A, Stein J C, Wilcox D W. Monetary Policy and Credit Conditions: Evidence from the Composition of External Finance [J]. The American Economic Review, 1993, 83 (1): 78-98.

[360] Kato R, Kiyotaki N, Moore J. Credit Cycles [J]. Journal of Political Economy, 1997, 105 (2): 211-248.

[361] Kayhan A, Titman S. Firms' histories and their capital structures [J]. Journal of Financial Economics, 2007, 83 (1): 1-32.

[362] Kemmerling A, Stephan A. Comparative political economy of regional transport infrastructure investment in Europe [J]. Journal of Comparative Economics, 2015, 43 (1): 227-239.

[363] Kemmerling A, Stephan A. The Contribution of Local Public Infrastructure to Private Productivity and its Political Economy: Evidence from a Panel of Large German Cities [J]. Public Choice, 2002, 113 (3): 403-424.

[364] Kenny P W. Hydrogen Bonding, Electrostatic Potential, and Molecular Design [J]. Journal of Chemical Information & Modeling, 2009, 49 (5): 1234-44.

[365] Keynes J M. The general theory of money, interest and employment [J]. Reprinted in The Collected Writings of John Maynard Keynes, 1936, 7.

[366] Khan H U, Junayed S. Inventory Investment and the Real Interest Rate [J]. Economics, 2009, 3 (4): 622-624.

[367] Kibler J L, Rhudy J L, Penzien D B, et al. Hormones, menstrual distress, and migraine across the phases of the menstrual cycle. [J]. Headache the Journal of Head & Face Pain, 2005, 45 (9): 1181-1189.

[368] Kiema I, Jokivuolle E. Does a leverage ratio requirement increase bank stability? [J]. Journal of Banking & Finance, 2014, 39 (1): 240 – 254.

[369] Kim H W, Lee H Y. Procyclicality of buffer capital and its implications for basel II: a cross – country analysis [C] Adopting the New Basel Accord: Impact and Policy Responses of Asia – Pacific Developing Countries, International conference of the Korea Development Institute. 2006.

[370] Kim H, Kung H. The asset redeployability channel: How uncertainty affects corporate investment [J]. The Review of Financial Studies, 2016, 30 (1): 245 – 280.

[371] Kim I, Pantzalis C, Park J C. Corporate boards' political ideology diversity and firm performance [J]. Journal of Empirical Finance, 2013, 21: 223 – 240.

[372] Kimiyoshi Kamada, Nobuhiro Okuno, Ritsuko Futagami. Decisions on regional allocation of public investment: the case of Japan [J]. Applied Economics Letters, 1998, 5 (8): 503 – 506.

[373] Kishan R P, Opiela T P. Bank capital and loan asymmetry in the transmission of monetary policy [J]. Journal of Banking & Finance, 2006, 30 (1): 259 – 285.

[374] Kishan R P, Opiela T P. Bank Size, Bank Capital, and the Bank Lending Channel [J]. Journal of Money Credit & Banking, 2000, 32 (1): 121 – 141.

[375] Kiyotaki N, Moore J. Evil is the root of all money [J]. The American Economic Review, 2002, 92 (2): 62 – 66.

[376] Kiyotaki N, Moore J. Liquidity, Business Cycles, and Monetary Policy [J]. NBER Working Paper, 2012.

[377] Klakegg O J, Haavaldsen T. Governance of major public investment projects: in pursuit of relevance and sustainability [J]. International Journal of Managing Projects in Business, 2010, 4 (1): 157 – 167.

[378] Koivu T. Has the Chinese economy become more sensitive to interest rates? Studying credit demand in China [J]. China Economic Review, 2009, 20 (3): 455 – 470.

[379] Kopecky K J, Vanhoose D. A model of the monetary sector with and without binding capital requirements [J]. Journal of Banking & Finance, 2004, 28 (3): 633 – 646.

[380] Kopecky K J, Xiao Y. Do country – specific characteristics matter? Evidence from lending within international syndicated loan market [J]. International academy of

business and economics, 2012, : 12 (: 3): 21-39.

[381] Korajczyk R A, Levy A. Capital structure choice: macroeconomic conditions and financial constraints [J]. Journal of Financial Economics, 2003, 68 (1): 75-109.

[382] Köse N, Akkemik U, Güner H T, et al. An improved reconstruction of May-June precipitation using tree-ring data from western Turkey and its links to volcanic eruptions [J]. International Journal of Biometeorology, 2013, 57 (5): 691-701.

[383] Krippner G R. The financialization of the American economy [J]. Socio-economic review, 2005, 3 (2): 173-208.

[384] Krishnamurthy A, Muir T. Credit Spreads and the Severity of Financial Crises [R]. Stanford GSB Working Paper, 2015

[385] Kudlyak M, Price D A, Sanchez J M. The responses of small and large firms to tight credit shocks: the case of 2008 through the lens of Gertler and Gilchrist (1994) [J]. Richmond Fed Economic Brief, 2010.

[386] L Brandt, H Li. Bank discrimination in transition economies: ideology, information, or incentives? [J]. Journal of Comparative Economics, 2003, 31 (3): 387-413.

[387] Lamont O A. Investment plans and stock returns [J]. The Journal of Finance, 2000, 55 (6): 2719-2745.

[388] Leary M T, Roberts M R. Do firms rebalance their capital structures? [J]. The journal of finance, 2005, 60 (6): 2575-2619.

[389] Leary M T. Bank loan supply, lender choice, and corporate capital structure [J]. The Journal of Finance, 2009, 64 (3): 1143-1185.

[390] Leduc S, Wilson D. Are State Governments Roadblocks to Federal Stimulus? Evidence on the Flypaper Effect of Highway Grants in the 2009 Recovery Act [J]. American Economic Journal Economic Policy, 2017, 9.

[391] Lee S J, Liu L Q, Stebunovs V. Risk taking and interest rates: Evidence from decades in the global syndicated loan market [M]. International Monetary Fund, 2017.

[392] Lee S. Financial determinants of corporate R&D investment in Korea [J]. Asian Economic Journal, 2012, 26 (2): 119-135.

[393] Leeper E M, Walker T B, Yang S C S. Government investment and fiscal stimulus [J]. Journal of Monetary Economics, 2010, 57 (8): 1000-1012.

[394] Lemmon M L, Roberts M R, Zender J F. Back to the Beginning: Persistence

and the Cross – Section of Corporate Capital Structure [J]. Journal of Finance, 2008, 63 (4): 1575 – 1608.

[395] Lemmon M, Roberts M R. The Response of Corporate Financing and Investment to Changes in the Supply of Credit [J]. Journal of Financial & Quantitative Analysis, 2010, 45 (3): 555 – 587.

[396] Lemmon M, Roberts M R. The response of corporate financing and investment to changes in the supply of credit [J]. Journal of Financial and quantitative analysis, 2010, 45 (3): 555 – 587.

[397] Leo De Haan, Elmer Sterken. The impact of monetary policy on the financing behaviour of firms in the Euro area and the UK [J]. European Journal of Finance, 2006, 12 (5): 401 – 420.

[398] Levy A, Hennessy C. Why does capital structure choice vary with macroeconomic conditions? [J]. Journal of monetary Economics, 2007, 54 (6): 1545 – 1564.

[399] Lewellen J, Lewellen K. Investment and cash flow: New evidence [J]. Journal of Financial and Quantitative Analysis, 2016, 51 (4): 1135 – 1164.

[400] Lis S F D, Herrero A G. The Spanish Approach: Dynamic Provisioning and other Tools [J]. ECB Working Paper, 2009.

[401] Liu Z, Wang P. Credit Constraints and Self – Fulfillinf Business Cycle [J]. American Economic Journal Macroeconomics, 2014, 6 (1): 32 – 69.

[402] Lööf H. Dynamic optimal capital structure and technical change [J]. Structural Change and Economic Dynamics, 2004, 15 (4): 449 – 468.

[403] López – Espinosa G, Moreno A, Rubia A, Valderrama L. Short – term wholesale funding and systemic risk: A global CoVaR approach [J]. Journal of Banking & Finance, 2012, 36 (12): 3150 – 3162.

[404] López – Salido D, Stein J C, Zakrajšek E. Credit – market sentiment and the business cycle [J]. The Quarterly Journal of Economics, 2017, 132 (3): 1373 – 1426.

[405] Lucas A, Schaumburg J, Schwaab B. Bank business models at zero interest rates [J]. Journal of Business & Economic Statistics, 2018: 1 – 14.

[406] Maccini L J, Moore B J, Schaller H. The Interest Rate, Learning, and Inventory Investment [J]. American Economic Review, 2004, 94 (5): 1303 – 1327.

[407] Maccini L J, Moore B, Schaller H. Inventory behavior with permanent sales shocks [J]. Journal of Economic Dynamics & Control, 2015, 53: 290 – 313.

[408] Maddaloni A, Peydró J L. Bank risk – taking, securitization, supervision, and low interest rates: Evidence from the Euro – area and the US lending standards [J]. the review of financial studies, 2011, 24 (6): 2121 – 2165.

[409] Maggio M D, Kacperczyk M. The Unintended Consequences of the Zero Lower Bound Policy [J]. Journal of Financial Economics, 2016.

[410] Mankiw N G, Romer D, Shapiro M D. Stock market forecastability and volatility: a statistical appraisal [J]. The Review of Economic Studies, 1991, 58 (3): 455 – 477.

[411] Marzio Galeotti, Fabio Schiantarelli, Fidel Jaramillo. Investment decisions and the role of debt, liquid assets and cash flow: evidence from Italian panel data [J]. Applied Financial Economics, 1994, 4 (2): 121 – 132.

[412] Matousek R, Sarantis N. The bank lending channel and monetary transmission in Central and Eastern European countries [J]. Journal of Comparative Economics, 2009, 37 (2): 321 – 334.

[413] Matsuyama K. Credit traps and credit cycles [J]. American Economic Review, 2007, 97 (1): 503 – 516.

[414] Mclean R D, Zhang T, Zhao M. Why Does the Law Matter? Investor Protection and Its Effects on Investment, Finance, and Growth [J]. Journal of Finance, 2012, 67 (1): 313 – 350.

[415] Meh, Cé, Saire A, Moran K. The role of bank capital in the propagation of shocks [J]. Journal of Economic Dynamics & Control, 2010, 34 (3): 555 – 576.

[416] Mehrotra A N. Exchange and interest rate channels during a deflationary era—Evidence from Japan, Hong Kong and China [J]. Journal of Comparative Economics, 2007, 35 (1): 188 – 210.

[417] Melina G, Yang S C S, Zanna L F. Debt sustainability, public investment, and natural resources in developing countries: The DIGNAR model [J]. Economic Modelling, 2014, 52 (50): 630 – 649.

[418] Melo P C, Graham D J, Brage – Ardao R. The productivity of transport infrastructure investment: A meta – analysis of empirical evidence [J]. Regional Science & Urban Economics, 2013, 43 (5): 695 – 706.

[419] Mian A, Sufi A. What Explains the 2007 – 2009 Drop in Employment? [J]. Econometrica, 2014, 82 (6): 2197 – 2223.

[420] Michaels G. The Effect of Trade on the Demand for Skill: Evidence from the Interstate Highway System [J]. The Review of Economics and Statistics, Vol. 90, No. 4 (Nov., 2008), pp. 683 – 701.

[421] Michalak T C. The nexus between monetary policy, banking market structure and bank risk taking [J]. Essays in Empirical Banking and Finance, 2011, 143.

[422] Minton B A, Stulz R M, Taboada A G. Are larger banks valued more highly? [R]. NBER Working Paper, 2017.

[423] Mishkin F S. How should we respond to asset price bubbles? [J]. Financial Stability Review, 2008, 12: 65 – 74.

[424] Mishkin F S. Is monetary policy effective during financial crises? [J]. American Economic Review, 2009, 99 (2): 573 – 577.

[425] Mishra P, Montiel P J, Spilimbergo A. Monetary Transmission in Low – Income Countries: Effectiveness and Policy Implications [J]. Imf Economic Review, 2012, 60 (2): 270 – 302.

[426] Mishra P, Montiel P, Pedroni P, et al. Monetary policy and bank lending rates in low – income countries: Heterogeneous panel estimates [J]. Journal of Development Economics, 2014, 111: 117 – 131.

[427] Mittnik S, Semmler W. The real consequences of financial stress [J]. Journal of Economic Dynamics & Control, 2013, 37 (8): 1479 – 1499.

[428] Mittoo U R, Zhang Z. The capital structure of multinational corporations: Canadian versus U.S. evidence [J]. Journal of Corporate Finance, 2008, 14 (5): 706 – 720.

[429] Modigliani F, Miller M H. The Cost of Capital, Corporation Finance and the Theory of Investment [J]. American Economic Review, 1958, 48 (3): 261 – 297.

[430] Monte A D, Papagni E. Public expenditure, corruption, and economic growth: the case of Italy [J]. European Journal of Political Economy, 2001, 17 (1): 1 – 16.

[431] Morais B, Peydro J L, Ruiz Ortega C. The International Bank Lending Channel of Monetary Policy Rates and Quantitative Easing: Credit Supply, Reach – for – Yield, and Real Effects [J]. FED Working Paper, 2017.

[432] Morck R, Shleifer A, Vishny R W. Do Managerial Objectives Drive Bad Acquisitions? [J]. Journal of Finance, 1990, 45 (1): 31 – 48.

[433] Moré A E, Ollé A S. Does decentralization improve the efficiency in the allocation of public investment? Evidence from Spain [J]. Documents De Treball Ieb, 2005.

[434] Morgan D P. Asymmetric effects of monetary policy [J]. Economic Review – Federal Reserve Bank of Kansas City, 1993, 78 (2): 21.

[435] Morris H, Romeril M. Farm Tourism in England's Peak National Park [J]. Environment Systems and Decisions, 1986, 6 (2): 105 – 110.

[436] Morris S, Shin H S. Contagious Adverse Selection [J]. American Economic Journal Macroeconomics, 2012, 4 (1): 1 – 21.

[437] Moyen N, Platikanov S. Corporate Investments and Learning [J]. Review of Finance, 2013, 17 (4): 1437 – 1488.

[438] Moyen N, Platikanov S. Investment and Financing Constraints [J]. Journal of Accounting and Finance. 2013, 13 (3).

[439] Mumtaz H, Surico P. Evolving international inflation dynamics: world and country – specific factors [J]. Journal of the European Economic Association, 2012, 10 (4): 716 – 734.

[440] Munnell A H. Policy Watch: Infrastructure Investment and Economic Growth [J]. Journal of Economic Perspectives, 1992, 6 (4): 189 – 198.

[441] Mussa A S. Asymmetric Bank Risk Taking and Monetary Policy [J]. FED Working Paper, 2010.

[442] Nelson B, Pinter G, Theodoridis K. Do contractionary monetary policy shocks expand shadow banking? [J]. Journal of Applied Econometrics, 2017 (2).

[443] Nucera F, Lucas A, Schaumburg J, Schwaab B. Do negative interest rates make banks less safe? [J]. Economics Letters, 2017, 159: 112 – 115.

[444] Obstfeld M. Trilemmas and trade – offs: living with financial globalisation [J]. Bis Working Paper, 2015.

[445] Ofek E, Richardson M. The Valuation and Market Rationality of Internet Stock Prices [J]. Social Science Electronic Publishing, 2002, 18 (3): 265 – 287.

[446] Ojo M. The changing role of central banks and the role of competition in financial regulation during (and in the aftermath of) the financial crisis [J]. European Law Journal, 2011, 17 (4): 513 – 533.

[447] Oliner S D, Rudebusch G D. Monetary Policy and Credit Conditions: Evidence from the Composition of External Finance: Comment [J]. American Economic Re-

view, 1996, 86 (1): 300 - 309.

[448] Olivero M P, Li Y, Bang N J. Consolidation in banking and the lending channel of monetary transmission: Evidence from Asia and Latin America [J]. Journal of International Money & Finance, 2011, 30 (6): 1034 - 1054.

[449] Ongena S, Schindele I, Vonn Ak D. In Lands of Foreign Currency Credit, Bank Lending Channels Run Through? [J]. Cfs Working Paper, 2014.

[450] Orhangazi Ö. Financialisation and capital accumulation in the non - financial corporate sector: A theoretical and empirical investigation on the US economy: 1973 - 2003 [J]. Cambridge Journal of Economics, 2008, 32 (6): 863 - 886.

[451] Paligorova T, Santos J A C. Monetary policy and bank risk - taking: Evidence from the corporate loan market [J]. Journal of Financial Intermediation, 2017, 30: 35 - 49.

[452] Palvia A, Vähämaa E, Vähämaa S. Are Female CEOs and Chairwomen More Conservative and Risk Averse? Evidence from the Banking Industry During the Financial Crisis [J]. Journal of Business Ethics, 2015, 131 (3): 577 - 594.

[453] Pan X, Tian G. Does banks' duel holding affect bank lending and firms' investment decisions? Evidence from China [J] Joutnal of Banking and Finance, 2015, 55: 406 - 424.

[454] Pande R. Understanding political corruption in low income countries [J]. Handbook of development economics, 2007, 4: 3155 - 3184.

[455] Paoli B D E, Paustian M. Coordinating monetary and macroprudential policies [J]. Journal of Money, Credit and Banking, 2017, 49 (2 - 3): 319 - 349.

[456] Pastor L, Veronesi P. Uncertainty about government policy and stock prices [J]. The Journal of Finance, 2012, 67 (4): 1219 - 1264.

[457] Peek J, Rosengren E S. The Role of Banks in the Transmission of Monetary Policy [J]. Public Policy Discussion Paper, 2013.

[458] Perez A. FirmsSelf $ Insurance and the Financial Accelerator [J]. 2007.

[459] Plosser C I. Macro models and monetary policy analysis [C] Speech on Bundesbank - Federal Reserve Bank of Philadelphia Research Conference. 2012.

[460] Polk C, Sapienza P. The real effects of investor sentiment [R]. National Bureau of Economic Research, 2004.

[461] Polk C, Sapienza P. The Stock Market and Corporate Investment: A Test of

Catering Theory [J]. Review of Financial Studies, 2009, 22 (1): 187-217.

[462] Pong C K M, Mitchell F. Inventory investment & control: How have UK companies been doing? [J]. British Accounting Review, 2012, 44 (3): 173-188.

[463] Prud'Homme R, Bocarejo J P. The London congestion charge: a tentative economic appraisal, † [J]. Transport Policy, 2005, 12 (3): 279-287.

[464] Quinta D, Rabanalb P. Monetary and Macroprudential Policy in an Estimated DSGE Model of the Euro Area [J]. International Journal of Central Banking, 2014.

[465] Rajan R G, Ramcharan R. The Anatomy of a Credit Crisis: The Boom and Bust in Farm Land Prices in the United States in the 1920s [J]. Nber Working Papers, 2015, 105 (4).

[466] Rajan R G. Has finance made the world riskier? [J]. European Financial Management, 2006, 12 (4): 499-533.

[467] Rajan R. A step in the dark: unconventional monetary policy after the crisis [J]. BIS Working Paper, 2013.

[468] Ramasamy G, Vediappan K, Lee C W. Effect of solvents on the morphology and performance of PVdF spinning solution for synthesis of reverse osmosis hollow fiber membrane [J]. Annual Meeting of the Korean Electrochemical Society, 2010.

[469] Rampini A A, Viswanathan S, Vuillemey G. Risk management in financial institutions [J]. Duke University Working Paper, 2017.

[470] Ran D, Ozbas O, Sensoy B A. Costly external finance, corporate investment, and the subprime mortgage credit crisis [J]. Journal of Financial Economics, 2010, 97 (3): 418-435.

[471] Randolph B. Delivering the compact city in Australia: current trends and future implications [J]. Urban policy and research, 2006, 24 (4): 473-490.

[472] Ranjan D'Mello, Mercedes Miranda. Long-term debt and overinvestment agency problem [J]. Journal of Banking & Finance, 2010, 34 (2): 324-335.

[473] Ravallion M, Datt G. India's Checkered History in Fight against Poverty: Are There Lessons for the Future? [J]. Economic & Political Weekly, 1996, 31 (35/37): 2479-2485.

[474] Reinhardt D, Sowerbutts R. Regulatory arbitrage in action: evidence from banking flows and macroprudential policy [J]. SSRN Working Paper, 2015.

[475] Reinhart C M, Rogoff K S. From Financial Crash to Debt Crisis [J]. Ameri-

can Economic Review, 2010, 101 (15795): 1676 - 1706.

[476] Reinikka R, Svensson J. Coping with poor public capital [J]. Journal of Development Economics, 2002, 69 (1): 51 - 69.

[477] Repullo R, Suarez J. The Procyclical Effects of Bank Capital Regulation [J]. Review of Financial Studies, 2013, 26 (2): 452 - 490.

[478] Riccetti L, Russo A, Gallegati M. Financial Regulation in an Agent - Based Macroeconomomic Model [J]. Social Science Electronic Publishing, 2013, 113 (2): 185 - 191.

[479] Riccetti L, Russo A, Gallegati M. Leveraged network - based financial accelerator [J]. Journal of Economic Dynamics & Control, 2013, 37 (8): 1626 - 1640.

[480] Riedel J, Jin J, Gao J. How China grows: investment, finance, and reform [M]. Princeton University Press, 2007.

[481] Riem M. Corporate investment decisions under political uncertainty [R]. Ifo Working Paper, 2016.

[482] Rodnyansky A, Darmouni O M. The effects of quantitative easing on bank lending behavior [J]. The Review of Financial Studies, 2017, 30 (11): 3858 - 3887.

[483] Röller L H, Waverman L. Telecommunications infrastructure and economic development: A simultaneous approach [J]. American economic review, 2001: 909 - 923.

[484] Romer, Paul M. "Endogenous technological change." Journal of political Economy 98.5, Part 2 (1990): S71 - S102.

[485] Rostagno M, Bindseil U, Kamps A. Breaking through the zero line: the ECB's negative interest rate policy [C] Presentation at the Seminar on Negative Interest Rater, Brookings Institution, Washington, D. C. , USA. 2016, 6.

[486] Rud J P. Electricity provision and industrial development: Evidence from India [J]. Journal of Development Economics, 2012, 97 (2): 352 - 367.

[487] Salachas E N, Laopodis N T, Kouretas G P. The bank - lending channel and monetary policy during pre - and post - 2007 crisis [J]. Journal of International Financial Markets Institutions & Money, 2017, 47: 176 - 187.

[488] Sander H, Kleimeier S. Convergence in Euro Zone Retail Banking? [J]. Life Wp, 2004, wp04 - 005.

[489] Schoder C. Credit vs. demand constraints: the determinants of US firm - level

investment over the business cycles from 1977 to 2011 [J]. The North American Journal of Economics and Finance, 2013, 26: 1 – 27.

[490] Schularick M, Richter B, Taylor A, et al. Bank Capital Redux: Solvency, Liquidity, and Crisis [C]. Meeting Papers. Society for Economic Dynamics, 2017.

[491] Schularick M, Taylor A, Jorda O. When Credit Bites Back [C]. Meeting Papers. Society for Economic Dynamics, 2013: 3 – 28.

[492] Segal G, Shaliastovich I, Yaron A, et al. Good and bad uncertainty: Macroeconomic and financial market implications [C]. Meeting Papers. Society for Economic Dynamics, 2015: págs. 369 – 397.

[493] Senda T. Asymmetric effects of money supply shocks and trend inflation [J]. Journal of Money, Credit and Banking, 2001: 65 – 89.

[494] Seo H J, Kim H S, Kim Y C. Financialization and the Slowdown in Korean Firms' R&D Investment [J]. Asian Economic Papers, 2012, 11 (3): 35 – 49.

[495] Sharma C, Sehgal S. Impact of infrastructure on output, productivity and efficiency [J]. Indian Growth and Development Review, 2010, 3 (2): 5 – 6.

[496] Shehzad C T, De Haan J. Supervisory powers and bank risk taking [J]. Journal of International Financial Markets, Institutions and Money, 2015, 39: 15 – 24.

[497] Shelton C A, Falk N. Policy Uncertainty and Manufacturing Investment: Evidence from U. S. State Elections [J]. Social Science Electronic Publishing, 2016.

[498] Shioji E. Public Capital and Economic Growth: A Convergence Approach [J]. Journal of Economic Growth, 2001, 6 (3): 205 – 227.

[499] Shleifer A, Vishny R W. The Politics of Market Socialism [J]. Journal of Economic Perspectives, 1994, 8 (2): 165 – 176.

[500] Shu Y, Broadstock D C, Xu B. The heterogeneous impact of macroeconomic information on firms' earnings forecasts [J]. British Accounting Review, 2013, 45 (4): 311 – 325.

[501] Simmler M. How do taxes affect investment when firms face financial constraints? [J]. SSRN Working Paper, 2012.

[502] Smith J A, Grill M, Lang J H. The leverage ratio, risk – taking and bank stability [R]. ECB Working Paper, 2017.

[503] Soros G. Bubble of American supremacy [M]. PublicAffairs, 2003.

[504] Sraer D, Haddad V. The Banking View of Bond Risk Premia [C] Meeting

Papers. Society for Economic Dynamics, 2016 (814).

[505] Stein J C. Monetary policy as financial stability regulation [J]. The Quarterly Journal of Economics, 2012, 127 (1): 57-95.

[506] Stein J C. Rational Capital Budgeting In An Irrational World [J]. Journal of Business, 1996, 69 (4): 429-455.

[507] Stockhammer E. Financialisation and the slowdown of accumulation [J]. Cambridge Journal of Economics, 2004, 28 (5): 719-741.

[508] Stolz S, Wedow M. Banks' regulatory capital buffer and the business cycle: Evidence for Germany [J]. Journal of Financial Stability, 2011, 7 (2): 98-110.

[509] Strebulaev I A. Do tests of capital structure theory mean what they say? [J]. The Journal of Finance, 2007, 62 (4): 1747-1787.

[510] Subrahmanyam A, Titman S. Feedback from Stock Prices to Cash Flows [J]. Journal of Finance, 2001, 56 (6): 2389-2413.

[511] Takeda, TonyRocha, FabianaNakane, et al. The reaction of bank lending to monetary policy in Brazil [J]. Revista Brasileira De Economia, 2005, 59 (1): 107-126.

[512] Tanaka M. How do bank capital and capital adequacy regulation affect the monetary transmission mechanism? [J]. Imf Working Paper, 2002.

[513] Tanzi V, Davoodi H R. Corruption, Public Investment, and Growth [J]. Social Science Electronic Publishing, 1997, 97 (139): 653-669.

[514] Tayler W J, Zilberman R. Macroprudential regulation, credit spreads and the role of monetary policy [J]. Journal of Financial Stability, 2016, 26: 144-158.

[515] Taylor J B. The financial crisis and the policy responses: An empirical analysis of what went wrong [R]. NBER Working Paper, 2009.

[516] Tella S D, Kurlat P. Why are Banks Exposed to Monetary Policy? [J]. Nber Working Papers, 2017.

[517] Temesvary J, Banai A. The Drivers of Foreign Bank Lending in Central and Eastern Europe: The Roles of Parent, Subsidiary and Host Market Traits [J]. Journal of International Money & Finance, 2017.

[518] Temesvary J, Ongena S, Owen A L. A Global Lending Channel Unplugged? Does U. S. Monetary Policy Affect Cross-border and Affiliate Lending by Global U. S. Banks? [J]. Journal of International Economics, 2015.

[519] Thakor A V. Capital requirements, monetary policy, and aggregate bank lending: theory and empirical evidence [J]. The Journal of Finance, 1996, 51 (1): 279 – 324.

[520] Thakor A V. Do loan commitments cause overlending? [J]. Journal of Money, Credit and Banking, 2005: 1067 – 1099.

[521] Topa G, Sahin A, Mueller A, et al. Job Search Behavior among the Employed and Unemployed [J]. Meeting Papers, 2014.

[522] Uluc A, Wieladek T. Capital Requirements, Monetary Policy and Risk Shifting in the Mortgage Market [J]. Journal of Financial Intermediation (forthcoming), 2018.

[523] Valencia F. Monetary Policy, Bank Leverage, and Financial Stability [J]. Imf Economic Review, 2011, 11 (244): 1 – 37.

[524] Van den Heuvel S J. Does bank capital matter for monetary transmission? [J]. Economic Policy Review, 2002, 8 (1): 259 – 265.

[525] Van der Ghote A. Coordinating monetary and financial regulatory policies [R]. ECB Working Paper, 2018.

[526] Veld J I. The Potential Impact of the Fiscal Transfers under the EU Cohesion Policy Programme [J]. European Economy – Economic Papers, 2007: págs. 1 – 29.

[527] Vidhan K. Goyal, Yamada T. Asset Price Shocks, Financial Constraints, and Investment: Evidence from Japan [J]. Journal of Business, 2004, 77 (1): 175 – 199.

[528] Vithessonthi, Chaiporn, Markus Schwaninger, and Matthias O. Müller. "Monetary policy, bank lending and corporate investment." *International Review of Financial Analysis* 50 (2017): 129 – 142.

[529] Voutsinas K, Werner R A. Credit supply and corporate capital structure: Evidence from Japan [J]. International Review of Financial Analysis, 2011, 20 (5): 320 – 334.

[530] Wagstaff A. The Millennium Development Goals for health: rising to the challenges [M]. World Bank Publications, 2004.

[531] Wang, Eric C., 2002 Public Infrastructure and Economic Growth: A New Approach Applied to East Asian Economies.

[532] Wanzenried G. What determines the speed of adjustment to the target capital structure? [J]. Applied Financial Economics, 2006, 16 (13): 941 – 958.

[533] Welch, Ivo. "Capital structure and stock returns." *Journal of political economy* 112.1 (2004): 106–131.

[534] Williamson, Stephen D. "Monetary policy and distribution." *Journal of monetary economics* 55.6 (2008): 1038–1053.

[535] Wilson K, Veuger S. Information Frictions in Uncertain Regulatory Environments: Evidence from U.S. Commercial Banks [J]. Oxford Bulletin of Economics & Statistics, 2017, 79 (2): 205–233.

[536] Wu J, Gyourko J, Deng Y. Real estate collateral value and investment: The case of China [J]. Journal of Urban Economics, 2015, 86: 43–53.

[537] Wylie P J. Infrastructure and Canadian economic growth 1946–1991 [J]. The Canadian Journal of Economics/Revue canadienne d'Economique, 1996, 29: S350–S355.

[538] Xu, Zhaoxia. *The impact of market timing on Canadian and US firms' capital structure.* No. 2009, 1. Bank of Canada Working Paper, 2009.

[539] Yan C S, Garciasilva A P. Capital Account Policies in Chile: Macro–financial Considerations along the Path to Liberalization [M]. Capital Account Policies in Chile Macro–financial considerations along the path to liberalization. International Monetary Fund, 2013.

[540] Yoshino Y. Domestic Constraints, Firm Characteristics, and Geographical Diversification of Firm–Level Manufacturing Exports in Africa [J]. Social Science Electronic Publishing, 2008.

[541] Zheng S, Kahn M E. Does Government Investment in Local Public Goods Spur Gentrification? Evidence from Beijing [J]. Real Estate Economics, 2013, 41 (1): 1–28.

[542] Zulkhibri, Muhamed. "Corporate investment behaviour and monetary policy: evidence from firm–level data for Malaysia." *Global Economic Review* 42.3 (2013): 269–290.

[543] 白云霞,邱穆青,李伟. 投融资期限错配及其制度解释——来自中美两国金融市场的比较 [J]. 中国工业经济,2016 (7): 23–39。

[544] 步丹璐,郁智. 政府补助给了谁:分布特征实证分析——基于2007—2010年中国上市公司的相关数据 [J]. 财政研究,2012 (8): 58–63。

[545] 曹广忠,袁飞,陶然. 土地财政、产业结构演变与税收超常规增长——

中国"税收增长之谜"的一个分析视角 [J]. 中国工业经济, 2007 (12): 13-21。

[546] 曹廷求, 朱博文. 银行治理影响货币政策传导的银行贷款渠道吗?——来自中国银行业的证据 [J]. 金融研究, 2013 (1): 107-121。

[547] 曹永琴. 中国货币政策产业非对称效应实证研究 [J]. 数量经济技术经济研究, 2010 (9): 18-30。

[548] 曾海舰, 苏冬蔚. 信贷政策与公司资本结构 [J]. 世界经济, 2010 (8): 17-42。

[549] 曾庆生, 陈信元. 国家控股、超额雇员与劳动力成本 [J]. 经济研究, 2006 (5): 74-86。

[550] 陈冬, 范蕊, 唐建新. 财政自决压力、货币政策与国企资本结构调整 [J]. 山西财经大学学报, 2014, 36 (5): 11-21。

[551] 陈栋, 陈运森. 银行股权关联、货币政策变更与上市公司现金管理 [J]. 金融研究, 2012 (12): 122-136。

[552] 陈国进, 王少谦. 经济政策不确定性如何影响企业投资行为 [J]. 财贸经济, 2016, 37 (5): 5-21。

[553] 陈国权, 徐碧波. 制度不确定与民营企业家政治参与 [J]. 新视野, 2005 (1): 38-40。

[554] 陈继勇, 袁威, 肖卫国. 流动性、资产价格波动的隐含信息和货币政策选择——基于中国股票市场与房地产市场的实证分析 [J]. 经济研究, 2013 (11): 43-55。

[555] 陈雄兵, 邓伟. 商业银行表外业务与货币政策信贷传导 [J]. 国际金融研究, 2016, 352 (8): 60-70。

[556] 陈旭东, 何艳军, 张镇疆. 货币政策、银行信贷行为与贷款损失准备——基于中国商业银行的实证研究 [J]. 国际金融研究, 2014 (10): 64-74。

[557] 程小可, 肖翔和郑立东. 宏观经济政策影响企业创新投资吗? 基于融资约束和融资来源视角的分析 [J]. 南开管理评论, 2017 (6)。

[558] 程新生, 谭有超, 刘建梅. 非财务信息、外部融资与投资效率——基于外部制度约束的研究 [J]. 管理世界, 2012 (7): 137-150。

[559] 程宇丹, 龚六堂. 财政分权下的政府债务与经济增长 [J]. 世界经济, 2015 (11): 3-28。

[560] 邓路, 刘瑞琪, 廖明情. 宏观环境、所有制与公司超额银行借款 [J]. 管理世界, 2016 (9): 149-160。

[561] 董华平, 干杏娣. 我国货币政策银行贷款渠道传导效率研究——基于银行业结构的古诺模型 [J]. 金融研究, 2015 (10): 48-63.

[562] 杜勇. 货币政策宽松化、非金融类企业金融化与企业绩效 [C] 第四届宏观经济政策与微观企业行为学术研讨会. 2016.

[563] 段云, 国瑶. 政治关系、货币政策与债务结构研究 [J]. 南开管理评论, 2012, 15 (5): 84-94.

[564] 范从来, 盛天翔, 王宇伟. 信贷量经济效应的期限结构研究 [J]. 经济研究, 2012 (1): 80-91.

[565] 范剑勇, 莫家伟. 地方债务、土地市场与地区工业增长 [J]. 经济研究, 2014 (1): 41-55.

[566] 范九利, 白暴力, 潘泉. 基础设施资本对经济增长贡献的研究进展——生产函数法综述 [J]. 当代经济科学, 2004, 26 (2): 87-92.

[567] 范九利, 白暴力. 基础设施投资与中国经济增长的地区差异研究 [J]. 人文地理, 2004, 19 (2): 35-38.

[568] 方红生, 张军. 中国地方政府竞争、预算软约束与扩张偏向的财政行为 [J]. 经济研究, 2009 (12): 4-16.

[569] 方军雄. 民营上市公司, 真的面临银行贷款歧视吗? [J]. 管理世界, 2010, No.206 (11): 123-131.

[570] 方军雄. 所有制、制度环境与信贷资金配置 [J]. 经济研究, 2007 (12): 82-92.

[571] 方文全, 张勋. 中国经济增长中的公共资本外溢——来自水利基础设施价值的疑问与实证 [J]. 数量经济技术经济研究, 2013 (12): 126-139.

[572] 方意, 赵胜民, 谢晓闻. 货币政策的银行风险承担分析——兼论货币政策与宏观审慎政策协调问题 [J]. 管理世界, 2012 (11): 9-19.

[573] 方意. 货币政策与房地产价格冲击下的银行风险承担分析 [J]. 世界经济, 2015 (7): 73-98.

[574] 冯科, 何理. 我国银行上市融资、信贷扩张对货币政策传导机制的影响 [J]. 经济研究, 2011 (s2): 51-62.

[575] 高翔, 龙小宁, 杨广亮. 交通基础设施与服务业发展——来自县级高速公路和第二次经济普查企业数据的证据 [J]. 管理世界, 2015 (8): 81-96.

[576] 龚强, 王俊, 贾珅. 财政分权视角下的地方政府债务研究: 一个综述 [J]. 经济研究, 2011 (7): 144-156.

[577] 郭瑾,刘志远,彭涛. 银行贷款对企业风险承担的影响：推动还是抑制？[J]. 会计研究,2017（2）：42-48。

[578] 郭劲光,高静美. 我国基础设施建设投资的减贫效果研究：1987—2006 [J]. 农业经济问题,2009,30（9）：63-71。

[579] 郭路,刘霞辉,孙瑾. 中国货币政策和利率市场化研究——区分经济结构的均衡分析 [J]. 经济研究,2015（3）：18-31。

[580] 郭庆旺,贾俊雪. 政府公共资本投资的长期经济增长效应 [J]. 经济研究,2006（7）：29-40。

[581] 郭艳茹. 中央与地方财政竞争下的土地问题：基于经济学文献的分析 [J]. 经济社会体制比较,2008（2）：59-64。

[582] 韩东平,张鹏. 货币政策、融资约束与投资效率——来自中国民营上市公司的经验证据 [J]. 南开管理评论,2015,18（4）：121-129。

[583] 何捷,张会丽,陆正飞. 货币政策与集团企业负债模式研究 [J]. 管理世界,2017（5）：158-169。

[584] 何晓萍. 中国工业的节能潜力及影响因素 [J]. 金融研究,2011（10）：34-46。

[585] 贺妍,罗正英. 产权性质、投资机会与货币政策利率传导机制——来自上市公司投资行为的实证检验 [J]. 管理评论,2017,29（11）：28-40。

[586] 胡李鹏,樊纲,徐建国. 中国基础设施存量的再测算 [J]. 经济研究,2016,51（8）：172-186。

[587] 胡利琴,陈锐,班若愚. 货币政策、影子银行发展与风险承担渠道的非对称效应分析 [J]. 金融研究,2016（2）：154-162。

[588] 胡奕明,王雪婷,张瑾. 金融资产配置动机："蓄水池"或"替代"？——来自中国上市公司的证据 [J]. 经济研究,2017（1）。

[589] 胡育蓉,朱恩涛,龚金泉. 货币政策立场如何影响企业风险承担——传导机制与实证检验 [J]. 经济科学,2014,Vol.36（1）：39-55。

[590] 黄玖立,李坤望. 出口开放、地区市场规模和经济增长 [J]. 经济研究,2006（6）：27-38。

[591] 黄寿峰. 廉洁度、公共投资与基础设施质量：宏观表现与微观证据 [J]. 经济研究,2016（5）：57-71。

[592] 黄亭亭,杨伟. 衰退时期的财政政策效应：政府投资转向与民间投资成长 [J]. 金融研究,2010（3）：56-66。

[593] 黄宪, 王露璐, 马理, 等. 货币政策操作需要考虑银行资本监管吗 [J]. 金融研究, 2012 (4): 17-31。

[594] 黄兴孪, 邓路, 曲悠. 货币政策、商业信用与公司投资行为 [J]. 会计研究, 2016 (2): 58-65。

[595] 冀志斌, 宋清华. 银行高管薪酬与货币政策信贷传导效率——基于中国数据的分析 [J]. 国际金融研究, 2013 (4): 41-51。

[596] 江静. 融资约束与中国企业储蓄率: 基于微观数据的考察 [J]. 管理世界, 2014 (8): 18-29。

[597] 江龙, 宋常, 刘笑松. 经济周期波动与上市公司资本结构调整方式研究 [J]. 会计研究, 2013 (7): 28-34。

[598] 江曙霞, 陈玉婵. 货币政策、银行资本与风险承担 [J]. 金融研究, 2012 (4): 1-16。

[599] 金戈. 中国基础设施资本存量估算 [J]. 经济研究, 2012 (4): 4-14。

[600] 金鹏辉, 张翔, 高峰. 货币政策对银行风险承担的影响——基于银行业整体的研究 [J]. 金融研究, 2014 (2): 16-29。

[601] 靳光辉, 刘志远, 花贵如. 政策不确定性、投资者情绪与企业投资——基于战略性新兴产业的实证研究 [J]. 中央财经大学学报, 2016 (5): 60-69。

[602] 靳庆鲁, 孔祥, 侯青川. 货币政策、民营企业投资效率与公司期权价值 [J]. 经济研究, 2012 (5): 96-106。

[603] 李波, 伍戈. 影子银行的信用创造功能及其对货币政策的挑战 [J]. 金融研究, 2011 (12): 77-84。

[604] 李凤羽, 杨墨竹. 经济政策不确定性会抑制企业投资吗?——基于中国经济政策不确定指数的实证研究 [J]. 金融研究, 2015 (4): 115-129。

[605] 李涵, 黎志刚. 交通基础设施投资对企业库存的影响——基于我国制造业企业面板数据的实证研究 [J]. 管理世界, 2009 (8): 73-80。

[606] 李涵, 唐丽淼. 交通基础设施投资、空间溢出效应与企业库存 [J]. 管理世界, 2015 (4): 126-136。

[607] 李健, 邓瑛. 推动房价上涨的货币因素研究——基于美国、日本、中国泡沫积聚时期的实证比较分析 [J]. 金融研究, 2011 (6): 18-32。

[608] 李明辉, 孙莎, 刘莉亚. 货币政策对商业银行流动性创造的影响——来自中国银行业的经验证据 [J]. 财贸经济, 2014, 35 (10): 50-60。

[609] 李强, 郑江淮. 基础设施投资真的能促进经济增长吗?——基于基础设

施投资"挤出效应"的实证分析 [J]. 产业经济研究, 2012 (3): 50-58.

[610] 李青原, 王红建. 货币政策、资产可抵押性、现金流与公司投资——来自中国制造业上市公司的经验证据 [J]. 金融研究, 2013 (6): 31-45.

[611] 李青原, 赵奇伟, 李江冰, 等. 外商直接投资、金融发展与地区资本配置效率——来自省级工业行业数据的证据 [J]. 金融研究, 2010 (3): 80-97.

[612] 李四海, 邹萍, 宋献中. 货币政策、信贷资源配置与金融漏损——来自我国上市公司的经验证据 [J]. 经济科学, 2015, Vol. 37 (3): 77-88.

[613] 李涛, 刘明宇. 资本充足率、银行信贷与货币政策传导——基于中国25家银行面板数据的分析 [J]. 国际金融研究, 2012 (11): 14-22.

[614] 李扬. 2014经济蓝皮书——中国经济形势分析与预测 (2014) [M]. 社科文献出版社, 2013.

[615] 李颖, 林景润, 高铁梅. 我国通货膨胀, 通货膨胀预期与货币政策的非对称分析 [J]. 金融研究, 2010 (12): 16-29.

[616] 李煜伟, 倪鹏飞. 外部性、运输网络与城市群经济增长 (英文) [J]. Social Sciences in China, 2013 (3): 22-42.

[617] 梁琪, 余峰燕. 金融危机、国有股权与资本投资 [J]. 经济研究, 2014 (4): 47-61.

[618] 梁上坤, 陈冬华. 银行贷款决策中的私人效用攫取——基于业务招待费的实证研究 [J]. 金融研究, 2017 (4): 112-127.

[619] 林朝颖, 黄志刚, 杨广青, 等. 基于企业微观的货币政策风险承担渠道理论研究 [J]. 国际金融研究, 2015, 338 (6): 21-32.

[620] 林毅夫, 李永军. 按照比较优势调整产业结构, 减少金融风险 [J]. 改革, 2001 (1): 57-64.

[621] 林毅夫, 刘明兴, 章奇. 政策性负担与企业的预算软约束: 来自中国的实证研究 [J]. 管理世界, 2004 (8): 81-89.

[622] 刘秉镰, 武鹏, 刘玉海. 交通基础设施与中国全要素生产率增长——基于省域数据的空间面板计量分析 [J]. 中国工业经济, 2010 (3): 54-64.

[623] 刘冲, 周黎安, 等. 高速公路可达性对城乡居民收入差距的影响: 来自中国县级水平的证据 [J]. 第十三届中国青年经济学者论坛, 2013.

[624] 刘海明, 曹廷求. 信贷供给周期对微观企业风险的双向效应研究 [J]. 经济科学, 2017 (4): 35-46.

[625] 刘海明, 王哲伟, 曹廷求. 担保网络传染效应的实证研究 [J]. 管理世

界, 2016 (4): 81-96。

[626] 刘金全, 张小宇. 时变参数"泰勒规则"在我国货币政策操作中的实证研究 [J]. 管理世界, 2012 (7): 20-28。

[627] 刘金全, 郑挺国. 利率期限结构的马尔科夫区制转移模型与实证分析 [J]. 经济研究, 2006, 11: 82-91。

[628] 刘穷志, 何奇. 腐败侵蚀与财政支出扭曲 [J]. 财贸研究, 2011, 22 (2): 59-64。

[629] 刘瑞明, 石磊. 国有企业的双重效率损失与经济增长 [J]. 经济研究, 2010 (1): 127-137。

[630] 刘瑞明. 金融压抑、所有制歧视与增长拖累——国有企业效率损失再考察 [J]. 经济学: 季刊, 2011, 10 (2): 603-618。

[631] 刘生龙, 胡鞍钢. 基础设施的外部性在中国的检验: 1988—2007 [J]. 经济研究, 2010, 45 (3): 4-15。

[632] 刘生龙, 周绍杰. 基础设施的可获得性与中国农村居民收入增长——基于静态和动态非平衡面板的回归结果 [J]. 中国农村经济, 2011 (1): 27-36。

[633] 刘伟, 李连发. 地方政府融资平台举债的理论分析 [J]. 金融研究, 2013 (5): 126-139。

[634] 刘晓光, 张勋, 方文全. 基础设施的城乡收入分配效应: 基于劳动力转移的视角 [J]. 世界经济, 2015 (3): 145-170。

[635] 刘晓欣, 王飞. 中国微观银行特征的货币政策风险承担渠道检验——基于我国银行业的实证研究 [J]. 国际金融研究, 2013 (9): 75-88。

[636] 刘阳, 秦凤鸣. 基础设施规模与经济增长: 基于需求角度的分析 [J]. 世界经济, 2009 (5): 18-26。

[637] 刘勇. 基于 Malmquist-DEA 指数的高技术产业运行效率评价——对28个省 (市、自治区) 的实证分析 [J]. 工业技术经济, 2010, 29 (3): 67-70。

[638] 刘勇政, 冯海波. 腐败、公共支出效率与长期经济增长 [J]. 经济研究, 2011 (9): 17-28。

[639] 刘媛媛. 货币紧缩、现金锁定与企业价值——来自我国上市公司1998—2013年的经验证据 [C] 第四届宏观经济政策与微观企业行为学术研讨会, 2016。

[640] 刘志远, 张西征. 投资/现金流敏感性能反映公司融资约束吗?——基于外部融资环境的研究 [J]. 经济管理, 2010 (5): 105-112。

[641] 卢峰, 姚洋. 金融压抑下的法治、金融发展和经济增长 [J]. 中国社会

科学, 2004 (1): 42-55.

[642] 卢锐, 陈胜蓝. 货币政策波动与公司劳动力成本粘性 [J]. 会计研究, 2015 (12): 53-58.

[643] 陆军, 舒元. 货币政策无效性命题在中国的实证研究 [J]. 经济研究, 2002 (3): 21-26.

[644] 陆正飞, 祝继高, 樊铮. 银根紧缩、信贷歧视与民营上市公司投资者利益损失 [J]. 金融研究, 2009 (8): 124-136.

[645] 罗时空, 龚六堂. 企业融资行为具有经济周期性吗——来自中国上市公司的经验证据 [J]. 南开管理评论, 2014, 17 (2): 74-83.

[646] 罗知, 张川川. 信贷扩张、房地产投资与制造业部门的资源配置效率 [J]. 金融研究, 2015 (7): 60-75.

[647] 骆许蓓. 基础设施投资分布与西部地区经济发展——论交通运输枢纽的作用 [J]. 世界经济文汇, 2004 (2): 34-40.

[648] 骆永民. 分工视角下的公共支出及其功能的实现 [J]. 财经论丛 (浙江财经大学学报), 2008, V136 (2): 22-27.

[649] 骆永民. 中国城乡基础设施差距的经济效应分析——基于空间面板计量模型 [J]. 中国农村经济, 2010 (3): 60-72.

[650] 骆祚炎. 资产价格波动、经济周期与货币政策调控研究进展 [J]. 经济学动态, 2011 (3): 121-126.

[651] 马骏, 施康, 王红林, 等. 利率传导机制的动态研究 [J]. 金融研究, 2016 (1): 31-49.

[652] 马理, 黄宪, 代军勋. 银行资本约束下的货币政策传导机制研究 [J]. 金融研究, 2013 (5): 47-59.

[653] 马文超, 胡思玥. 货币政策、信贷渠道与资本结构 [J]. 会计研究, 2012 (11): 39-48.

[654] 牛晓健, 裘翔. 利率与银行风险承担——基于中国上市银行的实证研究 [J]. 金融研究, 2013 (4): 15-28.

[655] 欧阳志刚, 王世杰. 我国货币政策对通货膨胀与产出的非对称反应 [J]. 经济研究, 2009, 9: 27-38.

[656] 欧阳志刚, 薛龙. 新常态下多种货币政策工具对特征企业的定向调节效应 [J]. 管理世界, 2017 (2): 53-66.

[657] 潘敏, 康巧灵, 朱迪星. 地方政府股权会影响城市商业银行信贷投放的

周期性特征吗？［J］．经济评论，2016（4）：118－128。

［658］彭方平，王少平．我国货币政策的微观效应——基于非线性光滑转换面板模型的实证研究［J］．金融研究，2007（9a）：31－41。

［659］彭兴韵，胡志浩，王剑锋．不完全信息中的信贷经济周期与货币政策理论［J］．中国社会科学，2014（9）：75－87。

［660］彭俞超，方意．结构性货币政策、产业结构升级与经济稳定［J］．经济研究，2016（7）：29－42。

［661］钱爱民，张晨宇，步丹璐．宏观经济冲击、产业政策与地方政府补助［J］．产业经济研究，2015（5）：73－82。

［662］钱雪松，杜立，马文涛．中国货币政策利率传导有效性研究：中介效应和体制内外差异［J］．管理世界，2015（11）：11－28。

［663］潜力，胡援成．经济周期、融资约束与资本结构的非线性调整［J］．世界经济，2015（12）：135－158。

［664］邱栎桦，伏润民，李帆．经济增长视角下的政府债务适度规模研究——基于中国西部D省的县级面板数据分析［J］．南开经济研究，2015（1）。

［665］裘翔，周强龙．影子银行与货币政策传导［J］．经济研究，2014（5）：91－105。

［666］饶品贵，姜国华．货币政策对银行信贷与商业信用互动关系影响研究［J］．经济研究，2013（1）：68－82。

［667］饶品贵，徐子慧．经济政策不确定性影响了企业高管变更吗？［J］．管理世界，2017（1）：145－157。

［668］饶品贵，岳衡，姜国华．经济政策不确定性与企业投资行为研究［J］．世界经济，2017（2）：27－51。

［669］饶品贵，岳衡，姜国华．通货膨胀预期与企业存货调整行为［J］．经济学：季刊，2016（1）：499－526。

［670］饶品贵，张会丽．通货膨胀预期与企业现金持有行为［J］．金融研究，2015（1）：101－116。

［671］申俊喜，曹源芳，封思贤．货币政策的区域异质性效应——基于中国31个省域的实证分析［J］．中国工业经济，2011（6）：36－46。

［672］沈坤荣、吕大国和耿强．中国信贷约束是所有制歧视还是规模歧视［C］．第二届宏观经济政策与微观企业行为学术研讨会，2014。

［673］盛明泉，张敏，马黎珺，等．国有产权、预算软约束与资本结构动态调

整 [J]. 管理世界, 2012 (3): 151-157.

[674] 盛松成, 谢洁玉. 社会融资规模与货币政策传导——基于信用渠道的中介目标选择 [J]. 中国社会科学, 2016 (12): 60-82.

[675] 孙国峰, 贾君怡. 中国影子银行界定及其规模测算——基于信用货币创造的视角 [J]. 中国社会科学, 2015 (11): 92-110.

[676] 孙早, 杨光, 李康. 基础设施投资促进了经济增长吗——来自东来自东、中、西部的经验证据 [J]. 经济学家, 2015 (8): 71-79.

[677] 谭政勋, 李丽芳. 中国商业银行的风险承担与效率——货币政策视角 [J]. 金融研究, 2016 (6): 112-126.

[678] 唐东波. 挤入还是挤出: 中国基础设施投资对私人投资的影响研究 [J]. 金融研究, 2015 (8): 31-45.

[679] 童盼, 陆正飞. 负债融资、负债来源与企业投资行为——来自中国上市公司的经验证据 [J]. 经济研究, 2005 (5): 75-84.

[680] 万解秋, 徐涛. 货币供给的内生性与货币政策的效率 [J]. 经济研究, 2001, 3: 40-47.

[681] 汪莉, 王先爽. 央行预期管理、通胀波动与银行风险承担 [J]. 经济研究, 2015 (10): 34-48.

[682] 王晋斌, 李博. 中国货币政策对商业银行风险承担行为的影响研究 [J]. 世界经济, 2017, 40 (1): 25-43.

[683] 王立勇, 张代强, 刘文革. 开放经济下我国非线性货币政策的非对称效应研究 [J]. 经济研究, 2010 (9): 4-16.

[684] 王擎, 田娇. 银行资本监管与系统性金融风险传递——基于 DSGE 模型的分析 [J]. 中国社会科学, 2016 (3): 99-122.

[685] 王任飞, 王进杰. 基础设施与中国经济增长: 基于 VAR 方法的研究 [J]. 世界经济, 2007 (3): 13-21.

[686] 王贤彬, 张莉, 徐现祥. 地方政府土地出让、基础设施投资与地方经济增长 [J]. 中国工业经济, 2014 (7): 31-43.

[687] 王雄元, 张春强, 何捷. 宏观经济波动性与短期融资券风险溢价 [J]. 金融研究, 2015 (1): 68-83.

[688] 王彦超. 金融抑制与商业信用二次配置功能 [J]. 经济研究, 2014 (6): 86-99.

[689] 王义中, 陈丽芳, 宋敏. 中国信贷供给周期的实际效果: 基于公司层面

的经验证据 [J]. 经济研究, 2015 (1): 52-66.

[690] 王义中, 宋敏. 宏观经济不确定性、资金需求与公司投资 [J]. 经济研究, 2014 (2): 4-17.

[691] 王永进, 盛丹, 施炳展, 等. 基础设施如何提升了出口技术复杂度? [J]. 经济研究, 2010 (7): 103-115.

[692] 王宇伟, 范从来. 企业部门的货币持有与中国货币化率的变动——来自微观层面的经验证据 [J]. 中国工业经济, 2016 (7): 5-22.

[693] 王周伟, 王衡. 货币政策、银行异质性与流动性创造——基于中国银行业的动态面板数据分析 [J]. 国际金融研究, 2016, 346 (2): 52-65.

[694] 魏巍, 蒋海, 庞素琳. 货币政策、监管政策与银行信贷行为——基于中国银行业的实证分析 (2002—2012) [J]. 国际金融研究, 2016, 349 (5): 48-60.

[695] 吴海民. 资产价格波动、通货膨胀与产业"空心化"——基于我国沿海地区民营工业面板数据的实证研究 [J]. 中国工业经济, 2012 (1): 46-56.

[696] 伍中信, 张娅, 张雯. 信贷政策与企业资本结构——来自中国上市公司的经验证据 [J]. 会计研究, 2013 (3): 51-58.

[697] 向东, 张睿, 张勋. 国有控股、战略产业与跨国企业资本结构——来自中国A股上市公司的证据 [J]. 金融研究, 2015 (1): 193-206.

[698] 肖崎, 阮健浓. 我国银行同业业务发展对货币政策和金融稳定的影响 [J]. 国际金融研究, 2014 (3): 65-73.

[699] 肖泽忠, 邹宏. 中国上市公司资本结构的影响因素和股权融资偏好 [J]. 经济研究, 2008 (6): 119-134.

[700] 谢军, 黄志忠. 区域金融发展、内部资本市场与企业融资约束 [J]. 会计研究, 2014 (7): 75-81.

[701] 熊启跃, 黄宪. 资本监管下货币政策信贷渠道的"扭曲"效应研究——基于中国的实证 [J]. 国际金融研究, 2015, 339 (1): 48-61.

[702] 徐明东, 陈学彬. 货币环境、资本充足率与商业银行风险承担 [J]. 金融研究, 2012 (7): 48-62.

[703] 徐明东, 陈学彬. 中国微观银行特征与银行贷款渠道检验 [J]. 管理世界, 2011 (5): 24-38.

[704] 徐小君, 苏桔芳. 中国货币政策效应非对称性与货币政策选择——基于工资和价格下调刚性视角的经验研究 [J]. 财贸经济, 2015 (7): 137-149.

[705] 徐小君. 中国工资和价格下调刚性下的货币政策非对称性研究 [J]. 统

计研究, 2015 (2015 年 10 月): 12 - 20。

[706] 徐忠. 中国稳健货币政策的实践经验与货币政策理论的国际前沿 [J]. 金融研究, 2017 (1): 1 - 21。

[707] 闫红波, 王国林. 我国货币政策产业效应的非对称性研究——来自制造业的实证 [J]. 数量经济技术经济研究, 2008, 25 (5): 17 - 29。

[708] 闫先东, 朱迪星. 地方政府投资偏好、信贷配置结构与货币政策传导效率 [J]. 金融监管研究, 2018 (5): 14 - 31。

[709] 闫先东, 朱迪星. 房地产价格上升能拉动经济增长吗——基于中国的实证研究 [J]. 金融监管研究, 2016 (5): 1 - 30。

[710] 闫先东, 朱迪星. 货币政策调整与资本市场波动: 一个文献综述 [J]. 金融评论, 2016, 8 (4): 79 - 94。

[711] 闫先东, 朱迪星. 货币政策与企业投融资行为: 基于最新文献的述评 [J]. 金融评论, 2018, 10 (3): 94 - 111。

[712] 闫先东, 朱迪星. 基础设施投资的经济效率: 一个文献综述 [J]. 金融评论, 2017, 9 (6): 109 - 122。

[713] 闫先东, 朱迪星. 资本市场泡沫, 经济波动与货币政策反应 [J]. 国际金融研究, 2016 (10): 74 - 88。

[714] 杨小凯, 张永生. 新兴古典经济学与超边际分析 (修订版) [M]. 社会科学文献出版社, 2003。

[715] 杨兴全, 尹兴强. 谁受到了货币政策的有效调控?——基于上市公司投资行为的研究 [J]. 会计研究, 2017 (4): 3 - 11。

[716] 杨子晖, 周林洁, 李广众. 通货膨胀的驱动类型甄别: 基于价格传导的非对称性研究 [J]. 世界经济, 2014 (5): 91 - 111。

[717] 姚余栋, 李宏瑾. 中国货币政策传导信贷渠道的经验研究: 总量融资结构的新证据 [J]. 世界经济, 2013 (3): 3 - 32。

[718] 叶康涛, 祝继高. 银根紧缩与信贷资源配置 [J]. 管理世界, 2009 (1): 22 - 28。

[719] 殷波. 投资时机、资产价格与最优利率政策: 对中国货币政策有效性的再解释 [J]. 世界经济, 2009 (3): 26 - 33。

[720] 于蔚, 金祥荣, 钱彦敏. 宏观冲击、融资约束与公司资本结构动态调整 [J]. 世界经济, 2012 (3): 24 - 47。

[721] 于蔚, 汪淼军, 金祥荣. 政治关联和融资约束: 信息效应与资源效应

[J]．经济研究，2012（9）：125-139。

[722] 于一，何维达．货币政策、信贷质量与银行风险偏好的实证检验 [J]．国际金融研究，2011，(120)（12）：59-68。

[723] 于泽，陆怡舟，王闻达．货币政策执行模式、金融错配与我国企业投资约束 [J]．管理世界，2015（9）：52-64。

[724] 余明桂，潘红波．政治关系、制度环境与民营企业银行贷款 [J]．管理世界，2008（8）：9-21。

[725] 喻坤，李治国，张晓蓉，等．企业投资效率之谜：融资约束假说与货币政策冲击 [J]．经济研究，2014（5）：106-120。

[726] 战明华，应诚炜．利率市场化改革、企业产权异质与货币政策广义信贷渠道的效应 [J]．经济研究，2015（9）：114-126。

[727] 战明华．金融摩擦、货币政策银行信贷渠道与信贷资源的产业间错配 [J]．金融研究，2015（5）：1-17。

[728] 张超，刘星，田梦可．货币政策传导渠道、宏观经济增长与企业投资效率 [J]．当代财经，2015（8）：108-119。

[729] 张成思，刘泽豪，罗煜．中国商品金融化分层与通货膨胀驱动机制 [J]．经济研究，2014（1）：140-154。

[730] 张成思，张步昙．中国实业投资率下降之谜：经济金融化视角 [J]．经济研究，2016（12）。

[731] 张光南，洪国志，陈广汉．基础设施、空间溢出与制造业成本效应 [J]．经济学：季刊，2013，13（4）：285-304。

[732] 张光南，李小瑛，陈广汉．中国基础设施的就业、产出和投资效应——基于1998—2006年省际工业企业面板数据研究 [J]．管理世界，2010（4）：5-13。

[733] 张军，高远，傅勇，等．中国为什么拥有了良好的基础设施？[J]．经济研究，2007（3）：4-19。

[734] 张军，高远．官员任期、异地交流与经济增长——来自省级经验的证据 [J]．经济研究，2007（11）：91-103。

[735] 张军．中国基础设施投资的发展与评价 [J]．中国市场，2012（29）：45-49。

[736] 张克中，陶东杰．交通基础设施的经济分布效应——来自高铁开通的证据 [J]．经济学动态，2016（6）：62-73。

[737] 张敏，吴联生，王亚平．国有股权、公司业绩与投资行为 [J]．金融研

究，2010（12）：115-130。

[738] 张强，乔煜峰，张宝. 中国货币政策的银行风险承担渠道存在吗？[J]. 金融研究，2013（8）：84-97。

[739] 张学良. 中国区域经济收敛的空间计量分析——基于"长三角"1993—2006年132个县市区的实证研究[J]. 财经研究，2009，35（7）：100-109。

[740] 张勋，万广华. 中国的农村基础设施促进了包容性增长吗？[J]. 经济研究，2016（10）：82-96。

[741] 张晏，夏纪军. 税收竞争理论评介——兼对我国地方政府减免税竞争行为的分析[J]. 经济学动态，2005。

[742] 张亦春，李晚春，彭江. 债权治理对企业投资效率的作用研究——来自中国上市公司的经验证据[J]. 金融研究，2015（7）：190-203。

[743] 张志，周浩. 交通基础设施的溢出效应及其产业差异——基于空间计量的比较分析[J]. 财经研究，2012（3）：124-134。

[744] 张宗新，徐冰玉. 监管政策能否抑制商业银行亲周期行为——基于中国上市银行面板数据的经验证据[J]. 财贸经济，2011（2）：36-43。

[745] 赵红军. 交易效率：衡量一国交易成本的新视角——来自中国数据的检验[J]. 上海经济研究，2005（11）：3-14。

[746] 赵兴楣，王华. 政府控制、制度背景与资本结构动态调整[J]. 会计研究，2011（3）：34-40。

[747] 郑世林，周黎安，何维达. 电信基础设施与中国经济增长[J]. 经济研究，2014，49（5）：77-90。

[748] 郑思齐，孙伟增，吴璟，等. "以地生财，以财养地"——中国特色城市建设投融资模式研究[J]. 经济研究，2014（8）：14-27。

[749] 钟凯，程小可，张伟华. 货币政策、信息透明度与企业信贷期限结构[J]. 财贸经济，2016，37（3）：60-77。

[750] 钟凯，程小可，张伟华. 货币政策适度水平与企业"短贷长投"之谜[J]. 管理世界，2016（3）：87-98。

[751] 周彬蕊，刘锡良，张琳. 货币政策冲击、金融市场化改革与企业风险承担[J]. 世界经济，2017（10）：93-118。

[752] 周黎安. 转型中的地方政府：官员激励与治理[M]. 格致出版社，2008。

[753] 祝继高，韩非池，陆正飞. 产业政策、银行关联与企业债务融资——基

于 A 股上市公司的实证研究 [J]. 金融研究, 2015 (3): 176-191。

[754] 踪家峰, 李静. 中国的基础设施发展与经济增长的实证分析 [J]. 统计研究, 2006, 23 (7): 18-21.

后　记

在货币政策决策中，调控方向、幅度和频率是最核心的内容，而传导效率也受到越来越多的重视，从宏观上讲，货币政策幅度、频率与传导效率有关，效率高，幅度可以小，频率可以低，反之亦然。从当前情况看，货币政策传导不畅所导致的资源错配、风险积累以及结构性信贷配给等现象，成为拖累增长潜力、威胁金融稳定的重要原因，并已经得到决策层的高度重视。例如，2018年年底召开的中央经济会议在"稳健的货币政策要松紧适度，保持流动性合理充裕"之后，增加了"改善货币政策传导机制"的要求。国务院金融稳定发展委员会多次会议研究"打通货币政策传导机制"相关问题。

事实上，对货币政策传导效率问题的研究伴随着中央银行发展的进程，也一直是学术界最关注的核心问题之一。从基于宏观数据的实证结论看，在不同的市场环境和区位特征下，货币政策调控与最终目标之间的联系并不稳定，诸如货币政策效率非对称性或者时变性特征也是近期学者们研究的重点领域。

从我们的观察看，前期很多研究对相关问题虽然有一些解释，但逻辑基础并不严谨，脱离微观主体行为特征的论断主观成分较高。近年来，不少学者也观察到这一问题，基于微观基础的均衡分析成为宏观经济研究中的主流方法。但由于均衡框架的求解过程对于模型设定有非常苛刻的要求，目前绝大多数学者对这些微观主体的目标约束假设都做了明显简化，与实际经济状态，尤其是我国特殊的市场主体目标和约束特征还存在着较大的差距。

人民银行非常重视经济形势的调研，我们会按季度或根据需要，组织协调全系统的力量对经济金融运行中的重大变化或苗头性问题，以及货币政策和宏观调控政策的效应开展调查。这项工作从总行贯穿到省级、市级以及县级人民银行，调研的范围包括但不限于金融机构、地方政府相关部门以及企业。我们能从各个神经末梢了解到大量微观市场主体对当前经济形势的判断、行为方式的原因以及决策的考虑，这些信息通过我们系统内各层次宏观分析人员的归纳和梳理，成为货币政策制定和执行的重要参考。

在这些调研的过程中有很多感悟和思考，实际上，我国的货币政策在基层传导时，由于治理特征和政策环境不同，对微观主体的影响机制与传统理论中的基本假设存在差异，不同类型主体受政策影响后的行为和预期也有明显的反差。而且从实践看，这些行为很多时候是系统性的，最终会反映到经济数据的变化中，并可能对经济运行产生持续的影响。

具体来看，在紧缩的货币环境下，不少地方法人银行有更强的动力隐藏不良贷款，将一些依靠自身能力无法还本付息的企业贷款仍认定为关注类甚至正常类贷款。这个特征一方面影响了监管部门对于真实风险状况的把握，可能导致央行货币政策传导效应的偏差，另一方面，隐藏不良贷款对银行风险态度也会产生影响，加剧实体经济的波动；同样在紧缩周期中，地方政府面临的稳增长压力加大，会有更强的动力将资源向基础设施等软约束领域集中，导致金融资源配置的扭曲，降低经济增长的内生动力，进一步积累政府隐性债务风险；同时，我们也观察到，货币政策的宽松可能推动银行金融市场业务的快速发展。资金向金融资产流入会形成金融资产收益率上升—资金流入—价格上升的反馈机制，这说明在金融体系加杠杆的过程中，货币宽松会扩大银行在金融市场投资和实体投资（贷款）之间的收益差，"脱实向虚"可能由于流动性宽松而加剧。

对这些经济形势调研中凸显的微观机制传统理论并未给予足够的关注，但这些机制是客观存在的，对货币政策效应的影响是客观存在的，对经济长期增长动力的影响也是客观存在的。我们写这本书的目的，就是希望在前期经典文献、经典理论的基础上，真正将中国经济发展和货币政策调控中那些特殊的微观传导机制纳入进去，让大家从更加贴近现实的角度去完善理论体系。同时，利用微观主体相关统计数据的实证研究进一步证明了这些调研中发现的情况确实是系统性的，这也提高了调研信息在支撑宏观调控政策决策时的价值。

在我们撰写这本书的过程中，中国宏观经济总体呈现波动下行态势，地方政府基础设施投资偏好所导致的隐性债务风险逐步显性化，对金融市场潜在风险的影响日益凸显，也对基础设施投资乃至短期产出形成明显的负面影响。实体企业在资产价格波动的环境下投资扭曲和盲目多元化现象时有发生，企业部门杠杆率快速上升衍生的债务风险和经营效率降低问题也得到各界关注。在金融机构方面，去杠杆政策的实施使得前期金融市场业务中的种种弊端逐一暴露，部分银行治理机制的混乱已酿成局部风险，投资业务的收缩以及风险暴露的增多使得银行的盈利能力下滑，加剧了资本金补充压力，这也是当前和今后一段时期决策部门需要关注的重点问题之一。

这些现象印证了我们前期调研的前瞻性,也进一步证明了那些政策传导中的特殊微观机制确实存在,在相关章节中我们对这些新的特征都进行了详细的探讨。

这本书的顺利完成,得到许多领导、专家、同学、同事和朋友们的关心和帮助,虽然无法一一列举他们的名字,也借此机会表达对他们的感谢。

这本书的撰写得到了国家社科基金《新常态下的货币政策转型问题研究》(15BJY157)的资助。

最后,本书能够正式出版,还得益于中国财政经济出版社吕小军编辑的帮助,书中图表、公式很多,感谢她辛苦细致的工作。

闫先东　朱迪星
2018 年 12 月 25 日